孙文全集

黄彦 主编

第六册

规章（下）

SPM 南方出版传媒
广东人民出版社
·广州·

孙文全集编辑委员会

本 册 目 录

规章（下）

附录

规章（下）

中国国民党党纲[①]

（一九二三年一月一日）

一、三民主义

（甲）民族主义：以本国现有民族构成大中华民族，实现民族的国家。

（乙）民权主义：谋直接民权之实现与完成男女平等之全民政治，人民有左列各权：

（一）选举权。

（二）创制权。

（三）复决权。

（四）罢免权。

（丙）民生主义：防止劳资阶级之不平，求社会经济之调节，以全民之资力开发全民之富源，其大要实施如左：

（一）国营实业：凡国中大规模之实业属于全民，由政府经营管理之。

（二）平均地权：由国家规定土地法、使用土地法及地价税法，以谋地权之平均。

（三）改革货币：革新货币制度，以谋国内经济之进步。

二、五权宪法

（甲）立法权。

（乙）司法权。

（丙）行政权。

（丁）监察权。

（戊）考试权。

---

① 孙文为改进中国国民党党务，于一九二二年九月在上海组成规划国民党改进方略起草委员会，十月起草党纲、党章等文件，多次开会讨论修订，复经孙文审改定稿。一九二三年元旦，国民党党纲与宣言同时公布（按：台北、中国国民党文化传播委员会党史馆藏有孙文亲笔批改党纲稿原件数种）。

以五权分立为原则，完成民国更进步之宪法。

据《中国国民党党纲》，载一九二三年
一月一日上海《民国日报》增刊第三版

中国国民党总章[①]

（一九二三年一月二日改订）

本党为谋同志之结合，党务之发展，以期三民主义之实施，五权宪法之创立，制定总章如左。

第一章 党 员

第一条 凡中华民国之成年男女，赞成本党党纲并愿确守本党一切规章，有党员二人以上之介绍，填具入党愿书，经本党给与党证者，为本党党员。

第二章 组 织

第二条 本党设本部，管理全党事务。

第三条 本党于各省区设总支部，各县设支部，各镇乡设分部；并于国内外重要都市，得应事实之必要酌设总支部、支部、分部或通讯处。各部处通则及各部处关系之规则另定之。

第四条 本党设总理一人，代表本党，总揽党务。

第五条 本部设参议若干人，辅助总理，由总理任命之。

第六条 本部设置左列机关，分掌职务：

总务部 管理本党机要文件、印信、统计及国内外各部处之接洽，并办理不属于他部事务。

党务部 保管党员愿书、名册，调查党员履历，并办理入党事宜。

---

① 本党章由孙文修改定稿后，是日在上海召集国民党党务改进会议审议通过，并予公布（按：台北、中国国民党文化传播委员会党史馆藏有孙文亲笔批改党章稿原件数种）。

财务部　管理本党收支，并调制预算、决算报告。

宣传部　办理本党出版、演讲及教育事项，并检定本党国内外一切出版物。

交际部　办理本党交际上一切事项。

政治委员会　调查国内外之政治经济状况，并研究国内政治经济改革计画。

法制委员会　研究一切法律问题，并编拟各种法案。

军事委员会　调查国内外之军制，并研究国内军制改革计画。

农工委员会　调查国内外农工状况，并研究国内农工之改进计画。

妇女委员会　调查国内外妇女状况，并研究国内妇女问题之解决方法。

如有必要时，得增设其他各委员会。

第七条　各部设部长一人，副部长一人，由全体代表大会选举倍于原额之候补人，陈请总理，分部任命之；但代表大会未成立以前，由总理任命之。

第八条　各部干事若干人，由部长陈请总理任命之。

第九条　各委员会设委员长一人，副委员长一人，委员若干人，均由总理任命之。

第十条　各部及委员会规则另定之。

第十一条　第七条、第八条、第九条所列各职员，均以二年为任期；但再被选任者，得连任。

第十二条　部长、委员长因故不能执行职务时，由副部长、副委员长代理之。若副部长、副委员长俱有事故时，由总理派员署理之。

第三章　会　议

第十三条　本党每年开国内外全体代表大会一次，如有特别重大事件，得开临时会。

第十四条　本部设中央干部会议，每月开会一次，规画党务，决定政策，有必要时得开临时会。

第十五条　中央干部会议以各部部长、各委员会委员长及参议组织之。

第十六条　全体代表大会及中央干部会议，均由总理召集之，开会时，总理主席。

第十七条　各部部长、各委员会委员长得召集各该部及各该委员会之常会或临时会，并于必要时，得联合两部或委员会以上开联席会议。

第十八条　代表大会组织规则及各项会议规则另定之。

第四章　经　费

第十九条　本党经费以左列各项充之：

一、党员入党金。

二、党员常年捐。

三、党员特别捐。

四、募债。

党员入党金及常年捐，其数目由中央干部会议定之。

第二十条　本党财务，由财务部按年造具预算、决算，提出于代表大会议决之。

第五章　公　约

第二十一条　党员有遵守本党党纲及一切规章之义务，有违犯左列各款之一者，被本党党员正式署名揭告，经总理指定惩戒委员，组织惩戒委员会审查确实后，宣告除名：

一、背叛本党者。

二、泄漏本党应守之秘密者。

三、有妨害本党名誉之行为者。

第二十二条　党员已受除名之宣告，非证明有确实忠于本党之行为经总理特许者，不得回复党籍。

第六章　附　则

第二十三条　本总章经中央干部会议或国内外全体代表五分一以上之提议，得由总理交付全体代表大会修正之。

第二十四条　本总章自宣布之日施行。

据《中国国民党总章》（中华民国十二年一月二日宣布），载上海《中国国民党本部公报》第一卷第一号，一九二三年一月十日出版

附一：中国国民党入党愿书①

具愿书人（姓名），愿入中国国民党，服从命令，实行孙先生之三民主义、五权宪法，所有党纲规章恪守不渝，谨具愿书如右。

籍贯：　　省　　县　　　通讯处：

别号：

年岁：

职业：

经历：

入党：　　　　　　　　部及所在地：

具愿书人：

介绍人：

据孙文手改《中国国民党总章》原稿之一（《中国国民党入党愿书》部分），台北、中国国民党文化传播委员会党史馆藏②

附二：中国国民党入党愿书（另一版本）③

具愿书人（姓名），为救中国危亡，拯生民困苦，今愿加入中国国民党，服从孙先生，实行三民主义，创立五权宪法，使政治修明，生民乐利，措国基于巩固，维世界之和平。所有党纲规章，恪守不渝。谨具愿书如右。

---

① 在台北党史馆所藏呈请孙文审改的数种《中国国民党总章》草稿原件，末后都附有“愿书式”，即将《中国国民党入党愿书》作为总章的组成部分录入。该愿书旨在取代中华革命党的誓约。孙文批此件于一九二三年元旦，签名“文”，批一“行”字。

② 另见南京《中央党务月刊》第一期（一九二八年八月一日出版）所载《中国国民党入党愿书》，有讹字。

③ 此件内容更为接近中华革命党的誓约。孙文批于一九二二年，日期不详；签名“孙文”，无批语。

籍贯：　　省　　县　　　　通讯处：

别号：

年岁：

职业：

经历：

入党：　　　　　　　　　　部及所在地：

具愿书人：

介绍人：

据孙文手改《中国国民党总章》原稿之二（《中国国民党入党愿书》部分），台北、中国国民党文化传播委员会党史馆藏

中国国民党入党规则①

（一九二三年二月十三日）

第一条　凡中华民国之成年男女，依本党总章第一条之规定加入本党者，依规则行之。

第二条　凡愿入党者，须在当地支分部或通讯处入党。如因特别事故经本党许可时，亦得在本部入党。

第三条　凡入党者须由介绍人于愿书上亲笔签字。

第四条　入党金定为国币五元，以入党时缴纳。

第五条　关于左列人员之入党者，其入党金得从便宜上分期缴纳或缓纳：

（一）在各界供职之人员及农、工、军人等，每月收入不及国币二十元者；

（二）学生自费不充分者。

第六条　前条缓纳入党金之人员，于入党满一年后为党尽力有成绩者，经中央干部会议查实得免入党金，以资奖励。

---

①　本规则经孙文批准后公布。所标时间系批准日期。

准许分期缴纳或缓纳而未经允免者，如不纳入党金得停止其党籍。

第七条　常年捐，每党员每年定为国币一元，以一次缴纳。

第八条　党员不纳常年捐满三年以上又经屡次征收不应者，得宣告除名。

第九条　党员入党后有构成总章第二十一条所列各款之行为者，依总章第二十一条、第二十二条办理。

第十条　本规则由总理批准之日施行。

据《中国国民党入党规则》（中华民国十二年二月十三日批准），载上海《中国国民党本部公报》第一卷第五号，一九二三年二月二十日出版

准《规复保商卫旅营办法》

（一九二三年三月九日）

大元帅指令第一九号

令广东省长徐绍桢

呈报《规复保商卫旅营办法》，并请特颁明令，饬各军于驻防地段抽调劲旅，沿江要隘担负卫戍河道之责由。

呈悉。所请各节应准暂行试办，并候饬令各军一体保护可也。此令。

（中华民国陆海军大元帅之印）

中华民国十二年三月九日

据《大元帅指令第一九号》，载广州《陆海军大元帅大本营公报》第二号，一九二三年三月十六日

批准《大本营会计司官制》

（一九二三年三月十三日）

大元帅指令第二四号

令大本营会计司司长王棠

呈报拟定官制，恳准予公布施行由。

呈悉。准各〔如〕所拟办理。此令。

（中华民国陆海军大元帅之印）

中华民国十二年三月十三日

据《大元帅指令第二四号》，载广州《陆海军大元帅大本营公报》① 第二号，一九二三年三月十六日

附：大本营会计司官制

（一九二三年三月十三日）

第一条　会计司置职员如左：

司长一人。

司员二人。

书记官一人。

第二条　司长承大元帅命掌理大本营会计司事务。

第三条　司员承司长之命分掌左列事项：

一、关于出纳事项。

二、编造大本营预算决算事项。

三、稽核大本营各机关出纳事项。

四、关于大本营内统计事项。

五、关于撰拟文牍事项。

第四条　书记官承司长之命缮写文件计算书及保管册籍事项。

第五条　司长由大元帅任命之，司员、书记官由司长委任之。

第六条　会计司办事细则另定之。

第七条　本官制自公布日施行。

中华民国十二年三月十三日

据《大本营会计司官制》，载广州《陆海军大元帅大本营公报》第二号，一九二三年三月十六日

① 大本营文官部政务处第三课一九二二年一月起在桂林发行，大本营秘书处一九二三年三月起在广州发行。

准《各商认定承领军盐办法》①

（一九二三年三月十七日）

大元帅指令第三六号

令两广盐运使伍学熀

呈具订定《各商认定承领军盐办法》六条②，请准予备案，并恳将稽核分所前给未用税单指令取消由。

呈及清折均悉。准予备案，未用税单应即取消。此令。

（中华民国陆海军大元帅之印）

中华民国十二年三月十七日

据《大元帅指令第三六号》，载广州《陆海军大元帅大本营公报》第三号，一九二三年三月二十三日

批准《金库券发行条例草案》

（一九二三年三月十七日）

大元帅指令第四十号

令广东财政厅纸币发行监督黄隆生

呈拟《金库券发行条例草案》请核示施行由。

呈及折呈均悉，所拟尚属可行，除令行广东财政厅长查照外，着即遵照切实

---

① 一九二三年三月十四日，两广盐运使伍学熀呈称：总理曾面谕大本营参军处："查前军盐处存有大本营军盐六万余包。去年六月间，陈逆炯明叛乱时，逆党假名启泰公司将军盐私买，现当存三万八千九百余包，均贮大涌口怡昌仓、洲头咀安荣仓，仰转两广盐运使将该军盐查封变卖具报。"参军处奉此函请伍学熀查照办理。伍遵令于三月九日邀集济安公堂研究公会全体运商集资承领，商定盐税及盐价，并订定办法六条，报呈孙文审批。

② 《各商认定承领军盐办法》缺。

办理。此令。

（中华民国陆海军大元帅之印）

中华民国十二年三月十七日

附：金库券发行手续之监督条例草案

（一九二三年三月十二日呈）

一、财厅奉陆海军大元帅核准规定，颁发金库券额陆百万元，凡收到新印就之金库券时，应将收到数目总价额及各种类，咨照监督，以便稽核。

二、财厅每次发行金库券时，应于发行之前，预将每次所发行之种类，编次号数及其总价额，咨照监督，登公报，布告市面，以示郑重，而昭信仰。

三、各种金库券在监督未到任以前所发出者，由财厅将该数目及种类编次号数，查照本条例第二项补咨监督，照例办理。其未发出者，亦应由财厅将实存数目，查照本条例第一项补咨监督，照例办理。

四、财厅应将指定付托代售此项金库券之机关或商号列单，咨照监督，以便监督，随时派员稽核，以资缜密。

五、监督处事务纷繁，现当入手整理，尤须得人臂助，拟另设文书事务员一员，稽核事务员一员，以资办公。

中华民国十二年三月十二日

据《大元帅指令第四十号》，载广州《陆海军大元帅大本营公报》第三号，一九二三年三月二十三日

批准《大本营庶务司官制》及办事细则

（一九二三年三月二十一日）

大元帅指令第四六号

令大本营庶务司司长陈兴汉

拟具《大本营庶务司官制》及办事细则，呈请核示由。

呈悉。准如所拟办理。此令。

（中华民国陆海军大元帅之印）

中华民国十二年三月廿一日

据《大元帅指令第四六号》，载广州《陆海军大元帅大本营公报》第四号，一九二三年三月三十日

附一：大本营庶务司官制

（一九二三年三月二十一日）

第一条　庶务司置职员如左：

司长一人。

司员三人。

书记官二人。

雇员无定额。

第二条　司长承大元帅之命管理庶务司事务。

第三条　司员承司长之命分理左列事务：

一、关于大本营公产公物之保管购置事项。

二、关于大本营工程及工役事项。

三、关于大本营卫生事项。

四、不属于各处事项。

第四条　书记官承长官之命缮写文件及助理其他事务。

第五条　司长由大元帅任命之，司员、书记官由司长委任之。

第六条　雇员于必要时由司长雇用之。

第七条　《庶务司办事细则》另定之。

第八条　本官制自公布日施行。

中华民国十二年三月二十一日

据《大本营庶务司官制》，载广州《陆海军大元帅大本营公报》第四号，一九二三年三月三十日

附二：大本营庶务司办事细则

（一九二三年三月二十一日）

第一章　总　则

第一条　本司遵大元帅令办理大本营庶务司事宜。

第二条　本司遵大元帅颁行《庶务司组织法》组织之。

第二章

第一节

第一条　司长综理本司事务，有指挥监督全部事务之权，率同所属职员办理本司事务。

第二条　本司分设三科，各置司员一名，由司长指派分任各项事务。

第三条　书记官承长官之命缮校文件及助理其他事务。

第四条　雇员承长官之命随时指派执理本司杂务。

第二节

第一条　第一科司员一名，主理下列各项事务：

甲、撰拟本司公文函件及保管文卷事项。

乙、关于府内营造修缮工程事项。

丙、其他不属于第二、三科各事项。

第二条　第二科司员一名，主理下列各项事务：

丁、计算收支数目及编制每月决算表册事项。

戊、采购本府应用品物事项。

第三条　第三科司员一名，主理下列各项事务：

己、保管府内一切公用器物（除军用品外）及支给各处应用品物事项。

庚、督察本府差役勤惰及进退事项。

辛、关于府内卫生洁净事项。

第三章

第一节

第一条　凡关于本司公文函件，由主管员司撰拟后，将文稿送呈司长阅核盖章方得缮发。

第二条　凡收发文件，均须登记册内归档编存保管。

第三条　府内房室遇有改建或修理时，须陈报司长察勘召匠估价核准办理。

第四条　凡工程竣毕，即报明司长验收。

第二节

第一条　本司出纳数目，每日分别门类登记，随时由司长调核。

第二条　凡支出数目在二十元以上者，须将用途向司长申明，然后动支。

第三条　凡购置物品价值十元以上者，须陈知司长，然后购办。

第四条　凡购办物品，须将单据及所买得之物交保管员司点验，盖回点收图记。

第三节

第一条　凡属府内公用器物（除军用品外），均须保管以重公物。

第二条　凡各处来司领取品物，须持有凭证，方可发给其凭证条纸，每日编钉成组以备存查。

第三条　凡购回物品点收讫，即将来货单价登记册内以备查考。

第四条　凡物品点收后，即存放储物室内以备各处领用。

第五条　凡椅棹用具，须标明号记以便查点。

第六条　凡购置物品，每月结算一次，列具表册呈报司长察核。

第七条　凡各处领支品物，均须备册登记，每月报销一次。

第八条　府内听差夫役人数众多，应随时督察勤惰以重公务。

第九条　府内设有专厨，应随时巡视，饬夫整洁以重卫生。

第四节

第一条　本司除例假休息外，每日办公时刻规定上午九时至十二时、下午一时至五时，倘有紧急事件即星期日仍应到司办事。

第二条 本司每日夜间轮派职员一名值夜。

第三条 本司职员遇有因事请假，先向司长陈明事由，须得司长许可方得离职。

第四条 凡星期日、国庆日均照定章休假，惟轮值之职员不在此例。

第五条 本细则自公布日施行，如有未尽事宜，仍得随时更订。

中华民国十二年三月廿一日

据《大本营庶务司办事细则》，载广州《陆海军大元帅大本营公报》第四号，一九二三年三月三十日

广州成都铁路金币借款合同

（英 译 中）

（一九二三年四月十二日）

本合同于中华民国十二年四月十二日即西历一九二三年四月十二日订立。其订立之双方，一为中华民国政府，以孙逸仙博士全权代表国家及地方当局（以下简称“政府”），一为加拿大英属哥伦比亚温哥华北方建筑有限公司（以下简称“承造人”）。

政府与承造人议定之条款如下：

第一条 承造人或其让受人愿意代中华民国政府募集年息为七厘之金币借款（以下简称“借款”），其数额以建成由广东省之广州至四川省之成都铁路（以下简称“铁路”）及其支路，双方估计所需之款为限。

此项借款待第一期债票发行之日起，即称为“中国政府国家铁路七厘金币（借款）——广州成都铁路借款”。

第二条 此项借款所实得之进款，用于建造此路及购置设备以及关于此项工程一切必需之费用。

第三条 此项借款还本付息，由中华民国政府良好信誉及其总税收担保，并以此路为特别抵押。

此特别抵押，为此路首次抵押，由承造人及其让受人代表债票持有者享有之（以下简称“受托人”）。凡此路已建成及正在建造者以及由此路所收之各项进款，连同为此路已购及拟购各种材料、车辆、建筑物皆作为抵押品。

如每半年应还之本息全部或部份期满不能偿还时，受托人有权代表债票持有者履行由特别抵押权而所规定之各种权利。

此特别抵押权应照本条以契约办理。但须特此声明：此路除由中国政府愿意担保及抵押外，实系中国财产。此路所用土地之契约，务须毫无各种纠葛，并应随买随写，用此路名义注册立案。在勘定线内所购地段之报告各件，连同地契，应由此路总办事处送交受托人之代表收执，作为首次抵押之据。在中国政府未收回所有契据之前，照本条下文所载：凡地契存于受托人充作借款部份首次抵押之地亩，如未经中国政府字据允准，无论作何用处，一概不得出租或转售他人。如遇中国政府不能偿还借款本息时，受托人可依照抵押权限处理。所购土地务须毫无各种纠葛，并须依照中国法律规定应有各项契据妥善过契，由受托人之代表注册收执，依照本合同作为债票首次抵押，待借款本息及各项欠款还清后，即交还中国政府。如遇中国政府不能偿还本息时，受托人可依照抵押权限处理。

为进一步保实首次抵押起见，中国政府在债票赎回之前，不得将抵押之地亩、此路及此路产业出售转让与他人，或使其受损害，亦不得稍有损碍首次抵押之权利，但有受托人缮据明确允准除外。允准与否视有无损害债票持有者之利益而定。

又议定，借款本息及各项欠款倘未还清之前，除受托人缮据明确允准外，中国政府不得将上述各产业再行抵押与他人，无论是华人还是外国人。

第四条　如债票每半年之利息不能如期照付，或依照偿还附表所载，分期应还本款不能清还，则全路及其产业抵押与债票持有者之受托人，由受托人依照法律处置，使债票持有者利益得到正当维护。如因有中国政府无力控制之种种原因而不能照付到期之款，或政府要求受托人展期接管铁路，且限期不得超过六个月，可由中国政府与受托人之代表和衷议决。此项借款本息及其他各项欠款还清后，应照本合同各条所载将铁路及其全部产业完好合用交还中国政府收管。

第五条　债票之利息每半年一算，即每年六月一日及十二月一日支付，每次摊还借本及利息之数目，以及经理清还借款之代理人即承造人或其让受人之应得酬金，按每百元得一元之四分一算（按二毫五算），一并如数于期前十四天付给承造人或其让受人。建路期内应付利息之数目及二毫五之酬金，均由发行债票银行应承造人及其让受人之请示，于期前十四天在此借款所得之进项内提支，交给支付此项借款之代理人。建路期内未用之借款转存生息之利息及建成之路段行车后所得之款，皆可充付利息。如尚不足，可从借款本款内提付，此路全线竣工后，债票利息及经理借款之酬金，由中国政府从其收入及铁路进款中交付，于期前十四天一并如数付给承造人或其让受人。

中国政府担任依期清还此项借款之本息，无论何时，如此路进款及借款之现存余款不敷偿还债票利息及依照偿还附表所载分期应还之本款，中国政府应设法从他项进款拨补，以能于每届偿还期至少前十四天，将全数交付承造人或其让受人。

第六条　此项借款之债票应为中华民国政府债票。

第七条　此项借款之期限及其赎回之期限，将由双方互相商定。

一俟此项借款全数清还，本合同即无效，抵押亦取消。

第八条　债票式样，应由中国政府与承造人及其让受人于合同签定后迅速确定，如今后票样因加拿大或其他国家银市之需要必须更改，可由承造人或其让受人与中国政府或其代表会商，酌情略改。但债额总数及中国政府负债之责任不得稍有更动。所有改易之处，应由承造人或其让受人呈报中国政府。

债票准用英文刻印。中国政府受权代表之签字及其印信亦均摹刻于上。

此项借款债票须每张编连贯号数，由承造人或其让受人监督刻印，印数酌情而定。中国政府代表签押后再由承造人或其让受人附加签押。

此项债票若有遗失或损毁，则其遗失或损毁之债票可照数补发，惟须有遗失或损毁之确实证据，以通用形式交与承造人或其让受人及中国政府代表，以便查核存案。承造人或其让受人应获得索补债票人必须之担保。索补债票人应负责关于补发债票等一切费用，并担保赔偿中国政府或承造人或其让受人所有因补发债票而受之损失。

第九条　所有借款招帖以及付息还本一切详细办法，本合同未予载明者，均由承造人或其让受人与中国政府代表商定。俟本合同签字后，即准承造人或其让受人迅速发出。此借款招帖遇有需共同办理之事，中国政府令其代表与承造人或其让受人协同酌办，并将此借款招帖签字。

第十条　此项借款债票分两期或数期出售。第一期数目为一百万至一千万美元，应于本合同签押后迅速发行。此债票发行之价额由政府及承造人或其让受人参照同类债票最近之市场价值预先酌定。

此债票发行之实价，除在各国发行之印花税及议定为发行债票应付酬金外，即为中国政府所得之实数。

第十一条　此项借款实得之进款，由承造人指定并担保存放发行债票之银行，列入“广州成都铁路”户下，并按该银行之例价取息。

建筑工程即将开始时，应将在中国六个月内所需之预算款额，汇交双方议定之中国银行，列入“广州成都铁路”户下。中国政府动用此款，须凭总帐房及总工程师之签名支单。此六个月所需之预算款额汇兑后，每月应陆续汇款，以便中国常有六个月预算之款项。中国存放银行应按中国银行利息时价付给利息。

第十二条　承造人或其让受人被任为债票持有者之受托人（以下简称“受托人”）。此后，中国政府与受托人有借款交涉之事及由此产生的各种问题，受托人作为债票持有者之代表，有权代表他们行事，将来建筑工程竣工后，受托人仍为债票持有者之代表，并从债票发行之日起至清还之日止，每年获得债票持有者应交五千美元酬金。

第十三条　此路竣工后，如有出售债票剩余之款，此款应由中国政府支配，或照本合同后文所载赎回债票，或存入双方议定之银行，作为偿还借款利息之用，或用于利于此路其他事项，但须由中国政府先期通知受托人。

第十四条　全路所需在勘测界限内之地及岔道、车站、修理厂和车库所需之地，由中国政府照详细计划按实价购买。其购款及关于购地之必需费用，均由借款进项中支付。

第十五条　一俟提供此项借款，中国政府即于广州设立铁路总办事处，其存在时间，到全部债票清还完毕。此办事处设一中国督办，由中国政府委派，配一总帐房为副手（以下称“总帐房”），须加拿大人或英国人，加拿大人之代表或有名望之英国清帐公司代表亦可。工程完竣后，所用之总工程师（以下称“工程完竣后总工程师”），亦须加拿大人或英国人。所有这些雇员及其后继人，由中国政府与受托人共同推荐。当其解雇时，亦得由中国政府与受托人双方同意。当雇员或其后继人因病故或解雇或解职或退休，造成空缺且本条款有效时，则应照上述推荐委用各办法，由英国人及上述有资格者补充。

兹因上述这些雇员职责是为增进政府与债票持有者共同利益，故订明，如遇有争执，均通过政府与受托人代表和衷解决。工程完竣后总工程师及总帐房之薪金及聘用合同之条款由政府与受托人商定，其薪金等费用均由铁路总帐中支付。

为办好此路，所有重要技术人员应聘用富有经验有才干之外国人。如遇有同样能胜任之中国人，应优先聘用。其聘任及其职责，经督办与工程完竣后总工程师协商后呈中国政府核准。聘任总帐房办事处之外籍人员，其手续相同。所聘外籍人员如有不正当行为或不能胜任者，由督办同工程完竣后总工程师商议后，经政府核准可免其职。聘用外籍人员合同应与通行格式相同。

总帐房帐务处所管此铁路建造及行车之收支帐目，应用中英两文书写。总帐房有组织及监督帐务处之责，并应经由督办将其所管之事报告政府，报告（债票持有者代表即）受托人。所有收支款项，得由总帐房签字经督办及工程完竣后总工程师核准，方可作证。

总帐房可雇用中国人员，其主要帐务人员应有熟悉帐务处整个帐务之各种机会。

全路告竣后，所需各种技术人员之安排，由督办与工程完竣后总工程师商定，并及时报告政府。

工程完竣后总工程师之职责，应是与督办商定既有效又经济维护及管理此路之办法。

在工程期内，每年从铁路借款中拨付一定款项，其数额由政府或为此而指派之官员与承造人或其让受人酌定，由政府或某专门负责之部门支配，经政府核定为办公费用。

督办经政府准许，可设立一学校，以教授中国学生铁路知识。

本条所言各节，不仅在工程期内有效，而且在债票未清还之前始终有效。

第十六条　一俟提供此项借款，即由政府与受托人协同推荐，并由政府委任一有名望之加拿大或英国顾问工程师公司（以下简称“顾问工程师”）与督办协同办理此路事务。其驻中国代表应是加拿大人或英国人，应是建造期内总工程师

（以下即称“建造时总工程师”）。建造时总工程师及其后继人之免职或开除得经政府与受托人共同批准方能生效，新任之建造时总工程师亦应是有名望之英国人，其委任办法与上述相同。

建造时总工程师应监督承造人最经济建成此路，以便依照本合同各条款保护政府和债票持有者之利益。

兹因顾问工程师及建造时总工程师负有增进政府与债票持有者共同利益之责，故双方议定：如遇有争执，均由政府与受托人之代表妥善解决，其薪金及聘用合同之条款应由政府与受托人酌定，薪金等项开支均由此路总帐中支付。

顾问工程师及建造时总工程师对于直接或经由督办转达之政府意旨或训令，应予以尊重执行。对于督办关于工程技术之训令，亦应遵守，但同时应视其有无妨碍有效建造此路及其设备之完善，以便使此路成为债票持有者之完好担保品。

此路各线设计书及其他一切图样均由顾问工程师备办，经督办监核，并须注意到工程及设备所需之资本、将来回收资本之能力、当地情形及需要、工程是否经济及此路大概运输量等等，还须顾及到铁路设计合理，并有获利能力，确保此路设备完善等政府之意图，以便使此路成为债票持有者完好之担保品。

此路行车时所需之车辆包括机车应提供充足，其质量及数量，由建造时总工程师会商督办，视此路大概运输量及运输情形而定。

第十七条　如中国政府欲为此路行车、账目及全路轨道、材料、钢轨等设备，制定统一规章，则此路之管理亦须遵守此规章，并不得有损于债票持有者之利益。

第十八条　兹委任承造人为中华民国负责此工程建筑及装配经理人。承造人应善于选用上等材料，按督办及建造时总工程师意图，依照设计要求建成此路。承造人应遵照由督办转达之政府训令，按建造时总工程师之意勘定线路。

兹委任承造人于建造期内为此铁路局购买所需国外进口一切材料设备经理人。凡督办要求购买一切重要材料要征得建造时总工程师同意。如所购材料系从国外进口，该经理人须用最便宜价格购买，按净价计算费用。兹特声明，所拟购材料及支取费用，得经督办及建造时总工程师核准，否则无效。

承造人应于购买国外材料之前进行查验，其查验费用应照实开支。

督办及建造时总工程师亦应对在国内所购各重要材料进行查验，未经双方查验批准者不得点收。

第十九条　承造人应聘任一名中国政府合意有才干之经理人并正式授予权利，代表承造人驻在工程或其附近，于建造期内代其负责此路工程。亦可酌情随时雇用能胜任之负责工程师、稽查员、监督总管、分管、工头及工人等。承造人还须备医供药为全路工程人员服务。

承造人担保所用外籍职员遵守中国风俗礼教，以及所订通商条约和中华民国政府关于寄居中国外籍人员规定，如上述外籍职员中有行为不正或不服管理或对中国地方官员不尊敬或虐待乡民等事发生，承造人一经通知后，即当根据犯事情形公平处理。

无论何时，如督办指控承造人所用之中外职员有行动不当或品行不端，则应立即查核，以便公平判决。如所指控确有证据，则犯事人应即开除。

建造此路所用之中国技术助手，承造人应为其提供熟悉铁路各部门情况之方便，并令工程人员尽力为其提供有关建路资料。

第廿条　全路所需及建造此路所需之地（包括道碴坑及取土坑），无论久用或暂用，以及便于此路或进入此路之地，均由政府及时备妥，便于承造人随时使用，不致延误工程进行。

第廿一条　中国政府所付承造人建筑、装配此路及工程期内维持此路花费金额，应按承造人实际垫付之金额及为此应付花费百分之五酬金计算。此实际垫付之金额应包括购买设备器械、总管人员薪水、管理及工作等费用及承造人所支一切费用；从欧洲或他处特聘技术师及工人等国内外旅费；以及职员专为本合同事来往旅费；购买设备器械等物品，包括物品原价及运费之实际金额，机械之租金；以及为方便所雇职员而设立之伙食处、诊疗所所需之一切费用。

承造人未得督办及顾问工程师之许可，不得与工人或任何人议定包筑或转包业务，以致有他项垫出费用。如有上述情况，其垫出费用，未经督办及顾问工程师许可，其所垫之款或全部或部份由督办及顾问工程师核定，不得列入承造人之帐。但承造人所雇职员及其薪金不在此例，由承造人自行处置，除承造人之经理人及其属下主要工程师外，其他外籍工程师及办事员之薪水与中国同类铁路人员相等。

所谓此路设备，应包括此路行车时所需一切必须之物，包括备足行车所需车辆、机车。兹特此声明：不包括此路完全建竣并设备齐全交于中国政府后所购一切设备。所有为此路所购地亩费用，督办、总帐房、顾问工程师之薪金，各办事处及其职员所用一切费用，亦不在上述建造和设备范畴内。

中国政府见经督办，建造时总工程师及总帐房核定之支出单据，即付与承造人为上述事百分之五酬金。

第廿二条　中国政府无论何时应为承造人因本合同事提供用款。为此，中国政府应实行随时付款办法。由承造人于每月底至少前七天将下月工程估计用款帐单送交建造时总工程师，政府即于每月一日拨付所估之款，存入承造人所指定之银行，为承造人之存款，如上月有欠承造人之款，应一起拨付，或于承造人处有多余之款，亦可照数扣除。

第廿三条　承造人在建造及装配此路过程中，完全可自由使用此路及工厂。在建造期内，亦可完全自由使用为此路及岔道、车站、工厂、房屋、水塔等所用一切地亩，包括取土坑、采石场、道碴坑、砖窑等用地。俟此路建成后应全数交与中国政府。

第廿四条　勘测完成后，如政府以为可行，则可与承造人议定付给红利办法，根据政府所定用款及所定期限内完成建造及装配此路某段而定。如此项办法议定后，承造人不能用所定用款于所定期限内完成建造及装配此路某段，承造人不负责任，亦不受罚款。

第廿五条　中国政府应防止干预、阻碍和骚扰承造人之事发生，并须采取必要之防范措施，以保护承造人所雇人员及财产安全。

第廿六条　承造人所雇职员之财产及与工程有关之一切人和物，均须由中国政府保护。政府应注意地方安宁，不得有预谋妨碍工程之事发生。如遇有工人缺乏而有碍工程进行，政府应尽力与承造人配合，妥为解决，并全力协助承造人雇到工人。

第廿七条　督办、建造时总工程师及承造人之代理人应就有关工程必须实行之事进行晤商，以求商定维护各自利益及原则；双方满意之办事细则及行动准则。如因有关此路装配、建造而引起之争论（除非另外订定），则应由不满意一方立即向政府提出，政府应迅速作出公正裁决。如某方觉得受亏或不满意，则应立即交双方所推之两中立公正人裁决。该公正人应按加拿大仲裁法调查情况，作出公平判决。如两公正人所判不能一致，再立即交两公正人所推一公断人判决，此公断人之判决即为终判，双方不得再有争执。

第廿八条　承造人于建造期内，应视建造情况而起用临时轨道行车，一切车务应照督办所定之价目单及有关章则办理。行车进款，扣出总帐房为行车支出费用后，承造人应得多余之款之三分之一。

第廿九条　如督办及建造时总工程师认为某路段竣工可行车时，承造人应依照本合同之规定交与中国政府。至于何段为竣，应于完成勘测后划定。

第卅条　为保护全段安全，应设中国铁路巡警队，归督办指挥，其警官均用中国人。所有警饷及维持费用，完全由此路建造及维持费中支付。如此路遇有需请中国政府派兵保护时，应由铁路总办事处申请政府迅速派出，其费用由政府付给。

第卅一条　此路建造及行车所需各种材料，不论由国外进口，还是由各省运至建造工地，如中国其他现存及拟造铁路享有厘税豁免之待遇，则此路亦应享有。此路借款之债票及其息票以及此路进款，均应豁免中华民国政府各税。

第卅二条　中国制造和生产之材料，如价格及质量与进口材料相等，应优先购用以促进中国工业发展；加拿大材料，如价格及质量与其他各国材料相等，亦应优先购用。

第卅三条　承造人经中国政府同意，可将其各种权利全部或部份转让或委托与其后继人或让受人。

第卅四条　如有必要适当发行为建造此路全部或部份之省债票，广东、广西两省依照本合同所定各条款，并以各省总税收及其良好信誉作保，可有权发行。其数额以建造本省境内路段所需款项而定。若各省直接与承造人订立合同，但本合同所定之各省管理与监督之权仍属广州政府或中华民国统一政府。各省应由稽核员向督办报告各省经费开支情况。

如日后需发行中华民国债票取代上述省债票，政府即行同意发行中华民国债票取代之（如有必要的话），并以中华民国总税收及其良好信誉担保。

如本合同签订后十二个月内工程尚未开始，中国政府可终止本合同，双方均不为本合同付代价。但虽已期满，而正为财政事进行交涉，则可延长六个月，再展期得经双方互相商定。

第卅五条　一俟成立统一政府，中华民国政府及广东、广西省政府，保证中华民国统一政府批准并采纳本合同，若统一政府即为此约原执行者，此种“批准”及“采纳”即为本合同发行债票之保证，并以中华民国总税收及良好信誉作担保。

第卅六条　本合同共缮写英文、中文五份。中国政府留存三份，送交英驻华大使或英驻广州总领事一份，承造人收执一份。如有疑义之处，应以英文为准。

本合同于中华民国十二年四月十二日即西历一九二三年四月十二日，由两造在广州签字。

中华民国十二年四月十二日

西历一九二三年四月十二日

孙文（签字）（印）

加拿大北方建筑有限公司副董事长卡明（签字）

见证人　陈友仁

据《北洋政府财政部档案》，南京、中国第二历史档案馆藏（孙修福译）

审定《军政部军法处组织条例》

（一九二三年四月二十四日）

大元帅指令第一一四号

令大本营军政部长程潜

呈送该部《军法处组织条例》请鉴核由。

呈悉，所拟条例业经审定，仰即遵照办理。条例并发。此令

（中华民国陆海军大元帅之印）

中华民国十二年四月廿四日

据《大元帅指令第一一四号》，载广州《陆海军大元帅大本营公报》第九号，一九二三年五月四日

附：大本营军政部军法处组织条例

（一九二三年四月二十四日）

第一条 军法处设处长一人，委员三人，直隶军政部长，专管本处事务。

第二条 凡陆海军军官、军属、士兵犯罪以及人民触犯军法之逮捕、审问、判决、执行事项，概归军法处办理。

第三条 军法处适用《陆海军审判条例》及《陆海军刑事条例》各法令。

第四条 凡因被告人之身分，有必须高等军法会审时，得临时呈请组织之。

第五条 书记官、录事因事务之繁简设置之。

第六条 本条例自呈请大元帅核准公布日起实行。

中华民国十二年四月廿四日

据《大本营军政部军法处组织条例》，载广州《陆海军大元帅大本营公报》第九号，一九二三年五月四日

准铁路运输局暂行编制饷章及服务细则

（一九二三年五月十一日）

大元帅指令第一五六号

令大本营兵站总监罗翼群

拟订该部铁路运输局暂行编制、饷章及服务细则，呈请核定由。

呈悉。准如所拟办理。此令。

（中华民国陆海军大元帅之印）

中华民国十二年五月十一日

据《大元帅指令第一五六号》，载广州《陆海军大元帅大本营公报》第十一号，一九二三年五月十八日

批《广州市车辆交通罚则》

（一九二三年六月十四日）

大元帅训令第一九一号

令广东省长廖仲恺

据广东电车有限公司总理伍学熀呈称："窃商前呈钧府转饬省长规定车辆交通罚则，以便遵守。经省长令广州市政厅拟定，呈复省署，复经省署开司法会议议决，该项罚则由省署公布，执行权归公安局，如公安局于执行中发见有过失嫌疑时，方由公安局转送法庭，查照新刑律因过失致人死伤条例办理，经省长呈复钧府备案，并由省署于本年四月二十三日公布施行，登载广东公报。复于本年五月一日，奉大理院批：查《广州市车轿〔辆〕交通罚则》，现经广东省长将原则修正议决施行咨会在案，此后该公司车伕操业，遇有违犯本则各条，当可按照分别处理矣。仰即知照。理合沥情呈明，恳请分令大理院、总检察厅转饬广东高等审、检两厅，暨广州市政厅转饬公安局，照省署公布《车辆交通罚则》分别办理，实为公便"等情前来。除该省长前呈缴修正《广州市车轿〔辆〕交通罚则》业经备案外，合行令仰该省长查照定例，分别行知转批该公司知照。此令。

（中华民国陆海军大元帅之印）

中华民国十二年六月十四日

据《大元帅训令第一九一号》，载广州《陆海军大元帅大本营公报》第十六号，一九二三年六月二十二日

核航空局暂行编制饷章等通则①

（一九二三年六月二十三日）

大元帅指令第二七六号

令大本营军政部长程潜

呈报核定航空局暂行编制、饷章由。

呈悉。应予暂行，照准。此令。

（中华民国陆海军大元帅之印）

中华民国十二年六月廿三日

据《大元帅指令第二七六号》，载广州《陆海军大元帅大本营公报》第十七号，一九二三年六月二十九日

颁发《临时军律》六条

（一九二三年六月二十七日）

大元帅训令第二一五号

令广东省长廖仲恺、兼卫戍〈总〉司令杨希闵

前因广州市内竟有白昼抢劫情事，惊扰闾阎，妨害治安，经令行该省长、兼卫戍总司令督饬所属一体严防密查。遇有抢劫案犯，一经拿获讯明，即依军法从事在案。近闻更有冒充军人，擅自逮捕商民，或入民居搜索，或滥封船渡，或强拉伕役等类情事，愈堪痛恨。兹颁发《临时军律》六条开列于后，合行令仰该省长转饬公安局、兼卫戍总司令执行，并出示布告，俾众周知。除分令外，仰即遵照办理，以安闾阎，而清匪患。切切。此令。

---

① 所呈单程包括《航空局组织通则》、《航空局职掌通则》、《航空局组织暂行简章》、《航空局编制、饷章表》等，均缺。

附：临时军律

一、抢劫财物者，枪决。

一、冒充军队及不知会警察，擅自拉伕者，枪决。

一、未奉长官命令，不知会警察，擅自逮捕商民或入铺屋搜索者，枪决。

一、不经由兵站，擅自封用船渡者，枪决。

一、强占商民铺屋者，枪决。

一、掳人勒索及打单①吓诈者，枪决。

（中华民国陆海军大元帅之印）

中华民国十二年六月廿七日

据《大元帅训令第二一五号》，载广州《陆海军大元帅大本营公报》第十八号，一九二三年七月六日

照准《西江筹饷事宜处组织章程》

（一九二三年六月三十日）

大元帅指令第二九九号

令督办西江筹饷事宜古应芬

呈报办事处成立谨拟就章程十四条，乞察核由。

呈及清折均悉。应照准。此令。

（中华民国陆海军大元帅之印）

中华民国十二年六月卅日

附：督办西江筹饷事宜处组织章程

（一九二三年六月二十五日）

第一条　本处督办西江区域内一切筹饷事宜，直隶大本营。

① 用写威吓信等手段勒索钱财，粤语称作“打单”。

第二条　本处设左列各职员：

督办一人。

秘书二人。

科长三人。

科员若干人。

委员若干人。

第三条　督办由大元帅特派，综理本处一切事务及任免所属各职员。

第四条　秘书承督办命，撰拟重要文件及掌理机要事务。

第五条　科长秉承长官办理本科事务。

第六条　科员秉承长官助理本科事务。

第七条　委员承办临时指定特别事务。

第八条　本处分设左列各科：

总务科。

核计科。

出纳科。

第九条　总务科掌理左列各事项：

关于保管印信及收发文件事项。

关于分配文件及覆核文稿事项。

关于不属各科事项。

第十条　核计科掌理左列各事项：

关于编造预算决算表册事项。

关于稽核所属各征收机关报告表册事项。

关于规定各种薄〔簿〕记收据表式事项。

关于估计公产价值事项。

第十一条　出纳科掌理左列各事项：

关于征收各种捐税及解缴事项。

关于保管款项及收支单据事项。

第十二条　各科办事细则另定之。

第十三条　本章程有未尽事宜，得随时增订修改，呈请大元帅核定之。

第十四条　本章程自呈奉核准公布曰〔日〕施行。

中华民国十二年六月廿五日

据《大元帅指令第二九九号》，载广州《陆海军大元帅大本营公报》第十九号，一九二三年七月十三日

公布《西江临时戒严条例》并有关规则

（一九二三年七月四日）

大元帅令

兹宣布西江为戒严区域，并制定《西江沿岸警备区域临时戒严条例》、《西江船舶检查所组织条例》、《西江船舶检查所执行规则》，公布之。此令。

附一：西江沿岸警备区域临时戒严条例

第一条　警备区域内之集会结社、新闻杂志、图画广告等，须先受戒严司令官之检查，违者拘究。

第二条　警备区域内之民有枪炮、弹药、兵器、火具及一切军用危险物品暨其制造之机械，由戒严司令官随时检查，在军事必要时押留或没收之。

第三条　警备区域内之民有物品，可供军需之用者，得禁止向桂边输去，违者押留拘究。

第四条　警备区域内之邮信、电报，由戒严司令官检查之。

第五条　警备区域内各城镇、墟市、村落之家宅、建造物、船舶等，戒严司令官随时检查之；嫌疑人物得押留拘究。

第六条　警备区域内出入船舶，非经戒严司令〈官〉之许可，绝对不得运载枪炮、弹药、兵器、火具及一切军用危险物品暨其制造之机械，违者没收拘究。

第七条　凡出入或停泊于警备区域内之船舶，其所载之一切物品由戒严司令官随时检查，如有违禁物品时，得押收之，并分别令其船舶退出或押留之。

第八条　戒严司令官在军事必要时，得停止西江沿岸水上之交通。

第九条　警备区域内行政、司法事务之与军事有关系者，戒严司令官执行职权时，各该行政官及司法官须受其指挥。

第十条　本条例所规定事项，戒严司令官有强制执行权，因其执行所生之损害，概不负赔偿之责。

第十一条　本条例自布告日施行，于宣告解严日废止。

附二：西江船舶检查所组织条例

第一条　西江沿岸自三水河口起，迄粤桂边界止，定为警备区域，宣告特别戒严，特设船舶检查所，执行《戒严条例》检查船舶。

第二条　西江船舶检查所得设职员如左：所长一人，检查员若干人。

第三条　所长依《戒严条例》及命令，执行检查船舶之任务。

其检查方法另以规则定之。

第四条　检查员承所长之命执行其职务。

第五条　所长执行检查时，法令有未备者，得以职权便宜行之。前项之检查，随时报告戒严司令官。

附三：西江船舶检查所执行规则

第一条　检查所得随时检查西江通航或停泊中之各船舶，并没收其所偷载之武器及军用一切危险品物或扣留之。但船舶自卫武器，向经呈报有案者，不在此限。

第二条　检查所得随时制限西江通航或停泊中各船舶之出入去留。

第三条　检查所对于西江渔业，得以命令禁止其一部或全部。

第四条　检查所对于西江沿岸各船舶碇泊场所，得以命令变更之。

第五条　西江通航或停泊中之各船舶，有不服从检查所指导及命令，该所得先行扣留，电报戒严司令官核饬办理。

第六条　检查所对于通航或停泊中之各船舶，所用检查办法及其他事项另行规定公布之。

第七条　西江通航或停泊中之军用船舶，检查所依戒严司令官之指令，得能免其检查或制限。

第八条　本规则自公布日施行，于西江宣布解严日废止。

中华氏〔民〕国十二年七月四日

据《大元帅令》，载广州《陆海军大元帅大本营公报》第十九号，一九二三年七月十三日

批广东宣传局暂定官制及预算表

（一九二三年七月六日）

大元帅指令第三一二号

令广东宣传局长邓慕韩

呈缴该局暂定官制及预算表，请核示祇遵由。

呈悉。所拟官制及预算尚无不合，应准予备案。此令。

（中华民国陆海军大元帅之印）

中华民国十二年七月六日

据《大元帅指令第三一二号》，载广州《陆海军大元帅大本营公报》第十九号，一九二三年七月十三日

批《西江船舶检查所检查规条》

（一九二三年七月十二日）

大元帅指令第三一八号

令广东省长廖仲恺

呈明增加《船舶检查规条》① 各原因由。

---

① 据廖仲恺呈称，西江船舶检查所所长拟订并通行《检查规则》八条，与一九二三年七月四日由大元帅公布的《西江船舶检查所执行规则》八条相同，惟该规则“对于检查洋船手续未经规定，执行恐有窒碍”，故呈请于该规则原拟第七条之下，酌予增加，定为第八条，并将原拟第八条改为第九条。

呈悉。此令。

（中华民国陆海军大元帅之印）

中华民国十二年七月十二日

据《大元帅指令第三一八号》，载广州《陆海军大元帅大本营公报》第二十号，一九二三年七月二十日

批准《律师暂行章程》

（一九二三年七月十九日）

大元帅指令第三三一号

令大理院长兼管司法行政事务赵士北

呈为修正《律师暂行章程》，请审定公布由。

呈悉。准如所拟办理。此令。

（中华民国陆海军大元帅之印）

中华民国十二年七月十九日

附：律师暂行章程

（一九二三年七月十六日呈）

第一章　职　务

第一条　律师受当事人之委托，或法院之命令，得在通常法院执行法定职务，并得依特别法之规定，在特别审判机关行其职务。

律师受当事人之委托，为契约、遗嘱之证明，或代订契约等法律文件。

第二章　资　格

第二条　律师应具左列资格：

一、中华民国人民满二十岁以上之国民。

二、依律师考试合格，或依本章程有免试之资格者。

第三条　有左列资格之一者，不经考试得充律师：

一、在外国或本国大学修业三年以上、得有毕业文凭，并专修法律之学得有学位者；或在外国修法律之学，得有律师文凭者。

二、在外国或本国大学，或经政府认可之公立、私立法律或法政学校修业三年以上，得有毕业文凭，并曾充司法官一年以上，或办理司法行政事务三年以上者。

三、具前项上段之资格，曾充国立或经政府认可之公立、私立大学，或专门学校之法学教授三年以上者。

四、依本章程充律师后，经其请求撤销律师名簿内之登录者。

五、在本章程施行前，领有司法部律师证书者。

但在护法政府成立之后，如领有北京司法部律师证书者，须另领证书，照章纳费。

第四条　有左列情形之一者不得充律师：

一、曾处法定五等有期徒刑以上之刑者，但国事犯已复权者不在此限。

二、受破产之宣告确定复〔后〕尚未复权者。

第三章　证　书

第五条　考试合格者，或有免考试之资格者，得依本章程请领律师证书，但应纳证书费一百元、印花税费二元。

第六条　领证书者，应具声请书并证书费，呈请司法总长或经由高等检宗〔察〕厅检察长转呈司法总长发给之。

前项声请应附具相当之证明书，证明其资格。

第四章　名　簿

第七条　司法总长发给律师证书时，应将该律师列入总名簿。律师名簿内应载明左列各款事项：

一、姓名、年龄、籍贯、住址。

二、律师证书号数。

三、事务所。

四、登录年月日。

五、惩戒。

第八条　高等审判厅置律师名簿。

第九条　领有证书之律师，得声请指定一高等审判厅管辖区域行其职务，但京师、直隶两高等审判厅不在此限。

前项声请，应具声请书呈该高等审判厅长验明后，登录于律师名簿，并依法缴纳登录费。

第十条　律师经登录于律师名簿后，得在大理院行其职务。

第十一条　高等审判长应将登录名簿之律师，随时呈报司法总长，并分别知照所属法院。

第五章　义　务

第十二条　律师执行职务时，不得兼任官吏或其他有俸给之官职；但充国会、地方议会议员，国立、公立、私立学校讲师，或执行官署特命之职务者，不在此限。

第十三条　律师非证明其有正当理由，不得辞去法院所命之职务。

第十四条　律师受诉讼事件之委托，而不欲承诺者，应通知委托人。律师不发前项通知或通知迟延者，应赔偿因此所生之损害。

第十五条　律师不得收买当事人之权利。

第十六条　律师应以诚笃及信实行其职务，对于法院或委托人，不得有欺罔之行为。

第十七条　律师对于委托人所约定公费报酬，应由律师与委托人依契约关系自由订立，但不得利用委任关系，别为利益自己、损害委托人之法律行为。

第十八条　律师以善良管理者之注意，处理委托事务。如因懈怠过失或不谙习法令程式致委托人受损失时，负赔偿之责。

第十九条　律师不得故意延滞诉讼之进行。

第二十条　律师对于左列事件不得行其职务：

一、曾受委托人之相对人之商告而为之赞助，或受其委任者。

二、任推事或检察官时，曾经处理之案件。

三、依公断程序，以公断人之资格，曾经处理之事件。

第廿一条　律师应于执行职务之法院所在地置事务所。

置前项事务所后，应即报告于所在地之法院。

第六章　公　会

第廿二条　律师应于地方审判厅所在地设立律师公会。律师非加入律师公会，不得执行职务。

第廿三条　律师公会受所在地方检察长或高等分厅监督检察官之监督。

第廿四条　律师公会置会长一人，并得置副会长一人。

第廿五条　律师公会每年开定期总会，并得开临时总会。

第廿六条　律师公会得置常任评议员。

第廿七条　律师公会应议定会则，由地方检察长经高等检察长呈请司法总长核准。

第廿八条　《律师公会会则》应规定左列各款事项：

一、会长、副会长、常任评议员之选举方法及其职务。

二、总会、常任评议员会之会议方法。

三、维持律师德义方法。

四、公费之最高额。

五、其他处理会务之必要方法。

第廿九条　律师公会随时将左列各款事项，布告于所在地地方检察长：

一、会长、副会长、常任评议员选举之情形。

二、总会、常任评议员会之日时、处所。

三、提议、决议之事项。

地方检察长受前项之报告复〔后〕，应即经由该管高等检察长报告于司法总长。

第三十条　律师公会于左列事项外，不得提议、决议：

一、法律命令及《律师公会会则》所规定之事项。

二、司法总长或法院所咨询之事项。

三、关于司法事务或律师共同之利害关系，建议于司法总长或法院之事项。

第卅一条 地方检察长得随时出席于律师公会、总会及常任评议员会，并得命其报告会议详情。

第卅二条 律师公会或常任评议员会之会议，有违反法令及《律师公会会则》者，司法总长或高等检察长得宣示其决议无效或停止其会议。

第七章 惩 戒

第卅三条 律师有违反本章程及《律师公会会则》之行为者，律师公会会长应依常任评议员〈会〉或总会之决议，声请所在地方检察长将该律师付惩戒。

地方检察长受前项声请后，应即呈请高等检察长，提起惩戒之诉于该管高等审判厅。

律师之惩戒，地方检察长得以职权呈请之。

第卅四条 被惩戒人或高等检察长，对于惩戒裁判有不服者，得向司法总长提出复审查之请求。

第卅五条 惩戒处分分为左列三种：

一、训戒。

二、停职一月以上二年以下。

三、除名。受除名处分者，非经过四年不得再充律师。

第八章 附 则

第卅六条 本章程于《律师法》及其施行法公布后即行废止。

第卅七条 本章程关于司法总长之职权，由兼管司法行政事务之大理院长行使之。

第卅八条 本章程自呈准公布日施行。

据《大元帅指令第三三一号》，载广州《陆海军大元帅大本营公报》第二十一号，一九二三年七月二十七日

中国国民党总支部通则①

（一九二三年七月二十日）

第一条　各省区及国内重要都市，依本党总章第三条之规定并经本部之核准，得设总支部。

第二条　总支部直隶于本部，受本部之监督指挥，处理所管区域内一切党务。

第三条　总支部之管辖区域，由本部指定之。

第四条　总支部设部长一人综理部务，副部长一人协理部务，均由总理任命之。部长有事故时，由副部长代理之。

第五条　总支部设参事九人，参赞党务。

参事由总支部所属各县支部三分二以上之代表组织参事选举会选举之。在各县支部成立未及三分二以上时，由总理任命之。但国内各重要都市所设之总支部参事之选举，则由本区内全体党员依上项规定行之。

第六条　总支部设总务科、党务科、财务科、宣传科、交际科，并得设政治委员会、法制委员会、农工委员会、妇女委员会，分掌事务及调查研究事项。

总支部经本部之核定，得设其他委员会。

第七条　各科设科长、副科长各一人，干事若干人；委员会设委员长、副委员长各一人，委员若干人；均由总支部部长陈请总理任命之。

第八条　总支部职员均以二年为任期，但得再被选任。

第九条　总支部设总支部会议，议决规则，规画党务，以总支部部长、副部长、参事及各科长、各委员长组织之。

第十条　总支部设支部代表会议，以总支部所属各县支部选派之代表组织之。但国内各重要都市所设之总支部，不在此限。

前二项会议均由总支部部长召集之，会议时以总支部部长为主席。

---

① 孙文在广东领导革命军事政权的同时，继续推动上海国民党本部草拟大批改进党务的文件，经他本人审核批准后公布。本篇及后面各篇即属此类文件，所标时间系批准日期。

第十一条　总支部设科会联席会议，以各科科长、副科长、各委员会委员长、副委员长组织之。

前项会议以外，各科长或委员长得随时召集各该科或各该委员会之会议。

第十二条　总支部之经费由所属党员负担，其征收法暂由各总支部自定之，但不得挪用入党金及常年捐。所定征收法须经本部之核定。

第十三条　总支部于不背本党各种规章范围以内，得自定各种规则；但须陈本部审核备案。

第十四条　本通则经中央干部会议人员三分一以上或五个总支部以上之提议修改，得陈请总理交中央干部会议议决之。

第十五条　本通则自批准之日施行。

据《中国国民党总支部通则》，载上海《中国国民党本部公报》第一卷第二十号，一九二三年七月二十日出版

中国国民党支部通则

（一九二三年七月二十日）①

第一条　各县及国内各重要市区，依本党总章第三条之规定并经本部之核准，得设支部。

第二条　县支部直隶于本省区之总支部，受总支部之监督指挥，处理所管辖区域内一切党务；但重要市区所设支部之隶属，不在此限。

第三条　县支部管辖之范围，依该县原有之区域；重要市区所设之支部管辖之区域，由本部指定之。

第四条　支部设支部〈部〉长一人综理部务，副部长一人协理部务，均由所隶属之省区总支部部长推荐于本部，经中央干部会议通过，呈请总理任命之。部长有事故时，由副部长代理之。

第五条　支部设参事七人，参赞党务。

---

①　本篇所标时间系批准日期。

参事由县支部管辖之各分部召集全体党员投票选举，呈报总理任命之。

国内重要市区所设之支部参事之选举，以指定管辖区域内各分部之全体党员依照前项之规定行之。

第六条　支部设支部会议，议决规则，规划党务，以支部部长、副部长、参事、各科科长、各委员长组织之。

第七条　支部设分部联合会议，由各分部部长联合组织之。

前二项会议均由支部部长召集之，会议时支部部长为主席。

第八条　凡本通则未经载明者，得适用本党总支部通则第六、第七、第八、第十一、第十二、第十三等条之规定。

第九条　本通则经中央干部会议人员四分一以上或十个支部以上之提议修改，得呈请总理交中央干部会议议决之。

第十条　本通则自批准之日施行。

据《中国国民党支部通则》，载上海《中国国民党本部公报》第一卷第二十号，一九二三年七月二十日出版

中国国民党分部通则

（一九二三年七月二十日）①

第一条　镇乡依本党总章第三条之规定并经本部之核准，得设分部。

第二条　乡镇分部直隶于县支部，受支部之监督指挥，处理分部所管区域内一切党务；但依据其他规定所设分部之隶属，不在此限。

第三条　镇乡分部管辖之范围，依该乡镇原有之区域；但依据其他规定所设之分部管辖之范围，由本部或总支部、支部指定之。

第四条　分部设部长一人综理部务，副部长一人协理部务，均由所隶属之支部部长推荐于总支部检定，呈请总理任命之。分部部长、副部长检定条例另定之。

---

① 本篇所标时间系批准日期。

第五条　分部设参事五人，参赞党务。

参事由该分部所属之全体党员投票选举，报经直接之支部或总支部转呈总理任命之。

第六条　分部设分部会议，议决案件，规画党务，以部长、副部长、参事及各科科长组织之。

分部会议由分部长召集之，会议时分部长为主席。

第七条　分部设党员直接会议，由分部所属之全体党员组织之。

直接会议由分部部长认为必要时或由该分部党员三分之一以上提出要求时，分部部长召集之，会议时分部部长为主席。

第八条　凡本通则未经载明者，得按照本党支部通则第八条办法，适用总支部〈通则〉第六、第七、第八、第十一、第十二、第十三等条之规定；但各条中关于委员会之部分不适用之。

第九条　本通则经中央干部会议人员五分之一以上或二十个分部以上之提议修改，得呈请总理交中央干部会议议决之。

第十条　本通则自批准之日施行。

据《中国国民党分部通则》，载上海《中国国民党本部公报》第一卷第二十号，一九二三年七月二十日出版

中国国民党通讯处通则

（一九二三年七月二十日）①

第一条　国内未设总支部、支分部之地方，如有本党党员能集合二十人以上加入本党者，依本党总章第三条之规定并经本部之核准，得组织通讯处。

第二条　通讯处须受本部指定总支部、支部之管辖；但因特别情形得直接本部。

第三条　通讯处之职员如下：

① 本篇所标时间系批准日期。

处长一人，综理本处事务。

干事五人，分理本处事务。

第四条　通讯处处长由总理委任之，干事由处长荐任之，均以二年为任期。

第五条　通讯处党员满五十人以上时，得依本党分部通则第一条之规定，改组分部。

第六条　通讯处各种规则由通讯处自定，呈请本部审核备案。

第七条　本通则自批准之日施行。

据《中国国民党通讯处通则》，载上海《中国国民党本部公报》第一卷第二十号，一九二三年七月二十日出版

中国国民党海外总支部通则①

（一九二三年七月二十日）

第一条　海外总支部依本党总章第三条之规定并经本部之核准，设立于海外各重要都市。

第二条　海外总支部设理事九人，组织理事会，议决规程，处置党务。

第三条　理事由海外总支部管辖区域内全体党员用无记名连记投票选举之，以得票比较多数者为当选，当选后陈由总理任命之。

第四条　理事会以每月第一星期日为常会会期，如有理事三人以上之同意得开临时会。理事会议案以理事过半数之出席、出席人员过半数之同意决定之。其主席由各理事逐次轮任之。

理事会议议决事件，交由总干事执行之。

第五条　海外总支部设总干事一人，由本部特派，执行总支部一切事务。但遇有应由理事会议决事件而理事会因故不能开会时，总干事于负责执行后，至理事会开会时须提出请求追认。

① 本篇系据一九二〇年十一月十九日公布的《中国国民党海外总支部通则》（即一九一九年十月十日同名文件重新颁布）改订，经孙文批准后公布。因此时已另行制订《中国国民党总支部通则》，故本通则的内容较前大为简略。所标时间系批准改订的日期。

第六条　总支部通则第二条、第三条、第六条至第八条、第十一条至第十四条之规定，海外总支部适用之；但各项职员之任用，由总干事得理事会之同意，陈请总理任命之。

第七条　本通则自公布到达之日施行。

据《中国国民党海外总支部通则》，载上海《中国国民党本部公报》第一卷第二十号，一九二三年七月二十日出版

中国国民党海外支部通则①

（一九二三年七月二十日）

第一条　本通则适用于海外各支部。

第二条　海外支部之设立，须能担任本部事务所之经费每年千元以上，并具左列资格之一：

原有中华革命党支部及洪门全部党员加入改组者。

由本部直接委任组织者。

在无支部地点联合原有数分部党员至千人以上者。

各种团体人数过千，照章写立愿书缴入党金而改组者。

第三条　凡党员愿书由支部汇送总支部，寄陈本部领取证书，其直辖于本部之支部，则与本部直接办理。

第四条　海外支部直隶于本部所指定之总支部，受该总支部之监督指挥，处理管辖区域内一切党务；但因他种关系，经本部之许可得直隶于本部。

第五条　海外支部、分部、通讯处有责任不明瞭或有互相争执时，应由总支部或本部审定之。

第六条　海外党员除照本部现〔规〕约尽义务享权利外，有左列之权利：

享本党共同保护之权利。

---

①　本篇系据一九二〇年十一月十九日公布的《中国国民党海外支部通则》（即一九一九年十月十日同名文件重新颁布）修正，经孙文批准后公布，所标时间系批准修正的日期。

享本党抚恤之权利。

享本党表彰之权利。

第七条　海外支部以执行部、评议部组织之。执行部置左列各职员：

部长一人。

副部长一人。

书记一人或二人。

主任五人。

副主任五人。

干事若干，但不得过十二人。

委员长四人。

副委员长五人。

委员若干人。

评议部置左列各职员：

正议长一人。

副议长一人。

书记一人。

评议员五人，但党员在三百人外者每三十人得增评议员一人。

第八条　支部部长、副部长及主任、副主任、委员长、副委员长由该支部党员选举，陈由总支部呈报〈总〉理任命之。

第九条　书记、干事、委员由支部部长荐任。

第十条　评议员由该支部党员选举，评议长由选出之评议员互选，均陈由总支部呈报总理任命之。

第十一条　评议部书记由评议长于评议员中指定，陈由总支部呈报总理任命之。

第十二条　支部部长总管支部一切事务，为该支部之代表，对于本部负责。副部长辅助之，部长有事故时得代理之。

第十三条　主任、委员长承支部〈部〉长之命，掌管一科及委员会事务。副主任、副委员长辅助之；主任、委员长有事故时得代理之。

第十四条　书记承支部部长之命，掌管文书起草及保存机要文件、典守印章事务。

第十五条　委员会为缮写文件、处理庶务，得酌用雇员。

第十六条　执行部各科及委员会分设如左：

总务科。

党务科。

财务科。

宣传科。

交际科。

政治委员会。

法制委员会。

农工委员会。

妇女委员会。

如有必要时得设立其他委员会，但须经本部之核准。

第十七条　总务科掌左列事项：

关于支部内之庶务。

关于支部内之文件收发及分配事项。

关于支部内办事规则之起草事项。

关于支部内之应接事项。

调查党员职业及经历，报告于本部及总支部。

调查侨胞在该埠之总人数（合男女及土生者），报告于本部及总支部。

调查侨胞在该埠之农工商矿事业，报告于本部及总支部。

关于不属各科事项。

第十八条　党务科掌左列事项：

关于党员入党事项。

关于愿书按月汇齐邮寄本部事项。

关于领发证书事项。

关于党员名册调制事项。

关于分部收入党员、按月责成将愿书交支部注册转寄本部事项。

第十九条　财务科掌左列事项：

关于入党金及①年捐征收事项。

关于会计报告事项。

关于支部内之收支簿记事项。

关于捐册调制并收据保管或转发事项。

第二十条　宣传科掌左列事项：

关于书报出版事项。

关于学校教育及社会教育事项。

关于演讲事项。

关于该支部所管范围内一切出版物检查事项。

第二十一条　交际科掌左列事项：

关于招待及联络事项。

关于党外交涉事项。

关于接洽他支部及分部事项。

第二十二条　政治委员会掌左列事项：

调查当地之政治状况。

调查当地之经济状况。

调查当地之社会风俗，并研究以上三项得失之点。

第二十三条　法制委员会掌左列事项：

调查当地之现行法制及一切条例。

研究一切法律问题。

第二十四条　农工委员会掌左列事项：

调查当地之农界状况。

调查当地之工界状况。

调查当地之侨民生计职业状况，并研究其改进计划。

---

① 此处删一衍字“本”。

第二十五条　妇女委员会掌左列事项：

调查当地之妇女状况。

研究妇女问题之解决方法。

第二十六条　评议部议决左之事项：

支部〈部〉长交议事项。

议决支部内之预算及决算。

议决党员之建议案或职员之建议案。

议决党员之处罚事项。

对于本支部职员失职或旷职之质问事项。

第二十七条　评议部之开会通常由评议长召集，以过半数出席；但支部〈部〉长认为必要时，得请求评议长召集开会。如评议长因有事不能到会时，得由副议长主席。

第二十八条　海外支部机关之经费由所属党员负担，其征收法暂由支部自定之，但不得挪用入党金及年捐。所定征收法须经本部之核定。

第二十九条　海外支部职员之任期，以二年为一任；但得连举连任。

第三十条　海外支部每经过三个月须将办理之成绩报告总支部，由总支部汇报本部；但关于必要时，须临时报告。

第三十一条　海外支部须于每半年中召集该支部所辖全体党员开大会一次，每星期开职员会一次，评议会每月一次，演说会无定期。

第三十二条　海外支部办事细则由支部自定，经评议会之议决。

第三十三条　凡海外非总支部、支部驻在而又无分部之地方，新进党员满五十人以上者得成立分部，满二十人以上者得成立通讯处，均受指定支部之管辖。

第三十四条　海外分部职员适用海外支部之组织，但不设副主任及委员会。

第三十五条　海外通讯处设处长一人，各科及评议部适用海外支部之组织，但不设副主任、副议长及委员会。

第三十六条　分部及通讯处党员人数较少者，得以一人兼任两科或委员会①

---

①　据上海《中国国民党本部公报》第一卷第二十一号（一九二三年七月三十日出版）所载《紧要更正》：“第二十期公报所登《中国国民党海外支部通则》第三十六条‘分部及通讯处党员人数较少者，得以一人兼任两科或委员会事务’内，‘或委员会’四字系误衍，应删。特此更正。”

事务。

第三十七条 海外分部及通信〔讯〕处，除第三十四条、第三十五条、第三十六条别有规定外，悉适用本通则之规定。

第三十八条 本通则自公布达到之日施行。

第三十九条 附则

本通则如有海外五个以上支部或十个以上分部之提议修改，得呈请总理交中央干部会议议决之。

据《中国国民党海外支部通则》，载上海《中国国民党本部公报》第一卷第二十号，一九二三年七月二十日出版

批《司法官任用章程》和《司法官甄别章程》

（一九二三年七月三十一日）

大元帅指令第三五〇号

令大理院长兼管司法行政事务赵士北

呈拟《司法官任用暨甄别法官办法》，请鉴核公布由。

呈及章程均悉。所拟任用及甄别法官办法，应俟详加核议，再行饬遵。现时本省高等所辖各地方审检厅长，除业经任命外，应由院派署。其高等各厅及各厅庭长，推检、高厅书记官长等，应由各该厅直辖高等厅审检长先行分别派代，俟考核确能胜任，再呈院核明转呈任命。至各厅庭书记官长、书记官，概由该直辖高等厅直接任免，以专责成，而利进行。仰即遵照，并分令高等厅一体遵照办理。此令。

（中华民国陆海军大元帅之印）

中华民国十二年七月卅一日

附一：司法官任用章程

（一九二三年七月二十一日呈）

第一条 司法官之任用，除特任职及大元帅特擢者外，依本章程规定行之。

第二条　简任司法官资格如左：

一、曾任高等审判厅庭长、高等检察厅首席检察官三年以上者。

二、曾任地方审判厅厅长、地方检察厅检察长三年以上者。

三、曾任司法部参事、司长三年以上者。

四、曾任简任官一年以上而有应司法官考试资格者。

五、曾任推事检察官十年以上者。

（说明）查司法人才现尚缺乏，故本条改订简任司法官资格，比四年七月部定简任司法官资格为较宽，以广登进而资应用。

第三条　荐任司法官资格如左：

一、曾经正式任命者。

二、考试合格者。

三、甄用合格者。

第四条　凡简任缺出，应由兼理司法行政事务之大理院长，以具有第二条所列资格人员开单呈请大元帅简任之。但确系贤能、才堪重用曾任推检者，得由院长切实保荐，呈请大元帅特擢之。

第五条　凡院外荐任推检缺出，应由各省高等审判厅厅长、高等检察厅检察长，就具有第二条所列资格人员中，遴选相当人员，叙明资格履历，每一缺预拟二员呈院沠〔派〕署，厅长缺出径由院派署。

（说明）系参照五年十一月三日部令规定。

第六条　荐任司法官若因疾病死亡或有特别事故，急须遴员接代时，高等审检厅得派员暂代。但须即时依照前条办理。

第七条　荐任司法官，除曾经荐署现请改署、曾经荐补现请改补者外，其由沠〔派〕署拟改为荐署、由荐署拟改为实任者，应悉依照四年一月二十三日、四年四月二十九日部饬办理。

第八条　本章程自公布日施行。

附二：司法官甄别章程

（一九二三年七月二十一日呈）

第一条　凡未经司法官考试合格，或未经正式任命者，应依本章程甄别之。但有甄别委员之资格者，不在此限。

第二条　甄别由甄别委员会行之。

第三条　甄别委员会以大理院长为委员长，以左列各员为委员：

一、总检察厅检察长。

二、兼理司法行政事务主任。

三、大理院庭长。

四、大理院推事。

五、总检察厅检察官。

六、高等审判厅厅长。

七、高等检察厅检察长。

八、中央政府所在地地方审判厅厅长。

九、中央政府所在地地方检察厅检察长。

第四条　凡现任及曾任推检人员，有应司法官考试资格或领有律师证书、无《法院编制法》第一百十五条所列情形者，均得依左列程序甄别之：

一、现任推检人员，应由该管长官调取该员毕业证书、历次任状及经办文件，加具考语，呈会审查。

二、曾任推检或领有律师证书者，应由该员检具足以证明其学识经验之著作、文件凭证，自行呈请审查。

第五条　审查之方法如左：

一、审查毕业成绩。

二、审查办案成绩。

三、审查其著作。

四、审查其行检。

五、审查其经历。

第六条　甄别委员会开审查会时，非全体委员过半数之出席，不得开议。非出席委员之过半数不得议决可否，同数时取决于委员长。

第七条　审查合格者，给予甄别合格证书。甄别合格证书每张征费大洋二十元。

第八条　凡现任人员，其毕业证书及文件任状，因有特别情形无从缴验者，应觅具荐任司法官五人具结证明其资历及事由。日后如查有虚冒，除将甄别合格原案注销外，另就该员及保证人施以相当之惩罚。

第九条　凡现任人员，经甄别委员会审查不合格者，即行开缺。

第十条　甄别期间为一月，期满后即行闭会。

第十一条　本章程自公布之日施行。

据《大元帅指令第三五〇号》，载广州《陆海军大元帅大本营公报》第二十二号，一九二三年八月三日

核准设立广东全省经界总局并规程

（一九二三年八月□日）

大元帅训令第二五六号

令大本营财政部长叶恭绰、广东省长廖仲恺

据广东财政厅长邹鲁呈称："窃维裕国之道莫如清理土地。日本得台湾后，即先编制田土台帐，成绩昭然。粤省辽阔，延袤千里，衡宇栉比，阡陌连云，然考每年土地税收，不过五百万元。究厥原因，皆缘迄未清理所致，故侵占飞洒，流弊百出，豪强胥吏因缘为奸。甚至乡族互争，酿成械斗，法庭涉讼，累及无辜，经界不明，流弊实大。查民国十年曾奉令行设立土地局，原为整理田土起见，惜规划未成，旋复裁撤。现在大局渐定，为清理田土、整顿税收起见，拟请特设全省经界总局，先从沙田清丈登记，次及繁盛都市，陆续举办。并就局内先行设立测绘养成所，以最短期间养成多数测绘人材，一俟大局敉平，全省各属自可分途并进，必使此疆彼界图册分明，且民业一经确定，即与官产公产不能混淆，既可

杜绝奸人揑报之烦，并免日后彼此纷争之弊，便民裕国，莫善于此。所有拟设全省经界总局清丈屋宇田亩缘由，是否有当，理合拟具规程十三条，呈请察核令遵。俟奉核准，再行拟具本局预算书及施行细则呈候鉴定施行”等情，并附呈《经界总局规程》一扣前来。据此，查该厅所拟设立广东全省经界总局清丈屋宇田亩，事属可行。核阅规程，亦尚妥协，应予照准。合行令仰该部长、省长转饬该厅遵照办理，仍将预算书及施行细则呈转候核。《经界总局规程》抄发。此令。

（中华民国陆海军大元帅之印）

中华民国十二年八月□日

附：广东全省经界总局规程

第一条　本局以厘正经界、确定民业为宗旨。

第二条　本局隶属财政厅，秉承财政厅长办理。

第三条　本局局长由财政厅委任，局员由局长委任。

第四条　全省屋宇、田土均由本局次第清丈。

第五条　屋宇、田土、典当、买卖应税契登记事项，概归本局办理。司法官厅已设有登记局地方，仍由该局登记，未经泒〔派〕员清丈各县，该县税契事宜暂由该县长办埋〔理〕。

第六条　屋宇、田土未经税契验契者，清丈后均责令补税、补验并登记，始得管业。

第七条　屋宇、田土已税验契未测量登记者，清丈后应补登记。

第八条　屋宇、田土已税验契测量登记者，仍应复加清丈，如有错误即更正，另发图照管业。

第九条　第六、第七两条之清丈及登记费，均各照价值百分之一计算，契税率及附加等概照向章办理。

第十条　第八条之清丈费豁免之，图照费每张二元。

第十一条　经界确定及登记后，即为完全民业之证据。

第十二条　本局施行细则另定之。

第十三条 本规程如有应行更改事宜，由财政厅长随时呈请省长更定之。

据《大元帅训令第二五六号》，载广州《陆海军大元帅大本营公报》第二十四号，一九二三年八月十七日

准行《整理广东省银行纸币办法总纲》

（一九二三年八月十日）

大元帅指令第三八六号

令大本营财政部长叶恭绰

呈拟定整理纸币、救济财政各办法，请鉴核施行由。

呈及总纲附件均悉。应照准，已明令施行矣。仰即知照。此令。

（中华民国陆海军大元帅之印）

中华民国十二年八月十日

附一：叶恭绰呈

（一九二三年八月五日）

呈为拟定整理纸币、救济财政办法，仰祈鉴核事：窃广东省立银行纸币自停兑以来，国计民生两受其害，推原其故，实由于前此发行过滥，办理失宜，致使社会上纸币供求未能适合，故一蹶以后，政府之信用既失，人民之痛苦顿深。恭绰自管度支倏逾匝月，日与各界人士及僚属苦心研究整理办法，参以各方条陈意见。窃以省立银行所发纸币，其账目颇多疑义，即应否全数承认，议论亦多异同。惟此项纸币，多已流入人民手中，虽大抵系以低价得来，未必曾受如何损失，然为政府信用计，自不应置之度外。第粤省现值军事时代，军、民、财三政尚未完全统一，若欲为无限制之兑现，无论时机不许，且以经济及财政现情而论，若无标本兼治办法清厘旧案，即以别启新机，恐仍为易涸之泉，稍通复塞，即人民之痛苦亦终无了日，不得已商拟统筹兼顾之策图久远，即以〔此〕策目前不敢云克，对商民或庶几稍资补救。查广东省银行发行纸币，照该行清理处报告，为数

系三千二百余万元，现时市价几等于零，而此种纸币辗转流通，已成为一种物品性质，若由政府筹款照市价收回，未始非一劳永逸之计。惟政府既无从得此整款，且目下市面因缺乏纸币流通之故，极感困难，故设法使此项纸币恢复其流通之力，其重要实与兑现相同。而兑现之与流通，亦复有极大之因果关系，故二者不能不兼营并进。至粤省财政之败坏，固由地方之未统一，及行政系统秩序之紊乱，而财政与市面金融及社会经济向缺切实之提挈互助，亦实为一大主因。盖粤省货币之流通，只有硬币中之银辅币一种，致消息〔纳〕全操于港币银行，按揭证券交易尤多，以不动产及股票为本位，而绝无纸币公债之流通，此其间逐年耗失，为数不知若干。故粤省经济表面虽号繁荣，而实难期发展，此际妥筹补救，第一须确定货币基础，第二须养成证券流通习惯。兹二者，以从前政府失信之故，此后惟有公开示信，确定一贯之策，以经理权责完全分授之人民，政府为之巩固初基，俾其徐归正轨，庶信用得渐恢复，财用亦藉宽舒。兹谨参酌以上二项要义，酌拟《整理纸币办法》七条，附呈钧核。至所拟各项办法，系以人民个人经济状况各各不同，必任其择一而从，庶冀推行无碍。实行之际，应一律授权于法团办理（如商会等），政府有保障而无干涉，其精神所在则在收回以前失信之纸币，而为以后各种证券昭信之初基。至详细办法，各有专则，并附于后，倘政府不久能筹有巨款，为多量之兑现，尽可提前办理，容再体察情形，拟请钧裁。抑恭绰更有请者：今日粤省财政，正如虚阳病体，攻补两难，必须疏滞培元，逐加调养，方有复原之望。一切治法，似未能骤拘成例，即如发行纸币，本政府之特权，然各国规例亦不一律，亦有可以通融办理者。粤省今日商业日趋呆滞，实缘官商两方均无可以流通之纸币之故，政府欲恢复信用，发行纸币，尚非旦夕所能。窃意可以特别准许各商行自办商库，联合发行纸币，政府为之定其额数，加以监察，庶市面得流通之益，金融无扰乱之虞。我大元帅视民如伤，度必特蒙鉴允，此又恭绰所敢仰承德意，轻以渎陈者也。所有酌拟整理纸币各办法，理合呈明鉴核，伏乞明令施行。除俟奉准后再行分别拟订详章，呈请公布外，此呈大元帅。

大本营财政部长叶恭绰（印）

中华民国十二年八月五日

附二：整理省银行纸币办法总纲

（一九二三年八月十日）

一、省银行纸币（以后省称纸币）发行大数为三千二百万元有奇，拟自奉令日起，限于两个月内，一律送交整理纸币委员会（以后省称委员会）检验盖戳（附件甲）。

委员会之组织，另以章程定之（附件乙）。①

二、凡经盖戳之纸币，一律十足兑现，统由整理纸币委员会办理。

三、检验办法：凡送来纸币一百元，由委员会将其中五十元公开销毁，其余五十元俟盖戳后，分别交回本人及政府（即财政部）。其交回本人办法：凡票面一元、五元、十元者，按十成发回二成；其票面五十元、一百元及二毫、五毫者，按十成发回一成，余即交回政府（即财政部）。余类推。

四、按照前项办法，以省银行纸币大数三千二百万余元计，处理如左：

（甲）销毁十分之五，共计一千六百万元（零数从略）。

（乙）交回本人十分之二或一，共计四百八十九万元（零数从略）。

（丙）交回政府十分之三或四，共计一千一百十一万元（零数从略）。

五、除销毁外，市面流通额实减为一千六百万元。此一千六百万元，除兑现一项预定一年办毕外，其余应设法于半年内收回清讫。其办法如左：

（甲）兑现四百三十二万元，拟一年办毕。

（乙）流通券等消纳一千二百五十万元，拟半年办毕（附件丙）。

（丙）银行股本消纳四百万元，拟半年办毕（附件丁）。

（丁）搭缴欠饷及其他出售官产等消纳二百万元，拟半年办毕（附件戊）。

合计二千二百八十二万元，以较市面流通额一千六百万元尚多六百八十二万元。因以上四项除第一项外，其余确数难定，或有时互有出入，姑从宽预备如上。

六、半年以后尚有存在市面之此项纸币，以公开销毁、继续兑现、换发新券

① 《陆海军大元帅大本营公报》漏排，现据《叶部长整理纸币之办法》（载一九二三年八月十一日《广州民国日报》）补正。

各办法消灭之，使财政上另开新局。

七、未完全消灭以前，政府应用下列方法维持其价格：

（甲）公私机关出纳一律收用。

（乙）设法流通于全省各属。

（丙）速组能维持信用之金融机关，及速办省银行之善后。

八、本总纲自呈奉大元帅核准施行。

中华民国十二年八月十日

附件甲　检验前广东省银行纸币办法

一、受检验之省银行纸币，暂以省银行清理处查实报告之数为准（即约计总数三千二百万元有奇），详细手续另由财政部定之。

二、凡持有前广东省银行纸币者，自本办法公布日起，限于两个月内，一律持送整理省银行纸币委员会（以后简称委员会）加盖戳记，以凭陆续兑现。其逾限不送委员会盖戳者，即作废纸。

三、已加盖戳记之纸币，其兑现由委员会经理之。

兑现之详细办法，另由委员会议定，呈报财政部核准施行。

四、政府指定造币厂余利，每日约一万二千元，充陆续兑现之用。

五、造币厂应俟纸币开兑日起，每日将此项余利径交委员会公开兑现。每日以免〔兑〕尽此项余利之数为度，如未兑尽，即滚存归次日兑现之用。

注：现在交涉关余，原备以一部分充整理此项纸币之用，如有成效或筹得其他的款，当提前多兑。

六、该项纸币按照近日市价从优规定如左：

（甲）票面二毫、五毫者一折。

（乙）票面一元者二折。

（丙）票面五元者二折。

（丁）票面十元者二折。

（戊）票面五十元者一折。

（己）票面一百元者一折。

七、依以上办法，委员会应将持票人送来纸币加盖戳记后，即按照上列折合成数交回持票人，以便凭以兑现，其余分别销毁及交回政府。

注：例如送来十元票面之纸币一百元，于盖戳后，除以五十元归该会汇总销毁外，即照前条折合办法，交回二十元与持票人，以三十元交回政府，余类推。

八、凡持票人送来一元及一元以下小毫纸币，照前条办法难于分配时，应另定相当办法办理。

九、凡应销毁及已兑现之纸币，由委员会会同政府公开销毁。

十、凡已盖戳未兑现之纸币，在兑现未竣以前，所有政府各征收机关，应一律准商民搭缴各项捐税，其成数另行分别定之。

十一、本办法自奉核准日施行。

附件乙　整理广东省银行纸币委员会章程

第一条　本会为整理前广东省立银行纸币而设，由左列各员组织之：

甲、广州总商会会长。

乙、银业公会会长。

丙、广州市参事会首席参事。

丁、广东商会联合会会长。

戊、七十二行商推举代表一人。

己、九善堂推举代表一人。

庚、总工会会长。

辛、政府代表二人，由财政部、省长各指派一人。

第二条　本会由委员中推选委员长一人，副委员长一人。凡本会一切事务及对外各事，由委员长、副委员长共同负责。

第三条　本会之职权如左：

甲、检验纸币及盖戳。

乙、照整理办法之分配。

丙、纸币之保管。

丁、焚毁纸币之监察。

戊、整理纸币之报告。

第四条　本会委员对于本会执行职务，皆有分担及监察之权责。

第五条　本会委员每日须公推二人以上轮流到会，常川办事。

第六条　本会设秘书四人，事务员若干人。

第七条　本会对于检验及焚毁纸币之数目，应以本会名义按月登报宣布。

第八条　本章程自公布日施行。

本会办事规则①另行规定，呈报财政部核准备案。

附件丙　有价证券消纳纸币办法

一、政府为整理省银行纸币起见，发行有价证券三种如左：

（甲）广东利市有息流通券（以下简称流通券），其定额为一千万元，月息六厘。

（乙）造币余利凭券（以下简称凭券），其定额为三百万元，月息六厘。

（丙）广东整理纸币定期有息证券（以下简称定期证券），其定额为一千二百万元，周息七厘。

以上三项，须由各该券之基金委员会盖戳后，方能发行。

二、流通券拟规定搭收前省银行纸币二分之一，计共收回五百万元，并收现银五百万元。

三、流通券还本付息之基金，由政府授全权与广东盐务稽核分所，在广东盐税项下每月提拨的款足敷还本付息之用者，径自拨存基金委员会所指定之中外殷实银行专款存储。

四、流通券自发行满六个月后，每月用抽签法还本付息一次，分二十五个月还清，每次抽还百分之四。

① 该规则名为《整理广东省银行纸币委员会办事细则》，计二十八条，见《整理纸币特刊》（载一九二三年十月一、二日《广州民国日报》）。

五、凭券发行时，拟规定搭收前省银行纸币百分之二十五分，但应折半计算，计应收回纸币一百五十万元，并收现银二百二十五万元。

六、前项凭券之基金，由政府提拨造币厂余利每月三十万元充之，交与基金委员会特别存储，预备还本之用，其利息另由政府拨款充之。

七、前项凭券分两次发行，每次发行一百五十万元，均自发行后第二个月起，分五个月抽签，每月还本并付息一次，每次抽还五分之一。

八、定期证券拟规定搭收前省银行纸币二分之一，计共收回六百万元，并收现银六百万元。

九、定期证券还本付息之基金，由政府指定省河租捐及全省印花税之收入充之，并先指定官产之一部分，作为该项基金之担保品。

前项省河租捐及全省印花税，由政府完全交与基金委员会经理，并由政府协助其进行。其省河租捐并由广州市公安局实力协助，其施行规则另定之。

十、定期证券自发行满一年后，分十年还本，用抽签法每半年还本一次，每次抽还百分之五，其利息亦每年分两次发给。

十一、流通券与凭券及定期证券，应各组基金委员会，由政府授权与各法团，公推代表任为委员，与政府所派代表共同办理（财政部、省长各沠〔派〕代表一人）。

十二、基金委员会最大之权责，在维持该券之信用及保护持券人之利益，监督各该券之发行及查核搭收之纸币数目等。

十三、搭收之纸币，以曾经整理纸币委员会检验盖戳者为限，应随时分别送交整理纸币委员会定期销毁。

十四、政府指定之基金，作为定案，永不变更，各该券本息未还清以前，无论何项机关或有何项要需，均不得挪借或移用。

十五、流通券自发行日起，凭券自中签日起，定期证券之本票、息票，自本息到期日起，无论政府机关暨市面一律通用，不得拒绝收受。

如有伪造及毁损其信用者，依法惩罚之。

十六、本办法自奉核准日施行。

附件丁　银行股本消纳纸币办法

一、另设官商合办银行一所，拟定名“广东民信银行”，按照股份有限公司组织，其章程另定之。

二、银行资本总额定为二千万元。先收一半，计一千万元。官股占十分之二，计二百万元。商股占十分之八，计八百万元。

三、官股之二百万元由政府照拨。

四、商股之八百万元，准于缴纳股款时，收现银四百万元，并搭收省银行纸币五成，其详细办法另以招股章程定之。

五、除股款搭收纸币外，银行应按左列办法，酌量情形代政府分别搭收纸币，其搭收成数由银行秉承财政部核定办理，另以专章定之：

（甲）有奖储蓄存款。

（乙）有奖储蓄券。

六、凡银行所搭收或代政府收回之纸币，由政府以价值相当之有价证券向银行换回，分期销毁。

七、凡银行搭收或代政府收回之纸币，均以曾经整理纸币委员会检验盖戳之纸币为限。

八、曾经检验盖戳之纸币，得存入银行作为存款，由银行给予存簿或存单为凭，并酌给相当之利息。其详细办法，另以专章定之。

九、此次银行五年以内完全授权于商民办理，政府任提倡、保护及监察之责。

十、政府之官股，五年以内放弃董事被选权，惟监事则由政府选派之。

官股应得官红利亦可酌量放弃。

十一、本办法自奉核准日施行。

附件戊　公款收入消纳纸币办法

一、左列各项公款收入，准其搭缴省银行纸币若干成：

（甲）官产之变卖。

（乙）欠饷之追缴。

（丙）公款之收入。

二、政府应从速指定价值二百万元以上之官产，于半年以内招标变卖，专备收回纸币之用。前项官产缴价时，准其搭收纸币五成。

三、此外，于六个月内标卖官产时，准其搭收纸币十成之五成以下一成以上，其数各于投标章程内自定之。

四、凡官产投标时所缴保证金，准全数以纸币充之。

前项保证金，准其于得标后缴付正价应搭纸币之成数内抵缴。

五、以前积欠政府饷项，在纸币未停兑以前积欠者，如在两个月以内缴还，准其全数以纸币缴纳；两个月以外者，规定搭缴成数如左：

三个月以内缴还者八成。

四个月以内缴还者六成。

五个月以内缴还者四成。

六个月以内缴还者二成。

六、积欠饷项，在纸币停兑以后积欠者，准其搭缴纸币成数如左：

两个月以内缴还者五成。

三个月以内缴还者四成。

四个月以内缴还者三成。

五个月以内缴还者二成。

六个月以内缴还者一成。

七、积欠饷项，须于六个月以内缴清，方准搭收纸币。

八、凡左列各项政府收入，除海关、盐税外，准于一年内分别按成搭收。其搭收成数，由各机关拟订，呈报财政部核准备案，但搭收之成数不得少于十成之一：

（甲）田赋。

（乙）厘金。

（丙）其他各项捐税。

（丁）官营业及其他公款之收入。

（戊）地方公款之收入。

九、搭收之纸币，以曾经整理纸币委员会检验盖戳者为限。

十、搭收时所收之纸币，须呈送财政部按期转发整理纸币委员会分别销毁。但官营业及地方公款收入搭收之纸币，应由财政部以有价证券交换之。

十一、畸零数目或尾数不满一元者，概不搭收纸币。

十二、如收款机关违背前项办法，不允搭收者，依违令例惩罚之。

十三、本办法自奉核准日施行。

中华民国十二年八月十日

据《大元帅指令第三八六号》，载广州《陆海军大元帅大本营公报》第二十五号，一九二三年八月二十四日

照准《商业牌照税条例施行细则》

（一九二三年八月十三日）

大元帅指令第三九三号

令广东财政厅长邹鲁

呈为拟定《商业牌照税条例施行细则》及各项书据格式，请鉴核令遵由。

呈及细则、书据格式均悉。应照准。仰即遵照办理。此令。

（中华民国陆海军大元帅之印）

中华民国十二年八月十三日

附：商业牌照税条例施行细则

（一九二三年八月十三日）

第一条　征收商业牌照税依据条例之规定，由财政厅主管。除广州市应给牌照由财政厅直接管理外，各县应给牌照由财政厅委任各县署或派专员管理之。

第二条　此项商业牌照税，以一次过为限。凡经领照注册之店铺，与商人通例注册有同一之效力。

第三条　注册给照之资本额，营业人得申请登报公告。公告后，对于官厅或第三者，得为相当之担保。

本条例实行前，对于官厅为担保之店铺，不依第四条定限领照注册时，官厅得勒令受担保者另觅保店。

第四条　凡在条例实行前经营各种商业、开设店铺者，应于条例实行后二十日内，按照条例第二条规定之税率，补纳牌照税。其在实行后开业者，应于开业之前十日缴纳，非经纳税领照不得营业。前项实行期，由财政厅体察各地情形，随时布告。

第五条　营业人填报资本，由本管征收官署，照甲号所列格式之申报书，印交警察官署或泒〔派〕专员分发各店铺，限五日内按式填齐盖章，汇送征收官吏查实，分别注册。如有少报资本者，应由征收官署通知营业人，另行填报。

第六条　另填申报书仍有少报资本时，征收官署得检查其合同股份账簿货物，决定税额，饬令缴纳。

第七条　营业人对于官署决定税额，如有异议，得邀请商会向本管官署请求，重行决定。

第八条　营业人填呈申报书后，应于五日内按照所报资本纳税款，掣取收税处丙号所列格式之收据。若另填申报或官署决定增加资本时，得饬营业人按额补纳。

第九条　征收税款及核计资本，均以毫银为本位。原以大元或港纸记账者，一律折合毫银伸算。

第十条　牌照式样，照乙号所列格式，分为左之五种十级。由财政厅制印，分发各征收官署编号填给。

甲种　红色：

一级　资本在三十万元以上者填给之。

二级　资本在二十万元以上者填给之。

乙种　黄色：

一级　资本在十五万元以上者填给之。

二级　资本在十万元以上者填给之。

丙种　蓝色：

一级　资本在七万五千元以上者填给之。

二级　资本在五万元以上者填给之。

丁种　绿色：

一级　资本在二万五千元以上者填给之。

二级　资本在一万元以上者填给之。

戊种　赭色：

一级　资本在一万元以下者填给之。

二级　资本在五千元以下者填给之。

第十一条　凡同一店铺开设两种字号以上，或同一字号开设分支店铺两处以上者，均应各别报领牌照。

第十二条　牌照遗失或损坏不堪悬挂，及迁移店铺时，均应报明本管征收官署补领换领，并纳照费一元。其换领者，须将原领牌照同时缴销。

第十三条　曾领牌照之店铺辍业招人顶盘时，该接受顶盘者，应于十日前将自己营业资本申报本管征收官署，另缴税款请领新照。增加资本发展营业者，亦应申报补税，换领新照，始准营业。

第十四条　凡领牌照者，应将所领牌照悬挂店铺易见之处，以便稽查。

第十五条　各征收官署，应备置商业牌照税注册原簿，照己号所列格式，将领照换照应列申报各种事项，分别登记，以备存查。

第十六条　不遵本细则第四条缴税补税定限者，每逾限十日，处罚税额之半数。得递加至十倍。

第十七条　各店铺辍业，将原领牌照转赁或顶盘；或增加资本，不换领新照者，除勒令缴税领照外，并处纳税额三倍之罚金。

第十八条　违抗本细则第六条之检查及第十四条之规定者，处以五元以上、五十元以下之罚金。

第十九条　凡应处罚金者，应照丁号所列格式，先发罚金通告书，俟其遵缴罚金，并应慎给财政厅印发戊号所列格式罚金收据。

第二十条　凡抗税及抗纳罚金者，征收官署得酌量情节轻重，停止其营业，或封闭其店铺。

第廿一条 本细则自奉大元帅核准公布之日施行。

第廿二条 本细则如有未尽事宜，得由财政厅随时呈请修改之。

中华民国十二年八月十三日

据《大元帅指令第三九三号》，载广州《陆海军大元帅大本营公报》第二十五号，一九二三年八月二十四日

大本营党务处条例[①]

（一九二三年八月十四日刊载）

第一条 本处专理大本营管辖地中国国民党党务事宜。

第二条 本处附设于大元帅行营驻在地。

第三条 本处设职员如左：

主任一人。

科长二人。

干事六人。

办事员若干人。

第四条 本处主任由大元帅以中国国民党总理名义任命人〔之〕，科长、干事由主任呈请总理任命之，办事员由主任委任之。

第五条 本处主任承总理之命，管理本处一切事宜。

第六条 科长受主任之指挥监督，专管各本科事宜。

第七条 干事受科长之指挥监督，办理各本管事务。

第八条 办事员勷助干事办理各项事务。

第九条 本处设第一、第二两科。

第十条 第一科管理本处文件印信，接洽各地党务及本处收支，并调制预算、决算、报告各事宜。

第十一条 第二科管理党员愿书、名册，调查党员履历，并办理入党。

第十二条 本处职员以中国国民党党员中，历来办党确有成绩、资格较深者

① 此条例经孙文核准后公布。

任之。

第十三条　本处办事细则另定之。

第十四条　本条例自总理批准之日施行。

据《大本营党务处条例》，载一九二三年八月十四日《广州民国日报》（三）

批准《大元帅行营金库组织章程》

（一九二三年八月二十日）

大元帅指令第四〇七号

令大元帅行营金库长黄昌谷

呈拟《大元帅行营金库组织章程》，请鉴核施行由。

呈及章程均悉。查阅该章程，除第三条所列各项未尽妥善业经改正外，余如所拟办理，仰即遵照章程抄发。此令。

（中华民国陆海军大元帅之印）

中华民国十二年八月二十日

附：大元帅行营金库组织章程

（一九二三年八月十二日呈）

第一条　大本营为利便筹措前敌军饷起见，特设大元帅行营金库。

第二条　本金库承大元帅命令，筹画前敌军饷、保管款项及发给行营薪饷事项。

第三条　本金库为办理前条职务，得具下列各权：

甲、于军事区域内，发行特种纸币（发行章程另定之）。

乙、与军事区域内各地方长官及团体，筹措军饷。

丙、没收军事区域内敌人财产，拨充公用。

第四条　本金库为办理第二、第三两条各职务，设下列各科：

一、统计科。

二、保管科。

三、收入科。

四、支出科。

第五条　本金库设职员如左：

一、金库长一人。

二、文牍员一人

三、第四条所列各科主任一人。

四、办事员若干人。

第六条　金库长由大元帅简任；文牍员及各科主任由金库长荐任；办事员因事务之繁简酌设若干员，由金库长委任。

第七条　金库长承大元帅命令，督同办事人员处理金库事务，并随时将库内收支情形报告大元帅。

第八条　文牍员承金库长之命，办理文牍事务及保管各文件。

第九条　统计科主任承金库长之命，督同办事员核算全库收支数目，及行营各机关预决算暨大元帅发下账目。

第十条　保管科主任承金库长之命，督同办事员保管全库款项，每日将库款实数转报统计科备查。

第十一条　收入科主任承金库长之命，督同办事员办理库款收入事务，所收款项交保管科储存，并每日将收入数目转报统计科备查。

第十二条　支出科主任承金库长之命，督同办事员办理库款支出事项，每日将支出数目转报统计科备查。

第十三条　本金库非奉到大元帅命令，不发给款项。

第十四条　本金库因前敌特别情形之需要，得设泒〔派〕出所，处理战地军饷事宜。派出所所长由金库长呈请大元帅委任。

第十五条　本章程如有未尽事宜，得呈请大元帅修正之。

第十六条　本章程自大元帅批准公布日施行。

据《大元帅指令第四〇七号》，载广州《陆海军大元帅大本营公报》第二十六号，一九二三年八月三十一日

批准《广东造币分厂余利凭券条例》并章程

（一九二三年八月二十八日）

大元帅指令第四二八号

令大本营财政部长叶恭绰

呈报拟订《广东造币分厂造币余利凭券条例》及《余利凭券基金委员会章程》，请明令公布施行由。

呈暨条例、章程均悉。准予施行，仰即知照。此令。

（中华民国陆海军大元帅之印）

中华民国十二年八月廿八日

附一：叶恭绰原呈

（一九二三年八月十九日）

呈为拟订《广东造币余利凭券条例》仰祈鉴核事：窃以广东省银行纸币亟待整理，前经本部拟订整理办法大纲及消纳纸币各项办法，呈奉令准各在案，自应恪遵明令，按照所拟办法订立细目，以便次第施行。查广东造币厂余利，前经整理纸币案内规定为省银行纸币之兑现，及发行凭券消纳纸币之用，是纸币兑现及凭券基金业经前案确定，亟应规定办法，从速进行。兹先拟定《广东造币余利凭券条例》十七条，并附该凭券基金委员会章程九条，理合缮具清折呈请鉴察，伏乞明令公布施行，实为公便。

再曾经检验盖戳之纸币，准其十足兑现，业于整理纸币办法总纲第二条已有规定，前呈《有价证券消纳纸币办法》第五条，于购取造币余利凭券时，按折半计算，似未足以昭公允而维信用。故此次拟定条例，即将该项办法修正，仍按票面十足计算，其应行搭收省银行纸币之成数，亦于该条例第十二条内，酌量一并修正为搭收百分之二十分，以期财政金融双方兼顾，合并附陈。此呈大元帅。

大本营财政部长叶恭绰（印）

中华民国十二年八月十九日

附二：广东造币余利凭券条例

（一九二三年八月二十八日）

第一条　政府为维持金融、整理纸币起见，发行造币余利凭券，其发行总额为三百万元。名曰“广东造币余利有息凭券”。

第二条　此项凭券利率，定为月息六厘。

第三条　此项凭券之利息，自发行后按月计算，于中签还本时一并付给之。

第四条　此项凭券分两期发行，每期发行一百五十万元。

第五条　此项凭券每期均自发行之第二个月起，每月用抽签法还本一次，分五个月还清，每次抽还五分之一。

前项抽签每月在广州执行。

第六条　此项凭券均自发行第二个月起，定为每月十五日抽签，每月月底还本付息。

第七条　此项凭券还本之基金，由政府指定造币厂余利每月提拨三十万元充之，由该厂直接交与本凭券之基金委员会，分存中外殷实各银行，预备还本之用。无论何项机关，有何项要需，不得挪借移用，其利息由政府拨的款充之。

第八条　凭券基金委员会由左列各团体各推代表一人，与政府代表二人（财政部、省长各派一人）共同组织，其章程另行规定之：

甲、广州总商会。

乙、银业公会。

丙、市参事会。

丁、广东商会联合会。

戊、七十二行商。

己、九善堂。

庚、总工会。

该委员会最大之权责，为维持凭券之信用，保护凭券人之利益，及监督凭券之发行。无论何项机关、个人，对于该会行使上列权责不得加以侵害。

第九条　此项凭券之还本付息，由凭券基金委员会委托中外殷实各银行办理。

第十条　此项凭券票面分为五种，如左：

一、五百元。

二、一百元。

三、五十元。

四、十元。

五、五元。

第十一条　此项凭券编印号码讫，须加凭券基金委员会戳记方能发行。

第十二条　此项凭券发行时，按照票面价格九五折发售现银。但于一定期间内，得搭收前广东省立银行纸币百分之二十分，此项纸币以曾经整理省银行纸币委员会盖戳者为限。

第十三条　此项凭券概不记名，得随意买卖抵押。其他公务上交纳保证时，并得作为担保品。

第十四条　此项凭券得为银行之保证准备金。

第十五条　此项凭券如遇有伪造及毁损信用之行为，应依法分别惩罚。

第十六条　本凭券发行规则由财政部另定之。

第十七条　本条例自公布日施行。

中华民国十二年八月廿八日

附三：广东造币余利凭券基金委员会章程

（一九二三年八月二十八日）

第一条　本会为维持造币余利凭券之信用及保护凭券所有人之利益而设，由左列各团体各推代表一人与政府所派代表二人组织之：

甲、广州总商会。

乙、银业公会。

丙、广州市参事会。

丁、广东商会联合会。

戊、七十二行商。

己、九善堂院。

庚、总工会。

政府代表二人，应由财政部、广东省长各指派一人。

第二条　本会负保管造币余利凭券还本付息基金之责任，由政府授与全权。无论如何，该项基金不得移作他用。

第三条　本会由委员中推选委员长一人，副委员长二人，凡一切对外事务及款项出纳，须经委员长、副委员长会同签名盖章，方有效力。

第四条　本会遇有重要事件发生，应召集各委员开会议决之。会议时，以委员长为主席。

第五条　本会各委员均有检验基金、维持信用、保障应还本息，及监督发行凭券之权责。

第六条　本会收到造币厂或政府拨到之基金，应以本会名义分存于中外各殷实银行，负其全责。其还本付息，亦应会同财政部委托各银行办理。

第七条　本会设秘书二人，事务员若干人，分掌本会各事务。

第八条　本会对于凭券基金实收实付数目，应以本会名义按月登报宣布。

第九条　本章程自公布施行。

中华民国十二年八月廿八日

据《大元帅指令第四二八号》，载广州《陆海军大元帅大本营公报》第二十七号，一九二三年九月七日

准《广东造币分厂合约》备案

（一九二三年八月二十九日）

大元帅指令第四二九号

令大本营财政部长叶恭绰

呈报订立《广东造币分厂合约》，请予备案由。

呈及合同均悉，准予备案。此令。

（中华民国陆海军大元帅之印）

中华民国十二年八月二十九日

附：承办广东造币分厂合约

（一九二三年八月十八日呈）

大本营财政部（以下简称财政部）代表政府批准，中外合办联商公司（以下简称联商公司）承办广东造币分厂鼓铸银毫及其他辅币。双方订立条件二十三款如下：

一、财政部批准联商公司承办广东造币分厂鼓铸银毫及其他辅币。

二、先以一年为期，期满如非政府收回自办，得继续办理。一年之鼓铸，以三百天为最少额，如因故障不能铸足三百天时，得请补足之。所有因故障停铸时一切厂费开销，俟照常开铸后，当由全厂之余利项下扣回。

三、联商公司垫付铸本一百八十万元。

四、联商公司系中外合办，得在沙面该国领事馆注册。

五、铸币成色，以近年所铸为标准。

六、铸成之币，开除原料及物料价并各种费用外，所余之数即为余利。先开除百分之一为全厂员司奖励，所余即为纯利。按照下列数目，七日一清算，分别缴派。政府与承商各应得之纯利规定如下：

（甲）如每日余利在贰万四千元以下，政府占百分之七十五，公司占百分之贰十五。

（乙）如每日余利超过贰万四千元以上，政府占百分之七十，公司占百分之三拾。但只系超过之数，照此计算。

七、购买生银，以伦敦市价因算。如银行无现货时，政府须予通融办理。

八、铜料燃料之购买，由公司当众开投，价低者得。

九、政府得派监理一员，驻厂监视一切。

十、总会办由联商公司指名，呈请委泒〔派〕。所有全厂用人行政及一切事务，俱有总会办办理。如总会办有变更时，由公司再行指请委泒〔派〕。

十一、前欠厂内员司匠役俸薪及修理机器等费，应由联商公司垫支，在开铸日起，由政府所得余利项下，每天扣还伍仟元，至足数为止。至或有欠各旧商款项，概由政府清理，与联商公司无涉。

十二、期满时如政府收回自办，或另批新商，应预先壹个月通知联商公司，以便将各物料逐渐销用，抽还原本。如销用未完，仍由政府令新商照依公司购入价目承受。

十三、全厂每日所出新毫，完全由联商公司按照向例兑换港纸，购买生金。

十四、政府应得余利，只能于清算后一日，由公司直接缴纳与财政部。无论何方，不得任意以一切方法预提预借。

十五、广东造币分厂，应由政府特别保护。除财政部立约外，仍请将本合约咨广东省长公署存案，将来无论属何项机关主管，均不能于法定期间内变更本合约。

十六、联商公司因中外投资之保障，政府应以广东造币分厂全部财产及一切机件物料等为担保品。

十七、广东造币分厂因系批商承办，公司每年应纳回租金一元与政府。

十八、联商公司应免关于政府一切额外要求及一切营业税并新设税捐等类。凡有此类税捐，应全归政府负担。

十九、本合约签立后，由财政部将该厂暨一切机件物料，点交与联商公司。接收清楚后，限期开工，但不得逾四星期以外。

二十、如西纸及生银价格过高，因算无溢利时，得停止鼓铸。至停铸时期，应查照本约第贰条办理。

二十一、如因意外损失害及于公司铸本时，得于期限外延长鼓铸期，至补足损失之额为止。

二十二、联商公司可代各处铸造银币，以应各处之需求，但须经政府之核准。

二十三、本合约由签立之日起即发生效力。

大本营财政部长

中外合办联商公司代表

据《大元帅指令第四二九号》，载广州《陆海军大元帅大本营公报》第二十七号，一九二三年九月七日

批《暂行视学规程》及《视学支费暂行规则》

（一九二三年九月十五日）

大元帅指令第四六三号

令大本营内政部长徐绍桢

呈拟《暂行视学规程》及《视学支费暂行规则》请备案由。

呈及规程、规则均悉。准予备案。此令。

（中华民国陆海军大元帅之印）

中华民国十二年九月十五日

据《大元帅指令第四六三号》，载广州《陆海军大元帅大本营公报》第二十九号，一九二三年九月二十一日

附一：暂行视学规程

（一九二三年八月二十一日）

第一条　暂设视学二人，承内政部长之命，视察各省普通教育及社会教育事宜。

第二条　视学由内政部长委派。

第三条　合于左列资格之一者，得任为视学：

一、毕业于本国或外国大学，研究教育素有心得者。

二、毕业于本国或外国高等师范学校，任学务职一年以上者。

三、曾任师范学校、中学校校长三年以上，著有成绩者。

第四条　视学应视察之事项如左：

一、教育行政状况。

二、学校教育状况。

三、学校经济状况。

四、学校卫生状况。

五、学务职员执务状况。

六、社会教育设施状况。

七、内政部长特命视察事项。

第五条　视学关于左列各事项，对于主管人员得适宜指导之：

一、与教育法令抵触事项。

二、部议决定事项。

三、学校教授管理事项。

四、社会教育设施事项。

五、内政部长特命指示事项。

第六条　视学应于出发前，就第四条、第五条所列各款，公同研究，酌拟考察督促方法，呈请内政部长核定照行。

第七条　视学至各地方视察学校，无庸向该校预先通知。

第八条　视学遇必要时，得试验学生之成绩。

第九条　视学遇必要时，得调阅各项簿册。

第十条　关于专门学校及其他特别事项，内政部长得派临时视学视察之。但亦得命视学兼司其事。第七条至第九条之规定，临时视学皆适用之。

第十一条　视学关于第四条及第五条视察或指导之事项，应详细报告于内政部长。

第十二条　视学视察区域及期间，由内政部长临时定之。

第十三条　视学服务细则及支费规则另定之。

第十四条　本规程自公布日施行。

附二：视学支费暂行规则

（一九二三年八月二十三日）

第一条　视学薪俸比照本部科长例，暂定每员月支薪俸二百元。

第二条　视学在京视察，每员月给车马费六十元。出京视察，每员月给川资旅费一百二十元。

在广东省会视察，暂准用在京视察之规定。

视学视察日期起止，应先预计大概情形，呈部查核。

第三条　视学每员得自用书记一人，月给薪水五十元。随同出京视察时，月结〔给〕川资旅费六十元。

第四条　邮寄报告及遇必须发电事项，其邮电费得另行开支。

第五条　视学出发时，先支发一个月川资旅费，以后就近汇支。

第六条　视学川资旅费，于回京之第二日停止支给。

第七条　本规则自公布日施行。

据《大本营内政部令》，载广州《陆海军大元帅大本营公报》第二十六号，一九二三年八月三十一日

准颁征收爆竹类印花税及招商承办暂行章程

（一九二三年九月十九日）

大元帅训令第三〇〇号

令大理院院长赵士北、大本营军政部长程潜、广东省长廖仲恺

据大本营财政部长叶恭绰呈称："窃以印花税为国税之一，应由本部直接派员征收，并照章得招商承办，历经照办有案。当此财政困难，军需孔亟，亟应设法推行，以裕税收。前据商人张式博条陈爆竹类征收印花税办法前来，本部以爆竹类与烟酒同为消耗物品，自可援照《烟酒贴用印花税票条例》办理。其税率暂按烟酒税则减半征收，定为照物价十分之一征收。所拟办法，经本部详加复核，尚属可行，现拟仍归本部直接管辖，并暂以广东全省境内先行试办，俟办有成，再酌量情形，次第推行。当由本部委任该商张式博充广东全省爆竹类印花税总办，准其在广东省城设立广东全省爆竹类印花税分处，其省河及广东全省各属，准其分设支处，或派委专员委托商店设法推销；并援商人承办税捐认额包征办法，责令每年暂以包销爆竹类印花税票价十二万元，为其征缴定额。如办有成效，再将定额酌量增加；倘销不足额，得照章责令赔缴，或酌予罚款，并得撤销包办原案，另行派员或招商承办，俾昭公允。业据张式博缴呈票价、请领税票，刊刻关防，呈报启用各在案。惟印花税推行于爆竹类，事属创办，承办商人于事前调查及开

办经费垫支较巨，特准于三个月试办期内，领票售票均以毫银伸算，并给予补助经费一成，以示体恤，而资奖励。一面由部规定，自本年九月十六日起至十二月十五日止，为试办期限，以促进行而示限制。又虑推行之初，或其所派调查、稽查、劝销各员，有与商家抵牾或骚扰情事，致碍进行而招反感；并于章程内规定，须由该处地方官厅警察区署，或商会派员会同前往，以防流弊而杜口实。但事前调查、劝销及此后稽查、惩罚，有需各该处地方官厅、警察区署暨各商会协助及各军队保护之处正多，除由本部咨行各机关查照，并由该商自与各商会接洽外，拟请大元帅训令大理院、大本营军政部暨广东省长转行所属遵照。兹由本部根据该商所拟征收爆竹类印花税办法，分别编正改订，核定为《征收广东全省爆竹类印花税暂行章程》二十六条，及《招商承办广东全省爆竹类印花税暂行章程》十八条，理合照录该项章程，备文呈报大元帅鉴核备案。其征收章程内分别订有罚则，应请明令公布施行，用昭慎重。至该章程附表应订税额，已饬令该商查明呈报本部核定，届时再行专案呈报，合并附陈”等情。据此，查所拟事属可行，应予照准，除指令并分令外，合将暂行章程抄发，仰该院长即便转饬所属一体遵照办理。此令。

计抄发暂行章程二份。

（中华民国陆海军大元帅之印）

中华民国十二年九月十九日

附一：征收广东全省爆竹类印花税暂行章程

（一九二三年九月十九日）

第一条　爆竹类印花税暂由广东省先行试办。其试办区域，应暂以广东全省为限。凡爆竹及烟花火箭等，皆为爆竹类。

第二条　爆竹类印花税，由财政部另设广东全省爆竹类印花分处，或招商承办。除呈报大元帅备案外，并分行广东省长、财政厅、各关监督、公安局，转令所属协助办理。其商人承办办法，即由承办商人拟具章程，呈请财政部核准施行。

第三条　爆竹类印花税之征收办法，援照烟酒类印花税征收办法暂行，减半征收，定为值百抽十，即依附表所定，按其价格百分之十贴用爆竹类印花税票。

前项附表，应由爆竹类印花税分处调查市价，平均规定，呈请财政部核准后，定期施行。

第四条　爆竹类之印花税票，在未经另行规定新票以前暂行须用普通印花税票，除由财政部加盖大本营财政部小印外，并由部加盖爆竹类三字小印，颁发行用，以示区别。至该项税票，仍须由该分处加盖戳记后发行。

第五条　凡制造及贩卖爆竹类者，非遵照本章程贴用爆竹类印花税票，不准在广东全省境内转运销售。

第六条　凡爆竹类，在本章程未施行以前制造或贩卖者，应自本章程施行之日起，由制造之工场商店，或贩运零卖之商人，补贴爆竹类印花税票后，方可转运贩卖，并将存数报告爆竹类印花税分处，转报财政部。

第七条　凡爆竹类，在本章程施行后制造者，应责成制造爆竹类之工场或商店，于爆竹类制成时，均须逐件贴足爆竹类印花税票，方可发行，或转运出卖。

第八条　凡在本章程施行后贩卖爆竹类者，务须要求制造爆竹类之工场或发行商店，照本章程贴足印花税票，方可贩运出卖。如未贴用印花税票或贴不足数者，该贩运及出卖之商人或商店，应负补贴印花税票之责任。

第九条　凡由他处运贩爆竹类入广东省境内者，应照本章程补贴印花税票后，方可发卖。

第十条　凡由广东省境内贩运爆竹类出境或出口者，应照本章程贴足印花税票后，方可起运。

第十一条　此项爆竹类印花税，在广东全省境内只征一次。

第十二条　凡己〔已〕贴足印花税票之爆竹类，准其在广东全省境内，无论贩运或大宗发行，或零卖，或出口，均可自由运销。

其未贴印花税票或贴不足数者，必须补贴后方可运销。

第十三条　此项爆竹类印花税，应由购用爆竹类之人负担之。并准由制造爆竹类之工场、或贩运及零卖商人或商店，于发行或出卖时，将应征印花税数目并入价格内发卖。

第十四条　爆竹类之印花税票发行时，应照票面价额核收，不得有所增减。

第十五条　凡贴用爆竹类印花税票者，应于贴用时，加盖印章或画押于印花税票与爆竹骑缝之间。

第十六条　凡整包出卖之爆竹类，以每包为单位，所有印花税票，应贴于封口之处。其逐件出卖者，以每件为单位，应以印花税票，封贴于火药引线上。

第十七条　凡贩运零卖商人或用户，对于未贴印花税票之爆竹类，不得贩卖或购买。违者除责令补贴印花税票外，卖者与买者，均处以左列之罚金：

一、初犯者处以五元以上、五十元以下之罚金。

二、二次违犯者处以五十元以上、一百元以下之罚金。

三、违犯在二次以上者，处以一百元以上、二百元以下之罚金。

以上罚金数目，系专指单位而言，如在一包或一件以上，应依前项各款，照数伸计处罚。

第十八条　凡在柜面陈列之爆竹类，务须照章粘贴印花税票，如有不贴印花陈列者，处以十元以上、二十元以下之罚金。

第十九条　如商家贩运或用户购买时，发见漏贴印花税票之爆竹类，能当时举发，或报告于警察及爆竹类印花税分处者，除免受同罚外，应准将举发人由爆竹类印花税分处酌量奖励之。

第二十条　如制造爆竹类者，不贴印花税票即行出卖，或贩卖大宗未贴印花税票之爆竹类及贩运进口或贩运出口者，均作私制私贩论，应由地方官厅或警察区署及各关卡随时分别查明扣留，呈报财政部没收充公，并仍照章处罚。

第廿一条　如有左列情事之一者，应依左列之规定，分别处罚治罪：

一、贴不足数者，处以五元以上、十元以下之罚金。

二、贴后未经盖章或画押者，处以十元以上、二十元以下之罚金。

三、业经贴用之印花税票揭下再贴者，处以二十元以上、一百元以下之罚金。

四、伪造或改造印花税票者，按照刑律伪造通用货币例治罪。

前项第一款至第三款，除处罚外，仍须责令补贴并盖章画押。其第四款除处罚外，并应将伪造或改造之印花税票没收之。

第廿二条　如以无效之旧印花税票，或普通印花税票，伪造财政部加盖之大本营财政部六字小印及爆竹类三字小印，私自加盖后发售或贴用者，依前条改造印花税票例治罪。

如办理印花税人员有前项情事，应从重治罪。

第廿三条　财政部或广东全省爆竹类印花税分处，得随时泒〔派〕员检查制造或贩运贩卖零卖爆竹类之各工场商店，对于本章程有无违背行为，但须由各该员预先通知地方官厅或警察区署或商会派员协同前往检查。

第廿四条　如按照本章程规定应行处罚者，应知会该管地方官厅或警察区署执行处罚。其应行治罪者，应将人犯送交法庭处理，仍一面将实在情形，详细呈报财政部核办。

第廿五条　本章程如有收〔修〕正之必要时，由财政部收〔修〕正之。

第廿六条　本章程自广东全省爆竹类印花税分处开办之日起施行。

其开办期由财政部以部令定之。

附二：招商承办广东全省爆竹类印花税暂行章程

（一九二三年九月十九日）

第一条　依征收章程之规定，广东全省爆竹类印花税招商承办时得用认额包征办法由承办商人呈请财政部核准后，委任该商承办。由部呈报大本营备案，及分行各机关查照。

第二条　财政部核准后，准由承办商人设立广东全省爆竹类印花税分处于广州省城，并准其在广州市省河地方及广东全省各属，分设支处及专员或代办处，呈报财政部备案。

第三条　承办商人得推举总办及会办各一员，呈请财政部以部令委任。其支处长及专员，即由总办委派，呈部备案。并得由总办委派劝销、稽查、调查若干员，分途劝销，或赴制造场所及贩运商店酌量检查。但须由总办或该员照章知会地方官厅或警察区署或商会派员协同转往办理。如有充公罚办等情事，须照章呈报财政部，并送交该管官厅或法庭，分别处治。该总办等及其所委各员，不得私自罚办。

第四条　承办商人对于征收爆竹类印花税，及售票查验各项手续，除遵照章程特别规定外，均应遵照《征收广东全省爆竹类印花税暂行章程》及其他关于印花税之法令办理。

第五条　依征收章程第三条规定之附表，应由承办商人调查市价平均规定，呈报财政部核准施行。如市价有特别变更，或格外增减时，每年得改订一次。

第六条　此项爆竹类印花税，准由承办商人包办三年。自呈报开办之日起计，扣足三年为期，并依粤省推行新税向例，自开办日起，给予三个月之试办期限。

前项所称三个月试办期限，系自九月十六日起至十二月十五日为止。

承办商人如无短销税票及其他违章情事，财政部于包办期内，不再另委他人承办。

第七条　承办商人每次向财政部请领爆竹类印花税票，均须先行照章缴足票价，方准颁发，不得藉口拖欠。

第八条　承办商人向财政部请领爆竹类印花税票时，准按票面价额七成，以现毫银加一三计，先行缴价请领。但于三个月试办期内，暂准以广州市通用现毫银核计，免其加缴，补水售票时亦同。其余三成，即作为承办商人办理广东全省爆竹类印花税，一切办公经费及奖励等项，概不另行开支。

在试办期内，财政部为事属创办，承办商人于事前调查等项需费较巨起见，特准暂支公费一成，按六成缴部领票。但此项办法，应以开办日起三个月内为限。

第九条　此项爆竹类之印花税票，应由承办商人每年包销票价十二万元，其票额应照分条办法以票面价额伸计。至每月应销若干，得按月平均计算。

第十条　如承办商人每年销售爆竹类印花税票，超过前条规定票价十分之二以上时，由财政部另定奖励办法奖励之。

第十一条　承办商人如行销爆竹类印花税票不及定额，或违背《征收爆竹类印花税章程》及本章程之规定时，得由财政部另行招商承办，并责令承办商人按照认额包征办法补缴足额，或予罚款。但遇有地方不靖，以及天地灾变情事，曾呈报财政部核准酌减税收定额者，不在此限。

第十二条　承办商人遇有地方不靖，以及天地灾变，妨碍地方秩序，致爆竹类之营业受其影响者，得详叙情形，呈请财政部查明，酌减其包征定额。但只系一部分地方有上列情事发生，或系为时短促，与爆竹类营业及时期无重大关系者，不得藉口请减。

第十三条　爆竹类之印花税票，得由承办商人转发各支处及专员或其他商会商店照章代销，但代销者如有违章情事，须由承办人负连带责任。

其因而短缴票价者，由承办商人自行处理，负完全责任，不得藉为口实。但得呈请财政部饬令地方官厅代为追缴。该承办商人对于代销处如有饬缴保证金之必要时，应另订办法，呈部核准，并将所收保证金报部备案。

第十四条　承办商人所领印花税票，如有毁损或虫蛀不能行销者，应声明理由，照章按票面价额缴价十分之一，一并解由财政部换发。但如因水火灾无税票缴回者，财政部不能补发税票。

第十五条　承办商人每月应将实销爆竹类印花税票之票额，分别票类汇总列表，报告财政部查核。

第十六条　所有未尽事宜，悉照现行印花税票各项法规办理时，由承办商人随时呈请财政部核示。

第十七条　本章程如有修正之必要时，由承办商人呈请财政部体察情形，随时修订之。

第十八条　本章程自爆竹类印花税开办日起施行。

据《大元帅训令第三〇〇号》，载广州《陆海军大元帅大本营公报》第三十号，一九二三年九月二十八日

批准征收爆竹类印花税及招商承办暂行章程

（一九二三年九月十九日）

大元帅指令第四六九号

令大本营财政部长叶恭绰

呈拟《征收广东爆竹类印花税暂行章程》及招商承办该项印花税暂行章程由。

呈及章程均悉。准如所拟施行，并已令行大理院、大本营军政部暨广东省长

转饬所属一体遵照矣。此令。

（中华民国陆海军大元帅之印）

中华民国十二年九月十九日

据《大元帅指令第四六九号》，载广州《陆海军大元帅大本营公报》第三十号，一九二三年九月二十八日

令抄发《各军请造枪枝办法》

（一九二三年九月二十日）

大元帅训令第三〇一号

令大本营军政部长程潜

据广东兵工厂厂长朱和中呈称："窃查职厂内枪厂，从前每日只出枪十余枝，连开夜工亦不过二十余枝。自和中到差，极力整顿，加开夜工未尝间断，并于每日上下午放工时派各工匠轮班接替，务令机器不停，每日工作时间，将及十五点钟之久，工人固属辛劳，机器之能力亦尽。现出枪至三十五枝，实不能再多，此固开厂以来所仅见，乃各军之备价来请造枪者，未知其中为难情形，不加体谅，已造者尚欲加多，未造者更多烦言，分配不敷，争论不决，终日解说，舌敝唇焦，穷于应付。计各军携有帅令并已交款造枪者，共有九处，即每日每处交枪五枝，亦需四十五枝。惟职厂所出之枪，充其量不过三十五枝，实在不敷，分配极感困难，倘日后再有请造者，不知如何应付，再四思维，惟有拟具办法四条，并开列收款交枪数目表二纸，备文呈请察核，恳请令饬各军遵照，实为公便，是否有当，伏祈指令祇遵"等情，并拟具《各军请造枪枝办法》前来。据此，除指令准如所请办理外，合行令仰该部长即便通行各军查照办理。办法抄发。此令。

计抄发《规定各军请造枪枝办法》一纸

（中华民国陆海军大元帅之印）

中华民国十二年九月廿日

据《大元帅训令第三〇一号》，载广州《陆海军大元帅大本营公报》第三十号，一九二三年九月二十八日

准行《各军请造枪枝办法》

（一九二三年九月二十日）

大元帅指令第四七四号

令广东兵工厂厂长朱和中

呈拟具《大本营规定各军请造枪枝办法》，请察核令遵由。

呈、折均悉。准如所请办理，候令行军政部通行各军查照可也。此令。

（中华民国陆海军大元帅之印）

中华民国十二年九月廿日

附：大本营规定各军请造枪枝办法

（一九二三年九月十四日呈）

一、查各军奉帅令向本厂请造枪枝，或由军部或由师旅部请造，以致每一军之中而请造枪者分为数起，此种情形，对于各军发枪数目既不能平均，而手续亦似未能尽合，殊于本厂应付分配诸多窒碍。现拟嗣后各军请造枪枝，统由该军最高级之机关请造，否则大元帅概不给发手令。其已奉命交款者，亦应归并，以归划一，而免纷歧。

二、现查各军请造枪枝，多有未经订明数目，若无定限，则该军独占，他军不免向隅。应请明定额数，分为三种：至多者准造八百枝，次者五百枝，又次者三百枝。体察各军情形，酌予指定，一经照数领足后，即让别军请造，不得继续多领，以昭平允。

三、本厂连日夜工计算，每日平均仅能出三十五杆，分发七部分，每部分每日只能领五枝，不得多取。俟有一部分取满定额后，别军依照奉令之先后，轮次接续请造，并由本厂随时呈报，以免互争先后。

四、以上办法饬军政部通咨各军遵行。

据《大元帅指令第四七四号》，载广州《陆海军大元帅大本营公报》第三十号，一九二三年九月二十八日

批《新颁律师领用小章规程》

（一九二三年九月二十一日）

大元帅训令第三〇三号

令大理院长兼管司法行政事务赵士北

据广州律师公会会长赵敬等呈称：窃据会员关作瑸、钱树芬、温天铎、曾传鲁、霍鸾藻等提议，以《大理院新颁律师领用小章规程》第三、第四、第五、第八、第九各条所定理由，于法律事实间有未合，应请修正等语，附请议书一件前来。当经于本年九月九日召集大会解决，嗣因法定人数不足，改开评议会议决，结果认为《大理院新颁律师领用小章规程》，有应行修正及明示办法者厥有六端，理合查照是日议决案造具请求书，备文呈请钧座，伏乞俯予令行该院采纳，如议修正，以利遵行，实为公便。并查该院自新章颁布后，对于律师代理诉讼行为未领院颁小章者，概行批驳，对于诉讼上不变期间，殊多窒碍，似无因律师小章而剥夺当事人法律赋予诉权之理，拟请钧座指令准予于《大理院新颁律师领用小章规程》未修正以前，仍准沿用原日律师图章，更叨德便，等情。附呈请求书及规程前来。据此查该呈所列各节不无可采之处，合行令交该院长酌量办理。请求书附发。此令。

（中华民国陆海军大元帅之印）

中华民国十二年九月廿一日

据《大元帅训令第三〇三号》，载广州《陆海军大元帅大本营公报》第三十一号，一九二三年十月五日

准行《工艺品奖励暂行章程》

（一九二三年十月四日）

大元帅指令第四九二号

令大本营建设部长林森

呈缴拟订《暂行工艺品奖励章程》，请鉴核明令施行由。

呈及章程均悉。准如所拟办理。此令。

（中华民国陆海军大元帅之印）

中华民国十二年十月四日

附一：林森原呈

（一九二三年九月二十四日）

呈为拟订《暂行工艺品奖励章程》仰祈鉴核事：窃富国之道，工商为重；改良商品，工艺为先。吾国工业方在萌芽，提倡奖励，责在政府。本部设有工商局，关于奖励工业事项，不可无章程规定，以资奖励而策进行。兹拟订《暂行工艺品奖励章程》十八条，理合缮具清折，呈请鉴察，伏祈明令施行，实为公便。谨呈大元帅。

附呈《暂行工艺品奖励章程》一扣。

大本营建设部长林森（印）

中华民国十二年九月二十四日

附二：暂行工艺品奖励章程

（一九二三年九月二十四日呈）

第一条　关于工艺上之物品及方法，首先发明及改良或应用外国成法制造物品著有成绩者，得按照本章程呈请奖励。

第二条　享有奖励权利者，以中国人民为限。

第三条　奖励之类别，分列于下：

一、凡关于工艺上之物呈〔品〕及方法，首先发明或改良者，得呈请专利，其年限定为三年、五年二种，由建设部核准。此项限期，均由批准之日起算。

二、凡应用外国成法制造物品著有成绩者，得呈请给予褒状。

第四条　下列之工艺品，不得呈请奖励：

一、有紊乱秩序、妨害风俗之虞者。

二、业有同样发明或改良呈请核准在先者。

第五条　下列之工艺品，不得呈请专利：

一、饮食品。

二、医药品。

工艺品之发明或改良，有关公益须普及者，得不予专利，或加以限制。

第六条　呈请文受理后，经审查准予专利者，由部发给执照。准予褒奖者，由部发给褒状。

第七条　呈请奖励者，应于呈文外将详细说明书及图式、制品、模型等件，呈部审查。

第八条　呈请奖励者应按下列照费、褒状费随同呈文缴纳。

一、专利三年者五十元。

二、专利五年者一百元。

三、褒状五元。

以上照费、褒状费，如不准奖励时，仍将原费发还。

第九条　已经核准奖励之制造品，其呈请人之姓名、商号、制品名称、种类、专利年限、专利执照或褒状之号数，均应于公报公布之。

第十条　工艺品之发明或改良为军事上应守秘密者，得依主管官署之请示，不予专利，或加以限制，但应由主管官署给与相当报酬。

第十一条　已得专利者于专利期内，复将其专利物品所有发明改良者，再呈请核准专利。

第十二条　呈请人所发明或改良之物品，有一部分与先行呈请之物品相同者，其相同之部分应准先行呈请者享有专利权。

第十三条　专利权得承继或转移之，但须呈请建设部核准换给热〔执〕照。

第十四条　在专利年限以内，如有他人私自伪造防〔妨〕害专利权时，享有专利权者得呈请禁止。

第十五条　已得专利者如有下列情事之一，其专利权应即取消：

一、已得专利权，自给照之日起满一年，尚未实行制造营业者。

二、贩运外国货品冒充自制专利品发行者。

三、所制物品与说明书所载或与各样模型不符者。

四、专利期内无故休业一年以上者。

五、违反本章程第四条所规定者。

六、以诈伪方法矇请核准者。

在专利年限内，建设部认为必要时，得遴派专员检查专利品之制造事项。

第十六条　专利年限期满或取消，应于公报公布之。

第十七条　《暂行工艺品奖励章程施行细则》由大本营建设部定之。

第十八条　本章程自公布之日施行。

据《大元帅指令第四九二号》，载广州《陆海军大元帅大本营公报》第三十二号，一九二三年十月十二日

核复《新颁律师领用小章规程》

（一九二三年十月五日）

大元帅指令第四九四号

令大理院院长兼管司法行政事务赵士北

呈覆广州律师公会呈请修正《新颁律师领用小章规程》各节，已解释明白，推行无阻，请鉴核由。

呈悉。此令。

（中华民国陆海军大元帅之印）

中华民国十二年十月五日

据《大元帅指令第四九四号》，载广州《陆海军大元帅大本营公报》第三十三号，一九二三年十月十九日

批准《修正整理纸币奖券章程》

（一九二三年十月五日）

大元帅指令第四九六号

令大本营财政部长叶恭绰

呈送《整理纸币奖券章程》，请核示施行由。

呈及章程均悉。准如所拟办理。此令。

（中华民国陆海军大元帅之印）

中华民国十二年十月五日

附：修正整理纸币奖券章程

（一九二三年十月一日呈）

一、就整理纸币委员会内，附属发行奖券，定名为整理广东省银行纸币奖券。

二、奖券额每月发行十万张，每张分十则，每则票面额二元，纸币、毫银各半交收，共计奖券十万，应收纸币一百万元，毫银一百万元。发行额得按月体察情形，随时增减之。

三、每就所收纸币一百万元中，由委员会截角焚毁五十万元，其余五十万元盖戳后，先缴回政府三十万元，发出十足通用，其余二十万元暂由本会保管。所收毫银一百万元中，提出三十万元专备既经盖戳纸币兑现之用，又提出发行奖券办公费四万元，所余六十六万元除代售奖券手续费外，尽数泒〔派〕奖。

四、泒〔派〕奖额假定如下：

一等奖一张，十八万元（银毫下仿此）。

上下旁奖各一张，每张五千元，共一万元。

二等奖二张，每张五万元，共十万元。

上下旁奖四张，每张一千元，共四万元。

三等奖三张，每张一万元，共三万元。

上下旁奖六张，每张五百元，共三千元。

四等奖五张，每张三千元，共一万五千元。

五等奖十张，每张一千元，共一万元。

六等奖五十张，每张五百元，共二万五千元。

七等奖一百张，每张三百元，共三万元。

八等奖五百张，每张一百元，共五万元。

九等奖一千张，每张五十元，共五万元。

凡与头奖号码末尾二字相同者一千张，每张四十元，共四万元。

凡与二奖号码末尾二字相同者二千张，每张二十元，共四万元。

凡与三奖号码末尾二字相同者三千张，每张十元，共三万元。

以上九奖暨末尾，共派出奖银六十一万七千元。

五、代售奖券之人，每张给以手续费四毫银毫计算。

六、发行奖券及纸币兑现、分发奖金等章程，另定之。

七、本章程系补助整理纸币进行，其有未尽事宜或应修改者，委员长得临时集会增加修改，但须陈请财政部备案。

八、本章程自会议通过后，陈请财政部备案，公布施行。

据《大元帅指令第四九六号》，载广州《陆海军大元帅大本营公报》第三十二号，一九二三年十月十二日

准《大本营粮食管理处试办规程》

（一九二三年十月十五日）

大元帅指令第五二六号

令大本营粮食管理处督办赵士觐

呈缴《粮食管理处试办规程》及暂定处员名额表①，请鉴核批示祗遵由。

呈及请折均悉。准如所拟，暂行试办。此令。

（中华民国陆海军大元帅之印）

中华民国十二年十月十五日

① 处员名额表，略。

附：大本营粮食管理处试办规程

（一九二三年九月十一日呈）

第一条　粮食管理处为维持人民粮长增进人民利益起见，运输粮食，酌剂盈虚，以保社会上供给、要需两方之平衡。

第二条　粮食管理处于试办期内，先行酌量收买日用生活所必需之米盐柴三项，而公卖于人民。

第三条　粮食管理处有保管运输粮食之必要，得自行组织警备队，以资护卫。或由大本营沠〔派〕拨军队，由监督随时调遣之。

第四条　粮食管理处为增进人民利益起见，于必要时得将粮食廉价卖出。或遇有风干鼠耗及意外损失等事，并得作正报销。

第五条　粮食管理处设督办一员，由大元帅任命之。设总务、公卖、运输三科，每科置科长一员，由督办呈请大元帅委任之。各科视职务之繁简，酌量分设各股，置主任一员，科员若干员，由督办委任之。司账、书记、司事差遣各员，均由督办酌量顾用。

第六条　督办承大元帅命令，督率处辖员司，总理处务。

第七条　各科职员承督办命令，掌理左列各科事项：

一、总务科掌理之事项如左：

（甲）办理文牍及收发公文，暨保管卷宗、档册各事项。

（乙）保管出纳款项及预决算，暨统计各事项。

（丙）采办及保管粮食事项。

（丁）办理不属于各科事项及其他事项。

二、公卖科掌理之事项如左：

（甲）办理营业事项。

（乙）平衡物价事项。

（丙）① 计画粮食分销事项。

---

① 原文为“（丁）”。

三、运输科掌理之事项如左：

（甲）运输粮食及分发各处公卖处事项。

（乙）转运当地粮食事项。

第八条　粮食管理处为利便人民起见，于必要地点，酌量特设办事处。办事员由督办委充。

第九条　关于粮食之采办或公卖事宜，有须地方官吏或地方团体协助时，粮食管理处得随时函请或命令之。

第十条　关于粮食之采办、运输、公卖各事宜，遇有需增加军队守护或护送时，粮食管理处得随时商调当地军队长官，派队协助。

第十一条　粮食管理处系国家一种营业机关，无论军民人等，来处购买米盐等物，均须照价给银，概不得赊借及或拨发等事。

第十二条　粮食管理处额支经费，按照附表规定。活支经费，视将来事务进行据实报销。

第十三条　各省会或商埠地方，推设粮食管理分处；各县区或镇市，推设粮食管理局；各乡村，推设粮食管理所。分处、局所办法另定之。

第十四条　本处经营各事项，纯属营业性质，如有赢余，应提出百分之五，以酬劳本处职员。

第十五条　本规程如有未尽事宜，如呈奉大元帅核准，得随时修改之。

第十六条　本规程自奉大元帅核准后施行。

据《大元帅指令第五二六号》，载广州《陆海军大元帅大本营公报》第三十四号，一九二三年十月二十六日

准《采办沿海余盐运省应销章程》

（一九二三年十月十五日）

大元帅指令第五二七号

令大本营粮食管理处督办赵士觐

呈缴遵拟《采办沿海余盐运省应销章程》①，请鉴核令遵由。

呈及请折均悉。准如所拟，暂行试办。此〈令〉。

（中华民国陆海军大元帅之印）

中华民国十二年十月十五日

据《大元帅指令第五二七号》，载广州《陆海军大元帅大本营公报》第三十四号，一九二三年十月二十六日

核准设立筹饷总局并组织办法和员司简章

（一九二三年十月十七日）

大元帅指令第五三一号

令广东省长廖仲恺

呈报奉令设立筹饷局，拟定组织办法及总局暨各属分局简章，请察核令遵由。

呈及办法暨各简章均悉。准如所拟办理，仰即切实进行，以裕饷需而利戎机。此令。

（中华民国陆海军大元帅之印）

中华民国十二年十月十七日

附一：大本营筹饷总局组织办法

（一九二三年十月十三日呈）

一、筹饷总局系于军事期内特别设置，专理筹饷事宜，遵照帅令在省会设立，名为大本营筹饷总局，由省长总司其事，省长为总办，财政厅长为会办。

一、所属各县分别酌设筹饷局，专管各县正杂税捐及一切收入，由县查案，划交筹饷局会同催收。

一、各县筹饷局缴解款项，统由总局核收，听候命令指拨。

① 该章程计十八条，缺。

一、各县筹饷局缴解款，由总局先发临时收据，汇行财政厅，转交金库补收，另发正式印收，发回备案。

一、各县筹饷局应将专管正杂税捐及一切收入款目名称、额收，先行列表呈报总局备查。

一、各县筹饷局按日派解数目，应由总局指定照解，如逾定限或任意延玩，核明情节轻重，分别记过撤惩。

一、各县正杂税捐统由筹饷局负责批解，无论何项机关不得截留，违者以抗阻命令呈请帅府惩处。

一、筹饷总局编配办事设置员司及各县筹饷局选派专员，均由省长另核呈定公布。

一、《筹饷总局组织办法》呈明帅府核定，如有未尽事宜，或有应议增修之处，均由总局随时呈核办理。

附二：大本营筹饷总局设置员司简章

（一九二三年十月十三日呈）

一、筹饷总局遵奉明令，由省长总司其事，省长为总办，财政厅长为会办。

一、局内设置员司，照左列之支配：

（甲）设总稽核一员。

（乙）设文案二员。

（丙）设会计一员。

（丁）设书记二员。

一、筹饷总局专理筹饷，对于规划监督，由总办总其成。

一、总稽核秉承总办，查催考核各属筹饷局收解款目一切事宜。

一、文案、会计秉承总办，分理撰拟文牍、核算收支事宜。

一、局内设置员司，拟由省署财政科及原充会计人员选派兼任，酌发津贴，不支薪俸，以节经费。

一、局内经费杂支，均从节省，按月核实报销。

附三：各县筹饷局设置员司简章

（一九二三年十月十三日呈）

一、各筹饷局由省署遴员专管，名为筹饷局专员。

一、各筹饷局办事进行，直接大本营筹饷总局。

一、局内设置员司，照左列之支配：

（甲）设文牍一员。

（乙）设会计一员。

（丙）设书记一员。

一、文牍、会计员秉承专员，分理撰拟文牍、核算收支事宜。

一、局内经费照支〔左〕列规定支销：

（甲）专员月薪一百五十元。

（乙）文牍、会计月支六十元。

（丙）书记月支四十元。

（丁）杂支五十元。

一、局内经费杂支，按月应呈明总局核饬拨支，不得任意混销。

据《大元帅指令第五三一号》，载广州《陆海军大元帅大本营公报》第三十四号，一九二三年十月二十六日

批准《广东都市土地税条例》①

（一九二三年十月十八日）

大元帅指令第五三六号

令广东省长廖仲恺

① 孙文屡曾努力推动在广东试行平均地权主张，此为较认真筹划并制成条例颁布的一次。惟因其时战事及政局多变，该条例并未能切实施行，却是通过增加地税及出售官地、官产之法以图解决当前财政困难。

呈请由省署设立土地局，试办广州市土地税，编就《广东都市土地税条例草案》，请令准施行由。

呈及草案均悉。所编《广东都市土地税条例》尚属妥善，应准予公布，即先由广州市试办，余并如所拟办理。此令。

（中华民国陆海军大元帅之印）

中华民国十二年十月十八日

附一：广东都市土地税条例草案理由书

（一九二三年十月十二日呈）

土地为生产之要素，而又有限之物也。工业商务发达之区，人口繁殖，欲望增进，需用土地以为生产日益多，求过于供，则地价自然腾贵，无待人工之改良，是以土地增价，实为社会之产品。地价贵则地租随之，地主不劳，坐收增益，而商贾劳工勤劳终岁，反博得负担之增加，物之不平，孰有过于此者？前英国财务大臣雷佐治[①]之言曰：现在我国土地制度之最缺点，在使社会不能自收人民合作之利益，而反自处高抬地价之罪以谢地主，言之可慨也。此种现象随处皆是，岂独英伦一隅已哉？我广州市自拆城辟路后，数年之间，地价骤增数倍，地租之贵，决非一般人民之力可能担负者。虽曰出诸自然趋势，岂非社会经济制度之不良有以致之哉？

我孙大元帅目睹社会失序，贫富悬殊，阶级战争其端已肇，慨然以改革社会为己任，创平均地权之说，以为改良社会经济之方，整理国家租税之具，其要旨系土地皆有税，且重课其不劳而获之收益。夫地价税，良税也，重征之不以为苛。由社会道德方面言之，重税土地则地价贱，地价贱则地租低落，而使用土地之权得以平均。请申言之：地价者，土地收益以普通利率还完之数也。地税者，不能转嫁之负担也。地税不能转嫁，自当向土地收益扣除，土地收益既减少，还完之数亦随之而小。埃尔兰[②]学者巴氏谓：经营土地不过求收益而已。凡减少其收益

---

① 雷佐治（David Lloyd George），今译劳合・乔治，一九〇八至一九一五年担任英国财政大臣期间，曾提出高额地租案并获国会通过。

② 埃尔兰（Ireland），今译爱尔兰。

者，即减少其售价，是土地价税，减少地价之具也，地价未税之值也。地价既减，人人得以贱租使用土地，故曰平均地权。不宁惟是，税重而不能转嫁，则繁庶区内向无收益之空地，当变为有建筑地，以求收益。有建筑地如逐渐增加，而需求居常不改，地租降落可立而待也。

由国家理财方面讨论之，土地为适宜课税之物，理由有数端：一、土地为有形不动之物，按物征收无可逃避。二、地价易于考定，以相邻间土地之买卖价格，及其本身状态评定之，估价无过高或过低之弊。三、土地不能伸缩，地价涨落比较别物为有常，税收额可预定。四、我国田亩有赋，其他土地不征租税，原贵普及，彼税而此免，岂得谓平？且纳税能力，宅地远胜于田亩。五、我国近来国用浩大，杂税繁兴，制度紊乱，苛扰人民，亟待整理以舒民困而裕国计。倘土地价税全国举办，以四百万方英里之土地，其间名城大邑何止千百，每年收入当以百兆计。行之有效，则所有不良之税，自可一律废除，舍繁归简，即整理税制之道也。

附二：广东都市土地税条例

（一九二三年十月十二日呈）

第一章　总　则

第一条　条文所用名词之解释：

一、宅地　凡都市内人烟稠密处所，可作建筑、住居、营业或制造场所之用之土地，即为宅地。

二、无建筑宅地　宅地区域内之空地，或虽设有临时建筑物之宅地，均称为无建筑宅地。

三、农地　在都市内除宅地区域外，所有农田、菜地、果园、苗圃、鱼塘、桑基及其他种植之土地，均包括之。

四、旷地　都市区域内除宅地或农地外，均属旷地。

五、土地改良　于都市土地上建筑、增筑或改筑房屋、道路、沟渠及其他工作物等，有使土地增加效用而能耐久者，谓之土地改良。

六、土地改良费　改良土地有形之资本，谓之土地改良费。

七、地税　包括普通地税、土地增加税而言。

八、地价　指地价评议会判定之地价。

九、土地增价　凡土地现时价额超出于前判定之地价，其超出之价数即为土地增价。

十、关系人　指有土地权利关系者而言。

十一、铺底顶手　指限于经领有登记局之铺底顶手登记完毕证者。

十二、铺底权利人　即铺底顶手所有人。

第二条　城市、商埠、乡镇，其人口在五万人以上者，均适用本条条例，但须依照第三条之规定行之。

第三条　各都市施行本条例之时期，由广东省长斟酌地方情形，随时以命令定之。

第四条　有税地分为左列三种：

一、宅地。（甲）有建筑宅地；（乙）无建筑宅地。

二、农地。

三、旷地。

第五条　施行本条例都市之行政长官，应依都市之情形酌拟宅地区域，呈由省长核定公布之。

都市行政长官认为有变更宅地区域界线之必要时，得将情形及酌拟变更界线绘图附说，呈由省长核定公布之。

第六条　都市内未经公布为宅地区域之土地，而有建筑房屋能作住居、营业或制造场所之用者，作有建筑宅地论，但栅厂蓬寮不在此限。

第二章　普通地税

第七条　每年征收普通地税之令〔定〕率如左：

一、有建筑宅地　征收地价千分之十。

二、无建筑宅地　征收地价千分之十五。

三、农地　征收地价千分之八。

四、旷地　征收地价千分之四。

第八条　全年普通地税，依左定期限征收之：

第一期　一月一日至一月三十一日。

第二期　七月一日至七月三十一日。

地方遇有特别情形，不能依前项所定期限纳税时，都市行政长官须将情形具报，由省长核明展期征收之。

第九条　都市行政长官认为地方情形有必要时，得请求省长将第七条第二款规定之税率加重或减轻之。

第十条　免税土地依左列各款定之：

一、关于教育慈善使用之土地。

二、寺庙、庵观、福音堂。

三、公立免费之游戏公园。

四、公共墓地。

五、公立劝业场。

六、其他土地得省长或都市行政长官指定免税者。

前项之规定，限于自已〔己〕所有或承典及永租土地适用之。

第十一条　前条所列一、二、三、五、六各款之土地，如有以一部或全部为有偿的或赠与他人作营利事业者，不得享受第十条规定之待遇。

第三章　地价之判定及登记

第十二条　凡关于土地权利成立所有之书据，无论已未经登记局登记，限于本条例施行之日起，四个月内连同抄白书据一份，申报地价书一纸，呈缴土地局查验登记。

第十三条　缴验书据每件应征费银一元。

第十四条　申报地价书须依式填报左列事项：

一、姓名（土地所有人、永租人、典主或铺底权人）。

书据如系用堂名，须加该堂代表人名；如系店名，加该店主事人名；如系二人以上共有，则用第一人之名。

二、通信处所（如处所变更时须即申报）。

三、土地种类。

四、座落。

五、面积。

六、每井价值。

七、全段地价。

八、改良费额。

九、前项投资时期。

十、年租。

十一、如有永租、典当或铺底关系，须详细报明。

十二、土地现充何用。

第十五条　各种地价当事人依限申报后，由地价评议会审查其申报地价之当否，分别判定之。但有铺底顶手关系者，须照第二十四条之规定办理。

第十六条　地价判定后，地价评议会即将判定之地价，通知土地所有人、永租人或典主。

第十七条　土地所有人、永租人或典主，认判定地价为不合时，得自收到通知书之日起，三十日内向地价评议会申述异议，请求复判。

地价评议会对于当事人申述异议所为之复判，为最终之判决。

第十八条　土地所有人、永租人或典主，认复判地价为不满意时，得自收到通知书之日起，十五日内申请都市税务官署，将土地征收之。其征收地价之标准规定如左：

一、复判地价与申报地价相差百份之一十或以下者，由税务官署照复判地价征收之。

二、复判地价与申报地价相差超过百份之一十者，由税务官署照申报地价加百份之一十征收之。

第十九条　各有税地变更其种类时，土地所有人及关系人应于变更前，将变更事由呈由地价评议会核准，并于变更程序完毕后十日内，呈报土地局登记。

第二十条　凡有税地变为无税地或无税地变为有税地，其土地所有人、关系人应于变更前将变更事由申请土地局核准，并于变更程序完毕后十日内，呈报登记。

第廿一条　无税地变为有税地，其土地所有人限于变更程序完毕后十日内，应将地价申报，由地价评议会依于申报价额与土地状况及相邻土地价格之比例，判定登记。

第廿二条　凡土地之让与、永租或典当，须于契约成立时呈报登记。

第廿三条　永租权、典当权、铺底权及其他土地之地租为〔如〕有变更或修改时，关系人限自变更或修改之日起十日内，声请土地局修正登记。

第廿四条　有铺底关系宅地之地价，以全年租金之十二倍及铺底顶手全〔金〕额合成计算之。

第廿五条　土地改良费于地税征收时，应由地价项下扣出半数免除之，但以经地价评议会核定登记者为限。

第廿六条　土地局地价评议会规则及登记规则另定之。

第四章　普通地税之纳税人

第廿七条　有铺底关系宅地之普通地税，其土地所有人应照年租十二倍缴纳，其铺底权利人应照铺底顶手金额缴纳。

第廿八条　有典当关系土地之普通地税，由典主缴纳。

第廿九条　永租地税由永租人缴纳之。

第三十条　其他地税概由土地所有人缴纳之。

第五章　土地增价税

第卅一条　土地增价税率列左：

一、土地增价超过百份之一十至百份之五十者，课百份之一十。

二、超过百份之五十至百份之一百者，课百份之十五。

三、超过百份之一百至百份之一百五十者，课百份之二十。

四、超过百份之一百五十至百份之二百者，课百份之二十五。

五、超过百份之二百者，课百份之三十。

第卅二条　土地增价免税之定率列左：

一、土地增价在百份之一十或以下者。

二、农地或旷地每亩地价二百元以下者。

三、宅地全段地价在五百元以下者。

第卅三条　土地增价税之征收办法列左：

一、土地转卖时，出卖人照现时地价扣除原价，或最后经纳增价税之地价额，及改良费之半数，所余之额依率缴纳。

二、土地继承时，继承人照现时地价扣除被继承人原价，或最后经纳增价税之地价额，及改良费之半数，所余之额依率缴纳。

三、土地权或永租权经十五年未有移转时，土地所有人或永租人照现时地价扣除前十五年地价及改良费之半数，所余之额依率缴纳。

第卅四条　土地所有人于土地典当满期赎回时，或典主于期满断典取得土地所有权时，应照现时地价扣除典产原契成立时所值地价，及典当后土地改良费之半数，所余之额依率缴纳。

第卅五条　违背第十二条、第十九条至第二十三条之规定者，处以五元以上百元以下之罚金。

第卅六条　本条例如有未尽事宜，得随时修改之。

第卅七条　本条例由大元帅核准公布施行。

附：说　明

一、土地税分为普通地税、土地增价税二种。前种按值抽税，凡价值相等之同种土地，一律受同等之待遇，办法本甚公平，但未足以对付不劳增益，是以普通地税之外，复设土地增价税以补其罅漏。土地增价既系社会之产品，不劳之增益不应全入私人囊中，政府征收一部，以办社会事，自无不合之理。

二、土地亦有因人工改良而增价者，此种增价不得谓之不劳而获，地主之功亦有足纪者，拟免除改良费之半数，藉以奖励良好建筑。

三、繁庶都市中，无建筑宅地为最适宜之投机物，税率应较他种为重，以防止投机，并迫促弃地变为有用之地。

惟地方有时而衰落，衰落之地其租必贱，无建筑物者，应减轻税率以昭平允。

四、旷地征收普通地价千分之四，表面上似过轻，恐为投机家所利用。究其实，所谓旷地，大抵未经改良不能使用，难求近利。千分之四已属太重，过此恐难担负。

查英国旷地，每磅征半个边士，未及千分之三。有税无收，已不适于投机，而况另有土地增价税以取缔之。

五、政府征收土地，其权利关系人直接或间接必受有一种损失，应照申报地价增加些少，以为弥缝。

六、有铺底顶手关系之土地，其地租不得任意增加，若以相邻间无铺底顶手土地之价值为纳税之标准，则殊非平允，故以年租十二倍计之。

铺底顶手权已视为土地权，其金额亦应视为地价。

据《大元帅指令第五三六号》，载广州《陆海军大元帅大本营公报》第三十四号，一九二三年十月二十六日

准《暂行工艺品奖励章程施行细则》

（一九二三年十月十九日）

大元帅指令第五三七号

令大本营建设部长林森

呈拟《暂行工艺品奖励章程施行细则》，请备案由。

呈及细则均悉。准予备案。此令。

（中华民国陆海军大元帅之印）

中华民国十二年十月十九日

附：暂行工艺品奖励章程施行细则

（一九二三年十月十五日呈）

第一章　总　则

第一条　呈请奖励者，其呈文及说明书等件，须用中国文字记之。如说明书内有科学专门名词，必须用外国语者，亦当附加译文。

第二条　呈请专利之呈文、图说等件，由邮局寄送者，必须挂号。本部即据发寄地邮局戳记之时日，认定呈请人之先后。

第三条　如呈请专利之说明书、图式、样本、模型不明晰或不完备者，本部应令原具呈人详细补呈。此项补呈须于批示之日起三个月以内投递到部，过期不补呈者，前呈之优先权作为无效。

第四条　凡呈文有下列各款之一者，概不受理：

一、违背奖励章程第一、第二、第四、第五等条规定者。

二、未附缴考验费、照费、褒费及呈文公费者。

第二章　呈　请

第五条　随呈文呈送之说明书，应详载下列事项：

一、发明或改良之名称。

二、发明或改良之主旨。

三、如系机械品，应详载机械之构造及运用方法（按照图式符号详细说明）。

四、如系化学品，应列举所用原料之名称与产地及其制造方法。

五、请求专利之范围。

六、请奖之类别（专利或褒状）。

七、呈请专利之年限。

前项第三及第四款之说明，应用密封呈递，于封面注明“由考验专员开拆”字样。

第六条　凡以机械品呈请奖励者，应将模型或机械呈送到部，并须附呈机械图式。其图式应按下列各图分别绘之：

一、正面图。

二、平面图。

三、侧面图。

四、请奖各部分之详细图。

以上各种图式均须注明符号、尺寸并用墨水绘画。

第七条　凡以化学品呈请奖励者，应将发明或改良之物品送呈到部，以凭考验。

第八条　机械模型或发明及改良之物品，如于邮送时有损坏，应饬令呈请人补送之。

第九条　呈请人须按照下列各款，随呈文缴纳公费：

一、请给专利（五元）。

二、请给褒状（二元）。

三、请求专利权之转移（十元）。

四、请求专利之继承（五元）。

五、专利执照遗失补发（十元）。

六、褒状遗失请补发（二元）。

七、专利权妨害之呈请禁止（十元）。

第三章　审　查

第十条　关于奖品之审查承认为必要时，得令原具呈人自行来部，当面试验。考验费依照《工业试验所试验章程》征收之。

第十一条　关于奖励品之审查终了后，应由审查员出具审查书，记载下列事项：

一、制品之名称。

二、呈请人之姓名、商号。

三、请奖之类别（专利或褒状）。

四、给奖之类别（专利或褒状）。

五、审定之主文及理由。

六、审定之年月日。

第四章　奖　励

第十二条　呈请案既经核准，当即发给专利执照或褒状，并将审查书抄给阅看。

第十三条　奖励注册底簿，当载下列事项：

一、专利执照或褒状之号数。

二、准与奖励之工艺品名称。

三、呈请人之姓名、住址、商号。

四、如系专利之无效取销者，则载其事由及事由发生之年月日。

五、如系专利之转移或继承，则载其事由。

六、如系专利执照之补发，则载其事由及补发之年月日。

七、如系褒状之补发，则载其事由及补发之年月日。

八、注册之年月日。

第十四条　专利执照及褒状，如有遗失及毁失时，得于登载公报及当地新闻纸。一月以后，取具资本殷实并经本部注册之公司、商号证明书，请求补发。

第五章　继承或移转

第十五条　专利权之移转，呈请换给执照时，应由当事人连署，并附呈移转之合同契约，由部核准。

第十六条　因继承、移转而取得专利权者，于呈请换照时，应将原有执照缴还本部注销之。专利权移转或继承后，仍依原有专利年限计算。

第六章　取　销

第十七条　已给专利执照之制品届专利年限期满时，本部应将专利者姓名、制品、名称及专利执照号数登载公报，公布取销之。

第十八条　已得专利者，如因《工艺品奖励章程》第十五条规定之情事，取销其专利权时，应由本部将取销理由、专利者姓名、制品名称及专利执照号数登载公报，公布取销之。

前项专利权取销时，应令将专利执照缴还本部注消〔销〕之。

第七章　查　禁

第十九条　凡依奖励章程第十四条规定呈请禁止者，应详细记载发觉私自仿造之实在情形，并将私自仿造物品呈部查验。

第二十条　前条呈请经本部审查结果，认为证据确实者，即由部饬令地方官厅严行处罚。

第八章　公　布

第廿一条　专利之准许、批驳、满期及取销，均按日于公报逐件公布之。

第九章　附　则

第廿二条　本细则自公布日施行。

据《大元帅指令第五三七号》，载广州《陆海军大元帅大本营公报》第三十四号，一九二三年十月二十六日

准《中央陆军教导团条例》及《军官候补生入团考验章程》

（一九二三年十月二十一日）

大元帅指令第五四二号

令大本营军政部长程潜

呈请开办中央陆军教导团，并拟具条例及《军官候补生入团考验章程》，请核示由。

呈及条例、章程均悉。军队教育于军政前途关系至重。该部长所请举办中央陆军教导团一所，冀养成军队之基干，以徐图教育之普及，诚属切要之举，应准照办。着该部长即拟具详细办法，并开列预算呈核。此令。

（中华民国陆海军大元帅之印）

中华民国十二年十月廿一日

附一：中央陆军教导团条例

（一九二三年十月十七日呈）

一、陆军教导团为统一军队教育起见，养成各师旅各兵科模范下士及军官候

补生，而施以最新之军事教育。

二、陆军教导团依陆军步兵团编制，编成步兵一团及炮、工、交通、辎重兵各一连。

三、陆军教导团于团本部加设炮、工、辎重、交通科长各一员，担任各科教员。

四、陆军教导团士兵由军政部招募身体强壮、粗识文字，年龄在十八岁以上二十二岁以下者充补外，并咨令各军师旅长选送上等兵来团（细则另定），训练六个月发还原队。

五、军官候补生由军政部考试各省中学毕业以上之学生（考试细则另定），取其合格者发交陆军教导团训练六个月，升入陆军军官学校。

六、陆军教导团学、术两科以表定之。

附二：中央陆军教导团军官候补生入团考验章程

（一九二三年十月十七日呈）

一、资格　中学校毕业以上之学生，经军政部派员考试合格，发交陆军教导团练习者，称为军官候补生。

二、报名　自某月某日起，至某月某日止，至某处填具履历一份，带有证书者缴验证书，听候示期考试。

三、身体之检验　视力　听力　握力　肺量　高矮　体重　疾病之有无

四、学科之考试　国文　英文　数学　小代数、平面三角　平面几何　物理　化学　历史中国　地理中外①

五、揭晓取录者听候示期入团。

据《大元帅指令第五四二号》，载广州《陆海军大元帅大本营公报》第三十五号，一九二三年十一月二日

① “历史中国”、“地理中外”应分别为“中国历史”、“中外地理”。

发还《东江商运局组织大纲》

（一九二三年十月二十二日）

大元帅指令第五四五号

令东江商运局局长王棠

呈拟组织大纲，请备案由。

呈悉。查该局系临时性质，所称组织大纲殊属不合，应改为暂行章程。该局组织内容亦嫌扩大，仰该局长另拟具章程呈候核夺。原拟大纲发还。此令。

计发原拟大纲一件。

（中华民国陆海军大元帅之印）

中华民国十二年十月廿二日

据《大元帅指令第五四五号》，载广州《陆海军大元帅大本营公报》第三十五号，一九二三年十一月二日

批《东江商运局暂行章程》[①]

（一九二三年十月二十八日）

大元帅指令第五五八号

令东江商运局局长王棠

呈拟具《东江商运局暂行章程》，请鉴核由。

呈及章程均悉。业予修正，仰即遵照切实办理。章程并发。此令。

（中华民国陆海军大元帅之印）

中华民国十二年十月廿八日

据《大元帅指令第五五八号》，载广州《陆海军大元帅大本营公报》第三十六号，一九二三年十一月九日

---

① 王棠在接到大元帅指令第五四五号后，对原有职员进行裁减，拟订出新的暂行章程，报请孙文审批。

批准《广东地方善后委员会章程》

（一九二三年十月三十一日）

大元帅指令第五六七号

令广东地方善后委员会

呈缴《广东地方善后委员会章程》，请察核公布施行，并请颁发该会关防由。

呈及章程均悉。准如所拟施行。关防候铸发。此令。

（中华民国陆海军大元帅之印）

中华民国十二年十月卅一日

附：广东地方善后委员会章程

第一条　本会定名为广东地〈方〉善后委员会。

第二条　本会对于政府人民沟通情谊、交换意见，藉促庶政之进行，以立民治之基础为宗旨。

第三条　本会设委员二十一人，由各团体代表选出十五人，由大元帅选派六人，共同组织之。

第四条　本会不设委员长，一切事务由委员会公决，交由各科主任执行。委员为本会最高机关，不兼各科职务。各科职务，以各团体代表选充之。其分科如左。

第五条　一、总务科。

一、宣传科。

一、调查科。

一、编辑科。

一、交际科。

每科各设正、副主任一人，干事若干人。

第六条　本会会议分常会及临时会两种。常会于每星期一、四两日举行之。

如有临时事故发生，由值日委员召集临时会议。

第七条　凡会议须有委员全体过半数出席方得开议，其议案以出席人过半数议决之可否，同数取决于主席。

第八条　本会会议以值日委员为临时主席。

第九条　凡经本会议决事项，应缮具议决案，咨请政府施行。

第十条　本会应议议案如左：

一、政府咨询事件。

二、本会建议事件。

三、委员提议事件。

四、各科干事报告事件。

五、团体或法人请议事件。

六、人民讲议或请愿事件。

第十一条　本会如有向官厅咨询或调查事件，各该官厅应负答覆之责。

第十二条　本会一切公文函件，以委员会名义行之。

第十三条　本会委员为名誉职但各科职员得酌支办公费。

第十四条　本会分科办事细则，另定之。

第十五条　本章程如有未尽事宜，得由委员会议决修改之。

第十六条　本章自公布日施行之。

据《大元帅指令第五六七号》，载广州《陆海军大元帅大本营公报》第三十六号，一九二三年十一月九日

准《修正诉讼费用章程》[①]

（一九二三年十一月二日）

大元帅指令第五七四号

令大理院长兼管司法行政事务赵士北

① 章程凡十八条，缺。

呈《修正诉讼费用章程》，恳予备案由。

呈及章程均悉。准予备案。此令。

（中华民国陆海军大元帅之印）

中华民国十二年十一月二日

据《大元帅指令第五七四号》，载广州《陆海军大元帅大本营公报》第三十六号，一九二三年十一月九日

批准《国有林开放规则》

（一九二三年十一月二日）

大元帅指令第五七六号

令大本营建设部长林森

呈缴《开放国有森林规则》，请鉴核明令施行由。

呈及请折均悉。准如所拟办理。此令。

（中华民国陆海军大元帅之印）

中华民国十二年十一月二日

附：国有林开放规则

（一九二三年十月二十六日呈）

第一条　国有山林，除国家直接经营外，得开放之。

前项之开放，以林木为限。

第二条　承领森林，以中华民国人民或依中华民国法律成立之法人为限。但国际合同有规定者，在满期以前仍继续有效。

第三条　已经开放之森林，建设部认为有关系于国土保安及供公用之必要者，得收回之。但以不损害承领人之现有利益者为限。

前项收回之程序，由建设另定之。

第四条　承领森林者，须具承领书，呈请建设部勘测核准。或呈请县知事及

其他林务机关勘测，详由省长咨陈建设部核准。

第五条　承领书须载左列各事项：

一、承领者之姓名、籍贯、住址、职业、年岁。

二、资本金额。

三、承领地之界址、面积，并附图说。

四、承领区域内之株数、种类大小。

五、采伐之计画。

六、运输之设备。

七、制材之设备。

第六条　承领人如系法人时，其承领书除前条各项外，尚须记载左列各事项：

一、发起人及经理人之姓名、籍〈贯〉、住址、职业、年岁。

二、公司章程。

第七条　承领人提出承领书时，应缴纳勘测费。

前项勘测费，承领十方里者纳一百元，每增一方里递加一元。农务局或县知事勘测详报，建设部认为不能发放时，其已用去勘测之费给还一半。

第八条　承领森林经建设部核准时，应即发给部照为据。承领人领取部照时，应纳照费五十元。部照之有效期间，至多以二十年为限；但每年须验照一次，纳费十元。

第九条　承领人领取执照时，须按承领林区每十方里缴纳保证金二百元。

第十条　承领人于林木、柴炭出山到埠时，应将所伐林木、柴炭之数额、种类、大小、长短，开单呈报各该管官厅查验。

第十一条　承领人于林木、柴炭出售时，除遵照税则缴纳税厘外，应各按林木市价百分之八、柴炭市价百分之六，分别缴纳山分及木植票费。

第十二条　承领森林，每次不得过二百方里。

第十三条　承领人如将承领森林转让他人时，须依第四条之规定，经建设部核准，并缴纳转让照费五十元。

前项之转让，其保证金亦同时移转。又转让后之年期，以继续原承领之年限为限。

第十四条　凡采伐后之林地，除该管官厅认为不能开垦外，该承领人如愿领垦者，得照《国有荒地承垦条例》，呈请核准。

第十五条　承领人采伐林木时，每地一亩，存留树木二株至三株。

前项存留树木，以直径在一尺以上、树干正直者为限。

第十六条　承领人于承领区域内之界牌、古迹、标目等，须负保护之责。

第十七条　从前各机关所发票照，限本规则公布后六个月内，一律呈请缴换部照，逾期作废。

附　则

第十八条　本规则自公布日施行。

据《大元帅指令第五七六号》，载广州《陆海军大元帅大本营公报》第三十六号，一九二三年十一月九日

照准《广东田土业佃保证章程》及《保证局组织简章》

（一九二三年十一月六日）

大元帅指令第五八一号

令广东财政厅长邹鲁

呈请设置广东田土业佃保证局，拟具章程及组织简章，请鉴核令遵由。

呈及章程、简章均悉。所请设置广东田土业佃保证局，系为保障农民业佃双方利益起见，事属可行，应予照准。章程第七条间有未妥之处，经予修正，合行抄发，仰即遵照办理可也。此令。

（中华民国陆海军大元帅之印）

中华民国十二年十一月六日

附一：邹鲁原呈

（一九二三年十月二十七日）

呈为呈请事：窃为政之道，无讼为要，而诉讼之案，争执之端，多起于田土。买卖之争，以契据为断；租赁之争，以批约为断。惟契据则有税验可查，批约并无保证可问，甚非止讼息争之道也。且吾国以农立国，经济之运用，赋税之征收，亦以田土为多。现拟整理财政，必先从田土入手。

职厅前经呈请设立经界局为清丈准备，而业佃关系于田土亦极重要，亟应设置田土业佃保证局，以期相辅而行。迩来物价腾贵，田价因以日昂，业主无故加租及佃户借端霸耕之事时有所闻，一经设局为租赁批约之保证，则此等讼案无由发生，既可消颂〔讼〕端于无形，自易得业佃之同意，而政府可酌收照费。以粤省田土三十五万顷，每亩租银五元计之，则于财政收入亦不无小补。

兹经拟定《广东田土业佃保证章程》十二条及《保证局组织简章》七条，并附说明理由具呈帅座鉴核。是否有当，仍候指令祇遵。谨呈大元帅。

附呈《广东田土业佃保证章程》及《保证局组织简章》二扣。

广东财政厅长邹鲁

中华民国十二年十月二十七日

附二：广东田土业佃保证章程

（一九二三年十月二十七日呈）

第一条　本章程为保证田土业佃租赁批约切实履行，增进双方之利益而设。

理由：查粤省田土多批给佃户耕种，每有业主易批或佃户踞耕等事发生，致起诉讼。推原其故，皆由租赁批约订定后，未得官厅保障所致。兹为保障农民承佃权利，及维持业主所有权之安全起见，特设本章程保证之。

第二条　凡租赁沙田、海田、潮田、山田、围田、基塘、果围、葵围、晒地，以种植、畜牧农产、水产等品者，不论向业主直接承租或向批家间接转租，皆由田土业佃保证局核发执照，以资保证。

理由：田土名目繁多，除自业自耕应免领照外，其他田土凡为种植、畜牧之用者，无论直接承租或间接转租，及以一田分批，辗转数手，所有批约，均由政府设局给照，互相证明，以资保证。

第三条　执照分为四联，除一联存查、一联缴验外，发给业佃各执一联为据，并由局注册，保证双方租约上之效力及左列之利益：

甲、租项无论上期下期，分年分季，佃户须依批约缴交，不得拖欠霸佃。

乙、佃户承租田土除另有特约外，凡租期届满解约时，须将原址坵段亩数点还业主，不得移换侵匿。

丙、业主非俟佃户批租期满，不得易佃及加租。

丁、批租期满，由业主另定租项召佃时，如原佃租价相等，应由原佃优先批赁，如无前项执照，护沙局、自卫局、沙夫等不得发给收获、运放各票据。

第四条　无论业佃何方违反前条规定时，得由相对人摘录执照号数，函请该管田土业佃保证局查册核明，转函主管机关究追，负其保证之责。

第五条　业佃串同短匿租额者，其所持租约不得认为有效证据，遇有佃户欠租霸佃、加租等事项发生，官厅概不受理；其假托自业自耕图免领照者，一经发觉，即照应缴照费加一倍处罚。

第六条　请领执照，应由佃户将左列事项开报，携同原批约缴交该管田土业佃保证局核办。原批约验毕，即编号盖戳发还：

一、业主与佃户之姓名、籍贯、住址。

二、田土所在地及亩数坵段。

三、佃作种别及其租额数量。

四、抄白原约全文。

第七条　执照费以一次过为限，按照租额值百收三，业二佃一，分两年缴纳。第一年业主缴纳百分之二，第二年佃户缴纳百分之一，并得一次缴足。其业主应缴之款，先由佃户代缴，俟交租时，于原租额内扣回。如以佃物为租而无租额可计者，即以所交收之佃物照时价估算为租额。

如属围田有围底、围馆、禾场顶手者，准照前项按值缴费，附记证明。

理由：此项执照系保障业佃双方利益，故照费由业佃分别负担，欲使农民易于筹措，故分两年征收。现在田土租价奇昂，每亩自四五元至数十元不等，更有达至百元以上者。今值百抽三，业二佃一，为数极微。业主应缴纳之二元，由佃户先垫后扣，收费较为便利。至不计租项，订定特约，取偿于佃作之物者（如业主批塘收鱼或批田收禾之类），是即按时值估计，又各属围田之有围底顶手者，准依章程办理，系为保护农民普及起见。

第八条　田土业佃保证局收受佃户报告及第一年照费时，应即通知业主，限十日内将佃户领约或租簿缴验相符，再通知佃户持收条到局换给执照。如属伪冒，即行撤销。倘业主逾期不将批约或租簿缴验，又不声明故障时，作为默认。一经给照，无论何人不能提出异议。缴纳第二年照费时，只须持呈原领执照覆验注明，即准发给收条。

若由业主请领执照，将领约租簿呈验缴纳照费时，所有程序准用前项及本章程第六条、第七条之规定。

理由：广东承佃田土习惯，由业佃互立字据交执，业户所立名曰“批约”，佃户所立名曰“领约”或曰“批领”，文义大致相同，间有无批无领只立租簿或用口头〈契约〉者，倘由业主或佃户开报缴费，均须通知相对人提出所持之证据，以资印证，而别真伪。若隐匿默认，是为甘自抛弃权利。

第九条　本章程公布后，限一个月内，由佃户缴费领照。逾限一个月罚加二成缴纳，两个月罚加四成缴纳。以后每逾一月，递加二成，至一倍为止。但由业主缴费领照时，不受加罚之拘束。

向用口头契约者，自本章程实行之日起，限十五日内，一律改为书面契约领照。

理由：近来田土租价日昂，贪租易佃及欠租霸佃者，比比皆是。本章程系调剂业佃利害，增进社会和平，故须于章程实行后，分别定限缴费领照。然租项系由佃户缴交业主，故责由佃户先垫，以俟届交租时，按数扣回；或稍玩延，酌予处罚，亦不为过。如业主自请领照保证，自当免予处罚，以示优异。至租约虽有口头、书面之分，但适用书面者达十分之七八，如鹤山种植烟叶及各县僻乡小部分田土，亦有用口头契约者，殊不足以杜争端。本章程实行后，概应改为书面，以资保障，系为采取证主义起见。

第十条　执照遗失或损坏时，得向该管田土业佃保证局补领，但每张须缴照费五角。

第十一条　本章程施行细则，由田土业佃保证局体察各该地方情形，拟呈核定施行。

第十二条　本章程公布后，自各田土业佃保证局成立之日实行。如有未尽事宜，得随时增订之。

附三：广东全省田土业佃保证局组织简章

（一九二三年十月二十七日呈）

一、广东田土业佃保证总局，隶属广东财政厅，监督所属分局管理全省田土业佃给照、保证等事项。

二、总局设于省城，除南、番两县①给照、收费，保证各事项由总局直接办理外，其余各县均设分局，隶属总局，并得因当地情形，由分局设置分所。

理由：查省外各县习惯互异，除南、番两县附近省城可直接由总局办理外，其余各县设置分局或更添设分所，委托地方公共团体办理，务以因地制宜、易收速效为主旨。

三、总局局长由广东财政厅委任，分局局长由总局委任。

四、总、分局应设置人员，各因事务繁简，分别设置，各由本局委任之。

五、总、分局应支一切经〈常〉临〈时〉费用，准于收入照费项下提扣二成分配，总分局各占一成，以应支需。

理由：总、分局及分所，均属创设开办之始，事务纷繁，需费尤巨，所需经常、临时各费用，即于收费项下提扣二成分配，不另请领。

六、农会或公共团体、护沙局、乡局等佐理催收照费，准于收入照费项下提扣一成为补助费。

理由：田土租赁给照保证，关系农民利益颇巨，而征收此项照费，手续亦极

---

①“南、番两县”，指南海、番禺。

繁琐，隐匿瞒报在所不免。惟农会及公共团体、护沙局、乡局等，素与农民亲近，若由其稽查劝导，自易进行，而地方公益事业，亦可藉资补助，实属一举两得。

七、本简章自核准之日施行。

据《大元帅指令第五八一号》，载广州《陆海军大元帅大本营公报》第三十七号，一九二三年十一月十六日

批准《广东地方善后委员会输送团试办章程》

（一九二三年十一月九日）

大元帅指令第六〇五号

令广东地方善后委员会筹备处

呈缴《广东地方善后委员会输送团试办章程》，请鉴核由。

呈及试办章程均悉。准予所拟暂行办理。此令。

（中华民国陆海军大元帅之印）

中华民国十二年十一月九日

附：广东地方善后委员会输送团试办章程

（一九二三年十一月八日呈）

一、本团为广东地方善后委员会事业之一部，定名为广东地方善后委员会输送团。

二、本团以代政府如募输送军实及输军之人员，遣派前方服务，以尽国民之天职为宗旨。

三、本团现暂募团员一千八百人。分为三大团，每大团六百人。复分为十小团，每小团六十人。

四、本团设总团长二员，总领团务。大团长三员、小团长三十员、团目九十员，自大团长至团目，均须督队出发。各团办事细则另定之。

本团统系表如下：

总团长

第三大团　　第二大团　　第一大团

第三大团：第三十小团、第廿九小团、第廿八小团、第廿七小团、第廿六小团、第廿五小团、第廿四小团、第廿三小团、第廿二小团、第廿一小团

管第八八至第九十团目、管第八五至第八七团目、管第八二至第八四团目、管第七九至第八一团目、管第七六至第七八团目、管第七三至第七五团目、管第七十至第七二团目、管第六七至第六九团目、管第六四至第六六团目、管第六一至第六三团目

第二大团：第二十小团、第十九小团、第十八小团、第十七小团、第十六小团、第十五小团、第十四小团、第十三小团、第十二小团、第十一小团

管第五八至第六十团目、管第五五至第五七团目、管第五二至第五四团目、管第四九至第五一团目、管第四六至第四八团目、管第四三至第四五团目、管第四十至第四二团目、管第卅七至第卅九团目、管第卅四至第卅六团目、管第卅一至第卅三团目

第一大团：第十小团、第九小团、第八小团、第七小团、第六小团、第五小团、第四小团、第三小团、第二小团、第一小团

管第廿八至第三十团目、管第廿五至第廿七团目、管第廿二至第廿四团目、管第十九至第廿一团目、管第十六至第十八团目、管第十三至第十五团目、管第十至第十二团目、管第七至第九团目、管第四至第六团目、管第一至第三团目

团员

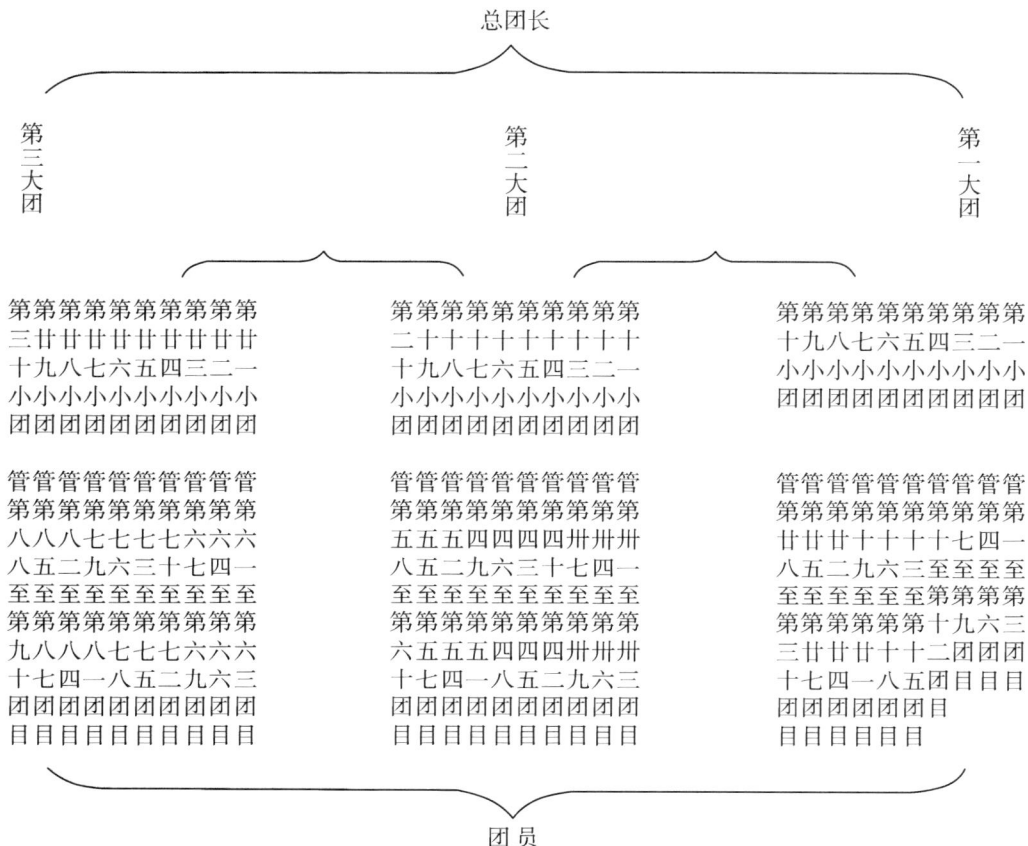

五、本团除总团长系名誉职不支薪水外，大团长月薪五十元，小团长月薪二十五元，团目月薪二十元。

六、本团团员分为两种：常备团员，月支十五元；临时团员，日支六毫。

七、本团经费分二种：

（甲）由政府指拨。

（乙）由各团体或个人自由捐助。

捐助本团经费一元以上者，由本团送给义捐章一枚。本团义捐章，经呈准政府备案咨行，各军警实力保护，凡佩带本团义捐章，不得拉充伕役。

义捐章分三种：

（甲）捐助十元以上者，本团送给特别义捐章一枚。

（乙）捐助五元以上者，送优等义捐章一枚。

以上二种，除送给义捐章外，另登报表扬。

（丙）捐助一元以上者，送义捐章一枚。

凡佩带本团义捐章遇有误被拉作伕役时，应即来团报告，由本团即向当道交涉释回。

如有慈善大家及大公司、大工厂，愿代他人捐领义捐章者，得按银数发给捐章，每枚一元算。

八、本团委托各善堂、教会、工会为征集机关，其有个人自愿效力者，得自由报名应募。本团团员如有担认包募者，亦所欢迎。

九、凡以个人自募足六百人者，即委为大团长；个人募足六十人者，即委为小团长；个人募足二十人者，即委为团目。

十、团员驻扎地点：

在东关者　（甲）惠州会馆；（乙）东关戏院。

在西关者　（甲）陈家祠；（乙）郑家祠。

以上各地点，均由本会酌送租金。

十一、本团薪工各费，均由委员会经理，以昭大信。

十二、常务团员服务期限，至多不过三个月，期满自愿继续服务者听。

十三、团员如有疾病，应由该管团目报明该管小团长，验明给假，送入医院医治，病愈即出院照旧服务。

十四、本团长〈团〉员如有劳绩及得力人员，应分别奖励。其奖励方法：（一）奖叙；（二）奖章；（三）扁额；（四）奖金。其奖励规则，另定之。

十五、本团长〈团〉员如有因公残废或死亡时，应分别核给恤金。其抚恤规则，另定之。

十六、本团长〈团〉员饷项，按旬支发，如有发出前方欲将饷银之一部就近交由家属领用者，得请由总团长核明，转请善后委员会核给凭簿，以凭照额请领。

十七、团员出发到达邮便未通地方，如有紧急事项须向家属通讯时，得将书函交该管团目验明汇送善后委员会，按址代寄。

十八、团员如有疾苦或认为有须改良之事，得陈明该管团目转陈核办。

十九、本团办有成效时，即请政府禁止拉夫。

廿、本章程如有须修改之处，得由善后委员会议决修改之。

廿一、本章程自公布日实行。

据《大元帅指令第六〇五号》，载广州《陆海军大元帅大本营公报》第三十七号，一九二三年十一月十六日

批军政内政等部依照《粮食管理处试办规程》协办

（一九二三年十一月九日）

大元帅指令第六〇九号

令大本营粮食管理处赵士觐

呈请令饬军政、内政两部通令各军暨地方官吏团体妥为护助由。

呈悉。该处试办规程①经核准暂行试办，后业经刊登公报公布在案，至必要时仰仍依照规程办理可也。此令。

（中华民国陆海军大元帅之印）

中华民国十二年十一月九日

据《大元帅指令第六〇九号》，载广州《陆海军大元帅大本营公报》第三十七号，一九二三年十一月十六日

批毋庸设立两阳三罗安抚使署并发还组织条例及办事细则

（一九二三年十一月九日）

大元帅指令第六一〇号

令两阳三罗等处安抚使梁鸿楷

呈拟《两阳三罗等处安抚使署组织条例》及办事细则，请鉴核公布施行由。

呈及附册均悉。现在正谋军事结束，该使务宜缩小范围，以期简而易行。关于财

① 按即《大本营粮食管理处试办规程》。

政，尤未宜设署，致陷纷歧。仰即善体此意，另行妥拟呈候备核。册件发还。此令。

（中华民国陆海军大元帅之印）

中华民国十二年十一月九日

据《大元帅指令第六一〇号》，载广州《陆海军大元帅大本营公报》第三十七号，一九二三年十一月十六日

中国国民党党纲草案

（一九二三年十一月二十日刊载）

吾党之目的，在于中国领域之内构成一民有、民治、民享之国家，使全体国民得于国际上、政治上、经济上遂其有价值之生存。本此目的，揭为“三民主义、五权宪法”之主张，以奋斗之精神，而图其实现。所谓三民主义、五权宪法，倡之吾党总理孙中山先生，故其内容解释，当以孙中山先生之说为断，今依次序而举其梗略。

其一，“民族主义”也。民族主义包涵至广，语其核要，则凡民族结合而成国家，其意思行为、自由独立，不受他民族压抑干涉；反乎此者，则视为障碍，不能相容，排而除之，不俟终日。辛亥革命，满清覆亡，民族主义于以发轫；然而境土以内，租界厘然，政制科条，莫能容喙，民邻牛马，盗憎主人，治权割裂，于兹为甚。外人之于中国，则洋轮番舶，江湖河海，无隙不穿；而吾民之往外国，则农工阶级纤芥微疾，特干例禁；至于伤生之品，无益之货，吾民所欲谢绝者，外国则强迫以售之；内地之所产，农工之所资，吾民所欲保护者，外国则条约以阻之。吾民族于此，在政治上、经济上久沦于外国藩属之地位矣。满清鼎革，仅去一枷，而吾族之独立自由，尚未除其束缚，解脱之责，有赖于吾党，对于民族主义之励精猛进者，正未艾也。

其次，则“民权主义”也。民权主义泛言之曰：主权在民。然因主权行使之范围不同，民权遂有广狭之别。考诸近代号称民治主义之立宪国家，其人民之参政机关，则曰议会；其人民参政之行为，则在选举代议士或官吏。所谓代议政体，其旨在斯。顾代议士所提议议决者，未必尽惬乎民心；官吏所施行者，未必尽符

乎民意。其补救之道，舍政府解散议会，施行改选，或黜革官吏之外，惟有俟其任期终了另选贤能而已。狡黠政客利用此制度之不完，乃以欺骗人民，播弄政局，国蠹党弊，缘是而生，民权之归有名无实。在欧美素行立宪代议政治之先进国家推重民权，谓非东方诸国所而〔及〕，及〔而〕理想与效果，制度与事实，相去若是。识者乃益以人民创制、复决、罢免三种权利，使人民不必藉议会之提议，而可创制；不必听议会之议决，而可复决；不必俟议员官吏之任满改选或黜革，而可由人民罢免，以济制度不完全之穷。民权之实，差以得保。今中华民国成立仅十有二年，举凡代议制度、选举制度中他国所短长互见者，我国几于无美不遗，无恶不备，军阀国贼用能横行，民权之削，反较专制之开明时代为甚。民国之立，吾党实倡之，亦实成之；然而本质不存，躯壳徒具，则民权主义之促进，在吾党固责无旁贷者也。

再次，则“民生主义”也。民生主义于人类各种组织之中，所以有国家社会之遗留者，原以图团体的生存，而遂其共同之生活，则凡社会组织，产业制度，有以资团体生存之巩固，而益共同生活之繁荣者，在法当认为优良，反此则否。故善群事者不患寡而患不均，国富之总量，欲求其增加，而生产之分子，必期其充裕，否则偏枯为病，兼并勃兴，瓦解势成，崩坏立见。前此秉国钧究治术者，社会现象之观察不明，民生主义之条理未达，阶级斗争，熟视无睹，藩篱自溃，茫漠不知，以为自来社会中心奠基于个人之资本主义，个人资本之积集愈厚，则社会之生产力愈增，民业化分，赖此而广，经济抒〔杼〕轴，本此而旋，政府无为，一依个人资本之自动，以为之理。顾自机械发明以后，生产交通之器具，所以代人工而节经费者，日益精微，自人道上论之，劳力少而效果多，其造福民生，宁有涯涘。但其所显于经济社会之状况，及适相反，劳力代去而民福不增，效果虽多而少数蒙利，掌母财者田连阡陌，事生产者贫无立锥，于是有咒机械为食人，怨大地以不育，国家政府之设，自由平等之称，有类画饼疗饥，无裨实际，于是社会问题，纷然以起，社会革命，迫于燃眉。顾欧美政家之流，思患预防，一方则取所谓社会政策者行之，以济贫富之调和，而弥资本制度之溃裂；一方则奉所谓经济上之帝国主义，对于地广人稠而组织薄弱、地腴〔腴〕物博而文化度低者，威迫利诱，置为殖民地或半殖民地，吸其膏血，以滋养其个人资本主义之下之生产，而减杀劳工之不平。凡夫力行经济上帝国主义之国家，其不即自陷于危亡，皆赖有此等尾闾为其工业产品之宣泄；假曰不然，则社会革命未有能制之者也。中国地大，交通乏便，田野不辟，富藏未开，而生产之方，贸迁之道，皆至幼稚，纵令得假时日，任其自然发展，非百年以后，不能侪英美。今日所得之进步，而仍不能免却个人资本制度崩坏在内的危机；况在经济上帝国主义压迫之下，必不许中国有此百年从容之日月，以偷其残喘乎？故为中华民国计，欲使国富速增，民生不悴，则必以国家自为大资本地主，用集产的方法，凡夫交通机关，基本工业以至原动力之供给，大规模之生产，视国力之所能及，进而经营，与国内经济界以至深至大之激刺〔刺〕，夫然后民业可望蓬勃而兴；同时地主不劳而得之值，不归私人，而归公家，则掠夺之机会不多，社会经济之问题递减，我内部既无分崩离拆〔析〕之虑，则外国虽有经济上帝国主义之压迫，断不能为中国害，而将以自害而已。此吾党对于民生主义，所以认为救国济民唯一之良规者也。

五权宪法，吾党倡之，治法学者罕娴其说。顾宪法既为国家组织之根本大法，则凡国宪之立，不能于固有历史上之背境，漠无所见，而以闭户造车之道行之。考诸各国宪法，大都三权画分，最高统治权之表现，而为立法、司法、行政之行为者，分隶于立法、司法、行政三部，各不相混。溯厥原流，谓本诸英国之习惯。顾英国政制，夙称为议会政治，以议会多数党中之议员组织政府，立法、行政两部之人选，同出一源，故议会弹劾政府之事，在一党占议会优势时，绝对不能生效。准此而言，则三权之分，在英国则仅二权对峙耳。三权鼎立之宪法，实以美国为滥觞，近代成文宪法，亦以此为之祖。后之宪法，模仿前型，随波逐流，几若定例，能于成规之中，别开生面者，惟俄国苏维埃政府之宪法。其所规定，举凡经济制度社会民生诸端，于国家根本有大关系者，无不包括在内，可师之点，于彼为多。但就分权而言，则三权鼎立，所以免专制之流弊，其法未为不善；然在中国吏治久疏，公德未彰，品流驳杂，法治之道，民未习成，则弥补缺憾，不得不于宪法预为之备。中国前此夙有谏议、御史之官，贪污滥劣者，用能知所儆戒。而取士之道，考官之权，虽帝皇不能干预。科举当废，为其取材不当，取法不良，顾其为制，外国行之，而以收效。今为中国计，于斯二者之制，仍宜保留，不必因咽废食。立法、司法、行政三权之外，应使弹劾权、考试权各行独立，而为五权之分。弹劾部所有事者，在审查吏治之隆污，监督职官于职务上之行为，察其效果如何，处置当否，以免有枉法营私，怠于职掌，与夫上司包庇下属之弊。其职权所在，与议会中之弹劾，及人民之行使罢免权者，范围不同。盖议会之弹劾，属于高等政治问题，本于政争之原因者为主；而人民行使创制权、复决权、罢免权之制，专就下级之政治单位而设，不能扩于全国全省广大之区域而行也。考试权所司在考取人材，以充官职，非经考试及格之人员，不能委用，以掌公务；使凡在政府中供职者之学问知识，在一定之水平线上，而无程度低落之虞。必如是，中国始有吏治清明之望。大本在此，全国民众，盍兴乎来。

据《中国国民党党纲草案》，载上海《中国国民党本部公报》第一卷第三十一号，一九二三年十一月二十日出版

中国国民党章程草案

（一九二三年十一月二十日刊载）

第一章　党　员

第一条　中国国民党不分性别，凡接受本党党纲，加入本党所辖之党部，实行本党议决，及依时缴纳党费者，均得为本党党员。

第二条　党员入党时，须有本党党员二人以上之负责的介绍，方得为本党党员。

第三条　党员入党时，须经所向请求之党部大会通过，方得为本党党员。

第四条　党员移动时，须即在所到地方之党部登记，同时即为该地之党员。

第二章　党部组织

第五条　范围包括一个地方之党部，为上级机关；范围包括该地方一部分之党部，为下级机关。

第六条　凡含有地方性质之问题，得由地方党部自由处理。

第七条　各党部以全国代表大会、地方代表大会、地方党员大会，为各该党部之最高机关。

第八条　地方党员大会、地方代表大会及全国代表大会，须各选出执行委员会，执行党务。

第九条　本党党部之组织系统如下：

甲、全国——全国代表大会——中央执行委员会。

乙、全省——全省代表大会——全省执行委员会。

丙、全县——全县代表大会——全县执行委员会。

丁、全区——全区代表大会或党员大会——全区执行委员会。

戊、区以下为区分部——区分部党员大会——区分部执行委员会。但区分部为本党基本组织。

第十条　本党之权力机关如下：

甲、全国代表大会。但闭会期间，为中央执行委员会。

乙、全省代表大会。但闭会期间，为全省执行委员会。

丙、全县代表大会。但闭会期间，为全县执行委员会。

丁、全区代表大会。但闭会期间，为全区执行委员会。

戊、区分部党员大会。但闭会期间，为区分部执行委员会。

各权力机关，对于其上级机关，执行党之纪律决议，并得提出抗议。

第十一条　中央执行委员会、全省执行委员会等，得分设各部，执行本党之通常或非常党务，各部受各该执行委员会之管理。

各部之职务及组织法，由中央执行委员会之训令决定之。

第十二条　各下级党部执行委员会，须受全省执行委员会管辖。省执行委员会，须受中央执行委员会管辖。

第十三条　各级党部执行委员会，须受上级机关正式核准后，方得启用印信。

第十四条　凡本党党员，须在所属党部领取党员证书。其证书式样及内容，由中央执行委员会定之。

第三章　最高党部

第十五条　本党最高机关，为全国内之全国代表大会，常会每年举行一次。

但中央执行委员会认为必要时，或前届代表大会有三分之一人数请求，方得召集特别全国代表大会。

第十六条　全国代表大会开会日期议题，须于至少两个月前通告各党员。特别全国代表大会，须于三个月前通告各党员。

第十七条　全国代表大会，如有前届大会代表人数之一半出席时，得认为合法。

第十八条　全国代表大会之组织法，及各地方应派代表之人数，得由中央执行委员会临时决定之。

第十九条　全国代表大会之职权如下：

甲、接纳及采行中央执行委员会及其他中央各部之报告。

乙、修改本党〈党〉纲及章程。

丙、决定对于时事问题应取之政策及政略。

丁、选举本党总理、中央执行委员及侯〔候〕补执行委员与审查委员。

第二十条　中央执行委员会及审计委员会之人数，由全国代表大会决定之。

第二十一条　中央执行委员会委员，遇故离任时，由候补委员依次充任。

第二十二条　中央执行委员会之职权如下：

甲、代表本党对外关系。

乙、组织各地方党部并指挥之。

丙、任命本党中央机关报人员。

丁、组织本党之中央机关各部。

戊、支配本党党费及财政。

第二十三条　在政府机关、俱乐部、社会、工会、商会、市议会、县议会、省议会、国议会内部，特别组织之国民党团队，中央执行委员会得指挥之。

第二十四条　中央执行委员会，每两星期至少开会一次，候补委员得列席开会议，但只有发言权。

第二十五条　中央执行委员会主席，以本党总理充之。

第二十六条　中央执行委员会，互选秘书三人，组织秘书处，执行日常党务。

第二十七条　全国代表大会闭会期间，中央执行委员会应召集各省执行委员会、省干事部及其他党部之代表，开全国会议一次。

第二十八条 中央执行委员会，须将其活动经过情形，通告各省执行委员会、省干事部等，每月一次。

第四章 审查委员会

第二十九条 全国代表大会，选出三人，组织审查委员会，其职权如下：

甲、稽核中央执行委员会财政之出入。

乙、审查党务之进行情形及部员之勤惰。审查委员会得训令下级党务部，审核财政与党务。

第五章 省党部

第三十条 全省代表大会，每六个月举行一次，但遇中央执行委员会训令开会，或县执行委员会与区执行委员会同意开会时，得召集全省大会。

第三十一条 省执行委员会认为必要，或全省党员半数请求时，得召集特别全省代表大会。

第三十二条 出席全省代表大会之代表选举法及人数，由省执行委员会征求各县执行委员会同意决定之。

第三十三条 全省代表大会，接纳及采行省执行委员会及本党省机关各部之报告，选出执行委员并审查委员。

第三十四条 省执行委员会之职权如下：

甲、组织三人之秘书处。

乙、设立全省各地方党部，并指挥其活动。

丙、任命该省党部机关报人员。

丁、组织本党省机关各部。

戊、支配党费及财政。

第三十五条 省执行委员会，每月须将其活动经过情形，报告中央〈执行〉委员会一次。

第三十六条 省执行委员会，每两个星期开会一次。候补委员得列席会议，但只有发言权。

第三十七条　省执行委员会〈委员〉，遇故离任时，由候补委员依次充任之。

第三十八条　省审查委员会，稽核省执行委员会财政之收支，及审查省执行委员之党务及部员之勤惰。

第六章　县党部

第三十九条　县代表大会，每三个月举行一次。若省执行委员会训令开会，及〔或〕各区执行委员会请求开会时，得召集特别全县代表大会。

第四十条　县执行委员会认为必要，或有该县党员半数请求时，得召集特别全县代表大会。

第四十一条　出席县大会代表之选举法及人数，由县执行委员会审定后，经省执行委员会核准决定之。

第四十二条　县代表大会，接纳及采行县执行委员会及其他本党县机关各部之报告，选举县执行委员及候补委员及审查委员。

第四十三条　县执行委员会，选举书记一人，执行日常党务。设立全县各地方党部，而指挥其活动。任命该县党部机关报职员，但须经省执行委员会之核准。组织全县性质之事务各部，支配县内党费及财政。

第四十四条　县执行委员会，须每两星期将其活动经过情形，报告省执行委员会一次。

第四十五条　县执行委员会，每星期会议一次。候补委员得列席会议，但只有发言权。

第四十六条　县执行委员会委员，遇故离任时，由候补委员依次充任之。

第七章　区党部

第四十七条　区之最高机关，为全区党员大会或代表大会。区以下为乡、为村。全区委员大会，包括乡村党员在内。但因乡村离区市太远，或党员太多，不能召集党员大会时，得召集区乡村代表会议。此代表会议，即作为该区最高权力机关。但于可能时，须召集党员大会。

第四十八条　党员大会或代表大会，每月举行一次，讨论党务。其范围如下：

甲、党员入党问题。

乙、接纳及采行区执行委员会之报告。

丙、代表会议之代表，及党员大会之党员，在会议内，报告区内党务之进行，解决党务之困难，及发表关于政治经济之意见。

丁、训练党员问题，解决不识字问题，征求党费问题，讨论县执行委员会及区执行委员会之决议。

戊、选举该区执行委员会。

第四十九条　区执行委员会，指挥区内各区分部，或其下各特别党务机关之活动事宜，管理部内党员登记事宜，召集国民大会，组织区分部。但须得县执行委员会之核准，支配党费及财政。区执行委员会，每两星期须将其活动经过情形，详细报告县执行委员会。

第八章　区分部

第五十条　区分部为本党之基本组织，由区执行委员会或其他代理区机关组织之，或自行组织之，但须经县执行委员会之核准。区分部人数无定，但须在五人以上。

第五十一条　区分部作用，为党员间或党员与本党主要机关间之联络。但在只有区分部成立之地方，区分部可作为主要机关。其职务如下：

甲、执行党之决议。

乙、征求党员。

丙、帮助区执行委员会进行党务。

丁、分配本党宣传品。

戊、收集党捐，分售本党印花、本党纪念相片、本党表记等。

己、选派出席区大会或县大会、省大会及全国大会之代表。

庚、执行上级命令。

第五十二条　区分部须选举三人，组织区分部执行委员会，执行日常党务。由执行委员会中互选秘书一人，每两星期须将其活动经过情形，报告区部执行委员会一次。

第九章　纪　律

第五十三条　凡党员须恪守纪律，入党后即须遵守党章，服从党义。其在本党执政地方，及在军事时期，尤须严行遵守，党内各问题，各得自由讨论；但一经决议定后，即须一致进行。

（注意）本党领有历史的使命而奋斗，我国领土之完全自由及和平，全赖本党奋斗之成功。欲求此成功，必赖纪律之森严，党之成败，全系于此，望共勉之。

第五十四条　凡不执行本党决议者，破坏本党章程者，违反本党党义及党德者，须受以下处分：党内惩戒，或公开惩戒，并在党报上详细登出原委，及暂时或永久开除党籍。已开除党籍之党员，不得在本党执政地方之政府机关服务。如地方全部有上述行动者，须受以下处分：

甲、全部党员再行登记，分别去取。

乙、全部解散，并在党报上详细登出原委。

第五十五条　凡党员个人或全部被弹劾时，须由该部审查委员会详细审查后，由该部执行委员会判决处分。执行委员会之处分，如认为不当时，得上控于上级执行委员会，以至全国大会。但未得全国大会表示意见以前，此处分仍须执行。全国大会得判决个人或全部恢复党籍，但中央执行委员会尚未执行时，此判决仍不发生效力。

第十章　经　费

第五十六条　本党经费，由党员所纳之党费，党之高级机关之补助，及其他收入充之。

第五十七条　党费每月每人应缴二角，党员遇失业、疾病等事故时，经在所属党部登记后，得免缴该部党费。但该部须将此情由报告上级执行委员会。

第五十八条　党员未得允许而不缴纳党费至三个月者，即停止其党员资格。

第十一章　国民党党团

第五十九条　在秘密、公开或半公开之非党团体，如工会、俱乐部、会社、商会、学校、市议会、县议会、省议会、国议会之内，本党党员须组成国民党党团，在非党员中扩大本党势力，并指挥其活动。

第六十条　在非党团体中，本党党团之行动，由中央执行委员会详细规定之。

第六十一条　党团须受所属党部执行委员会之指挥及管辖，例如省议会内之党团，受该省党部执行委员会之指挥及管辖；国议会内之党团，受中央执行委员会之指挥及管辖；工会、俱乐部等团体内之党团，受该地党部执行委员会之指挥及管辖。

第六十二条　执行委员会内各党团间，意见有不合时，须开联合会议解决之。不能解决时，得报告上级执行委员会决定。未得上级委员会决定时，党团须执行所属党部执行委员会之议决。

第六十三条　党团内个人党员，得党团允许时，得于所在活动之团体内受职，并得调任他职。国会内党团之委员，受委阁员时，必须先得所属党团及中央执行委员会之允许。

第六十四条　党团内须选举职员，组织干部，执行党务。

第六十五条　所在活动之团体，一切议题，须先在党团内讨论，以决定对各问题应取之政策。所定政策，须在该团体议场上一致主张及表决。党团在所在活动之团体内，须有一致及严密之组织，各种意见，可在党团秘密会议中发表，但对外须有一致之意见行动。如违反时，即作为违反党之纪律，须受党之处分。

第六十六条　党员在议会者，须先自具向议会辞职书，贮在所属党部执行委员会处。如与党之纪律大有违反时，其辞职书即在党报上发表，并且须本人脱离该议会。

据《中国国民党章程草案》，载上海《中国国民党本部公报》第一卷第三十一号，一九二三年十一月二十日出版

批准《广州市民产保证条例》

（一九二三年十一月二十一日）

大元帅指令第六三二号

令广东地方善后委员会

呈议决《广州市民产保证条例》，请鉴核施行由。

呈及条例均悉。应照准，已令行广州市政厅办理矣，仰即知照。此令。

（中华民国陆海军大元帅之印）

中华民国十二年十一月廿一日

附一：广州市民产保证条例

（一九二三年十一月十九日呈）

第一条　本条例之设，系因近日妄报官产、市产者接踵纷乘，以致市内大起恐慌，不得不设法救济，以为人民私权之保障。

第二条　一切民有不动产，均须赴民产保证局缴纳一次过之保证金，领取民产保证，不得以前曾奉有官厅布告及批示为借口。其前经缴款由官厅承领有执照者，一律赴局领证，但不用缴纳保证金，只缴纳保证纸张费，每张一元。

第三条　凡已经领得民产保证之业，无论何项机关不得再行投变。

第四条　本条例公布后，各该业主应将产业坐落、四至及价值详细开列，连同本身红契赴局验明，分别缴款领证，其红契即日发还。

第五条　民业〔产〕保证征收保证金之定率如左：

一、土地保证金，按照产价抽百份之二。

二、上盖保证金，按照产价抽千份之一。

第六条　上条土地及上盖产价，均以红契为标准，如业主愿加报价值者听。

第七条　如有买得经领民产保证之产业，欲将产价呈报增加时，应将上手业主领得之保证，持赴民产保证局请换新证。其征收保证金办法，应于新报产价全

〔金〕额内除去原报价额，只照增报部分按照定率征收之。

第八条 市内各业户须自布告日起，限十日内缴款领证。逾期领证者，得按照所逾日期之多寡，另订章程处罚之。

第九条 自本条例实施之日起，即行停止举报官产及市产。

第十条 如有将官厅已经取销之契照或伪造契照瞒请领证者，除将已缴款项没收及按照产价加倍处罚外，并治以应得之罪。

第十一条 凡未经请领民产保证之官产、市产，仍由该管机关照常办理。

第十二条 如人民发觉办理此项民业〔产〕保证之官吏，有营私舞弊经证实时，应报名呈由广东地方善后委员会呈请政府严行惩办。

第十三条 为保障民业起见，广东地方善后委员会每日派委员二人到办理此项民业保证机关督察之。

第十四条 本条例自广东地方善后委员会议决后，呈大元帅公布施行。

据《大元帅指令第六三二号》，载广州《陆海军大元帅大本营公报》第三十八号，一九二三年十一月二十三日

附二：广州市民产保证条例施行细则

第一章 申 报

第一条 自本条例施行后，各该业户应照民产保证局所定申报章程式，将应行申报事项据实开列，并将本身上手红契或执照亲携呈验，及将契照影本或抄本附缴。

第二条 所申报之产业，如因业权之争执曾经发生诉讼，须将讼案概要及已未判决暨判决曾否确定各情形开报。如已判决，并将判决书连同影本或抄本附缴。

第三条 所申报之产业，如有典按、赠与、永租各项华洋轇轕，须将实情申报。

第四条 所申报之产业，如曾经官厅查封充公或取销契照，须将事由据实情叙明，俾得查酌办理。如隐去事实有意朦请领证，即照条例第□〔十〕条究办。

第五条 所申报之产业，如曾经被人举报官产市产，须将被举报事由及已未

投变事实据实开报，以凭查酌情形分别办理，俾符保证主旨，不得隐去事实，契〔致〕干究罚。

第六条　民产保证局收到申报书及致照等件，即将契照原本及影本或抄本验封。如影抄本与原本相符，即日将契照原本发还。但契照原本如已被官厅取销，或发觉其有伪造情事，或有事实证明其业权尚未确定，暨各项轇轕，得将契照存局，查核明确，再行发还，但须给回收条。

第七条　如无显着〔著〕事实或正当理由，不得将缴验之契照任意留局。遇有任意留难情弊，应由申报人随时指名呈请广州市市政厅严行究办。

第二章　缴　款

第八条　业户于申报时，即将应缴款项带缴。

第九条　市内民产如本身管业之凭证为红契，其成立在本条例施行以前者，自本条例施行之日起，限十日内缴纳保证金，带缴证书费每张毫银一元。倘有逾限，除照条例定率缴款外，并照左列罚则处罚：逾限十日者，罚缴产价千份之五；逾限二十日者，罚缴产价千份之十。嗣后每逾十日加罚千份之五。逾三个月而不缴款领证者，罚缴产价十份之一。

第十条　市内民产其本身管产之凭证，系已经缴款承领官产市产之执照、其成立在本条例施行以前者，自施行之日起，限十日内赴局领证，俾昭划一。除缴每张一元之证书费外，不用缴纳保证金。如有逾限十日，罚缴产价千份之一。嗣后每逾十日，递加罚金千份之一。逾三个月而不赴局领证者，罚缴产价十份之一。

第十一条　凡红契在本条例施行后成立者，自成立之日起，限十日内赴局填领新证，其缴款之法照第□〔九〕条办理。

第十二条　凡执照在本条例施行后成立者，自成立之日起，限十日内赴局领证。

第十三条　红契成立是否在本条例施行以前，以税契之日为准。

第十四条　业户申报产价，应以现在时值为标准，不得匿多报少希图短纳保证金。

第三章　发　证

第十五条　民产保证局收到保证金，先后发给收据，该申报人即于三日后，携带收据到局换领保证。

第十六条　申报人换领保证时，应将已经验明发还之契照原本携带缴局，俾得将保证粘连，并于粘连之处加盖本局骑缝印，即日发还。

第十七条　申报之产业，如有显著事实或正当理由，足以证明该产系有别项轇轕，业权尚待审查者，应由局审查确定后，分别办理，以昭慎重。

第四章　附　则

第十八条　本条例施行细则应呈请大元帅通饬行政司法各机关查照备案。

第十九条　本细则自公布日施行。

据《民产保证局施行细则》，连载一九二三年十二月五日《广州民国日报》第七版及六日该报第六版

令广州市遵行《民产保证条例》

（一九二三年十一月二十一日）

大元帅训令第三五六号

令广州市市长孙科

据广东地方善后委员会呈称："现据广州市民何为善、徐保民请愿设法保证民业一案，并附具《民业保证条例》到会。当经本会委员提出会议，随付审查，一致通过，并议决《民业保证条例》十四条，理合建议呈请鉴核施行"等情，并粘呈条例一折前来。据此，应予照准。除指令外，合行令仰该市长即便遵照办理。条例抄发。① 此令。

（中华民国陆海军大元帅之印）

中华民国十二年十一月廿一日

据《大元帅训令第三五六号》，载广州《陆海军大元帅大本营公报》第三十八号，一九二三年十一月二十三日

① 《民业保证条例》即前已刊之《民产保证条例》，故略。

准《查验民产押借外款暂行章程》

（一九二三年十一月二十一日）

大元帅指令第六三三号

令大本营财政部长叶恭绰

呈缴《查验民业〔产〕押借外款暂行章程》，乞鉴核施行由。

呈及清折均悉。准如所拟施行。此令。

（中华民国陆海军大元帅之印）

中华民国十二年十一月廿一日

附：查验民产押借外款暂行章程

（一九二三年十一月十七日呈）

第一条　凡属中国籍人民将所有产业押借外款者均应按照本章程呈送大本营财政部查验。

前项产业，系指在商埠及都市之不动产而言。

第二条　人民将产业押借外款者，非将揭单及抵押清单暨其他契约证据，一并呈送大本营财政部查验，不发生效力。

第三条　依本章程之意义，系以确定中国人民与外国商民间之债权债务为范围，其所有权及各种产业上之纠葛仍旧由各主管官厅办理。

第四条　凡民产抵借外款，在本章程施行前成交者，应自本章程施行日起限于一个月内，呈送大本营财政部查验。如有远道不及呈验者，应由本人或其代表呈请财政部核准，得酌予展限。

第五条　其在本章程施行后抵借外款者，应自成交日起三日内，呈送大本营财政部查验。

第六条　人民将前项揭单及抵押清单暨其他证据，呈送大本营财政部查验时，应按照所抵押之产业之价值，每百元缴纳查验费大洋一元五角。

前项查验费，其畸零数在五十元以上者，按一百元计算缴费。如不及五十元者，免缴。

第七条 本章程自公布日施行。

本章程如有未尽事宜，由大本营财政部随时增订之。

据《大元帅指令第六三三号》，载广州《陆海军大元帅大本营公报》第三十八号，一九二三年十一月二十三日

准《修正广东省银行纸币委员会章程》

（一九二三年十一月二十一日）

大元帅指令第六三四号

令大本营财政部长叶恭绰

呈为《修正整理广东省银行纸币委员会章程》，乞鉴核令遵由。

呈悉。准如所拟修正。① 此令。

（中华民国陆海军大元帅之印）

中华民国十二年十一月廿一日

据《大元帅指令第六三四号》，载广州《陆海军大元帅大本营公报》第三十八号，一九二三年十一月二十三日

准添设广东省垣盐警指挥办事处及暂行章程

（一九二三年十一月二十三日）

大元帅指令第六四九号

令两广盐运使伍汝康

呈请添设广东省垣盐警指挥办事处，拟订暂行章程及经费表，请鉴核令遵由。

呈及暂行章程暨经费表均悉。所请添设广东省垣盐警指挥办事处，应予照准。

① 修正内容为：原章程第一条规定该委员会由广州总商会会长、银业公会会长、广州市参事会首席参事、广东商会联合会会长、总工会会长等组成。现在各会长或首席参事之下加“或该会代表”五字，以利会长等因故不克担任时，可由各该会另举代表参加。

盐警职司缉私，仰即遵照向章办理。暂行章程业经修正抄发。此令。

（中华民国陆海军大元帅之印）

中华民国十二年十一月廿三日

据《大元帅指令第六四九号》，载广州《陆海军大元帅大本营公报》第三十九号，一九二三年十一月三十日

准设立民产保证局并拟订组织章程

（一九二三年十一月二十五日）

大元帅指令第六五七号

令广州市市长孙科

呈为委员设局办理民产保证事宜，并呈送该局组织章程①，请备案由。

呈及章程均悉。准予备案。此令。

（中华民国陆海军大元帅之印）

中华民国十二年十一月廿五日

据《大元帅指令第六五七号》，载广州《陆海军大元帅大本营公报》第三十九号，一九二三年十一月三十日

准《修正广州市民产保证条例》②

（一九二三年十一月二十五日）

大元帅指令第六五八号

令广州市市长孙科

呈送《修正广州市民产保证条例》清折，请察核由。

---

① 委李纪堂为民产保证局局长。《民产保证局组织章程》缺。

② 原件附条例，从略。见《颁布〈广州市民产保证修正条例〉》（一九二三年十二月十二日）。

呈及清折均悉。准照修正条例施行。此令。

（中华民国陆海军大元帅之印）

中华民国十二年十一月廿五日

据《大元帅指令第六五八号》，载广州《陆海军大元帅大本营公报》第三十九号，一九二三年十一月三十日

批准《国有荒地承垦条例》

（一九二三年十一月二十六日）

大元帅指令第六六〇号

令大本营建设部长林森

呈缴《国有荒地承垦条例》三十条，乞鉴核施行由。

呈及清折均悉。准如所拟施行。此令。

（中华民国陆海军大元帅之印）

中华民国十二年十一月二十六日

附一：林森呈

（一九二三年十月三十一日）

呈为拟订《国有荒地承垦条例》仰祈鉴核事：窃查吾国地大物博，人口繁多，惜民众集中都市，地利废而不治，童山荒野所在皆是，亟宜提倡开垦，以辟土地而厚民生。兹拟订《国有荒地承垦条例》三十条，缮具清折随文呈请鉴核，伏祈明令施行，实为公便。谨呈大元帅。

附呈《国有荒地承垦条例》一扣。

大本营建设部长林森（印）

中华民国十二年十月卅一日

附二：国有荒地承垦条例

（一九二三年十月三十一日呈）

第一章　总　纲

第一条　本条例所称之国有荒地，指江海、山林，新涨及旧废无主未经开垦者而言。

第二条　凡国有荒地，除政府认为有特别使用之目的外，均准人民按照本条例承垦。

第三条　凡承领国有荒地开垦者，无论其为个人或为法人，均认为承垦权者。

第四条　前条之个人或法人之团体员，非有中华民国国籍者，不得享有承垦权。

第二章　承　垦

第五条　凡欲领地垦荒者，须具书呈请该管官署核准报部立案。

第六条　呈请书须记载左列各项：

一、承垦人之姓名、年龄、籍贯及住所，若系法人，则发起人及经理人之姓名、年龄、籍贯住所，其设有事务〈所〉者，并记其设置之地点。

二、承垦地形及规划堤渠、疆里之图。

三、承垦地面积计若干亩。

四、境界：东西南北各至何处，并与某官地或民地交界。若指定该荒地之一部分者，并记其方隅。

五、种类：江、河、湖、海、涂滩地、草地或树林地。

六、地势：平原、高原、山地、干地或湿地。

七、土壤：土质、土色并沙砾之多寡。

八、水利：距离江海河湖远近，一切堤岸沟渠规划建设之概要。

九、经营农业之主要事项：种谷或蓄〔畜〕牧或种树。

十、开荒经费若干。

十一、预拟建辟堤渠、疆里工程及竣垦年限。

第三章 保证金及竣垦年限

第七条 承垦人提出呈请书，经该管官署核准后，须按照承垦地亩每亩纳银一角，作为保证金。

前项保证金，得以公债票及国库券缴纳。

第八条 承垦人缴纳保证金后，即由该管官署发给承垦证书。

第九条 承垦证书须记载左列各事项：

一、第六条第一款至第十一款之事项。

二、承垦核准之年月日。

三、保证金额。

第十条 承垦地除建辟堤渠、画分疆里工程外，因亩数多寡，预先竣垦年限如左：

一、草原地：

一千亩未满者	一年
一千亩以上二千亩未满者	二年
二千亩以上三千亩未满者	三年
三千亩以上四千亩未满者	四年
四千亩以上五千亩未满者	五年
五千亩以上一万亩未满者	六年
一万亩以上者	八年

二、树林地：

一千亩未满者	二年
一千亩以上二千亩未满者	三年
二千亩以上三千亩未满者	四年
三千亩以上四千亩未满者	五年
四千亩以上五千亩未满者	六年
五千亩以上一万亩未满者	七年

一万亩以上者	九年

三、斥卤地：

一千亩未满者	四年
一千亩以上二千亩未满者	五年
二千亩以上三千亩未满者	六年
三千亩以上四千亩未满者	七年
四千亩以上五千亩未满者	八年
五千亩以上一万亩未满者	九年
一万亩以上者	十一年

第十一条　承垦人受领承垦证书后，一个月内须设立界标或开界沟。

第十二条　承垦人受领承垦证书后，每年度之初，一月内须报告其成绩于该管官署。如满一年尚未从事堤渠、疆里工程或开垦者，即撤销其承垦权。但因天灾地变及其它不可抗力，曾经申明而得该管官署之许可者，不在此例。

第十三条　已满竣垦年限尚未全垦者，除已垦地外，即撤销其承垦权。但因天灾地变及其他不可抗力而致此者，得酌量展期。

第十四条　本于第十二条之规定而撤销其承垦权者，应追缴其承垦证书，其保证金概不返还；本于十三条之规定而撤销其一部承垦权者，当更换其承垦证书，其被撤销部分之保证金亦不返还。

第十五条　承垦人对于前三条之处分有不服者，准其提起行政诉讼。

第十六条　承垦权得继承或转移之，但须呈请该管官署核准。

第四章　评价及所有权

第十七条　承垦地给承垦证书后，即由该管官署勘定地价，分别登记。

第十八条　承垦地之地价，除认为有特别价值应公开投承外，分为五等，其别如左：

产草丰盛者为第一等	每亩一元五角
产草稀短者为第二等	每亩一元
树林未尽伐除者为第三等	每亩七角

高低干湿不成片段者为第四等　每亩五角

斥卤砂碛未产草之地为第五等　每亩三角

第十九条　地价按每年竣垦亩数缴纳。

第二十条　缴纳地价时，得以所缴纳之保证金抵算。

第廿一条　于竣垦年限内提前竣垦者，得优减其地价，其别如左：

提前一年者	减百分之五
提前二年者	减百分之十
提前三年者	减百分之十五
提前四年者	减百分之二十
提前五年者	减百分之二十五
提前六年者	减百分之三十

第廿二条　承垦者依十九条之规定缴纳地价后，该管官署应按其缴纳之亩数，给以所有权证书。

第廿三条　承垦地于竣垦一年后，按竣垦亩数，一律照各该地之税则升税。

罚　则

第廿四条　本条例施行后，凡未经该管官署之核准私垦荒地者，除将所垦地收回外，每地一亩处以三元之罚金。

第廿五条　违背第十一条、第十二条报告成绩之规定者，处以五十元以上二百元以下之罚金。

第廿六条　违背第十六条之规定，除将承垦权撤销外，并处以一百元以上二百元以下之罚金。

第廿七条　呈报升科之亩数不实者，每匿报一亩，处以三元之罚金。

附　则

第廿八条　本条例除《边荒承垦条例》所定区域外，均适用之。

第廿九条　本条例于公布三月后施行。

第三十条　本条例施行前，私垦荒地未经缴价者，须于本条例施行后六个月内补缴地价。

前项地价每亩均缴一元五角。

据《大元帅指令第六六〇号》，载广州《陆海军大元帅大本营公报》第三十九号，一九二三年十一月三十日

准《甄拔律师委员会章程》

（一九二三年十二月三日）

大元帅指令第六七六号

令大理院长兼管司法行政事务赵士北

呈为订定《甄拔律师委员会章程》，乞备案由。

呈及章程均悉。准予备案。此令。

（中华民国陆海军大元帅之印）

中华民国十二年十二月三日

附：甄拔律师委员会章程

（一九二三年十一月二十九日呈）

第一条　依本章程受甄拔之人员，以有左列资格者为限：

一、在国立大学或专门学校修法政之学满三年以上、得有毕业文凭而成绩优良者。

二、在外国大学或高等专门学校修法政之学满三年以上、得有毕业文凭而成绩优良者。

三、曾在国立或经呈准立案之公立私立大学或专门学校，教授司法官考试主要科目满五年以上者。

四、在经呈准立案之公立私立大学或高等专门学校，修法政学科满三年以上毕业，曾应文官高等考试及格者。

五、毕业学校如前款并曾在司法或司法行政机关任委任以上职者。

六、在经呈准立案之公立私立大学或高等专门学校肄业法政学科满三年以上毕业，平均分数满七十分以上、取具教育部或本校校长证明属实者。

七、修法政学科得有毕业文凭，并曾充推检满三年以上，或曾在司法或司法行政机关任委任以上职满五年以上，或曾在第三款所列学校教授司法官考试主要科目满三年以上者。

八、曾应前清法官考试及格，并曾充推检者。

第二条　前条各款人员，如有志愿执行律师职务者，除自行声请甄拔外，得由各省高等审检两长或各法校校长、驻外公使、留学生监督，将足资证明资格文件，送由本院转交委员会审议。

第三条　甄拔律师委员会，由兼理司法行政事务大理院长委沠〔派〕左列职员组织之：

一、会长一人。

二、委员四人。

三、事务员无定额。其设置员数在二人以上时，应以一人为主任事务员。

第四条　甄拔文件到会时，应由委员长于各委员中指定一人为调查员，任审核之责。

第五条　调查员于左列凭证书类分别审核完竣时，应拟具意见书报告于委员长：

一、毕业凭证。

二、教授讲义及聘书。

三、毕业分数。

四、充当法官或司法行政官之委札凭状。

五、曾应前清法官考试之及格执照。

六、曾应文官高等考试之及格证书。

调查员对于前项凭证书类审核后，认为犹未足以证明其资格时，除命受甄拔人员补呈文件外，并得命其到会询问，或举法律问题命其以口头或书面即时答复。

第六条　前条意见书，应自配受文件后，于五日内提出于委员长。

委员长接受前项意见书后，定期开委员会。但委员长认为调查仍未尽至时，得更为前条二项之处分。

第七条　委员会非有全体委员过半数出席，不得开议。

第八条　委员会开议，以委员长兼议长。委员长有事故时，以资深委员代行议长职务。

第九条　委员会对于受甄拔人员审议免试与否，以到会委员多数同意决之可否，同〈数〉时取决于议长。

第十条　委员会审议完竣后，应为左列之处置：

一、审议应免试者，给予免试合格证书，并通知受甄拔人员。

二、审议不应免试者，将原呈凭证书类发还。

第十一条　前条第一款免试合格证书，应自接受通知翌日起十日内，缴纳证书费二十元、印花税费二元，到院请领。

第十二条　领到前项免试合格证书者，应于二十日内依照《修正律师暂行章程》第五条规定，缴纳费用请领律书〔师〕证书。

逾前项期间尚未到院请领者，即将审议免试原案注销。

第十三条　委员会因缮写文件及襄理杂务，得酌用雇员。

第十四条　本章程自布告日施行。

据《大元帅指令第六七六号》，载广州《陆海军大元帅大本营公报》第四十号，一九二三年十二月七日

准《军政部核发人民枪枝执照简章》

（一九二三年十二月七日）

大元帅指令第六九一号

令大本营军政部长程潜

呈拟《军政部核发人民枪枝执照简章》，请准其暂行试办由。

呈及简章均悉。准如所拟办理。此令。

（中华民国陆海军大元帅之印）

中华民国十二年十二月七日

附：大本营军政部核发人民枪枝执照简章

第一条　凡人民置有自卫枪枝者，均须来本处或支处报领执照。惟以正式商店及商家殷实或有正当职业者，方准给领。

第二条　凡置枪枝者，如年未过二十及无正当职业或素有神经病者，概不发给执照。

第三条　各城市重要区域人民报领枪照者，须先将置枪人姓名、年籍、住址、职业及枪枝种类上洋字号码，逐一填具声请书，并由殷实商店出具保结，加盖店章，呈候本处，查明确实，始准发给。

第四条　各乡村人民报领枪照，倘无商店具保，得由该乡公正绅耆或该族值理，加具保结保证之。

第五条　凡城市人民、商店、商团、民团、祖祠，所有自卫枪枝，无论从前曾否领有别署执照，概应自布告日起一月内，报领本处所发大本营军政部印制颁行之枪照。如逾限不报，一经查出，或被人告发，即以私藏军火论，除将枪枝没收外，并应加惩罚。

第六条　各乡商团、民团、商店、祖祠自卫枪枝，如系公置，自应于报领时详细声明，填注照内。

第七条　各枪自领有执照后，如查有济匪情事，按律惩办，并将保店或保人究治。

第八条　各县由本处泒〔派〕员到境办理。

第九条	一、短枪	驳壳	每枝收照费	四元
		左轮		二元五角
		曲尺、金山擘		一元
		五六响拗兰		五角
	二、长枪	六八、七九无烟		二元五角
		单响、九响、十三响毛瑟		一元五角
		各种粉枪		五角

第十条　本章程自奉准公布之日施行。

据《大元帅指令第六九一号》，载广州《陆海军大元帅大本营公报》第四十号，一九二三年十二月七日

颁布《广州市民产保证修正条例》

（一九二三年十二月十二日）

大元帅训令第三八二号

令广东省长廖仲恺

为令行事：案据广东地方善后委员会呈称："呈为议决《修正民产保证条例》、呈候鉴核备案指令祗遵事：窃委员等前条具办法，拟办保证民产，经奉帅座指令核准有案，正拟通告市民周知，复准广州市市政厅第二二四号公函内开：'案奉大元帅令发贵会提议通过《民业保证条例》十四条到厅，当以该条例尚有未尽适合之处，即经详加考虑，略为修正，以期推行便利，并经呈奉大元帅指令第六五八号开：据本厅呈送《修正广州市民产保证条例》清折，请察核由。奉令，呈及清折均悉，准照修正条例施行，此令。等因。奉此，相应将本厅原呈，连同修正条例清折钞送贵会，希为查照备案为荷'等由。附原呈一件，修正条例清折一扣到会。准此，委员等以为事关民业，考虑不厌求详，当经迭开会议，共同讨论，并于本月六日常会，由民产保证局李局长出席会议，对于《市政厅条例》略有修改，一致议决，即将委员等议决《修正市政厅条例》，即日公布实行，以期民业早资保障，所有委员等议决《修正市政厅条例》缘由，理合呈请鉴核备案，并乞分令广东财政厅、广东全省官产清理处、广州市政厅遵照办理"等情。据此，除指令外，合行钞发条例，令仰该省长即行转饬广东财政厅、广州市政厅遵照此次修正条例办理。此令。

计钞发《民产保证条例》一份。

（中华民国陆海军大元帅之印）

中华民国十二年十二月十二日

附：议决修正广州市民产保证条例

第一条 本条例系为保障人民私权、杜绝朦混妄报而设。

第二条 一切民有不动产，不论以前曾否奉有官厅布告及批示，均须赴民产保证局缴纳一次过之保证金，领取民产保证。其前经缴款由官厅承领有执照者，亦须一律赴局领证，但不用缴纳保证金，只缴纳证书费，计每张收银一元。

第三条 凡已经领得民产保证之业，无论何项机关，不得再行投变。

第四条 本条例公布后，各该业户应将产业座落四至及价值，详细开列，连同本身上手契照，赴局验明，分别缴款领证，另备该契照之钞本①或影本存案，原契照即日发还。

第五条 保证金按照产价征收百分之三。

第六条 产价由业户自行估定申报，但不得低于原契照所列价格。②

第七条 如有买得经领民产保证之产业，欲将产价呈报增加时，应将上手业主领得之保证，转赴民产保证局请换新证，其征收保证金办法，应于新报产价金额内除出原报价额，只照增报部分按照定率征收之。

第八条 市内各业户须自布告日起，限十日内缴款领证，逾期领证者，得按照所逾日期之多寡，另订章程处罚之。

第九条 如有将官厅已经取销之契照或伪造契照瞒请领证者，除将已缴〈款〉项没收及按照产价加倍处罚外，并治以应得之罪。

第十条 本条例施行后，凡未经领有民产保证之产业买卖、典按、诉讼，俱不发生效力。

第十一条 凡经查确属于官产市产者，仍由该管机关照常办理③。但商店民房须经善后委员会派员到该管机关会同审查判定之。

---

① 以下之内容，在提交议决修正稿中为："连同本身上手契照及契照影本或抄本，赴局验明，分别缴款领证，原契照即日发还。"

② 本条内容，在提交议决之修正稿中为"产价以时值为标准，由业户自行估定申报"。

③ 以下之文字，提交议决之修正稿中无此内容。

第十二条　如人民发觉办理此项民业保证之官吏有营私舞弊经证实时[1]，善后委员会得指名弹劾，由当局免职查办。

第十三条　为保障民业起见，广东地方善后委员会对于民业保证局及其附属机关所办事件，每日各派二人会同办理。[2]

第十四条　本条例自广东地方善后委员会会[3]议决后呈大元帅公布施行。

据《大元帅训令第三八二号》，载广州《陆海军大元帅大本营公报》第四十号，一九二三年十二月七日

准《沙田验领部照章程》及设处简章

（一九二三年十二月十七日）

大元帅指令第七二四号

令大本营财政部长叶恭绰

呈《修正沙田验领部照章程》及设处简章，乞鉴核备案由。

呈及章程、简章均悉。准予备案。此令。

（中华民国陆海军大元帅之印）

中华民国十二年十二月十七日

附一：大本营财政部特设广东沙田验领部照处简章

（一九二三年十二月十一日呈）

第一条　大本营特设广东沙田验照处，隶属于大本营财政部。

第二条　沙田验领部照处设处长一员，由财政部委任，呈请大元帅备案。其余各职员一律由处长委任，呈报财政部备案。

第三条　沙田验领部照处办理调验广东全省沙田税坦、户部旧照、广东院照

---

① 以下之文字，修正稿为："应指名呈请广州市政厅严行惩办。"

② 以下之文字，修正稿为："每日派委员二人到办理此项民业保证机关督察之。"

③ 后一"会"字为衍字。

藩照、财政厅执照、经税红契及核发新部照事宜。

第四条　沙田验领部照处之下，应否设立支处于向有沙田各地，或委托各属沙田自卫局代办，由验领沙田部照处分别拟定办法，呈报财政部核准施行。

第五条　沙田验领部照处征收之照费，每星期一日扫数解交财政部核收。

第六条　沙田验领部照处经费，仿照沙田特别捐办法，于征收照费项下每百元提扣五元，并于每星期一日按前星期收数提扣一次，以为该处办事经费，毋庸赴部再领。

如在各属另设支处，经支处征收之照费每百元得另提三元，合前项所提之五元共提八元为经费。

第七条　沙田验领部照处系临时征收机关，俟办理完竣时由该处呈明财政部撤销。

第八条　验领沙田税坦部照，由开始征收之日起计限三个月办竣，或有特别情形须延长期限时，应呈由财政部核定。

第九条　沙田验领部照处应设立于广州市，准其借拨市内官产或公有房屋为该处办事地点。

第十条　新部照由财政部用三联式编印完妥，转给沙田验领部照处领用，一联由处给与业户收执，一联缴呈财政部，一联留处查核。

前项缴呈财政部之一联，每星期汇呈财政部查核一次。

第十一条　凡业户因违章应缴罚款时，须由沙田验领部照处出具收据，其拨给首告人充赏之款，应向领赏人取具，连同解部之五成罚款，一并解缴财政部查核。

前项收据格式，由财政部核定颁发。

第十二条　沙田照费如征收超十五万元以上，所有该处在事出力人员，由处长呈明财政部择尤请奖，以资鼓励。

第十三条　本简章自核准之日施行。

附二：广东沙田验领部照章程

（一九二三年十二月十一日呈）

第一条　凡各属沙田及税坦业户，执有前清户部旧照及前清院照藩司照及广东财政厅执照及红契者，均应一律依限持赴大本营财政部特设之广东沙田验领部照处或各属支处缴验，并领财政部新执照。

第二条　财政部新发部照每张以壹百亩为限，过限须另行分领。

第三条　凡领新部照每张均征部照费大银圆伍圆，以银毫缴纳加一五补水计算。

第四条　如业户以旧照管业不便分配，于请领新照时欲分为数张以便分配者，亦从其便。但分照内所填亩数，应按原照亩数分配填入，不得增减，其四至仍以原照内所填者为限，以杜影射，而防侵冒。

遵照前项规定请分领部照以便分配时，每张照费仍征收大银圆伍圆。

第五条　凡各属沙田及税坦业户，如未经领有前清户部执照，仅领有前清光绪十四年以后民国元年以前广东布政司执照请求验领者，应依照第三条所定照费加倍缴纳，方能请领新照。

第六条　凡各属沙田及税坦业户所持验领沙田契照，其升税年月如在民国元前以后、前清户部执照业已停止颁发之时期以内者，仍照第三条所定照费征收，不必加倍缴纳。

第七条　自大本营财政部特设之广东沙田验领部照处布告验领部照之日起计，以三个月内为验领部照期限，逾期不自行赴处验领，如被他人告发或验领部照处及其他官厅察觉，则以匿税论，除照章补领新部照外，每亩科银拾元，以五成拨给首告之人充赏，其余五成解缴财政部。

第八条　自布告验领部照之日起，各沙田业户如向沙田清理处或各属沙田清佃局请承溢坦，均须领有财政部新执照，方能管业。

第九条　凡各属沙田及税坦业户赴处请领新执照，须带同前清户部执照、前清院照、广东布政司执照，或广东财政厅执照及经税红契，一并缴验，由处验讫，即日发还。

第十条　凡各属沙田及税坦业户遵照第九条手续缴验各项照契后，应由广东验领沙田部照处给回经验证明书一纸，交业户收执。每照一张，限给证书一纸。

第十一条　经验沙田照契之证明书，每张由验领部照处收回手数料大洋贰角。惟未有前清户部执照者，须加倍征收。

第十二条　自布告验领部照期限满足三个月后，凡业户未经呈验以前照契及未领新部照之沙田，如遇发生诉讼时，该项原有照契即失其效力。

第十三条　自布告验领部照期限满足三个月后，凡沙田税坦业户未经呈验以前照契及未领新部照者，如持原有沙田契照赴登记局请求登记时，登记局不得为之登记。

第十四条　凡登记局如遇业户持有未经验领部照之沙田契照赴局登记者，截留之，转送大本营财政部特设之广东沙田验领部照处或各属支处，依第七条之规定办理后，再由财政部特设之广东沙田验领部照处及各属支处送回登记局，补行登记。

登记局截留此项契照，如在沙田验领部照处或各属支处裁撤时，应呈由大本营财政部核办。

第十五条　凡银行商民人等在布告验领沙田部照期限前按有沙田契照者，如业户无力缴纳照费，应由债权人代缴验领照费，作为贷出本银之一部份。

第十六条　债权人在布告验领沙田部照期限前按有沙田契照者，如业户无力缴纳、债权人亦不代为缴纳，嗣后发生诉讼或被人告发时，所负匿税罚金完全由债权人负担，并消失其所订借据效力。

第十七条　凡银行商民等在本章程颁布后，不得与人抵按未经领有新照之沙田产业，违者依照第十六条之规定办理。

第十八条　本章程各条文倘有疑义发生，准业户呈请大本营财政部解释。

第十九条　本章程自公布之日起，即日发生效力。

据《大元帅指令第七二四号》，载广州《陆海军大元帅大本营公报》第四十一号，一九二三年十二月十四日

批《北江商运局暂行简章》及护运方法

（一九二三年十二月二十一日）

大元帅指令第七四一号

令北江商运局局长韦荣熙

呈为拟订暂行简章及护运方法，请予核准施行由。

呈折均悉。所拟简章及护运方法，大致均属妥协，应予核准施行。运费亦准照表列数目征收。仰即就沿江驻防军队中，商请拨派得力部队，专作护运之用。对于往来商货，务须切实保护，并严禁苛索，以利交通而恤商困。仍将所拨军队名称、数目及办理情形，随时报核。并将所收运费，按月造册报解，以济军用，是为至要。附件存。此令。

（中华民国陆海军大元帅之印）

中华民国十二年十二月廿一日

附一：北江商运局暂行简章

（一九二三年十二月十七日呈）

第一章　总　纲

第一条　本局系遵奉大元帅命令组织之，隶属于大本营直接管辖。

第二条　本局设在广州市区。沿北江各县繁盛地方，得由局长体察情形，呈报大元帅核准酌设分局。

第三条　本局设局长一员，由大元帅简任；分局长若干员，由局长荐任。

第四条　本局分配三科，设科长三员，由局长荐任。按就各科事务之繁简，每科委任科员，至多不得过三员。另设秘书二员、稽核一员、特务委员若干员。其缮校文件，得雇用书记、录事。

第二章　职　权

第五条　来往广韶雄或湘赣边陲一切商运事宜，无论大小北江水陆输运，均由本局妥筹管理，切实保护。

第六条　原有北江各种运馆，均应赴局注册，俾便查考，设法保护，得以统计商运情况，以便筹画发展。但此项注〈册〉不收费用，如有代客输运货物，以表式报局备查。

第七条　大小北江各县出产品物盈虚状况、运输情形，由局派员或饬县随时详细调查、劝导贸迁、调剂货价。如遇必要时，得由本局运销，以应需求。

第八条　商民输运货物，无论水陆，如遇缺乏载船或车辆时，准其报局，设法代为租用，供给装载，藉恤商艰。

第九条　本局因商运地方状况，得编配保护商运军队，其名额别以命令定之。但现时暂以驻防军队抽调应用，由局呈报大元帅察核备案。

第十条　沿江各县警团，须受本局命令，协助保护，以利运行。

第十一条　一切水陆商运货船、货车，本局均派军队随载保护，酌收相当保护费用，发给旗帜、护照，以资识别。其应派军队名额，由局临时酌定之。

第十二条　运载中途如遇匪耗，沿路军队、团警须协助保护，截击捕获，以期周密。

第三章　收支预算

第十三条　本局征收相当保护费用，另表规定，呈报核准施行，并造册呈解，以资考核。

第十四条　本局经常预算，另表呈定。其临时经费，仍专案呈准，正式开支。

第四章　附　则

第十五条　本简章自奉准日施行。

第十六条　本简章如有未尽事宜，得随时呈请增订或修正之。

附二：暂行护运方法说明书

（一九二三年十二月十七日呈）

谨查北江一带物产丰富，而每年输出入于广州及湘赣诸省货物亦至多，自古贸迁，号称繁盛。其商运方法，向分水运、陆运两途，而陆运又分车运与夫运二种，现在对于保护商运方法，宜分别水陆运以处理之。

第一 水运事项

按北江河道，合大小支流，延长数百里，在商运习惯上，约可分为六段：自省河经河口、芦苞、英德、韶关，即大北江本流为一段；自韶关经始兴江至南雄为一段；自韶关西北经乐昌出坪石为一段；自英德至翁源为一段；自连江口至连阳等属为一段；自省河经泮塘口、高塘、高增直达从化街口为一段。从前各种生熟货物，循兹运程往来于广南韶连之间者，至为繁赜。迩来沿江盗贼乘军事倥偬之际，肆行截劫，商贾戒途；而沿途屯驻各部之不肖下级军官，往往假借名义，又复任意苛索巨额护费，竟有一民船经过小段河道而勒收护费至二三十元以上者，如夏滘及清远等处其较著也。此项滥收机关，仅就职局调查所及，由省河至芦苞共有征费之军队十五处，由芦苞至韶关共有二十余处。商船经甲处缴费后，至乙处仍复索收，遂令往来货商，纵幸免于盗贼截劫之堪虞，亦难逃避夫军队之苛扰，供亿过巨，成本匪轻，资本家持重投资，商运上遂形冷寂。补救之法，惟有遵奉军政部通行各江驻防军队，毋得苛征商运护费之功令，切实调查，严重纠正。如敢仍前弊混，惟有据实呈请究办，以儆横蛮。兹订护运办法如左：

甲、凡货船由省河至大小北江（花埭口至三水，河口包括在内）或大小北江以内相互往还者，均应由本局酌派实力护运士兵妥为护送，除发给旗帜及护照以资识别外，一经知会，沿江各驻防军队、警察，务须一体保护运到。

乙、本局审察现在情形，应先在花埭口、河口、芦苞、清远、连江口、英德、韶州、翁源及泮塘口、高塘、从化、街口等处各设护运派出所，以期缜密。一面妥择沿江重要墟镇，酌设分局，以资策应。

丙、货船经本局给照护送者，如未送到目的地方，该货船及拖运之汽船等，无论何人不得留难或强移别用。

丁、商运货物船只有被各方面留难勒索及其他额外要挟者，得报由本局设法制止，以利交通。

戊、护运途程日期有远近、船只容量有大小，本局派出护运军队及办事人员，应参酌情形，征收相当护费，其等则别以表订之。

第二　陆运事项

按由广州黄沙至韶关，陆行数百里，沿途上落货商，自粤汉铁路筑成后，悉由车辆载运。其韶关以外因无铁路，故东北则由南雄出江西，西北则由砰〔坪〕石出湖南，山路崎岖，便需夫运。从前货商由铁路运输，向称利便，地方亦安靖非常，本无需护运之必要。军兴之后，北獠每乘入寇，沈逆散军现复时出骚扰，加以各属盗贼之披猖，运馆奸民之操纵，驻防军队之需索，车务人员之留难，遂至向称安全之运程，日见多事，商贾畏惧，裹足不前。至韶关以外，从前货商往来亦极繁盛，应募充夫谋生者极众，俄顷可得数千百人。现在南〈雄〉始〈兴〉北鄙，尚属军事戒严，而湘赣南部，正在多事，所有夫役，逃避一空，百货壅滞，致数称南北通衢、商务重镇之韶关，几成满目荒凉之村落，直接则影响民生，间接且牵动军事，故筹备保护，不容缓图，兹订护运办法如左：

甲、货车在途，倘遇盗贼警耗，除由本局派出之护车士兵当机迎击外，同时得由护运委员知会驻防军队、路警协同围捕，以戢匪风。

乙、凡货车经本局条封护运者，如未送到目的地方，该车无论何人不得强移别用，并不得任便妄取车内物品。

丙、各商货物有被运馆操纵或车员留难及一切障碍者，得报由本局设法取缔或制止之。

丁、货车出发，本局派护队随车保护，发给旗帜、护照，以资识别。暂定每货卡征收护运费用二元，藉充护运军队饷糈。

戊、韶关以外之夫运，由局派遣委员，军队随行保护，并由局知会防军协同劝征夫应募，俾复旧观。

附征收运费表

护运费种类	货载容量	运程时间	运费征额
甲种	贰万大船以上者	一日内者	三元
		三日以下者	六元
		六日以下者	九元
		十二日以下者	十二元
乙种	拾万大船以上者	一日内者	六元
		三日以下者	九元
		六日以下者	十二元
		十二日以下者	十五元
丙种	贰拾万大船以上者	三日内者	十二元
		六日以下者	十五元
		十二日以下者	十八元
附记	上表系参照从前《南关连各属联防护商队办法》及东江商运局渡船拖脚运费表，从轻酌定，合〈并〉说明。 运程十二日以上者，按表递推，如十三日缴费十五元之类，以下仿此。		

据《大元帅指令第七四一号》，载广州《陆海军大元帅大本营公报》第四十二号，一九二三年十二月二十一日

批准试行《广东全省船民自治联防通则》暨《督办公署暂行章程》

（一九二三年十二月二十二日）

大元帅指令第七四三号

令广东全省船民自治联防督办伍学熀

呈为拟具《广东全省船民自治联防通则》暨《督办公署暂行章程》，请予核准施行由。

呈及通则、章程均悉。查所拟通则、章程大致尚属妥协，惟通则第一条内特派二字应改为简派，以符原令，余均准如所拟试行，仰即知照。附件存。此令。

（中华民国陆海军大元帅之印）

中华民国十二年十二月廿二日

附一：广东全省船民自治联防通则

（一九二三年十二月十五日呈）

第一章 督办公署

第一条 广东全省船民自治联防，由大元帅简派督办一员，督率全省船民办理自治联防事宜。

第二条 督办设公署于省会，直隶于大元帅指挥，监督总分支各局。

第三条 督办公署管辖一总局、十七分局，并各支局。总局总协理由董事会选举，呈由督办加委之；分局局长由分局局董互选一人，呈由总协理荐请督办加委之；支局主任由分局局长荐请总协理加委之。

第四条 督办公署组织章程另定之。

第二章 总分支局

第五条 广东全省船民自治联防设总局于省会。总局设总、协理各一员，承督办之命，指挥监督各分支局。

第六条 广东全省船民自治联防设分局于各区。每分局设局长一人，主持局务。各分局得斟酌情形，酌设支局，每支局设主任一人，主持局务。

第七条 总局、分局由督办各派监察一人，驻局监察。但省河分局监察，以总局监察兼充之。

第八条 船民自治联防暂分全省为十七区，其名目如左：

一、省河区 广州市沿岸区域属之。

二、佛山区 南海、从化、花县等县属之。

三、陈村区 顺德、番禺等县属之。

四、江门区 新会、鹤山、开平、台山、高明、赤溪等县属之。

五、香山区 香山全属沿海各埠属之。

六、三水区　广宁、清远、四会、三水等县属之。

七、石龙区　龙门、增城、东莞、宝安等县属之。

八、肇庆区　高要、德庆、封川、云浮、新兴、罗定、开建、郁南等县属之。

九、阳江区　阳江、阳春、恩平等县属之。

十、高州区　茂名、电白、吴川、信宜、海康、徐闻、遂溪等县属之。

十一、韶州区　曲江、连山、南雄、仁化、连县、乳源、英德、阳山、始兴、乐昌、翁源、佛冈等县属之。

十二、惠州区　惠阳、博罗等县属之。

十三、河源区　龙川、紫金、连平、和平、新丰、河源等县属之。

十四、汕头区　澄海、揭阳、饶平、普宁、丰顺、兴宁、平远、梅县、潮阳、潮安、惠来、大埔、南澳、五华、蕉岭等县属之。

十五、汕尾区　海丰、陆丰等县属之。

十六、北海区　合浦、廉江、灵山、防城、钦县等县属之。

十七、海口区　琼山、文昌、儋县、临高、琼东、陵水、定安、澄迈、乐会、万宁、崖县、昌江、感恩等县属之。

第九条　总分局组织章程另定之。

第三章　董事会

第十条　船民自治联防董事会，为代表船民辅助行政之代议机关。

第十一条　船民自治联防董事会，有左列各职权：

一、选举船民自治联防总局总协理，呈请督办加委之。

二、议决船民自治联防公署或总局交议案件。

三、议决船民请愿案咨送总局转呈督办核夺施行。

四、审查船民自治联防总分局办事成绩。

五、审查总分局预决算案。

第十二条　船民自治联防董事会，以下列三种会员组织之：

一、由督办指派船民五人。

二、由全省十七区各选船民一人。

三、由渡船、渔船、客船三种公会各选船民二人。

第十三条　董事任期二年，得为无限制连任。

第十四条　董事长由各董事互选之。

第十五条　董事选举章程及董事会会议规则另定之。

第十六条　本通则自奉大元帅批准之日施行。

附二：广东全省船民自治联防督办公署暂行章程

（一九二三年十二月十五日呈）

第一条　广东全省船民自治联防督办公署直隶于大元帅督率总分支各局办理广东全省内河外海船民自治联防事宜。

第二条　督办公署设科如左：

一、第一科。

二、第二科。

第三条　第一科职掌如左：

一、关于保管印信收发文件事项。

二、关于撰拟文件事项。

三、关于收入支出预算决算报告事项。

四、关于会计庶务事项。

五、关于稽核总分局批解船课册报告事项。

六、关于船民户籍牌照事项。

七、关于船民教育卫生实业事项。

八、关于船民自治一切事项。

九、关于其他不属各科事项。

第四条　第二科职掌如左：

一、关于船民保甲事项。

二、关于船民军火牌照事项。

三、关于船民公安事项。

四、关于船民争讼事项。

五、关于水面缉捕事项。

六、关于公署卫队及巡舰事项。

七、关于船民联防一切事项。

第五条　督办公署置督办一人，承大元帅之命，管理本署事务监督所属职员并所辖总分支等局。

第六条　督办公署公文函电以督办之名义行之。

第七条　督办公署置坐办一人，由督办荐请大元帅任命之，辅助督办整理署务。

第八条　督办公署置科长二人，由督办荐请大元帅任命之，承督办之命分掌各科事务。

第九条　督办公署置监察员若干人，由督办委任，分派各总分局，监察一切事务。

第十条　督办公署置科员若干人，由督办委任，承长官之命助理各科事务。

第十一条　督办公署置委员若干人，由督办委任，承长官之命办理指定事务。

第十二条　督办公署因缮写文件及其他特别事务得酌用雇员。

第十三条　督办公署办事细则另定之。

第十四条　本章程自奉大元帅批准之日施行。

据《大元帅指令第七四三号》，载广州《陆海军大元帅大本营公报》第四十二号，一九二三年十二月二十一日

令《修正公司注册规则》

（一九二三年十二月二十二日）

大元帅指令第七四四号

令大本营建设部长林森

呈请《修正公司注册规则》第三条由。

呈单均悉。《公司注册规则》，原定注册费等级太少，固可酌为修改。惟查现拟数目比原数增加过巨，推行恐多滞碍，仰即酌量减少，另行拟具修正条文，呈

候核定公布可也。附件存①。此令。

（中华民国陆海军大元帅之印）

中华民国十二年十二月廿二日

据《大元帅指令第七四四号》，载广州《陆海军大元帅大本营公报》第四十二号，一九二三年十二月二十一日

准《侨务局章程》备案

（一九二三年十二月二十六日）

大元帅指令第七五四号

令大本营内政部长徐绍桢

呈送《侨务局章程》并报告设立请予备案由。

呈悉。准予备案。章程存。此令。

（中华民国陆海军大元帅之印）

中华民国十二年十二月廿六日

附一：徐绍桢原呈

（一九二三年十二月二十二日）

呈为呈报事：窃本部于十二年十二月十九日，准大本营秘书处公函开："奉大元帅发下内政部拟呈《侨务局章程》一份，奉批'可行。但须筹的款而后举行。此批'等因。相应函达查照。此致"等由。准此，查此次侨务局建立，原系附设本部之内，所有办事人员拟暂派部员兼办，其经费务期撙节，无庸另行筹备，俾节糜费而速进行。兹谨将议定《侨务局章程》十五条并设立各缘由，具文呈请钧核备案。谨呈大元帅。

大本营内政部部长徐绍桢（印）

附《侨务局章程》一扣。

中华民国十二年十二月廿二日

---

① 附件为"改订注册费数目清单"，缺。

附二：内政部侨务局章程

（一九二三年十二月二十二日呈）

第一条　内政部设侨务局，掌管事务如左：

一、关于保护回国华侨事项。

二、关于华侨子弟回国就学事项。

三、关于保护旅外华侨之内地家属及财产事项。

四、关于提倡奖励华侨回国兴办实业事项。

五、关于导引华侨回国游历内地及其招待事项。

六、关于襄办华侨选举国会议员事项。

七、关于奖励华侨举办慈善公益事项。

八、关于介绍华侨为中外出产贸易事项。

九、关于华侨教育及学校注册事项。

十、关于海外华侨设立商业会所及其他公共团之监督保护事项。

第二条　侨务局关于下列各事得斟酌情形呈由内政部长咨商外交部，令饬交涉员及驻外使领协助办理之：

一、关于调查保护华侨工商业事项。

二、关于劳工海外移殖及应募事项。

三、关于调查华侨生活及工作状况事项。

四、关于调解华侨争执事项。

五、关于华侨户口调查及国籍事项。

第三条　内政部设侨务委员会为评议机关，遴选回国华侨之学识优裕者充任，其组织权限及办事细则另定之。

第四条　内政部设侨务顾问若干人，由部长聘请熟悉侨务、名望素孚者任之。

第五条　侨务局设局长一人，由大元帅简任之。

第六条　侨务局设科长、科员、办事员各若干人分科办事。科长由部长荐请大元帅任命之；科员由部长委任之。其员额因事之繁简酌定。

第七条　侨务局设参议若干人为名誉职，由局长就回国及居留海外华侨之热心国事著有劳绩者，呈请部长委任，藉备咨询。

第八条　侨务局于必要时得增设驻外侨务官及调查员，呈由部长委任，但其处务规则以不与驻外使领权限抵触者为限。

第九条　凡华侨回国及出外时，须向侨务局注册，以便照章保护。其注册章程另定之。

第十条　经在侨务局注册之华侨，其本人或其家属遇有事故须向政府请求时，得直接呈由侨务局办理。

第十一条　关于华侨举办公益、创办实业、销募公债及赞助政府有功人员，应颁荣典，由内政部另定褒扬条例，呈请大元帅颁布给奖，以资鼓励。

第十二条　侨务局经费由内政部另编预算，向国库请领，如有特别收入及华侨个人或团体捐助之款，应将收支账目支〔交〕侨务委员会审核，除本局正当开销外，不得移作他用。

第十三条　保护华侨专章及办侨务局办事细则另定之。

第十四条　本章程未尽事宜得增订修改之。

第十五条　本章程自公布日施行。

据《大元帅指令第七五四号》，载广州《陆海军大元帅大本营公报》第四十二号，一九二三年十二月二十一日

准《船民自治联防总分局暂行章程》暨《董事选举暂行章程》

（一九二四年一月二日）

大元帅指令第一号

令兼广东全省船民自治联防督办伍学熀

呈为拟具《广东全省船民自治联防总分局暂行章程》暨《董事选举暂行章程》并旗式、灯式，请予核准由。

呈及附件均悉。查所拟《广东全省船民自治联防总局暂行章程》十五条、分

局章程十四条、《董事会董事选举暂行章程》十二条[1]暨旗式、灯式，大致均尚妥协，应准如所拟试行。仰即知照。附件存。此令。

（中华民国陆海军大元帅之印）

中华民国十三年一月二日

据《大元帅指令第一号》，载广州《陆海军大元帅大本营公报》第一号，一九二四年一月十日

准《禁烟督办署章程》[2]

（一九二四年一月五日）

大元帅指令第一三号

令禁烟督办杨西岩

呈拟《禁烟督办署章程》，请公布由。

呈及章程均悉。查所拟章程尚属妥协，应准如拟施行。仰即知照。此令。

（中华民国陆海军大元帅之印）

中华民国十三年一月五日

据《大元帅指令第一三号》，载广州《陆海军大元帅大本营公报》第一号，一九二四年一月十日

准《财政委员会章程》

（一九二四年一月八日）

大元帅指令第一六号

令大本营财政部长叶恭绰

呈为拟具《财政委员会章程》，请予核定公布由。

---

① 三章程均缺。

② 《禁烟督办署章程》计十八条，缺。

呈、章均悉。查所拟章程尚属妥协，应准如拟施行，仰即知照。此令。

（中华民国陆海军大元帅之印）

中华民国十三年一月八日

附：财政委员会章程

（一九二四年一月六日呈）

第一条　本会以统筹整理财政为宗旨。

第二条　本会会员由大元帅任命左列各员组织之，统称为委员：

一、财政部部长。

二、财政部次长。

三、广东省长兼筹饷局督办。

四、禁烟督办。

五、船民自治督办。

六、两广盐运使。

七、广州市市长。

八、广东财政厅长。

九、公安局局长。

十、造币厂长。

十一、广州市财政局长。

十二、广东沙田清理处处长。

第三条　本会会议由财政部长、广东省长轮流主席。部长、省长均缺席时，由出席委员公推临时主席。

第四条　本会会议事项，如与其他机关或各法团有关系时，得由本会函邀该机关或法团派员出席会议。

第五条　本会会议事项，如须各委员所管机关之职员出席说明时，得随时由该管机关委员饬令该职员出席说明。

第六条　本会事务员，由各委员调所管机关中相当职员充之。

第七条　本会会议事项，以关于中央及地方财政为限。

第八条　本会议案范围如左：

一、大元帅交议事项。

二、本会委员提议事项。

三、人民条陈事项。

第九条　本会会议，须有过半数委员出席方能行之。

第十条　本会会议日期，分为常会、特别会两项：

一、常会每星期一次，以每星期一日行之。

二、特别会由大元帅临时召集，或委员四人以上之陈请。

第十一条　本会议决之案，应由各主管委员呈请大元帅核准施行。

前项议决案之呈请，如属中央财政交财政部、属地方财政交省长分别办理，仍应函复本会备案。

第十二条　本会委员及事务员，除原有职务之薪俸外，概不召〔另〕支薪津。

第十三条　本会办事细则另定之。

第十四条　本会章程，经政务会议议决呈请大元帅公布施行。

据《大元帅指令第一六号》，载广州《陆海军大元帅大本营公报》第一号，一九二四年一月十日

准《修正公司注册规则》

（一九二四年一月九日）

大元帅指令第二〇号

令大本营建设部长林森

呈为遵令再行修改《公司注册规则》第三条，请予核定施行由。

呈悉。查此次改拟《修正公司注册规则》第三条，条文尚属妥协，应准如拟施行，由部录令公布周知可也。附件存。此令。

（中华民国陆海军大元帅之印）

中华民国十三年一月九日

据《大元帅指令第二〇号》，载广州《陆海军大元帅大本营公报》第一号，一九二四年一月十日

附：《公司注册规则》第三条修正条文

第三条　公司于本店所在地呈请为设立之注册者，应依公司种类并资本或股本总额，分别照缴注册费如左：

一、无限公司及两合公司

五千元以下	一十元	一万元以下	十五元
三万元以下	二十元	五万元以下	三十元
十万元以下	四十元	三十万元以下	五十元
五十万元以下	六十元	八十万元以下	八十元
百万元以下	一百元	百五十万元以下	一百五十元
二百万元以下	二百元		

二百万元以上，每多一百万元加收五十元。其不满一百万元者，亦按照一百万元计算。

二、股份有限公司及股份两合公司

五千元以下	二十元	一万元以下	三十元
三万元以下	四十元	五万元以下	六十元
十万元以下	八十元	三十万元以下	一百元
五十万元以下	一百二十元	八十万元以下	一百六十元
百万元以下	二百元	百五十万元以下	三百元
二百万元以下	四百元		

二百万元以上，每多一百万元加收一百元。其不满一百万元者，亦按照一百万元计算。

因增加资本或股本呈请注册者，其注册费应依前项之规定、照增加后之资本或股本总额计算，但设立时原缴银数得扣除之。

中华民国十三年一月十七日

据《大本营建设部布告第一号》，载广州《陆海军大元帅大本营公报》第二号，一九二四年一月二十日

批《民业审查会办事规则》

（一九二四年一月十一日）

大元帅指令第二九号

令广东地方善后委员会

呈为组设民业审查会，谨将办事规则及委员名单呈请鉴核由。

呈及附件均悉。该会有鉴于广东民有产业每被人妄指为官产，致受损累，拟就善后委员会中互选五人组织民业审查会，凡人民产业被人举报，均可请求该会审查，藉昭慎重，而杜妄报，用意甚善，自可准其设立。另单开报选定委员五人姓名，应予备案。惟查官产市产等，各有主管机关，清理变卖是其应有之权，该会审查结果，用以备主管官厅之参考则可，若照拟呈规则第六条，不免侵及主管官厅权限。如虑官厅处分不当，尽可由当事人依法提起诉愿或行政诉讼，以图救济，不必另定办法，致涉纷歧。今本此旨将原拟规则第六条酌加修改，随令抄发，其余各条原文，大致尚妥，仰即查照妥缮，另文呈候核准施行可也。附件存。此令。

计抄发修正条文一纸①。

（中华民国陆海军大元帅之印）

中华民国十三年一月十一日

据《大元帅指令第二九号》，载广州《陆海军大元帅大本营公报》第二号，一九二四年一月二十日

批《民业审查规则》

（一九二四年一月十一日）

大元帅指令第三一号

令广东地方善后委员会

① 《民业审查会办事规则》及修正条文，缺。

呈请迅赐核准《民业审查规则》由。

呈悉，已于该委员会前呈内明白指令矣，仰即知照。此令。

（中华民国陆海军大元帅之印）

中华民国十三年一月十一日

据《大元帅指令第三一号》，载广州《陆海军大元帅大本营公报》第二号，一九二四年一月二十日

附：善后委员会审查民业规则

第一条　广东民业有被举报为官产、市产、旗产及一切关于所有权、权源之疑问者，均得请求本会依本规则之规定审查之。

第二条　本会附属于广东地方善后委员会，其组织如左：

一、委员五人，由善后委员互选之。

二、书记无定员，由委员议决任用之。

三、增设临时鉴定员一人，由审查委员延聘之。

鉴定费由请愿审查人负担。

第三条　本会审查以委员五人之评议行之，评议之主席由委员五人轮值之。审查之评议非有委员过半数之列席不得开议，非有列席委员过半数之同意不得议决可否，同数时决于主席。评议会开会时，得许被举报人列席陈述意见，但不得加入表决之数。

第四条　本会评议事件之次序，由秘书按收受请愿之次序编定之，并先期通知各委员。但当席委员认为必要时，得提前审查。

第五条　本会评议员每日开会一次，于午后三时至五时行之。遇必要时，得经委员之协议伸缩之。

第六条　评议除必要证据尚未完备必须延候者外，应即席决定之。

第七条　本会评议之标准如左：

一、民业以红契为标准（如有缴纳官租、地租、渔课税等项，即不能为完全管业）。

二、旗人私产如有右司执照，曾经照前八旗生计处所定章程缴纳捐免地租、

持有捐免执照者，即为完全私产。

三、旗人尝产转卖于禁令以前者，当然有效。

前项标准如有疑义时，得由审查委员过半数列席方得开议，及列席员过半数之同意解释之。

第八条　本会经费之预算，由本会自定，呈报核准后行之。

第九条　本规则有未尽事宜，得由善后委员会议决增修之。

第十条　本规则于大元帅核准后施行。

据一九二三年十二月二十日、二十一日《广州民国日报》

准《确定民业执照条例》

（一九二四年一月十一日）

大元帅指令第三四号

令广东财政厅厅长梅光培

呈为酌拟《确定民业执照条例》，请予核准施行由。

呈及条例均悉。准如所拟施行。仍候令行财政部并由部转咨广东省长知照。附件存。此令。

（中华民国陆海军大元帅之印）

中华民国十三年一月十一日

据《大元帅指令第三四号》，载广州《陆海军大元帅大本营公报》第二号，一九二四年一月二十日

核准《确定民业执照条例》

（一九二四年一月十二日）

大元帅训令第一九号

令大本营财政部长叶恭绰

为令行事：案据广东财政厅厅长梅光培呈称："为呈请事：窃迩来银根吃紧，无论官商均觉周转不灵，商民间有以不动产向银行按揭款项，每被拒绝。说者多谓：自政府办理官产、市产后，人民之不动产失其稳固安全。故银行不敢轻于投资，而人民资源既受牵制，则国家财政必益困难。似此情形，实非流通经济之道。政府办理官产、市产，原以库收短绌，将国有、公有产业售诸人民，期得现款，俾应急需。若因而累及人民产业之安全，决非政府之本意。且民业以契照为据，从前契照概由财政厅颁发，自办理官产、市产后，官厅多有填发执照之事，而各官厅将来或有裁并，日久即无可查考，亦非慎重民业之道。厅长迭晤绅商，群请设法补救。复再三商榷，谨酌拟《确定民业执照条例》十五条，以流通经济、划一契照为宗旨。人民一经领契，即为确定民业之保证，可以自由买卖、典当、抵押，于人民经济固可逐渐流通。而政府酌收照费，于财政亦不无裨益。惟此项条例与现在办理官产、市产等办法，不无抵触。盖向来买卖产业契据，于字句间每多疏略，苟非万不得已，断不肯呈验以供挑剔。则政府为救济现在之困难，及维持民业之安全起见，非《确定民业执照条例》施行，即将举报官产、市产等案，概行停止受理不可。所有酌拟确定民业、划一执照条例缘由，是否有当，理合具呈大元帅察核令遵"等情。据此，除指令准如所拟办理外，合行抄录条例，令仰该部即便知照，并转咨广东省长知照。此令。

计抄发原条例一份。

（中华民国陆海军大元帅之印）

中华民国十三年一月十二日

附：确定民业执照条例

第一条　本条例以流通经济、画一契照为主旨，凡属民业均发给执照管业。

第二条　此项执照，由财政厅专办。省外各县，由厅设局，派员或委托县公署办理。

第三条　凡领有此项执照，即为确定民业之保证，准予永远管业、买卖，不得作为官产、市产办理。

第四条　凡民业，不论系人民买卖或向官厅承领，均须请领执照，嗣后买卖、典当、抵押等处分，方能发生效力。

第五条　发给此项执照，自施行日起以三个月为限，限满截止。

第六条　业户请领执照，应带同原有红契或执照缴验。

第七条　请领执照费，照产价百分之三缴纳，以毫银计算。其附加契纸等杂费，概行免除。

但于施行日起纳费领照，在一个月内者，准照产价百分之一；在两个月内者，准照产价百分之二计算。

被举报官产、市产，自行领回及向官厅承领执照者，并准折半缴纳。

原有契照所载产价如比时价为低，业主欲提高产价缴纳照费者听。

第八条　业户缴验契照，应连同照费缴纳。除将印契即日验明发还并出具照费收据给发收执外，所有执照准于一星期内填发，不得延滞。

第九条　此项执照分为四联，一联存财政厅，一联存该管地方官署，两联分为正、副发给业户，嗣后如有因案须调验契照，准由业户但将副照呈验。

第十条　本条例施行后之区域，所有举报官产、市产等案，概行停止受理。

第十一条　业户缴验契据，虽有官产、市产嫌疑，但未经举报，由官厅公布有案而持有红契炳据者，一经纳费领照，即认为确定民业。

第十二条　凡未领有此项执照者，嗣后典卖契据，不予税契。

第十三条　本条例施行日期及区域，由财政厅及各县局布告之。

第十四条　本条例由财政厅呈请大元帅省长核准施行。

第十五条　本条例有应行更改时，得呈奉大元帅省长修正之。

据《大元帅训令第一九号》，载广州《陆海军大元帅大本营公报》第二号，一九二四年一月二十日

批准《有利支付券条例》

（一九二四年一月十二日）

大元帅指令第四三号

令大本营财政部长叶恭绰

呈为拟订发行《支付券条例》，并指定该项本息基金，仰祈鉴核令遵由。

呈及附件均悉。该部以粤省自军兴以来，赋敛已烦，不宜再增苛细捐税，重扰商民。拟发行有利支付券总额三百万元，劝令殷富商民认购，并指定广东全省沙田登记费、民产保证费及印花税等项为还本付息基金，限二十五个月内本息还楚〔清〕，实属于民无损，于公有济。其余条例规定亦尚妥协，应准如拟施行。仰即上紧劝募，期于最短时期如额募齐，藉裕饷源而藉讨贼。仍将办理情形随时报查。各件均存。此令。

（中华民国陆海军大元帅之印）

中华民国十三年一月十二日

附：大本营财政部有利支付券条例

（一九二四年一月九日呈）

第一条　大本营财政部为救济财政、调剂金融起见，经财政委员会会议议决发行支付券。其发行总额定为毫银叁百万元，名曰“大本营财政部有利支付券”。

第二条　此项支付券利率，定为月息一分。

第三条　此项支付券之利息，按月计算。自发行后第二个月起，按月支付利息。

第四条　此项支付券还本办法，分为二十个月还清。自发行后第六个月起，每月抽签还本一次，每次抽还二十分之一。

第五条　此项支付券还本抽签日期，定为每月十五日，在广州执行，即于下个月五日起还本付息。

第六条　此项支付券本息之基本金，由政府指定左列各项收入充之：

一、全省民沙田登记费项下，每月拨八万元。

二、全省民产保证费项下，每月拨六万元。

三、全省印花税项下，每月拨一万元。

第七条　此项支付券本息之基本金，由政府按照前条规定数目，饬令该征收机关每〈月〉① 径解基金委员会，分存中外殷实各银行，预备付息还本之用。无

① 据《发行有利支付券》（载一九二四年一月二十二日《广州民国日报》）订正。

论何项机关有何项要需，不得挪借移用。

第八条　支付券基金委员会，以广州总商会、广东商会联合会、地方善后委员会、广州总工会、广东工会联合会联合组织。其组织章程另行规定之。

该委员会最大之权责，为维持支付券之信用，保障持券人之利益及监督支付券之发行。无论何项机关或个人，对于该委员会行使上列权责时，不得加以侵害，并应由地方官厅切实协助保护。

第九条　此项支付券还本付息，即由基金委员会委托广州总商会及各县商会办理，负其完全责任。亦得由该商会等，转托当地各殷实银行商号代理。

第十条　此项支付券每张票面价额分为两种如左：

一、五十元。

二、一十元。

此项支付券每张分为十联，每联载票面价额十分之一。

第十一条　此项支付券编印号码讫，于发行时，应由广州总商会或各县商会加盖戳记。

第十二条　此项支付券按照票面价额十足发售。

第十三条　此项支付券自中签还本日起，除海关税外，得用以向征收各机关缴纳田赋、捐税、厘金及代其他现款之用，不得拒绝收纳。

第十四条　此项支付券概不记名，认券不认人。如有遗失、毁损，不挂失票，亦不再补发。

第十五条　此项支付券得随意买卖、抵押，其他公务上交纳保证时，并得作为担保品。

第十六条　此项支付券得为银行之保证准备金。

第十七条　此项支付券如遇有伪造、改造及毁损信用之行为，依律从严惩罚。

第十八条　此项支付券之发行细则另定之。

第十九条　本条例自奉大元帅批准公布日施行。

说明　支付券本息基金

还本　叁百万元　付息　四十六万五千元

共计叁百四十六万五千元　　廿四个月平均每月拾四万五千元

全省沙田登记费　　每月拟拨捌万元

全省民产保证费　　　　　　每月拟拨陆万元

全省印花证费　　　　　　　每月拟拨壹万元

每月共拨十五万元，因各该项收入月有淡旺，不得不从宽指拨，以期彼此挹注，合并陈明。

据《大元帅指令第四三号》，载广州《陆海军大元帅大本营公报》第二号，一九二四年一月二十日

令修改船民输纳经费等三章程

（一九二四年一月十五日）

大元帅指令第五〇号

令兼广东全省船民自治联防督办伍学熀

呈为拟具各项收费章程，请予核准由。

呈悉。查所拟《船民输纳自治联防经费章程》第八条及《查验枪炮章程》第四、第八、第九、第十等条，《发给旗灯暂行章程》第七条，均应稍加修改，其余各条大致尚妥。兹将修正条文连同原章三份随令钞发，仰即查照改缮，另文呈送，以凭核准。一面将未尽事宜另定施行细则颁布，以期完密。此令。

（中华民国陆海军大元帅之印）

中华民国十三年一月十五日

据《大元帅指令第五〇号》，载广州《陆海军大元帅大本营公报》第二号，一九二四年一月二十日

批准《军人乘车章程》

（一九二四年一月十五日）

大元帅指令第五一号

令管理粤汉铁路事务陈兴汉

呈为拟具《军人乘车章程》，乞鉴核施行等情由。

呈暨拟具《军人乘车章程》均悉。候令行军政部分咨各军转饬遵照可也。此令。

（中华民国陆海军大元帅之印）

中华民国十三年一月十五日

附：粤汉铁路暂定军人乘车规章

（一九二四年一月十日呈）

一、军人乘车须持有上级长官正式印据，交由站长或车员查验，方准乘车。如无正式印据及衹盖各该部闲章者，仍照无票乘车收费。

二、军人乘车以身穿军服及有证章者为限，别人不得假借冒用。

三、发给乘车印据，应由各军长官严加限制，俾各站收受。此项印据，每日缴交车务处稽核，按月汇报军政部核销，以免冒滥。

四、沿路军队复杂，除将此项《军人乘车规章》标贴各站各车俾众周知外，并咨行各军长官及兵工厂通饬所属遵守，倘有抗违，准由随车监查军官拘送核办。

五、军人乘车须遵守路章，军官坐头二等，士兵坐三等，如有越等，照章补费。亦不得拦入行李守车内，致碍办公。

据《大元帅指令第五一号》，载广州《陆海军大元帅大本营公报》第二号，一九二四年一月二十日

令军政部转咨各军实施《军人乘车章程》

（一九二四年一月十五日）

大元帅训令第二一号

令军政部部长程潜

为令行事：据管理粤汉铁路事务陈兴汉呈称："呈为呈请察核事：窃职路前以各军滥开专车及军人无票乘车呈请分令限制禁止一案，业奉帅令第七四〇号内开：'呈悉，准予令行军政部通知各军队长官饬属一体遵照矣。仰即知照。此令'等因在案。乃查近日各军强令滥开专车，仍复不少。查开用专车一次，约耗费五百

元，当此财政奇绌，似不能无故滥开。至军人无票乘车，包揽客商，借端渔利，比前尤滥，以致收入车利日益短绌。现查职路近日收入，平均仅得八千元，连附加军费在内，计支出之款，先后案奉帅令解缴，统计每日支出约共一万一千余元，即以是日收入全数支付，尚不敷三千余元；此外积欠煤觔及材料各价共三十余万元。现在职路员役薪水积欠数月尚未发给，亦应设法陆续清理，方免窒碍。但收入仅得此数，自无余款拨支。且讨账各商亦纷至沓来，不胜其扰。似此种种，实在困难，办理时形棘手。倘长此以往不予维持，不独职路受巨大之损失，即于前奉帅令饬解各款，亦必因而贻误，关系匪轻。兹职路为维持现状，以期收入稍裕，免误要需起见，谨拟具《军人乘车章程》五条，呈请鉴核。如荷准予施行，请即分令各军队机关转饬所部一体遵照。至开用专车，仍请准照前呈办理，庶有限制而免虚糜。如有恃强逼专开，与及无票乘车、包揽客商渔利情弊，应予严惩，以儆效尤，而维路务。所有维持车务以裕收入、免误要需各缘由，理合连同拟具《军人乘车章程》，具文呈请帅座察核。是否有当，伏候指令祗遵”等情。除指令“呈暨拟具《军人乘车〈章程〉》均悉。候令行军政部分咨各军转饬遵照可也。此令”印发外，应将章程发交该部，迅即分咨各军转饬所部一体遵照，以维路政。此令。

（中华民国陆海军大元帅之印）

中华民国十三年一月十五日

据《大元帅训令第二一号》，载广州《陆海军大元帅大本营公报》第二号，一九二四年一月二十日

令修改《水陆运施行细则》及简章

（一九二四年一月十六日）①

大元帅指令第五七号

令北江商运局局长韦荣熙

① 底本未署日期。按大元帅指令第五六号及第五八号均公布于一月十六日，今据此酌定本令时间为十六日。

呈为拟具《水陆运施行细则》，请予核准由。

呈悉。查此案昨经训令该局将在粤汉铁路各车站所设分局撤去，并不得向由火车运送之货物抽取费用在案。所有水陆运细则暨前经核准之暂行简章及护运方法，均应酌加修改，总以不侵及粤汉铁路范围为主。仰即查照另行妥拟呈核可也。附件存①。此令。

（中华民国陆海军大元帅之印）

中华民国十三年一月　日

据《大元帅指令第五七号》，载广州《陆海军大元帅大本营公报》第二号，一九二四年一月二十日

准《保澳团暂行章程》

（一九二四年一月十六日）

大元帅指令第五八号

令兼广东全省船民自治联防督办伍学熀

呈为拟具《保澳团暂行章程》请予核准由。

呈悉。查所拟《保澳团暂行章程》第十四条内“应即密报分局拘案讯办”一句，应改为“应即密报分局查明，依法究办”。已为核改，登载公报。其余各案大致尚妥，应准如拟施行。仰即知照。章程存。此令。

（中华民国陆海军大元帅之印）

中华民国十三年一月十六日

附：广东全省船民自治联防保澳团暂行章程

（一九二四年一月十二日呈）

第一条　凡船民自治联防区内之船，因自治联防之关系，编十船为一保，十

① 《陆运施行细则》计十五条，《水运施行细则》计十四条，均缺。

保为一澳，十澳为一团，概括言之曰保澳团。

第二条 船系于保，保系于澳，澳系于团，团系于区，各以数字别之，如某区第几团、某团第几澳、某澳第几保、某保第几船。

第三条 编保以十船为率，不及十船者，五船亦可编为一附保。但附保只有副保董、副保长。附保应附入前编之保，即以前保之保董、保长为保董、保长。如一澳之内有两附保，两附保亦可合为一保。原有之两副保董、两副保长，应以抽签法改为一保董、一副保董，一保长、一副保长。

前项附保以五船为率，不及五船者，四船以下附编入邻保。

第四条 编澳以十五保为率，编团以十澳为率，其余办法照第三条编保之法编之。

第五条 保设保董一人、副保董一人、保长一人、副保长一人，由该保船民公举，二年一任；澳设澳董一人、副澳董一人、澳长一人、副澳长一人，由该澳保长、副保长、保董、副保董公举，二年一任；团设团董一人、副团董一人、团长一人、副团长一人，由该团澳董、副澳董、澳长、副澳长公举，二年一任。

前项保董、保长、副保董、副保长，澳董、澳长、副澳董、副澳长，团董、团长、副团董、副团长，均由该区分局长呈由总局转请督办加委。

第六条 保董办理该保自治事宜，副保董辅助之；保长办理该保联防事宜，副保长辅助之；澳董、副澳董、澳长、副澳长，团董、副团董、团长、副团长，各分别办理本澳、本团自治及联防事〈宜〉。

第七条 凡船民年满十六岁以上、十岁以下者，均为团丁。以三分之二为后备团丁，以三分之一为常备团丁，专任联防事务。

第八条 水上保澳团长、副长、团丁执行联防事务时，与缉捕巡舰、水上巡防队有互相协助之义务。

第九条 船民督办，对于全省水上保澳团长、副长、团丁，有指挥、监督、调集、遣归、改组之权。

第十条 船民总协理、分支局长承督办之命，对于所辖之保澳团长、团丁，有指挥、监督、调集、遣归之权。

第十一条 船民团长、副团长承该区分局长、支局长之命，对于本团保澳各长、各副长及团丁，有指挥、监督、调集、遣归之权。

第十二条　船民澳长、副澳长，有指挥监督本澳保长、副保长、团丁之权。

第十三条　船民保长、副保长，有指挥监督本保团丁之权。

第十四条　各保澳团董、副董及保澳团长、副长，均有保良攻匪之责。如查悉船民有勾通盗贼、窝藏匪类及其他法外行为者，应即密报分局查明，依法究办。如船民有被人诬陷致无辜受累者，该保澳团各董长及副董长，亦应据情报局申理。

第十五条　保澳团董、副董办理船民自治事宜，保澳团长、副长办理船民联防事宜。其著有成绩者，得由监察员会同分局局长呈请督办酌予褒奖。其有过失者，酌予惩罚。至团丁之联防有功过者，亦酌予赏罚。

第十六条　保澳团董、副董，保澳团长、副长，皆名誉职。

第十七条　保澳团经费由船民自筹，呈由总支分局转请督办公署核定。

第十八条　保澳团办理文牍，由督办公署刊发木质图记。但非关于自治联防事务，不得以私人名义钤用。

第十九条　本暂行章程自核准之日施行。

据《大元帅指令第五八号》，载广州《陆海军大元帅大本营公报》第二号，一九二四年一月二十日

批准《清查船民户口暂行章程》

（一九二四年一月十六日）

大元帅指令第五九号

令广东全省船民自治联防督办伍学熀

呈为拟具《清查船民户口暂行章程》，请予核准由。

呈悉。所拟《清查船民户口暂行章程》廿三条，大致尚属妥协，应准如拟施行。仰即知照。章程存。此令。

（中华民国陆海军大元帅之印）

中华民国十三年一月十六日

附：广东全省船民自治联防督办公署调查船民户口暂行章程

（一九二四年一月九日呈）

第一条 本章程于办理广东船民自治联防编查户口时适用之，但来往各通商口岸之外国船舶不在此限。

第二条 关于广东船民户口编查事务，以各区分局支局局长为直接监督。其上级监督机关，依《暂行船民自治联防官制》定之。

第三条 编查以该区现有户口为准，但编查时该区船户有他往者，须注明其所在地及事由。

第四条 编查区域就分局支局所辖范围定之。

第五条 编查时就其区内船户编号，按户钉立船牌。

第六条 编查职员由各分局支局派员充任之。

第七条 清查事项如左：

一、船之种类。

二、船主姓名。

三、年龄。

四、籍贯。

五、船户内家属之姓名、年龄及男女之别。

六、雇用人之姓名、年龄、籍贯。

七、其他事项。

第八条 清查时委员须按照前条所列事项，按户询明，填入编查底册。

第九条 编查时遇有素行不正或形迹可疑情事，另行记明编查底册。

第十条 各分局支局委员清查户口原册，存各该局备查。由分局支局汇造本区户口清册二份详报总局，由总局抽存一份，以一份详报督办公署。

第十一条 督办公署或总局接到各分局支局汇报户口清册后，得随时派员覆查或抽查，如有舛漏，应行更正。

第十二条 督办公署俟各区将船民户口查竣后，按户给予船民自治联防户籍证。

第十三条　造具户口清册时，须将左列各款事项，另计总数，附记册后：

一、户口。

二、男女口数。

三、年满八岁至十五岁之学童。

四、年届二十岁至四十岁之壮丁。

五、蛋民及非蛋民。

六、素行不正或形迹可疑者。

第十四条　自清查完竣之日起，嗣后各户遇有迁徙及生死往来等事，限五日以内，责令户主向各该分局或支局开单报明，由分局或支局转报总局，总局按月报告督办公署。支局、分局、总局、督办公署接到前项报告时，均须于报存册内，逐一增改各户遇有迁徙及生死往来等事。如户主逾期不报，由各分局支局委员查明转报。

第十五条　调查经费，由各分局支局就自治联防经费内酌量支拨，但不得向户科泒〔派〕。

第十六条　编查事务完竣后，由分局支局长将开支各款造具清册，详报督办公署核定支发。

第十七条　编查时由督办公署出示晓谕，严禁需索造谣等事，并由清查委员随时宣讲编查宗旨。但初办时督办就地方情形认为必要时，得派员分赴各区指导一切事宜。

第十八条　凡有不受编查或有心诳报者，处一元以上、五元以下之罚金。

若有妨害编查之举动者，处五日以上、一月以下之拘役；或五元以上、三十元以下之罚金。前项处分，由各分局长或支局长即决之，但仍须详报督办公署。

第十九条　编查职员如有不法情事，经告发属实者，按照刑律处断。

第二十条　分局长、支局长不遵本规则办理者，由督办查明，分别记过撤任。详报不实者亦同。

第廿一条　左列各款事项，须另行编号，准照本规则办理，但不列入牌中：

一、渔寮。

二、船民在沿江海搭盖之住屋。

第廿二条　本章程规定之各项表册牌证、程式，另定之。

第廿三条　本章程自呈请核准日施行。

据《大元帅指令第五九号》，载广州《陆海军大元帅大本营公报》第二号，一九二四年一月二十日

核准《管理医生暂行规则》及施行细则

（一九二四年一月十六日）

大元帅指令第六一号

令大本营内政部长徐绍桢

呈送《管理医生暂行规则施行细则》，请予备案由。

如呈备案。细则存。此令。

（中华民国陆海军大元帅之印）

中华民国十三年一月十六日

据《大元帅指令第六一号》，载广州《陆海军大元帅大本营公报》第二号，一九二四年一月二十日

附一：管理医生暂行规则

（一九二三年九月十三日）

第一条　在《医师法》及《医师药剂师考试章程》未颁布以前，关于医生之认许，暂适用本规则。

第二条　凡具有医生资格者，应由内政部分别中医、西医发给医生开业执照。其未经核准给照者，不得执行医生之业务。

第三条　凡年在廿岁以上具有左列资格之一者，准发给医生开业执照。但七、八两项资格，得于本规则施行一定期间后以部令停止之：

一、在本国国立或经部认可之公私立医科大学及医学专门学校毕业、领有毕业文凭者。

二、在外国官公私立医科大学及医学专门学校毕业、领有毕业文凭者。

三、在本规则施行以前，在外国人私立之医学堂肄业三年以上领有文凭者。

四、外国人曾在该国政府领有医术开业证书、经外交部证明认为适于执行医业者。

五、曾经各地方该管官厅考试及格、领有证明文件者。

六、在经部认可之中医学校或中医传习所肄业三年以上、领有毕业文凭者。

七、曾任官公立医院医员三年以上确有成绩及证明文件者。

八、有医术智识经验，在本规则施行前行医五年以上有确实证明，并取具给照医生三人以上之保证者。

第四条　犯左列各项之一者，不得发给医生开业执照：

一、曾因业务上之犯罪被处三等以上有期徒刑者。

二、被褫夺公权尚末〔未〕复权者。

三、聋者、哑者、盲者、精神病者。

第五条　凡具领医生执照，应备执照费廿元、印花税二元，并半身相片一张、履历书一纸，连同毕业文凭、资格证明文件呈请内政部，或由该管地方官厅转呈内政部核发。

第六条　医生所领执照如有毁损遗失等情，应缴照费二元、印花税二元，呈请补发。

第七条　医生在本规则未公布以前，曾在各地方该管官厅注册领照未经领有部照者，须将原件呈验，并缴纳照费十元，补领部颁执照。

前项补领部照期限及施行细则，由内政部另定之。逾限未领部照者，不得再执行医生业务，违者照第十六条处罚。

在本规则未公布前，各地方官厅所发布之管理医生单行条例除与本规则抵触者外，仍属有效。惟地方官厅发给医生执照，应自本规则施行后一律停止，以昭划一。

第八条　部颁医生执照效力，可通行全国。惟医生欲在某处开业，仍须向该管地方官厅呈验所领部照，请求注册，违者处以一百元以下之罚金。

地方官厅对于前项请求注册者，得征相当之注册费。

第九条　医生如有歇业、复业或迁移、死亡等事，应于十日内向该管地方官厅报告。

医生由甲地移至乙地执业，除遵照前项规定向甲地方该管官厅报告外，并应遵第八条之规定，向乙地方该管官厅请求注册。

各地方该管官厅应置医生名簿，将前条及本条事项详细登载，随时报部。

第十条　医生领照后，如犯第四条各项之一时，应由该管地方官厅随时查明，呈请内政部将执照取消。但该条第二、三两项之原因消失时，得再请给照开业。

第十一条　医生非亲自诊察，不得施行治疗，或开给药方及交付诊断书。

第十二条　医生诊治遇有传染病或疑似传染病及中毒者，应即据实向该管地方官厅呈报。

第十三条　医生不得因请托、贿赂，伪造证书，或用药及其他方法堕胎，违者按刑律治罪。

第十四条　医生关于其业务，不得登载及散布夸张虚伪之广告。

第十五条　医生关于公务上有应遵从该管官厅指挥之义务。

第十六条　本条例颁布后，凡未领部颁医生开业执照及执照取消与停止执业者，概不准擅自执行医务，违者处二百元以下之罚金。

第十七条　医生违反本规则第九条第一项、第十一条、第十二条、第十四〈条〉、第十五条之规定者，处以五十元以下之罚金，并得令于一年以内之停止执业。

第十八条　本规则颁布后，各地方中西医生得分别或联合组织医生公会，拟定章程，由该管地方官厅转报内政部核准备案。

第十九条　本规则如有应行修改及未尽事宜，由内政部随时增订公布之。

第二十条　本规则自公布日施行。

中华民国十二年九月十三日

据《大本营内政部令第九号》，载广州《陆海军大元帅大本营公报》第三十一号，一九二三年十月五日

附二：管理医生暂行规则施行细则

（一九二三年九月二十二日）

第一条　关于《管理医生暂行规则》之实施，应依本细则办理。

第二条　曾在各地方该管官厅注册领照之医生补领部照时，除缴照费十元外，应遵《管理医生暂行规则》第五条之规定，备印花税二元并半身相片一张、履历书一纸，随文呈缴。

第三条　广州市各医生曾在广州市市政厅卫生局注册领照者，应限于本细则公布后三个月内，到部补领部照。其从前未经注册领照者，亦限于本细则公布后三个月内，来部呈请给照，逾限一律不得执行医生业务，违者照《管理医生暂行规则》第十八条处罚。

广东省属各县及其他各省医生领照期限，由本部随时另定之。

第四条　已领部照之医生，欲在某地开业呈请该管地方官厅注册时，除呈验部照外，仍应备相片一张、履历书一纸，随文呈缴备查。

第五条　《管理医生暂行规则》及本细则所称之各地方该管官厅，指特别市及县之卫生局或警察厅所。

第六条　各地方该管官厅应于每三个月终，将辖境内医生之开业、歇业、死亡、迁移者，填成报告表，呈由省长汇齐咨部备查。其报告表式规定，如附件一至四。

第七条　医生名簿式规定，如附件五。

医生领照保证书式规定，如附件六。

医生履历书式规定，如附件七。

死亡诊断书及死体检案书式规定，如附件八。

死产证书式规定，如附件九。

传染病报告书式规定，如附件十。

医生每月诊治人数报告表式规定，如附件十一。

第八条　本细则如有未尽事宜，得随时修改。

中华民国十二年九月二十二日

附件一　医生开业报告表式

<table>
<tr><td colspan="9">省　　市
县卫生局填呈民国　　年　　月至　　月医生开业报告表</td></tr>
<tr><td>中西医别</td><td>姓名</td><td>年岁</td><td>籍贯</td><td>资格</td><td>执照号数</td><td>领照年月日</td><td>开业月日及地点</td><td>备考</td></tr>
<tr><td></td><td></td><td></td><td></td><td></td><td></td><td></td><td></td><td></td></tr>
<tr><td></td><td></td><td></td><td></td><td></td><td></td><td></td><td></td><td></td></tr>
<tr><td colspan="9">如有前在别处执业、今移入本管区域内开业者，应于备考栏内注明。
中华民国　　年　　月　　日局长　　　　　　印</td></tr>
</table>

附件二　医生歇业报告表式

<table>
<tr><td colspan="9">省　　市
县卫生局填呈民国　　年　　月至　　月医生歇业报告表</td></tr>
<tr><td>中西医别</td><td>姓名</td><td>年岁</td><td>籍贯</td><td>资格</td><td>执照号数</td><td>领照年月日</td><td>开业年月日</td><td>歇业月日</td></tr>
<tr><td></td><td></td><td></td><td></td><td></td><td></td><td></td><td></td><td></td></tr>
<tr><td></td><td></td><td></td><td></td><td></td><td></td><td></td><td></td><td></td></tr>
<tr><td colspan="9">中华民国　　年　　月　　日局长　　　　　　印</td></tr>
</table>

附件三　医生死亡报告表式

<table>
<tr><td colspan="9">省　　市
县卫生局填呈民国　　年　　月至　　月医生死亡报告表</td></tr>
<tr><td>中西医别</td><td>姓名</td><td>年岁</td><td>籍贯</td><td>资格</td><td>执照号数</td><td>领照年月日</td><td>开业年月日</td><td>死亡月日</td></tr>
<tr><td></td><td></td><td></td><td></td><td></td><td></td><td></td><td></td><td></td></tr>
<tr><td></td><td></td><td></td><td></td><td></td><td></td><td></td><td></td><td></td></tr>
<tr><td colspan="9">中华民国　　年　　月　　日局长　　　　　　印</td></tr>
</table>

附件四　医生迁移报告表式

<table>
<tr><td colspan="9">省　　市
县卫生局填呈民国　　年　　月至　　月医生迁移报告表</td></tr>
<tr><td>中西医别</td><td>姓名</td><td>年岁</td><td>籍贯</td><td>资格</td><td>执照号数</td><td>领照年
月日</td><td>开业年
月日</td><td>迁移月日及
移往地点</td></tr>
<tr><td></td><td></td><td></td><td></td><td></td><td></td><td></td><td></td><td></td></tr>
<tr><td></td><td></td><td></td><td></td><td></td><td></td><td></td><td></td><td></td></tr>
<tr><td colspan="9">中华民国　　年　　月　　日局长　　　　　　印</td></tr>
</table>

附件五　医生名簿式

中西医别	姓名	年岁	籍贯	住址	资格	
执照号数	领照年月日	注册号数	注册年月日	开业年月日及地点	处分	备考

附件六　中①医生领照保证书式

为证明事：今有中②医生　　　　　　呈领开业执照，确系合于《管理医生暂行规则》第三条第八项之资格。如有虚捏，惟保是问。谨此证明。

印

医生　　　　　　印

印

中华民国　　年　　月　　日

附件七　医生履历书式

中西医别	姓名	年岁	籍贯	住址	出身	经历

附件八　死亡诊断书及死体检案书式

死亡诊断书（死体检案书）

一、姓名、年龄、籍贯、住址

二、男
女

三、出生年月日

四、职业（死亡者之职业、家庭之职业）

五、死亡原因：病死　灾难　自尽或中毒

六、病名（如系自尽应记明方法，灾难或中毒应记明种类）

七、发病年月日（灾难及自尽者，应略去此项）

八、死亡之年月日时

九、死亡之处所

① 据第七条第二项之规定为“医生领照保证书式”，泛指中西医生，故“中”字系衍文。

② 据第七条第二项之规定为“医生领照保证书式”，泛指中西医生，故“中”字系衍文。

据上列各件作为死亡诊断之证明，或作为死体检案之证明。

医生　　　　　　　　印

住址

中华民国　　年　　月　　日　　　　　　具

附件九　死产证书式

如姓名、男女、死亡原因等项不能查明时，应记为不详。如年月日时等项不能查明时，应于年月日时上冠以推定二字。

死产证书

一、父之姓名（如系私生子，则记其母之姓名）

二、父之出生年月日（私生子则除此项）

三、母之出生年月日

四、父之职业（私生子则记其母之职业）

五、妊娠之月数

六、分娩之年月日时

七、男女之别

八、分娩之处所

九、嫡出、庶出或私生

据上列各件作为死产之证明。

医生　　　　　　　　印

住址

中华民国　　年　　月　　日　　　　　　具

附件十　传染病报告表式

传染病报告表

<table>
<tr><td>病者姓名年岁</td><td></td></tr>
<tr><td>病者住址</td><td></td></tr>
<tr><td>病　　状</td><td></td></tr>
<tr><td colspan="2">医生　　　　　　　　印
住址
中华民国　　年　　月　　日　　　　　　具</td></tr>
</table>

附件十一　医生每日诊治病人报告表式

民国　　年　　月　　日诊治病人报告表

病别	病者姓名	性别	治愈	转治	死亡	治疗中	备考

医生　　　　　　印

住址

中华民国　　年　　月　　日　　　　　　具

据《大本营内政部令第十号》，载广州《陆海军大元帅大本营公报》第三十一号，一九二三年十月五日

核准《禁烟条例》

（一九二四年一月十六日）

大元帅指令第六二号

令禁烟督办杨西岩

呈为拟具《禁烟条例》二十二条，业经政务会议通过，请予核准施行由。

呈及条例均悉。应准如拟施行，仰即知照。条例存。此令。

（中华民国陆海军大元帅之印）

中华民国十三年一月十六日

附：禁烟条例

第一条　本条例以厉行禁烟、湔除烟毒为宗旨。

第二条　本条例施行后，所有一切禁烟事宜，由禁烟督办会同各该地方军民长官办理，并得随时派员分赴各省、各属严密稽查，其地方文武官员有执行不力者，由禁烟督办呈请大元帅，或咨会各省军民长官分别惩处。

第三条　凡吸食、制造、贩运，或存储鸦片烟，或栽种莺粟者，照本条例办理。

第四条　凡有鸦片烟瘾人民，应由各地方官切实限期查明人数、姓名、年龄、籍贯，列表呈报。统由禁烟督办汇案核定减瘾办法，勒限戒断。

第五条　凡烟土不得私自运销、存储。其有在本条例未施行以前购存者，数量无论多寡，均由禁烟督办酌定期限及价格，一律收买。

第六条　凡田地栽种莺粟，自奉本条例施行之日，应由各该县长及驻在之军警长官，督令该种莺粟人铲除净尽。如有聚众抵抗者，即行剿办。铲除后仍敢再种者，照本条例加一等治罪。

第七条　戒烟药品，须经禁烟督办署施行检验，粘贴检验证始准发售。

第八条　制造及贩卖鸦片烟者，处无期徒刑，或科五千元以下之罚金。

第九条　贩卖或自外国贩运鸦片烟者，处三等以下有期徒刑，并科三千元以下之罚金。对于吗啡、高根有同等之行为者，亦同。

意图贩卖而收藏鸦片烟者，照前项减一等治罪。

第十条　税关官员或其佐理人自外国贩运鸦片烟，或串同他人贩运者，处二等以下有期徒刑，并科五千元以下之罚金。对于吗啡、高根有同等之行为者，亦同。

第十一条　制造鸦片烟或栽种莺粟者，处三等以下有期徒刑，并科二千元以下之罚金。

第十二条　凡自有土地或租借土地栽种莺粟者，除依前条治罪外，并将其土地没收之。但业主确不知情者，查明宽免。

第十三条　吸食鸦片烟者，处三等以下有期徒刑，或科三千元以下之罚金。

第十四条　开设馆舍供人吸食鸦片烟者，处二等以下有期徒刑，并科三千元以下之罚金。

第十五条　凡有缉私职务人员，自行查拿或带同长警捕获烟犯者，视其获案多寡、情节，分别奖励。

第十六条　军民长官或警官或其佐理员，当施行职务时，知有犯本条例第八条至第十四条之罪犯，而不即为相当之处分者，亦照各该条例处断。

第十七条　犯本条例第八条、第九条、第十四条之罪，其房屋没收之。但业主确不知情者，查明宽免。

第十八条　凡缉获之烟土、烟膏，估价以三成充公，以四成将给线人，以三成奖励在事出力人员。

第十九条　本条例未施行以前之各种禁烟章程，及新刑律第二十一章各条，与本条例无抵触者，继续有效。

第二十条　本条例施行之日起，凡犯本条例之罪犯，无论何人拿获，必须连同证物一并解由禁烟督办署或禁烟总分局，移送司法机关，适用本条例之规定审讯治罪。

第廿一条　本条例如有未尽事宜，得由禁烟督办署呈请修正。

第廿二条　本条例自公布日施行。

据《大元帅指令第六二号》，载广州《陆海军大元帅大本营公报》第二号，一九二四年一月二十日

令东江商运局与湘军会商《保护米商酌抽给养费简章》

（一九二四年一月十七日）

大元帅指令第六八号

令东江商运局局长王棠

呈为遵令缮具《保护米商酌抽湘军给养费简章》，呈乞核示由。

呈悉。所拟简章是否可行，于民食有无妨碍，以及所收之款如何分派，应否由湘军派员会同办理，均候令饬湘军谭总司令①会商该局局长，悉心妥议，具复核夺。简章存②。此令。

（中华民国陆海军大元帅之印）

中华民国十三年一月十七日

据《大元帅指令第六八号》，载广州《陆海军大元帅大本营公报》第二号，一九二四年一月二十日

---

① 谭总司令，指谭延闿。

② 简章缺。

令湘军总司令与商运局会商《酌抽给养费简章》

（一九二四年一月十七日）

大元帅训令第二五号

令湘军总司令谭延闿

为令饬事：案据东江商运局局长王棠呈称："呈为遵令缮具简章，呈请鉴核训示祗遵事：窃奉钧座指令第四五号开：'职局呈为拟请酌拨舰队，保护米商，并酌抽湘军给养费由。呈悉。仰将所拟暂行简章正式呈送来府，以凭核夺，此令'等因。奉此，自应遵照办理。兹谨照原拟暂行简章缮具一份，理合呈请钧座鉴核，伏乞训示祗遵"等情。据此，当经指令"呈悉。所拟简章是否可行，于民食有无妨碍，以及所收之款如何分派，应否由湘军会同办理，均候令饬湘军谭总司令会商该局〈局〉长，悉心妥议，具复核夺。简章存。此令"等语。除指外〔令〕印发外，合行抄发原章草案，令仰该总司令即便遵照会议复夺。此令。

计抄发原拟简章①一份。

（中华民国陆海军大元帅之印）

中华民国十三年一月十七日

据《大元帅训令第二五号》，载广州《陆海军大元帅大本营公报》第二号，一九二四年一月二十日

准颁《两广盐政会议简章》

（一九二四年一月十九日）

大元帅指令第七四号

令两广盐运使赵士觐

呈为盐务敝坏，拟设盐政会议，以资整顿，并拟具简章呈核由。

---

① 简章缺。

呈悉。据称民国十二年分运库收入，不及十一年分之半，盐务敝坏达于极点。该使拟仿邹任[1]成法，于署内设立盐政会议，藉收集思广益之效。具见留心咨访，锐意革新，殊堪嘉尚。所拟简章亦尚妥协，应准如拟施行。仰即克日组织成立，将应行整顿各事悉心讨议，务期积弊湔除，税收丰旺，借裕饷源。本大元帅有厚望焉。简章存[2]。此令。

（中华民国陆海军大元帅之印）

中华民国十三年一月十九日

据《大元帅指令第七四号》，载广州《陆海军大元帅大本营公报》第三号，一九二四年一月三十日

中国国民党第一次全国代表大会会议规则[3]

（一九二四年一月二十日）

第一章　主　席

第一条　本会由本党总理主席，并由总理指定五人组织主席团。总理有事故时，由主席团推举一人代行主席。

第二章　秘书处

第二条　本会设一秘书处，其组织规则另定之。

第三章　委员会

第三条　本会设左列两种委员会：

---

① 邹任，指前任盐运使邹鲁，时为一九二〇年至一九二一年。

② 《两广盐政会议简章》计十二条，缺。

③ 一九二四年一月二十日，中国国民党第一次全国代表大会在广州开幕。是日上午孙文致开会词之后，在他的主持下，大会代表讨论并表决通过了由中国国民党临时中央执行委员会起草的这份会议规则。

甲、常务委员会；

乙、特务委员会。

第四条 委员会组织规则另定之。

第四章 开议、散会及延会

第五条 本会逐日会议二次。上午由十时至十二时，下午由二时至五时。

第六条 本会会议须有过半数代表之出席。

第七条 届开会时间而代表出席不满过半数时，主席得延长之。但延长二次仍不满过半数时，即宣告延会。

第八条 议事日程所载之议题议毕后，主席宣告散会。

第九条 已届散会时间，议事未毕，主席得依大会议决，延长时间。

第十条 主席未宣告开议以前，或宣告散会及延会之后，无论何人不得就议事发言。

第五章 议事日程

第十一条 议事日程由秘书处拟呈主席核定之。

第十二条 本会应议事件及开议日期，须载于议事日程，由秘书处先期印刷通知。

第十三条 议事日程记载之次序如下：

甲、总理交议之案。

乙、临时中央执行委员会或中央干部会议提出之案。

丙、本部或本部各部提出之案。

丁、海内外党部提出之案。

戊、各代表提出或介绍提出之案。

第十四条 遇有紧急事件未载议事日程，或已载议事日程而顺序在后必须速议者，得由主席提出或代表动议，议决变更之。

第六章　议　事

第一节　提议及动议

第十五条　代表提议各项事件，应具案附以理由，有十人以上之连署，始得提出大会。

第十六条　除总理交议者外，一切提案须经委员会审查。

第十七条　议案标题朗读后，提议者得说明其旨趣。代表对于议案有疑义时，得请提议者说明之。

第十八条　会议时代表提出临时动议，须有十人以上之附议，始成议题。

第十九条　代表对于议案提起修正者，须具案说明理由，有五人以上之连署，始能提出。

第二十条　会议时临时提起修正者，须书明所修正之文字并说明理由，有五人以上之附议，始得成立。

第二节　讨　论

第二十一条　开会时对于议事日程所载之议题欲发言者，须于会议开始前在发言条上将其席次并将赞成、反对之意书明，通告秘书长。

第二十二条　秘书长依前条通告之次序，记载于发言表，报告主席。主席依表中次序，指令反对及赞成两方相继发言。

第二十三条　未通告发言之代表，须俟已通告之代表全数发言毕，始得发言。但已通告之一方代表虽发言未毕，而他方之代表既毕时，则未通告之他方代表得请求发言。

第二十四条　未通告而请发言者，须起立呼主席并报告席次，待主席许可，始得发言。

第二十五条　二人以上请发言时，主席认先起立者令先发言。其同时起立者，则其发言时之次序由主席定之。

第二十六条　提案说明者每人发言不得逾三十分钟，讨论者每人发言不得逾十五分钟。

第二十七条　凡发言须登演坛，但简单发言及经主席许可者，不在此限。

第二十八条　无论何时，主席得令在席发言之代表登演坛。

第二十九条　讨论不得出议题之外。

第三十条　代表于同一议题发言不得过二次，但质疑应答或唤起注意不在此限。

第三十一条　有左列情形之一者得发言数次：

甲、委员长或报告者为辨明其报告之旨趣。

乙、提议者或动议者为辨明其提议或动议之旨趣。

丙、凡被议应行惩戒之代表为辨明其事。

第三十二条　会议时不得朗读意见书，但为引证及报告应朗读者不在此限。

第三十三条　讨论终结，由主席宣告之。

第三十四条　发言者虽未毕，代表提起讨论终止之动议，有十人以上之附议时，得不用讨论即决之。

第三十五条　凡讨论终止之动议，须赞成、反对两方各有二人以上发言后，始得提起。但一方有二人以上发言而他方无请发言者，不在此限。

第三节　表　决

第三十六条　各种议案以出席代表过半数表决之。

第三十七条　主席宣告应行表决后，无论何人不得再就议题发言。

第三十八条　表决时主席令赞成者起立或举手表决之。如代表认为有疑义提起异议时，令反对者起立反证及表决之；如代表认为仍有疑义提起异议，得二十人之附和时，令秘书长唱名表决之。代表对于唱名表决之结果提起异议，得三十人以上之附和，主席令用记名或无记名投票表决之。

第三十九条　主席认为必要或有代表二十人以上之要求时，得以记名或无记名投票表决之。

第四十条　代表对于议案有关系本身者，不得参与表决。

第四节　秘密会议

第四十一条　主席或代表十人以上认为有开秘密会议之必要，主席即屏退旁听人立决可否。

第四十二条　秘密会议事件不得刊行，由秘书长保存之。

第七章　纪　律

第四十三条　主席发见在场代表将届不满过半数，宣告代表停止退席后，无论何人不得请求退席。

第四十四条　代表于休息后无故不出席者，以缺席论。

第四十五条　代表入议场后，不得有左列事项：

一、戴帽；

二、携带伞仗。

第四十六条　会议时不得有左列事项：

一、移座交谈；

二、阅非关于议案参考之书籍及报纸；

三、喧噪以妨害他人之发言或朗读。

第四十七条　代表闻主席鸣号铃当肃静。

第八章　惩　戒

第四十八条　代表不遵规定之纪律或主席之制止者，本会有惩戒之权。

第四十九条　凡应行惩戒事件，须付委员会审查。经会议决定，由主席宣告之。

第五十条　惩戒之方法如左：

一、于一定之期间内停止发言；

二、于一定之期间内停止出席；

三、于公开议场谢罪；

四、除名。

第五十一条　关于惩戒之议事用秘密会议。

第五十二条　代表于本身惩戒事件得出席辩明，但不得参与表决。如本人有事故不能出席，得托他代表代为辩明。

第五十三条　惩戒之动议须有二十人以上之附和。惩戒动议须于应行惩戒事件发生后二日内行之。

第九章　旁　听

第五十四条　旁听人须领旁听券，并遵守旁听规则。

第五十五条　旁听规则由秘书处拟呈主席核定之。

第十章　附　则

第五十六条　本规则自议决日施行。

据《中国国民党第一次全国代表大会会议规则》（民国十三年一月二十日第一次全国代表大会通过），载荣孟源主编：《中国国民党历次代表大会及中央全会资料》上册，北京，光明日报出版社一九八五年七月出版

批《新订税章条例》须经财政委员会通过令

（一九二四年一月二十五日）

大元帅指令第八四号

令财政委员会主席委员叶恭绰、廖仲恺

呈报该会议决财政部提出以后各征收机关举办新税，所有章程条例须交由该会会议通过，方准施行，免与其他机关所办税则有所抵触，致碍进行一案。请核准施行由。

呈悉。准如所请施行。候令行财政部长及广东省长转行所属各征收机关遵照办理可也。此令。

（中华民国陆海军大元帅之印）

中华民国十三年一月廿五日

据《大元帅指令第八四号》，载广州《陆海军大元帅大本营公报》第三号，一九二四年一月三十日

饬举办《新税章程条例》须由财政委员会通过令

（一九二四年一月二十五日）

大元帅训令第三八号

令大本营财政部长叶恭绰、广东省长廖仲恺

为令行事：据财政委员会主席委员叶恭绰、廖仲恺呈称："为呈请事：本月十四日本会第六次常会会议，财政部提出：以后各征收机关举办新税，所有章程条例，须交财政委员会通过，方准施行，免与其他机关所办税则有所抵触，致碍进行一案。经众讨论议决，呈请大元帅训令各征收机关遵照办理在案，理合呈请大元帅核准施行"等情前来。据此，除指令"呈悉。准如所请施行。候令行财政部长、广东省长转行所属各征收机关遵照办理可也。此令"印发外，合行令仰该部长、省长即便转饬所属各征收机关，遵照办理为要。此令。

（中华民国陆海军大元帅之印）

中华民国十三年一月廿五日

据《大元帅训令第三八号》，载广州《陆海军大元帅大本营公报》第三号，一九二四年一月三十日

批准船民输纳经费发给旗灯及查验枪炮照暂行章程

（一九二四年一月二十六日）

大元帅指令第八九号

令兼广东全省船民自治联防督办伍学熀

呈为遵令修正条文，改缮章程，请赐核准由。

呈悉。所有该督办拟呈之《船民输纳自治联防经费暂行章程》九条、《查验枪炮照暂行章程》十一条，又《发给旗灯暂行章程》八条，既据遵照前次指令，

逐一修正改缮，呈核前来，应准如拟施行。仰仍由该督办将条文及收费数目，明白布告各船民一体周知。章程暨附件均存。此令。

（中华民国陆海军大元帅之印）

中华民国十三年一月廿六日

附一：船民输纳自治联防经费暂行章程[①]

（一九二四年一月十八日呈）

第一条　本公署举办船民自治联防，系为扶植船民，使得与陆上人民享同等权利，并维持水上治安起见，各船民应担负相当义务，缴纳自治联防经费。

第二条　自治联防经费，定为岁费，每年缴纳一次，由船民遵照本公署规定之船民输纳自治联防经费表，赴局缴纳，经费表另定之。

第三条　前项经费表之编制，系依左列方法而定，其费率：

一、分类　分别船之形式及名称，编为若干类。

二、分等　就每类中分别船之长短，编为若干等。

第四条　依前条办法，某类某等船只，每年应缴自治联防经费若干，载明表内，各局于收费时，悉依经费表执行，毋得丝毫变更。

前项经费定率在五十元以下者，每年一次过缴足，如定额在五十元以上者，准其分两次匀缴。

第五条　船民输纳自治联防经费，准用毫银缴交，毋庸另补元水。

第六条　各船民遵章缴费，应赴该船所属区内之分局或支局，先取缴费单，填明某区某团所属之某澳某保船户，及船牌号数船主姓名，依某类某等定额，遵缴经费若干。将所缴毫银交该局核收，候局员掣回收费凭据，以清手续。

第七条　各分局支局对于船民输纳上项经费，毋得勒索额外费用，如发见此等不发〔法〕行为，准船民径赴本署呈控，以凭究办。

第八条　各船民如不将本章程规定应缴经费依限缴清者，得由各分支局依左

① 其全称为《广东全省船民自治联防督办公署规定船民输纳自治联防经费暂行章程》。

列罚分别处罚：

一、逾限十日者，依原定费额加二罚缴。

二、逾限一月者，依原定费额加五罚缴。

三、逾限两月者，依原定费额加倍罚缴。

各船民被处罚金后，如仍延不缴纳，得由各分支局将其船只扣留，俟缴清时放行。

第九条　本暂行章程自核准之日施行。

广东全省船民自治联防督办公署规定船民输纳自治联防经费表

类别	等第	船身长度	岁收定额	附带	总数
轮拖渡	不分等第	在繁盛区域航行者	二百四十元	另户牌费二毫	二百四十元零二毫
轮拖渡	不分等第	在中盛区域航行者	一百八十元	同上	一百八十元零二毫
轮拖渡	不分等第	在偏僻区域航行者	一百二十元	同上	一百二十元零二毫
轮拖渡	说明	区域以新会、阳江、惠州、英德、石龙、高要、肇庆、清远、香山、石岐、江门为繁盛。大良为中盛。新会沙涌，新宁东河，三水白泥军水口荻海沙湾，高明太平、平埗西南，新宁官山、陈村、新造、蓼小河村、白庙、三江、石埗东、马宁、九江、吉赞、公益、东莞市桥、新塘、蓼涌、马骝洲为偏僻。			
轮拖货渡、轮拖丝渡	不分等第	每年五十元		另户牌费二毫	五十元零二毫
附加拖渡	不分等第	每年五十元		同上	五十元零二毫
内地单行轮船					
电船					
帆渡 繁盛	一等	六丈以外	四十二元	另户牌费二毫	四十二元二毫
帆渡 繁盛	二等	六丈以内	二十五元	同上	二十五元二毫
帆渡 繁盛	三等	四丈以内	二十元	同上	二十元零二毫
帆渡 繁盛	四等	二丈以内	十五元	同上	十五元二毫
帆渡 偏僻	一等	六丈以外	二十五元	同上	二十五元二毫
帆渡 偏僻	二等	六丈以内	二十元	同上	二十元零二毫
帆渡 偏僻	三等	四丈以内	十五元	同上	十五元二毫
帆渡 偏僻	四等	二丈以内	十元	同上	十元零二毫

（续表）

帆渡	外额	不分等	陈村澳门	六十四元	同上	六十四元二毫
			陈村香港	二百四十元	同上	二百四址元零二毫
			省城香港	以湾泊一百廿元五仙门者为限	同上	一百二十元零二毫
	所有（横水渡）（货船）（圩船）（米船）均照帆渡征收					
	说明	繁盛与偏僻之区别，依本表轮拖渡类内所说明为准。 繁盛埠往偏僻作偏僻埠论，如赴香港、澳门者，概以繁盛征收。				
车渡		不分等第	每年四十二元		另户牌费二毫	四十二元二毫
捕鱼船		一等	六十一尺以上	六元	另户牌费二毫	六元二毫
		二等	四十一尺至六十尺	四元八毫	同上	五元
		三等	三十一尺至四十尺	三元六毫	同上	三元八毫
		四等	二十一尺至三十尺	二元四毫	同上	二元六毫
		五等	二十尺以下	二元二毫	同上	二元四毫
鱼寮船		说明	凡在海上收买鲜鱼回埠配盐腌制之船及鱼拖船，均照鱼寮船征收。			
紫洞艇		一等	六十尺以上	四十八元	另户牌费二毫	四十八元二毫
		二等	五十六尺至六十五尺	三十六元	同上	三十六元二毫
		三等	四十六尺至五十五尺	二十四元	同上	二十四元二毫
		四等	三十六尺至四十五尺	十二元	同上	十二元二毫
		五等	三十五尺以下	六元	同上	六元二毫
胥江艇		一等	三十六尺以上	十二元	另户牌费二毫	十二元二毫
		二等	三十五尺以下	六元同上	六元二毫	
搬运艇		一等	二十九尺以上	七元二毫	另户牌费二毫	七元四毫
		二等	廿五尺至二十八尺	四元八毫	同上	五元
		三等	廿二尺至二十四尺	三元六毫	同上	三元八毫
		四等	二十一尺以下	二元四毫	同上	二元六毫
		说明	上列搬运艇一类，是指在本埠接驳各轮渡货物往别埠者而言。			
挖沙船		一等	三十六尺以上	十二元	另户牌费二毫	十二元二毫
		二等	三十一尺至三十五尺	九元	同上	九元二毫
		三等	三十尺以下	六元	同上	六元二毫
柴船		一等	四十一尺以上	十二元	另户牌费二毫	十二元二毫
		二等	二十一尺至四十尺	六元	同上	六元二毫
		三等	二十尺以下	三元六毫	同上	三元八毫

（续表）

盐船	不分等第	每年十二元		另户牌费二毫	十二元二毫
戏船	不分等第	每年十二元		同上	十二元二毫
楼船厨船	不分等第	每年二元四毫		同上	二元六毫
河头船	一等	六十尺以上	六元	另户牌费二毫	六元二毫
	二等	四十五尺至五十九尺	三元六毫	同上	三元八毫
	三等	四十四尺以下	二元四毫	同上	二元六毫
洋船板	不分等第	每年三元六毫		另户牌费二毫	三元八毫
生意艇	一等	十六尺以上	六元	另户牌费二毫	六元二毫
	二等	十五尺以下	三元六毫	同上	三元八毫
渡客沙艇	一等	二十二尺以上	三元六毫	另户牌费二毫	三元八毫
	二等	十九尺至二十一尺	二元四毫	同上	二元六毫
	三等	十八尺以下	一元二毫	同上	一元四毫
孖舲艇	一等		二元四毫	另户牌费二毫	二元六毫
	二等		一元二毫	同上	一元四毫
大厅艇	一等		一元二毫	同上	一元四毫
	二等		六毫	同上	八毫
妓艇	一等	四十尺以外	六十元	另户牌费二毫	六十元零二毫
	二等	三十尺至三十九尺	四十二元	同上	四十二元二毫
	三等	十九尺至二十九尺	二十四元	同上	二十四元二毫
	四等	不及十九尺	十二元	同上	十二元二毫

总说明：

一、表内所列丈尺，均依华尺计算。

二、各处地方情形不同，船类名称或异，得以按章比照缴费，惟不得逾于定章之外。

三、各船户号牌，用木质制就，由各分支局于船民缴纳自治联防经费及户牌费时，将本木质户牌随照发给。

四、轮拖船自省开行往繁盛埠者，照繁盛缴费；往中盛者亦然。自省往偏僻及不到者，仍作偏僻论。帆渡以到省作偏僻论，往来港澳及繁盛地点作繁盛论，往偏僻者作偏僻论。

附二：广东全省船民自治联防督办公署发给旗灯暂行章程

（一九二四年一月十八日呈）

第一条　本公署制定之船民自治联防旗灯系经呈大元帅核准施行。凡船户均应赴本公署所辖之分局或支局，备价领用，以为自治联防之标志。

第二条　船民领用自治联防旗灯，其左列之功用：

一、旗之功用：（甲）为表示该船经编列船民户籍，实行自治联防。各船户应于平时将该旗悬挂船面，凡昼间行驶时，必须悬挂，但停泊时得听自便。（乙）为水面报警。而该船户如被盗劫掠或其他遇险情事，应将该旗扯至桅杆极端，以为报警呼援之符号。

二、灯之功用：凡船户夜间遇有盗警或发生其他意外变故，即将该灯燃亮，高悬桅杆顶上。同时邻船亦一律悬挂此项警灯，号召团众，以期迅赴援救。但非遇警时，勿得悬挂，以免淆乱视线。

第三条　船民自治联防旗式，定为扁方形红地白字，旗面书广东船民自治联防字样。依式制成大号、中号、小号三项，以便船民分别领用。

第四条　船户领旗，应遵照左列办法：

一、凡船身长度在五丈以外者，应领大号旗。该领旗费二元五毫。

二、凡船身长度五丈至二丈者，应领中号旗。该领旗费一元五毫。

三、凡船身长度未满二丈者，应领小号旗。该领旗费八毫。

第五条　船民自治联防灯式，系以白铁制成，该灯罩仍用白色玻璃，镶嵌中腰，横贯红线一度。灯分大小两种，以便船户分别领用。

第六条　船户领灯办法如左：

一、该船户系领用大号或中号旗者，应领大号灯。该领灯费二元。

二、该船系领用小号旗者，应领小号灯。该领灯费五毫。

第七条　船民如不遵章领用自治联防旗灯者，应由各分支局实力催促。如该船民确属顽抗，得由局将其船只酌予扣留，俟遵领后放行。

第八条　本暂行章程自奉核准之日施行。

附三：广东全省船民自治联防督办公署查验枪炮照暂行章程

（一九二四年一月十八日呈）

第一条　本公署为督率船民办理自治联防起见，故将船户所有自卫枪炮照，清查检验，加粘验证，以重防务。

第二条　凡船户所有自卫枪炮已领照者，应将照送本公署所辖之分局支局（以后称局）查验。未领照者，应请本公署所辖各局代领，但代领之照，除领照人遵照发照官厅章程缴纳领照费外，仍须照本章程第三条缴纳验照费。

第三条　本公署查验枪炮照收费之定率，按照原发枪炮照官署征收之定率折半征收。

第四条　船民枪炮照经局查验给证后，每月或每季由督办公署派员会局覆查一次，不另征费。如查得枪数有余，应即送交法庭，以私藏军械论罪。枪数不足则应究明其原因。

第五条　船户枪照经局查验给证后，如将原有枪枝转卖，应携原照引同买受人向局申请，由局呈报本公署，代向原发照之官署换领新照，除照章缴纳换照费外，仍依本章程第三条缴纳验照费。

第六条　船户枪照经局查验给证后，如或遗失枪炮照，应即向局申请，由局呈报本公署，代向原发照官署补领新照，除照章缴纳照费外，仍依本章程第三条缴纳验照费。

第七条　船户枪炮照经局查验给证后，如或将所存枪炮遗失，应即携同原照赴局申报，由局呈明本公署，转咨原发凭照之官署将原照注销。

第八条　船户如有私将所藏枪炮接济盗匪情事，一经查实，应即送交法庭，按律治罪。

第九条　船户有私藏枪炮者，准同区或别区之船民举报，以凭送交法庭，按律惩办。以罚金之半，奖给举报人。但有意诬陷者，应治以诬告之罪。

第十条　本公署办理查验枪炮照事宜，凡隶属某区某局之船户，自该局成立报告查验日期后，应即赴局报验。如逾期仍未报验者，即以私藏军械论罪。

第十一条　本章程自核准之日施行。

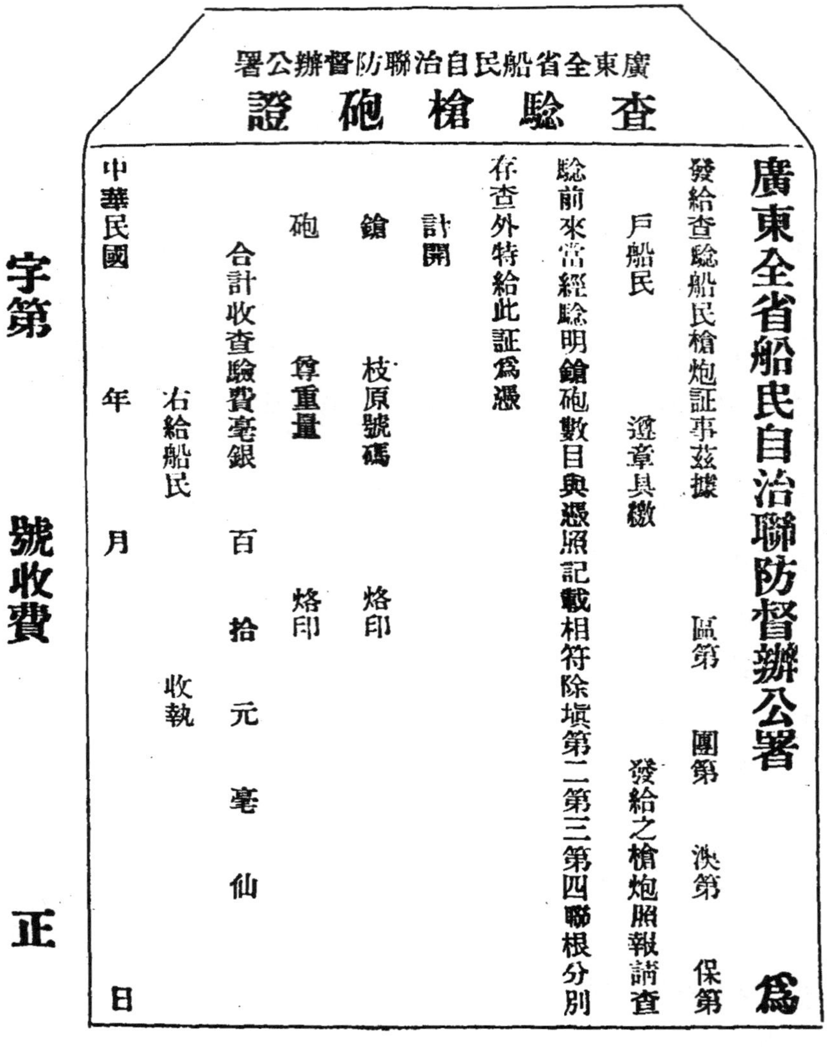

廣東全省船民自治聯防督辦公署

查驗槍砲證

廣東全省船民自治聯防督辦公署　爲

發給查驗船民槍炮証事茲據　區第　團第　泆第　保第

戶船民　遵章具繳　發給之槍炮照報請查

驗前來當經驗明鎗砲數目與憑照記載相符除塡第二第三第四聯根分別

存查外特給此証爲憑

計開

鎗　枝原號碼　烙印

砲　尊重量　烙印

合計收查驗費毫銀　百　拾　元　毫　仙

右給船民　收執

中華民國　年　月　日

字第　號收費　正

廣東全省船民自治聯防督辦公署

查驗槍炮證

廣東全省船民自治聯防督辦公署　　為

發給查驗船民槍炮証事茲據　　區第　　圍第　　澳第　　保第

戶船民　　遵章具繳　　發給之鎗砲照報請查

驗前來當經驗明鎗砲數目與憑照記載相符除給証及填第三第四聯根分

別存查外合填第二聯根備查

計開

鎗　　枝原號碼　　烙印

砲　　尊重量　　烙印

合計收查驗費毫銀　　百　　拾　　元　　毫　　仙

右証存督辦公署

中華民國　　年　　月　　日

字第　　號收費　　正

廣東全省船民自治聯防督辦公署

查驗槍炮證

廣東全省船民自治聯防督辦公署　爲

發給查驗船民槍炮証事茲據　區第　圍第　澳第　保第

戶船民　遵章具繳　發給之槍炮照報請查

驗前來當經驗明鎗砲數目與憑照記載相符除給証及塡第二第四聯根分

別存查外合塡第三聯根備查

計開

鎗　枝原號碼　烙印

砲　尊重量　烙印

合計收查驗費毫銀　百　拾　元　毫　仙

右証存總局

中華民國　年　月　日

字第　號收費　正

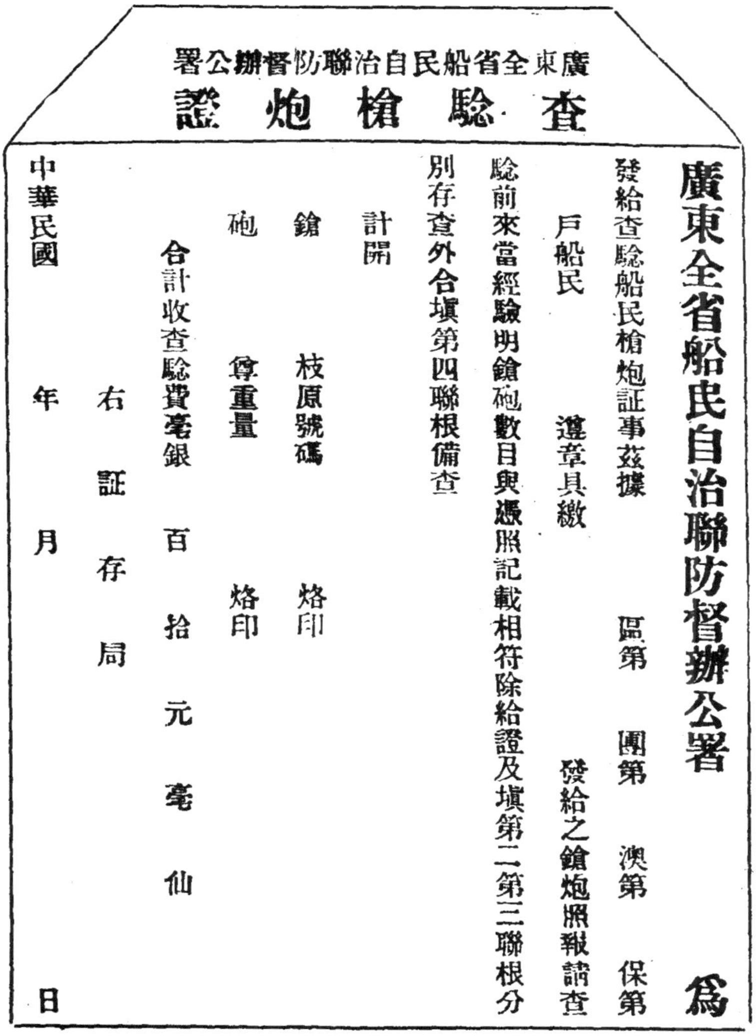

廣東全省船民自治聯防督辦公署

查驗槍炮證

廣東全省船民自治聯防督辦公署　爲

發給查驗船民槍炮証事茲據　區第　團第　澳第　保第

戶船民　遵章具繳　發給之鎗炮照報請查

驗前來當經驗明鎗砲數目與憑照記載相符除給證及塡第二第三聯根分

別存查外合塡第四聯根備查

計開

鎗　枝原號碼　烙印

砲　尊重量　烙印

合計收查驗費毫銀　百　拾　元　毫　仙

右　証　存　局

中華民國　年　月　日

编者说明：此证共四联，第一联给船民，第二联存督办公署，第三联存总局，第四联存局。

据《大元帅指令第八九号》，载广州《陆海军大元帅大本营公报》第四号，一九二四年二月十日

中国国民党总章[①]

（一九二四年一月二十八日重订）

中国国民党第一次全国代表大会为促进三民主义之实现，五权宪法之创立，特制定《中国国民党总章》如左。

第一章　党　员

第一条　中国国民党不分性别，凡志愿接受本党党纲，实行本党议决，加入本党所辖之党部，依时缴纳党费者，均得为本党党员。

第二条　党员入党时，须有本党党员二人以上之介绍，填具入党志愿书，经向所请求之区分部党员大会之通过，区党部执行委员会之认可，方得为本党党员。

第三条　凡本党党员须在所属党部领取党员证书；其证书由中央执行委员会制定之。

第四条　党员移居时，须即时在原住地方区分部报告，向所到地方之区分部登记，同时即为所到地方之党员。

第二章　党部组织

第五条　范围包括一个地方之党部，为上级机关；范围包括该地方一部分之党部，为下级机关。

第六条　各党部以全国代表大会、地方代表大会，地方党员大会为各该党部之高级机关。

---

① 本党章原由国民党临时中央执行委员会负责起草并经孙文修改，该委员会于一月二十二日上午将之提交第一次全国代表大会审议，并设立由十九人组成的章程审查委员会。在二十四日上午、二十五日上午和二十八日上午的大会上，章程审查委员会主席汪精卫分别作审查报告。讨论中有代表提出增加“本党党员不得加入他党”条款的动议（即反对跨党，乃针对共产党员加入国民党而发），李大钊发言予以辩驳，该动议因遭多数代表反对而未被采纳。二十八日下午大会进行表决，通过新党章。

第七条　地方党员大会、地方代表大会及全国代表大会须各选出执行委员，组织执行委员会执行党务。

第八条　本党党部之组织系统如下：

甲、全国　全国代表大会——中央执行委员会。

乙、全省　全省代表大会——全省执行委员会。

丙、全县　全县代表大会——全县执行委员会。

丁、全区　全区党员大会或代表大会——全区执行委员会。

戊、区分部　区分部党员大会——区分部执行委员会。区分部为本党基本组织。

第九条　本党之权力机关如下：

甲、全国代表大会；但闭会期间为中央执行委员会。

乙、全省代表大会；但闭会期间为全省执行委员会。

丙、全县代表大会；但闭会期间为全县执行委员会。

丁、全区党员大会或代表大会；但闭会期间为全区执行委员会。

戊、区分部党员大会；但闭会期间为区分部执行委员会。

各权力机关对于其上级机关应执行党之纪律及决议，但得提出抗议。

第十条　中央执行委员会得分设各部，执行本党之通常或非常党务。各部受中央执行委员会之管理。各部之职务及组织法，由中央执行委员会决定之。省及等于省之党部应设各部，由中央执行委员会决定之。

第十一条　各下级党部执行委员会须受上级党部执行委员会管辖。

第十二条　各下级党部之成立、启用印信，须经上级机关核准。

第三章　特别地方党部组织

第十三条　热河、察哈尔、绥远三特别行政区域及蒙古、西藏、青海等处之党部组织与省同。

第十四条　各地关于党务有设置特别区之必要者，由最高党部决定之。

第十五条　特别区党部之组织与省党部同等，直接受最高党部之指挥监督。

第十六条　重要市镇党部之组织与县党部同等，直接受省党部之指挥监督。

第十七条　重要市镇党部之设置，由各该省党部开具计画，经中央执行委员会之许可方得设立。

第十八条　国外党部组织，总支部等于省，支部等于县，分部等于区，通讯处等于区分部。

第四章　总　理

第十九条　本党以创行三民主义、五权宪法之孙先生为总理。

第二十条　党员须从总理之指导，以努力于主义之进行。

第二十一条　总理为全国代表大会之主席。

第二十二条　总理为中央执行委员会之主席。

第二十三条　总理对于全国代表大会之议决，有交复议之权。

第二十四条　总理对于中央执行委员会之议决，有最后决定之权。

第五章　最高党部

第二十五条　本党最高机关为全国代表大会，常会每年举行一次；但中央执行委员会认为必要或有省及等于省三分之一以上请求时，得召集临时全国代表大会。

第二十六条　全国代表大会常会开会日期、重要议题须于两个月前通告各党员。

第二十七条　全国代表大会之组织法及选举法，及各地方应派代表之人数，得由中央执行委员会规定之。

第二十八条　全国代表大会之职权如下：

甲、接纳及采行中央执行委员会及其他中央各部之报告。

乙、修改本党政纲及章程。

丙、决定对于时事问题应取之政策及政略。

丁、选举中央执行委员、候补执行委员与监察委员、候补监察委员。

第二十九条　中央执行委员及监察委员之人数，由全国代表大会决定之。

第三十条　中央执行委员会委员遇故离任时，由候补委员依次充任之。

第三十一条　中央执行委员会之职权如下：

甲、代表本党对外关系。

乙、组织各地方党部并指挥之。

丙、委任本党中央机关报人员。

丁、组织本党之中央机关各部。

戊、支配本党党费及财政。

第三十二条 在政府机关、俱乐部、社会〔会社〕、工会、商会、市议会、县议会、省议会、国议会等内部特别组织之国民党党团，中央执行委员会得指挥之。

第三十三条 中央执行委员会每两星期至少开会一次。候补委员得列席会议，但只有发言权。

第三十四条 中央执行委员会互选常务委员三人，组织秘书处，执行日常党务。

第三十五条 全国代表大会闭会期间，中央执行委员会应召集各省执行委员会及其他直辖党部之代表，开全国会议一次。

第三十六条 中央执行委员会须将其活动经过情形通告各省执行委员会及其他直辖党部，每月一次。

第三十七条 中央执行委员会得派遣中央执行委员于指定地点组织执行部。其组织及职权由中央执行委员会另定之。

第三十八条 中央监察委员会之职权①如下：

甲、稽核中央执行委员会财政之出入。

乙、审查党务之进行情形及部员之勤惰；训令下级党部审核财政与党务。

丙、稽核在党中央政府任职之党员，其施政之方针及政绩是否根据本党政纲及本党制定之政策。

第六章 省党部

第三十九条 全省代表大会六个月举行一次；但遇中央执行委员会训令或县执行委员会三分之一以上请求时，得召集临时全省代表大会。

第四十条 省执行委员会认为必要或全省党员半数请求时，亦得召集临时全省代表大会。

第四十一条 全省代表大会组织法、选举法及人数，由省执行委员会规定之。

① 原作“中央监察委员其职权”，今改“中央监察委员会之职权”。

第四十二条　全省代表大会接纳及采行省执行委员会及本党省机关各部之报告，决定本省党务进行之方策，选出执行委员、〈候补委员〉并监察委员。

第四十三条　省执行委员会之职权如下：

甲、互选常务委员三人，组织秘书处。

乙、设立全省各地方党部，并指挥其活动。

丙、任命该省党机关报人员。

丁、组织本省机关各部。

戊、支配党费及财政。

第四十四条　省执行委员会每月须将其活动经过情形，报告中央执行委员会一次。

第四十五条　省执行委员会每星期至少开会一次。候补委员得列席会议，但只有发言权。

第四十六条　省执行委员会委员遇故离任时，由候补委员依次充任之。

第四十七条　省监察委员会稽核省执行委员会财政之收支，及审查省执行委员会之党务及部员之勤惰；稽核在党省政府任职之党员，其施政方针及政绩是否根据本党政纲及本党制定之政策。

第七章　县党部

第四十八条　县代表大会每三个月举行一次；若遇省执行委员会训令及各区执行委员会三分之一请求时，得召集临时全县代表大会。

第四十九条　县执行委员会认为必要或有该县党员半数请求时，亦得召集临时全县代表大会。

第五十条　县代表大会之组织法、选举法及人数，由县执行委员会审定后，经省执行委员会核准决定之。

第五十一条　县代表大会接纳及采行县执行委员会及其他本党县机关各部之报告，决定本县党务进行之方策，选举县执行委员、候补委员〈并监察委员〉。

第五十二条　县执行委员会选举常务委员一人，执行日常党务。

第五十三条　县执行委员会设立全县各地方党部而指挥其活动；任命该县党

部机关报职员，但须经省执行委员会之核准；组织全县性质之事务各部；支配县内党费及财政。

第五十四条　县执行委员会须每两星期将其活动经过情形报告省执行委员会一次。

第五十五条　县执行委员会每星期会议一次；候补委员得列席会议，但只有发言权。

第五十六条　县执行委员会委员遇故离任时，由候补委员依次充任之。

第五十七条　县监察委员〈会〉稽核县执行委员会财政之收支及审查县执行委员会之党务，稽核在党县政府任职党员之政绩。

第八章　区党部

第五十八条　区之高级机关为全区党员大会或代表大会。区以下为乡、为村，全区党员大会包括乡村党员在内。但因乡村离区市太远或党员太多不能召集时，得召集全区代表大会，此全区代表大会即作为该区高级权力机关。但于可能时，须召集全区党员大会。

第五十九条　区党员大会或代表大会每月举行一次，讨论党务，其范围如下：

甲、接纳及采行区执行委员会之报告。

乙、代表大会之代表、党员大会之党员，在会议内报告区内党务之进行、解决党务之困难，及发表关于政治经济之意见。

丙、训练党员问题、党员补习教育问题。

丁、征求党费问题、讨论县执行委员会决议案之实行方法。

戊、选举该区执行委员会委员。

第六十条　区执行委员会之职权如左：

甲、指挥区内各区分部或其下各特别党务机关之活动事宜。

乙、召集全区党员大会或全区代表大会。

丙、组织区分部，但须得县执行委员会核准。

丁、支配党费及财政。

第六十一条　区执行委员会互选常务委员一人，执行日常党务。每两星期须将活动经过情形报告县执行委员会。

第九章　区分部

第六十二条　区分部为本党之基本组织，由区执行委员会或其他代理机关组织之或自组织之；但须经县执行委员会之核准。区分部人数无定，但须在五人以上。

第六十三条　区分部作用，为党员间或党员与本党主要机关间之联络。但在只有区分部成立之地方，区分部可作为主要机关。其职务如下：

甲、执行党之决议。

乙、征求党员。

丙、帮助区执行委员会进行党务。

丁、分配本党宣传品。

戊、收集党捐，分售本党印花、本党纪念相片、本党表记等。

己、选派出席区大会、县大会之代表及初选省大会、全国大会之代表。

庚、执行上级机关之命令。

第六十四条　区分部党员大会至少两星期开会一次。

第六十五条　区分部须选举执行委员三人，组织区分部执行委员会。由执行委员会中互选常务委员一人，执行日常党务。每两星期须将其活动经过情形，报告区执行委员会一次。

第十章　任　期

第六十六条　代表于会期终了时，其任务即为终了；但须向代表之党部报告大会之经过及结果。

第六十七条　中央执行委员、省执行委员、县执行委员、区执行委员任期定为一年；区分部执行委员任期定为六个月。

第六十八条　中央及各省各县监察委员任期定为一年。

第六十九条　各省、各区、各县执行委员人数，与各省、各县监察委员人数，由中央执行委员会规定之。

第七十条　党部执行委员、监察委员不得兼任其他党部执行委员、监察委员。

第十一章　纪　律

第七十一条　凡党员须恪守纪律，入党后即须遵守党章，服从党义；其在本党执政地方及在军事时期，尤须严行遵守。党内各问题各得自由讨论，但一经决议定后，即须一致进行。

（注意）本党领有历史的使命而奋斗，我国领土之完全自由及和平全赖本党奋斗之成功；欲求此次成功，必赖纪律之森严。党之成败全系于此，望共勉之。

第七十二条　凡不执行本党决议者，破坏本党章程者，违反本党党义及党德者，须受以下处分：党内惩戒，或公开惩戒并在党报上详细登出原委，及暂时或永久开除党籍。已开除党籍之党员，不得在本党执政地方之政府机关服务。

如地方全部有上述行动者，须受以下处分：

甲、全部党员再行登记，分别去取。

乙、全部解散，并在党报上登出原委。

第七十三条　凡党员个人或全部被弹劾时，须由该部监察委员会详细审查后，由该部执行委员会判决处分。

对于执行委员会之处分如认为不当时，得上控于上级执行委员会以及全国代表大会；但未得全国代表大会表示意见以前，此处分仍须执行。全国代表大会得判决个人或全部恢复党籍；但中央执行委员会尚未执行时，此判决仍不发生效力。

第十二章　经　费

第七十四条　本党党费由党员所纳之党费、党之高级机关之补助及其他收入充之。

第七十五条　党费每月每人应缴银二角。党员遇失业、疾病等事故时，经在所属〈党〉部登记后，得免缴党费；但该部须将此情由报告上级执行委员会。

第七十六条　党员未得允许而不缴纳党费至三个月者，即停止其党员资格。

第十三章　国民党党团

第七十七条　在秘密、公开或半公开之非党团体，如工会、俱乐部、会社、商会、学校、市议会、县议会、省议会、国议会之内，本党党员须组成国民党党团，在非党中扩大本党势力，并指挥其活动。

第七十八条　在非党团体中本党党团之行动，由中央执行委员会详细规定之。

第七十九条　党团须受所属党部执行委员会之指挥及管辖。例如省议会内之党团，受该省党部执行委员会之指挥及管辖；国议会内之党团，受中央执行委员会之指挥及管辖；俱乐部等团体内之党团，受该地党部执行委员会之指挥及管辖。

第八十条　执行委员会各党团间意见有不合时，须开联合会议解决之；不能解决时，得报告上级委员会决定。未得上级委员会决定时，党团须执行所属党部执行委员会之议决。

第八十一条　党团内党员个人得党团允许时，得于所在活动之团体内受职，并得调任他职。国会内党团之委员受委阁员时，必须先得所属党团及中央执行委员会之允许。

第八十二条　党团内须选举职员，组织干部，执行党务。

第八十三条　所在活动之团体一切议题，须本本党政策、政略先在党团内讨论，以决定对各问题应取之方法。所定方法，并在该团体议场上一致主张及表决。党团在所在活动之团体内，须有一致及严密之组织，各种意见可在党团秘密会议中发表，但对外须有一致之意见行动。如违反时，即作为违反党之纪律，须受党之处分。

第八十四条　党员在议会者，须先自具向议会辞职书，贮在所属党部执行委员会处。如与党之纪律大有违反时，其辞职书即在党报上发表，并且须本人脱离该议会。

附　则

第八十五条　本章程解释之权在最高党部。

第八十六条　本章程由全国代表大会议决，及公布之日起发生效力。

据《中国国民党总章》（中华民国十三年一月二十八日第一次全国代表大会通过），载《中国国民党第一次全国代表大会宣言及决议案》，广州，中央执行委员会一九二四年二月印行

批准《民业审查修正规则》

（一九二四年一月二十八日）

大元帅指令第九四号

令广东地方善后委员会

呈为遵令改缮《民业审查规则》乞予核准，并请改声请书为证明书由。

呈及修正规则均悉。准予如拟施行。仰候令行财政部转咨广东省长，分令该省官产、市产各主管机关查照。附件存。此令。

（中华民国陆海军大元帅之印）

中华民国十三年一月廿八日

据《大元帅指令第九四号》，载广州《陆海军大元帅大本营公报》第四号，一九二四年二月十日

令财政部遵行《民业审查修正规则》

（一九二四年一月二十八日）

大元帅训令第四三号

令大本营财政部长叶恭绰

为令饬事：案查前据广东地方善后委员会拟具《民业审查规则》十条呈请核准前来，当以所拟规则第六条侵及官产、市产主管机关权限，酌予修改，指令改缮呈核去讫。兹据呈称："为呈请事：案奉帅座第二十九号指令，据委员等呈为组设民业审查会，谨将办事规则及委员名单呈请鉴核由。奉令开：'呈及附件均悉。该会有鉴于广东民有产业每被人妄报为官产，致受损累，拟就善后委员会中互选五人组织民业审查会，凡人民产业被人举报，均可请求该会审查，借昭慎重而杜妄报，用意甚善，自可准其设立。另单开报选定委员五人姓名，应予备案。惟查官产、市产等各有主管机关，清理变卖是其应有之权。该会审查结果，用以

备主管官厅之参考则可；若照拟呈规则第六条，不免侵及主管官厅权限。如虑官厅处分不当，尽可由当事人依法提起诉愿或行政诉讼，以图救济。不必另定办法，致涉纷歧。今本此旨，将原拟规则第六条酌加修改，随令抄发。其余各条原文大致尚妥，仰即查照妥缮，另文呈候核准施行可也。附件存。此令’等因，计抄发修正条文一纸。奉此，委员等遵即将修正条文列交第二十四次常会讨论，佥以为案经核准，自可依章受理审查事项。惟修正条例第六条，附项事件决定后，应由列席各委员即席将审查结果拟具声请书交由秘书，于廿四小时内函送于主管机关。主管机关接收前项声请书后，应参考其所列证据理由详加审核，于三日内将审定结果揭示。委员等以为，本会系人民代表机关，对于主管官产、市产官厅，系属对等性质，似无声请之必要。拟将‘声请书’三字酌改为‘证明书’为妥适，一致议决呈请帅座准予备案施行。奉令前因，理合将议决对于修正审查会规条酌改缘由呈候鉴核，伏乞指令祇遵”等情。据此，当经指令“呈及修正规则均悉。准予如拟施行。仰候令行财政部转咨广东省长，分令该省官产、市产各主管机关查照。附件存。此令”等语，除指令印发外，合行令仰该部长即便遵照办理。此令。

（中华民国陆海军大元帅之印）

中华民国十三年一月廿八日

据《大元帅训令第四三号》，载广州《陆海军大元帅大本营公报》第四号，一九二四年二月十日

令财政部取消《确定民业执照条例》

（一九二四年一月二十九日）

大元帅指令第一〇〇号

令大本营财政部长叶恭绰

呈复广东财政厅《确定民业执照条例》与《广东全省民产保证章程》抵触，请示办法由。

呈悉。着将广东财政厅呈准《确定民业执照条例》取消，以归划一。仰即遵

照，转令办理。此令。

（中华民国陆海军大元帅之印）

中华民国十三年一月廿九日

据《大元帅指令第一〇〇号》，载广州《陆海军大元帅大本营公报》第四号，一九二四年二月十日

批准《修正禁烟督办署章程》

（一九二四年一月三十一日）

大元帅指令第一〇二号

令禁烟督办杨西岩

呈请《修正督办署章程》① 由。

呈及章程均悉。查所拟《修正督办署章程》第五条规定督察处之职掌，其二款为关于缉获烟犯及处罚判决事项，核与《禁烟条例》第二十条移送司法机关审讯治罪之规定不符，应即将此款删削，并将同条三、四两款改为二、三，以符顺序。其余均准如拟施行。仰即知照。章程存。此令。

（中华民国陆海军大元帅之印）

中华民国十三年一月卅一日

据《大元帅指令第一〇二号》，载广州《陆海军大元帅大本营公报》第四号，一九二四年二月十日

批准《水陆运施行细则》

（一九二四年一月）

大元帅指令第五七号

令北江商运局局长韦荣熙

① 修正内容有三：一、对原章程第四条第三项“关于稽核各区域之种吸事项”改为“关于戒烟药专卖事项”；二、制药总分所原拟“招商承办”，改为“委派专员办理”；三、在原章程第八条“禁烟督办得于各省各县设立禁烟总分局”之下，加“并制药总分所”六字。

呈为拟具《水陆运施行细则》，请予核准由。

呈悉。查此案昨经训令该局，将在粤汉路各车站所设分局撤去，并不得向由火车运送之货物抽取费用在案。所有水陆运细则暨前经核准之暂行简章及护运方法，均应酌加修改，总以不侵及粤汉铁路范围为主。仰即查照另行妥拟呈核可也。附件存。此令。

（中华民国陆海军大元帅之印）

中华民国十三年一月□日

据《大元帅指令第五七号》，载广州《陆海军大元帅大本营公报》第二号，一九二四年一月二十日

批准《短期手票办法》

（一九二四年二月三日）

大元帅指令第一〇四号

令大本营财政部长叶恭绰、广东省长廖仲恺

呈一件：呈为发行短期手票五十万元，请予照准，并分令各军队一体遵照，毋得借此骚扰由。

呈悉。此项短期手票五十万元，应准发行，并已如呈分令各军队，不得藉此骚扰矣。仰即知照。此令。

（中华民国陆海军大元帅之印）

中华民国十三年二月三日

附：短期手票办法

（一九二四年二月三日）

一、此票由广州地方善后委员会、广州总商会、广东善团总所、九善堂院联合发行，借贷于政府，维持军费。

二、此票以五十万元为限。

三、此票由各善院以价值一百余万元产业为保证金，其契照交由广州总商会

存储。

四、广州市民产保证局专收用此票，概不收纳现金，以偿足五十万额为止。

五、此票市面一律通用，不得拒绝收受。

六、此票自民国十三年二月三日发行。

据《大元帅指令第一〇四号》，载广州《陆海军大元帅大本营公报》第四号，一九二四年二月十日

准公布船民输纳经费发给旗灯及查验枪炮照章程

（一九二四年二月六日）

大元帅指令第一〇九号

令兼广东全省船民自治联防督办伍学熀

呈为遵令将章程①条文及收费数目明白布告，乞备案由。

呈悉。此令。

（中华民国陆海军大元帅之印）

中华民国十三年二月六日

据《大元帅指令第一〇九号》，载广州《陆海军大元帅大本营公报》第四号，一九二四年二月十日

批毋庸设立临时附加协饷总局并合组大纲

（一九二四年二月七日）

大元帅指令第一一三号

令中央直辖滇军总司令杨希闵、湘军总司令谭廷闿、中央直辖第一军军长朱

① 章程，指《船民输纳自治联防经费暂行章程》（九条）、《查验枪炮照暂行章程》（十一条）及《发给旗灯暂行章程》（八条）。

培德

呈为需饷孔急，拟设立盐务局、百货税局，加抽盐觔、百货附捐，以资应用。并附呈该总局合组大纲，请核准备案由。

呈及组织大纲均悉。盐税加减金属盐务行政范围，百货征税非可轻易附加，际此民力艰难，兵灾连年，尤宜体恤下情，以维持人民生计。所请设局①抽收盐觔及百货临时附加捐，着毋庸议。此令。

（中华民国陆海军大元帅之印）

中华民国十三年二月七日

据《大元帅指令第一一三号》，载广州《陆海军大元帅大本营公报》第四号，一九二四年二月十日

准水陆侦缉联合队队长人选并章程

（一九二四年二月十二至十四日间）②

大元帅指令第一三八号

令禁烟督办杨西岩

呈为组织水陆侦缉队③，荐任队长，并拟具章程，祈核准由。

呈悉。该督办署应设侦缉队，拟由各军拨派兵士，联合组织，办法甚是。所拟章程，亦尚妥协，应准如拟施行。查现在各军旅团长，多尚未正式任命，王继武即系堪胜队长之任，可由该督办先行委用可也。仰即分别遵照。章程存。此令。

（中华民国陆海军大元帅之印）

中华民国十三年二月　日

① 该局定名为“临时附加协饷总局”。

② 底本未署日期，现据此件前后之第一三七、一三九号指令所标日期酌定。

③ 由于禁烟督办署成效不大，实行改组，孙文于三月二十八日训令财政委员会解散水陆侦缉联合队。

附：水陆侦缉联合队章程

（一九二四年一月十八日呈）

第一条　水陆侦缉联合队，系由各军拨送全副武装兵士十二名组织而成。

第二条　水陆侦缉联合队隶属于本署督察处。

第三条　水陆侦缉联合队设队长一人，呈请大元帅委任之。添设分队长四员，由督办委任之。

第四条　水陆侦缉联合队长，秉承处长意旨及咨商侦缉科长同意，掌理一切稽查禁烟事项及调遣兵士事宜。

第五条　关于鸦片私种、私运、私贩、私吸各种违章事项，得随时呈报长官拘获之。

第六条　侦缉队官兵发觉有骚扰民间及营私舞弊等情，按照侦缉队惩罚令惩罚之。

第七条　如遇有违反禁烟定章者，须会警入内搜查。

第八条　本章程有未尽事宜，得由侦缉科长及处长随时呈请督办修正。

第九条　本章程由公布日施行。

据《大元帅指令第一三八号》，载广州《陆海军大元帅大本营公报》第五号，一九二四年二月二十日

批准《权度法》等在广州施行日期令

（一九二四年二月十四日）

大元帅指令第一三九号

令大本营建设部部长林森

呈为拟具《权度法》及其附属法令在广州市区内施行日期令，请予公布由。

呈悉。划一权度以杜侵欺，洵属国家要政。而广州市乃政府所在地，尤为中

外观瞻所系，应准如所请，将《权度法》、《权度营业特许法》、《权度法施行细则》及《官用权度器具颁发条例》，均定自民国十三年六月一日于广州市区内施行，并将《权度法施行细则》第五十二条权度器具之暂准行用期限，定为于广州市区内得缩短为一年，以期首善之区积习先革，次第推行，渐及各省。仰即由部录令布告广州市市民一体周知，并将应行筹备各事上紧筹备，以便届期实行。附件存。此令。

（中华民国陆海军大元帅之印）

中华民国十三年二月十四日

附：《权度法》及其附属法令在广州市区内施行日期令

（一九二四年二月十日呈）

第一条　《权度法》、《权度营业特许法》、《权度法施行细则》及《官用权度器具颁发条例》，自民国十三年六月一日于广州市区内施行。

第二条　《权度法施行细则》第五十二条权度器具之暂准行用期限，于广州市区内得缩短为一年。

据《大元帅指令第一三九号》，载广州《陆海军大元帅大本营公报》第五号，一九二四年二月二十日

批《商标法》及施行细则

（一九二四年二月十四日）

大元帅指令第一四〇号

令大本营建设部部长林森

呈为拟订《商标法》及施行细则，乞予核准施行由。

呈悉。所拟《商标法》四十条及施行细则三十二条均悉。均尚妥协。惟此项法规，既未经议会议决，自应改称条例，以符名实。仰即遵照将标题及条文内所

用“法”字一律修改，缮写二份另文呈送，以凭核准施行。附件存。此令。

（中华民国陆海军大元帅之印）

中华民国十三年二月十四日

据《大元帅指令第一四〇号》，载广州《陆海军大元帅大本营公报》第五号，一九二四年二月二十日

核准《有利支付券发行细则》

（一九二四年二月十九日）

大元帅指令第一五二号

令大本营财政部部长叶恭绰

呈为拟订《广东有利支付券发行细则》，请予备案由。

如呈备案。细则存。此令。

（中华民国陆海军大元帅之印）

中华民国十三年二月十九日

附：大本营财政部有利支付券发行细则

（一九二四年二月十五日呈）

第一章　总　则

第一条　有利支付券，系由大本营财政部提交财政委员会议决，呈报大元帅核准后发行。除遵照公布之条例别有规定外，应依本细则办理。

第二条　此项支付券之发行，由财政部第二局主管。但因事务上之必要，得于部内附设发行有利支付券总经理处，酌调部员帮同办理。其办事规则另定之。

第三条　此项支付券，得依条例所定三百万元总额内分期发行。其分期办法及每期发行数目，由财政部视发行情形，于发行时临时酌定，并以部令公布之。

前项分期发行办法，每期不得少于总额二十分之一。

第四条　此项支付券每期开始发行日期，由财政部以部令公布之，并登报通告各界周知。

第二章　券　式

第五条　此项支付券之券式，由财政部定之。并应由财政部长署名，加盖官印，于印刷时模印券面。

第六条　此项支付券之券面，除依条例每张分为五十元或十元两类。并分每张为十联，每联按五元或一元分计外，须将条例摘要印入。

券背应印列每月付息表，及指定付息地点。

第七条　此项支付券发行时，除依条例由广州总商会或各县商会经理发行者加盖戳记外，凡指定某地某处付息者，应由该发行机关加盖戳记为凭，并依第三十七条办理。如持券人拟指定付息于相当地点者，得预先声明指定地点，呈部核办。

第八条　此项支付券发行时，除由基金委员会于每张各联骑缝处加盖印章外，并应加盖发行月份及发行期数，暨财政部第二局或总经理处专用于支付券之特别印章或戳记。

第九条　此项支付券之种类、张数及其号码，为预防伪造改造，及还本付息时便于核对起见，应由财政部于每期发行时专册登记，并以布告公布之。

第十条　此项支付券发行时，其票面种类由财政部酌量支配之。如购券者所购不及一张，或购一张指明欲分为十联十个号码者，亦得按联分裁发行。

第三章　券　价

第十一条　此项支付券发行时，依条例按照票面十足核收广州市通用之现毫银。如交他种货币者，应按收款当日通行市价折合计算。

第十二条　此项支付券未印齐以前，凡收到购券人款项，应先给予财政部收据，并由经收者署名加盖印章，俟支付券印齐后，再凭收据向经收券价之原处交换支付券。前项空白收据得由财政部发给各经理处或代理处填用。但仍须经各该处收款主任者署名，加盖印章，负其责任。

第十三条　凡在每期发行日期以前交款者，得加给月息。其办法规定如左：

一、凡在发行前半个月以前交款者，加给三个月月息。

二、凡在发行前十日以前交款者，加给两个月月息。

三、凡在发行前七日以前交款者，加给一个月月息。

四、凡在发行前三日以前交款者，加给半个月月息。

前项加给月息，得于交款时预扣。

第十四条　凡自财政部公布每期支付券发行之日起，一个月以内，交款者得预付月息。其办法规定如左：

一、凡自公布发行日起五日以内交款者，预付三个月月息。

二、凡自公布发行日起十日以内交款者，预付两个半月月息。

三、凡自公布发行日起十五日以内交款者，预付两个月月息。

四、凡自公布发行日起二十日以内交款者，预付一个半月月息。

五、凡自公布发行日起二十五日以内交款者，预付一个月月息。

六、凡自公布发行日起一个月以内交款者，预付半个月月息。

前项预付月息，得于交款时预扣。

第十五条　凡购支付券者，得按票面先付十分之一之定金，缴交财政部或其经理处，掣取收据，先行订定。俟交足票价时，即以该项收据作现金，一并缴交。如在加给月息或预付月息期内，即以付定金之日期为准，亦得享受加给月息或预付月息之利益。

第十六条　凡订购支付券者缴交定金后，应于十五日内将票价如数交足，逾限即按缴足票价之日之应享利益计算。

倘自付定金之日起十五日以内，不将票价交足者，其所交定金得由财政部没收之，该项收据即为无效。但在每期发行前预付定金者，得按发行之日起扣足，十五日后方可没收其定金，取销其收据。

前项规定，凡认购大宗支付券，与财政部特订合约或另定有交款期限者，不适用之。

第十七条　凡自发行日起一个月以后交款购券，并未特订契约或未预付定金者，其利息应照该月份日数按日计算，即以收款之日起计息，其本月若干日之息，得于券价内扣除之。

其已预付定金者，即于付定金之日起计息照扣。

第四章　委托代理特约包售

第十八条　此项支付券发行时，得由财政部委托或特约左列各机关或银行商号分别经理或代理：

一、广州总商会。

二、广东商会联合会。

三、各县商会。

四、各殷实银行商号或公司。

五、其他由财政部委托为经理处代理处者。

前项经理处或代理处之办事章程，另行规定，并由财政部约定后以部令公布之，或由财政部与之订立契约。

第十九条　凡经理或代理发行此项支付券者，应预定发行支付券之总额，报告财政部，并领取空白收据。由该经理处或代理处于收到票价后，填给购券人收执，俟向财政部汇领支付券，再凭该项收据交换。

前项收据如有遗失或发生其他轇轕情事，均由该填发机关负责处理之。

第二十条　凡经理或代理发行此项支付券者，收到购券人交付之票价、填发收据后，应即日将该款如数解缴财政部，或其指完之银行核收，并向取解款收据备查。一面仍依部颁表式，列表报告财政部资核，并请核发支付券。应行缴解之款如需汇拨者，其汇拨方法应先期函商财政部核定办法办理。

第二十一条　凡特订契约认定包售券额者，如拟分期缴款，应于订约之日先按票面十分之二缴付定金，其余应行补缴之款，得预订期限，酌分次数按期分缴。至末次应行缴足之款，至迟不得逾订约日起一个月以内。

第二十二条　凡特订契约已逾前条规定一个月期限，而不能缴款足额者，得依左列办法处分之。但实有特别事故，虽备款而不能缴解非故意延误者，得陈明财政部特准酌量展期：

一、凡付定金后迄未缴款已逾约定末次限期者，得由财政部没收其定金，取销其契约。

二、凡付定金后曾经按期续缴，而于末次期限以前仍未能如约缴足者，除照已收之款核给支付券外，即取销其手续费，或酌量情形核减之。

三、凡付定金后如不能如契约所定期限缴款，而于末次期限以前仍补缴足额者，应照第二十四条普通手续费核给。

第二十三条　凡特订契约者对于包售之支付券，得由其自行分别委托他人经理或代理发行。但财政部只承认订约者有履行契约之义务，如有发生轕轇等情事，由订约者自负责任处理，与部无涉。

第五章　手续费汇水

第二十四条　凡受财政部或总经理处之委托，经理或代理发行此项支付券者，得依左列规定，按发行券额照票面数目，给予手续费：

一、发行券额满五千元或五千元以内者，给予百分之二分。

二、发行券额在五千元以上至一万元者，给予百分之二分五。

三、发行券额在一万元以上至一万五千元者，给予百分之三分。

四、发行券额在一万五千元以上至二万元者，给予百分之三分五。

五、发行券额在二万元以上至三万元者，给予百分之四分。

六、发行券额在三万元以上至四万元者，给予百分之四分五。

七、发行券额在四万元以上至五万元者，给予百分之五分。

八、发行券额在五万元以上者，给予百分之六分。

前项手续费，须俟每期发行满额票价缴清后，由部照章核给。非奉财政部特准，均不得于解款时先行扣除。

第二十五条　凡与财政部约定或特订契约包售此项支付券者，其认定发行券额，至少须满一万元，得依左列规定按发行券额照票面数目，给予手续费：

一、认定发行券额满一万元或一万元以上者，给予百分之五分。

二、认定发行券额满二万元或二万元以上者，给予百分之六分。

三、认定发行券额满三万元或三万元以上者，给予百分之七分。

四、认定发行券额满四万元或四万元以上者，给予百分之八分。

五、认定发行券额满五万元或五万元以上者，给予百分之九分。

六、认定发行券额满十万元或十万元以上者，给予百分之十分。

七、认定发行券额满十五万元或十五万元以上者，给予百分之十一分。

八、认定发行券额满二十万元或二十万元以上者，给予百分之十二分。

九、认定发行券额满二十五万元或二十五万元以上者，给予百分之十三分。

十、认定发行券额满三十万元或三十万元以上者，给予百分之十四分。

前项手续费，须俟发行满额票款解清后，由部照章核给。非奉财政部特准，不得先于解款内扣除。但系一次如约缴款足额者，得由财政部立即核给手续费。

第二十六条　凡认额包售此项支付券者，如拟分期购券，于订约时预向财政部声明，亦得照办。但每期缴款均自发行日起不得逾一个月，其每期手续费应按每期分别核计。

如分期购券者，一次认定券额在三十万元以上，每期均如限缴款足额者，经财政部之特准，其手续费得汇总累计。

第二十七条　凡照章核给手续费者，不再支发经费。但解款汇水商，由财政部核准，得作正开支。

前项汇水，须备有单据，专案报部核销。非事前先行商准财政部者，不得支报。

第二十八条　凡受财政部之委托经理或代理发行此项支付券者，或与财政部特订契约认定包售券额者，如发行之数超过第二十四条或第二十五条规定之发行额时，除照章核给手续费外，并得由财政专案呈请特别奖励。其特别奖励办法，另以章程定之。

第二十九条　凡认额包售此项支付券如超过第二十五条规定之定额，或购券最多数者除照章核给手续费，对外得推举代表一人，如〔加〕入基金委员会为委员，与基金委员会各委员有同等之职权。

第六章　抽签还本付息

第三十条　此项支付券之抽签，应按发行期数，每期分别另抽，并须每一期各自抽签一次。但各期抽签，得于同日同时执行。

第三十一条　此项支付券之抽签日期，依条例规定，均于每月十五日由财政部会同基金委员会各委员，在公共场合公开执行，先期登报通告，任人参观。

第三十二条　中签各券之号码券额，应由财政部按每期分别以部令公布之，一面并由基金委员会登报通告。

第三十三条　此项支付券之还本付息，除依条例应由基金委员会会同财政部委托广州总商会及各县商会经理外，亦得委托各中外殷实银行商号代理。其规则另由财政部规定，由基金委员会议决施行。

第三十四条　凡受财政部委托或特约发行支付券者，均得由基金委员会会同财政部委托其代理支付月息及还本之任务。

第三十五条　此项支付券每届付息还本之时，应由财政部会同基金委员会，将某期某次应付之本息数目公告之。

第三十六条　凡经理或代理还本付息者，得由财政部按付出现款数目，核给千分之二分五手续费。其先经该机关垫付后拨还者，并由财政部给予月息一分之息金。

第三十七条　此项支付券付息时，除由购券人指定付息地点经部核准外，得由原发行之机关支付，并应查照财政部通告某期某次应付息金，于券背该次付息格内，由该付息机关加盖某机关付讫字样之戳记。

如持券人拟中途变更付息地点者，得将券码种类抄送原付息机关，报部核办。

第三十八条　凡由原发行机关付息者，得由财政部商准基金委员会先行指定的款，以备付息之用，其数视其发行额定之。

第三十九条　此项支付券还本时，除由部特别指定外，亦得由原发行之机关支付，并应查明某期某次中签号码，核对相符，即予照发。

如持券人为便利取款起见，拟变更取款地点者，得将券号种类抄送原发行机关，呈部核办。

第四十条　此项支付券还本后，应由该还本各机关，将已还本各券盖戳凿孔，并依次分类汇编成册，汇缴基金委员会转送财政部查核。

第四十一条　此项支付券还本付息后，应由该还本付息各机关依照部颁表式，每日列表分报财政部及基金委员会备案；并于每月终，将付出本息总数造具清册，分报部会查核。

第四十二条　此项支付券之月息，应自每月开始付息之日起二十日以内，凭券支取，如逾期不支取月息者，应于下个月一并支取。其每月中签还本之券亦同。

第四十三条　此项支付券之应领月息，如逾期尚未领取者，在发行后抽签还本期内、每月发息期间，无论何时，均可补领。但不加给逾期息金，其每月中签还本之期亦同。

第四十四条　如至抽签还本期满后尚未领取本息者，以末次还本日起扣足三个月内，无论何时，均可补领。但三个月期满后，不再补发，届时由财政部以部令公布之。

第七章　附　则

第四十五条　本细则自财政委员会议决后，由财政部公布日施行。

第四十六条　本细则如遇有修正之必要时，得由财政部提交财政委员会核议。

据《大元帅指令第一五二号》，载广州《陆海军大元帅大本营公报》第六号，一九二四年二月二十九日

批陆军官兵暂行薪饷等级暨公费马干表

（一九二四年二月十九日）

大元帅指令第一五三号

令大本营军政部长程潜

呈为拟订暂行陆军官佐士兵新饷等级表暨暂行陆军军师旅团营连公费马干表，祈予核准由。

呈悉。所拟暂行陆军官佐士兵薪饷等级表暨暂行陆军军师旅团营连公费马干表，尚属妥协，应准如拟施行。仰即由部录令通行各军，一体遵办。表存。此令。

（中华民国陆海军大元帅之印）

中华民国十三年二月十九日

附一：中华民国大本营暂行陆军官佐士兵薪饷等级表

（一九二四年二月二十一日呈）

官阶	俸给	
上将	八〇〇〇〇〇	
中将	六〇〇〇〇〇	
少将	四〇〇〇〇〇	
上校	三〇〇〇〇〇	
中校	二二〇〇〇〇	
少校	一六〇〇〇〇	
上尉	八〇〇〇〇	
中尉	六〇〇〇〇	
少尉	四〇〇〇〇	
准尉	三〇〇〇〇	
上士	一六〇〇〇	
中士	一〇〇〇〇	
附记	一、凡马夫、伙夫月饷，与一、二等兵同。 二、凡军用文官一等书记与上尉相当，二等书记与中尉相当三等书记与少尉相当，发给薪俸。其他雇员与准尉上士相当发给薪俸。	

附二：中华民国大本营暂行陆军军师旅团营连公费马干表

（一九二四年二月二十一日呈）

区分	每月公费	马干 每马一月数	炮费 每炮一月数	附记
总司令部	一五〇〇	一二〇〇	四〇〇〇	
军司令部	一〇〇〇			
师司令部	六〇〇			
旅部	四〇〇			
团部	二〇〇			
营部	一〇〇			
连（甲）部	三〇			
连（乙）部	二五			
连（丙）	二〇			
连（丁）	一五			

据《大元帅指令第一五三号》，载广州《陆海军大元帅大本营公报》第六号，一九二四年二月二十九日

指令修正《禁烟总分局章程》

（一九二四年二月二十五日）

大元帅指令第一七〇号

令禁烟督办杨西岩

呈为拟具《禁烟总分局章程》，乞予核准施行由。

呈悉。查所拟《禁烟总分局章程》第一、第六、第七、第九、第十、第十二、第十四等条，均应酌加删改。已于原章内逐条批明，随令发还，仰即查照妥缮，另文呈候核准施行可也。再：广东省现为禁烟督办驻在地，省内各分局不难

直接指挥监督，暂时实无设置之必要，合并饬知。此令。

（中华民国陆海军大元帅之印）

中华民国十三年二月廿五日

据《大元帅指令第一七〇号》，载广州《陆海军大元帅大本营公报》第六号，一九二四年二月二十九日

令毋须扩大高雷招抚使署机关并发还组织办事简章

（一九二四年二月二十六日）

大元帅指令第一七五号

令钦廉高雷招抚使张启荣

呈缴拟具该使署组织办事简章，乞鉴核施行由。

呈及简章均悉。该使专责在招致钦、廉、高、雷各属敌军，使各该属军民闻风感化，毋抗义师。应择各该属相当地点，分泒〔派〕人员就近办理，毋须设立机关，骛虚声而遗实际，尤不得在省会设置行署，致涉招谣〈摇〉。所呈组织简章，拟设参谋、军务各处，实属过于扩大，碍难核准。至在省会已设机关，应即一并撤销。仰即懔遵勿违。简章发还。此令。

（中华民国陆海军大元帅之印）

中华民国十三年二月廿六日

据《大元帅指令第一七五号》，载广州《陆海军大元帅大本营公报》第六号，一九二四年二月二十九日

批准《商标条例》及施行细则

（一九二四年二月二十七日）

大元帅指令第一七七号

令大本营建设部部长林森

呈为遵令拟呈《商标条例》及施行细则，请予核准施行由。

呈悉。所拟《商标条例》四十条暨施行细则三十二条均尚妥协，应准如拟施行。仰即知照。附件存。此令。

（中华民国陆海军大元帅之印）

中华民国十三年二月廿七日

附一：商标条例

（一九二四年二月二十三日呈）

第一条　因表彰自己所生产制造、加工拣选、批售或经纪之商品，欲专用商标者，须依本条例呈请注册。

商标所用之文字、图形、记号，或其联合式，须特别显著，并须指定所施颜色。

第二条　左列各款之一，不得作为商标呈请注册：

一、相同或近似于中华民国国旗、国徽、国玺、军旗、官印及勋章者。

二、相同或近似于红十字章或外国之国旗军旗者。

三、有妨害风俗秩序或欺罔公众之虞者。

四、相同或近似于同一商标习惯上所通用之标章者。

五、相同或近似于世所共知他人之标章使用于同一商品者。

六、相同或近似于政府所给奖章，及博览会、劝业会所给奖牌褒状者。但以自己所受奖者作为商标之一部份时，不在此限。

七、有他人之肖像、姓名、商号或法人，及其他团体之名称者。但已得其承诺时，不在此限。

八、相同或近似于他人注册商标失效后未满一年者。但其注册失效前，已有一年以上不使用时，不在此限。

第三条　二人以上于同一商品以相同或近似之商标、各别呈请注册时，准实际最先使用者注册。其呈请前均未使用，或孰先使用无从确实证明时，准最先呈请者注册。其在同日呈请者，非经各呈请人协议妥洽让归一人专用时，概不注册。

第四条　本条例未施行之前，以善意继续使用五年以上之商标，于本条例施行后六个月内，依本条例呈请注册时，得不依第二条第五款、第三条规定之限制，准予注册。但商标注册所认为必要时，得令其将形式或使用之地位加以修改或限制。

第五条 同一商人于同一商品使用类似之商标，得作为联合商标呈请注册。

第六条 外国人民依商标互相保护之条约，欲专用其商标时，得依本条例呈请注册。

第七条 凡在中华民国境内无住所或营业所者，非委托在中华民国境内有住所或营业所者为代理人，不得为商标注册之呈请及其他程序，并不得主张商标专用权或关于商标之一切权利。

第八条 前条代理人除有特别委任之权限外，于本条例及其他法令所定关于商标之一切程序及诉讼事务，均代表本人。

代理人之选任更换，或其代理权之变更消灭，非呈请商标注册所核准注册，不得以之对抗第三人。

第九条 商标注册所于商标有关系之代理人认为不适当者，得令更换代理人。

既令更换后，商标注册所得将其关于商标所代理之行为作为无效。

第十条 商标注册所于住居外国及边境或交通不便之地者，得以职权或据呈请延展其对于商标注册所所应为程序之法定期间。

第十一条 凡为有关商标之呈请及其他程序者，延误法定或指定之期间，其呈请及一切之程序，得作为无效。但认为确有事故或障碍时，不在此限。

第十二条 凡声明以事由呈请关于商标之证明图样之摹绘及书件之查阅或抄录者，商标注册所除认为须守秘密者以外，不得拒绝。

第十三条 商标注册之日起，由注册人取得商标专用权。商标专用权，以呈请所指定之商品为限。

第十四条 凡以普通使用之方法，而表示自己之姓名、商号，或其商品之名称、产地、品质、形状、功用等事者，不为商标专用权之效力所拘束。但自商标注册后，以恶意而使用同一之姓名商号时，不在此限。

第十五条 商标专用期间，自注册之日起，以二十年为限。

依第六条所定以外国注册之商标呈请注册者，其专用期间以该注册国原定之期间为准，但不得逾二十年。

前二项之专用期间，得依本条例之规定呈请续展，但仍以二十年为限。

第十六条　因商标注册呈请所生之权利，得与其营业一并移转于他人，并得随使用该商标之商品，分析移转。但联合商标之商标权，不得分析移转。

承受前项之权利者，非呈请更换原呈请人之名义，并经商标注册所核准注册者，不得以之对抗第三人。其以商标专用权抵押时亦同。

第十七条　商标专用权除得由注册人随时呈请撤销外，凡在注册后有左列事情之一，商标注册所得以其职权或据利害关系人之呈请撤销之：

一、于其注册商标自行变换，或附记以图影射而使用之者。

二、注册后并无正当事由，迄未使用已满一年，或停止使用已满二年者。

三、商标权移转后已满一年，未经呈请注册者。但因继嗣之移转，不在此限。

前项第二款之规定，于联合商标仍使用其一者，及以兼在外国注册之商标于注册国已使用或未停止使用者，不适用之。

商标注册所为第一项所定撤销之处分，应于先期六十日以前示知商标专用权者或其代理人。因受第一项所定撤销之处分有不服者，得于六十日以内依法提起诉愿于建设部。

第十八条　商标专用期间内废止其营业时，商标专用权因之消灭。

第十九条　商标专用或其专用期间续展之注册，违背第一至第五条之规定者，经商标注册所评定，作为无效。

第二十条　商标注册所应备置商标簿册，注录商标专用权或关于商标之权利及法令所定之一切事项。凡经核准之商标，分别注录之于商标簿册，并发给注册证。

第廿一条　凡经核准注册之商标及关于商标之必要事项，商标注册所应登载于政府公报，或商标注册所所刊行之公报。

第廿二条　商标专用或其专用期间续展之注册，应由呈请人于呈请时照缴规定之注册费。但经商标注册所核驳时，应发还之。

第廿三条　呈请注册者应就各商品之类别，指定其所使用商标之商品。

前项商品之分类方法，另以施行细则定之。

第廿四条　商标注册所于呈请商标专用或其专用期间续展之注册时，由审查员审查之，审查后认为合法者，除以审查书通知呈请人外，应先登载于公报，或商标注册所所刊之公报，俟满四个月别无利害关系人之异议，或经辩明其异议时，始行核准。

第廿五条　商标呈请对于核驳有不服者，自审定书送达之日起，三十日以内，得具不服理由书，依法诉愿于建设部。

第廿六条　左列事项，得由利害关系人请求评定：

一、依第十九条之规定其注册应无效者。

二、应认定商标专用权之范围者。

违背第一条或第二条第一款至第六款规定，其注册应无效者，审查员得请求评定。

注册之商标违背第二条第七款第八款、第三条至第五条规定者，自登载公报之日起，已满两年时，概不得请求评定。

第廿七条　请求评定时，应呈请求书于商标注册所，凡关于评定事项各当事人所呈之书状，商标注册所应抄示对手人，令依限具书，互相答辩，并得发诘问书令之陈述。

第廿八条　评定依评定委员三人之合议，以其过半数决之。评定委员由商标注册所所长就各该事件指定之。评定委员于该事件有利害关系或曾参与者，应行回避。

第廿九条　评定得就书状评决之。但认为必要时，应指定日时，传集当事人口头辩论。关于评定之各当事人延误法定或指定之期间时，评定不因之中止。

第三十条　关于评定事件时，有利害关系者得于评定终结以前呈请参加。其准驳应询问当事人并由评定委员合议决定之。参加人为关于评定之行为，与其所辅助当事人之行为相抵触者无效。

第卅一条　对于评定之评决有不服时，自评定书送达之日起，六十日以内得依法提起诉愿于建设部。

第卅二条　关于商标专用权之事项，有提出民事或刑事诉讼者，应俟评定之评决确定后，始行进行其诉讼程序。

第卅三条　凡非营利之商品，有欲专用标章者，须依本条例呈请注册。

前项之标章，准用关于商标之规定。

第卅四条 商标注册费及其他关于商标事件应缴之公费，其数额于施行细则定之。

第卅五条 犯左列各款之一者处一年以下之徒刑，或五百元以下之罚金，并没收其物件：

一、使用他人注册商标于同一商品，或使用附有他人注册商标之容器包装等于同一商品，或以此种商品交付或贩卖者。

二、意图令人使用于同一商品，而以他人注册商标或以附有他人注册商标之容器包装等交付或贩卖者。

三、意图自行使用或令人使用于同一商品，而伪造或仿造他人之注册商标者。

四、以伪造或仿造之注册商标使用于同一商品，或意图令人使用于同一商品而以之交付或贩卖者。

五、以使用伪造仿造商标之同一商品交付或贩卖者。

六、以使用与他人注册商标相同或近似之商标之商品交付贩卖，而自外国输入者。

七、关于同一商品以与他人注册商标相同或近似之商标，使用于营业所用之广告、招牌、单票及其交易字据者。

前项第一、第二款及第五、第六款交付或贩卖之罪，意图交付或贩卖而持有之者亦同。

第一项各款之罪，须被害人告诉乃论。

第卅六条 犯左列各款之一者，处六个月以下之徒刑或二百元以下之罚金：

一、以诈欺取得商标专用权者。

二、以未经注册而冒称注册之商标，使用于商品或以此种商品交付贩卖或意图交付贩卖而持有之者。

三、以未注册而冒称注册之商标，表示于营业所用之广告、招牌、单票及其他交易字据者。

第卅七条 依第三十五条应没收之物件，于判决前经被害人之请求，仍估计相当价值宣告，交付被害人，被害人之损害额超过前项交付物之估价时，其不足之数，仍得诉请赔偿。

第卅八条　证人、鉴定人及通译，对于商标注册所及其嘱托之行政或司法官署，为虚伪之陈述者，处六个月以下之徒刑，或二百元以下之罚金。

犯前项之罪者，于该案之审定或评定之前自首者，得减轻其刑或免除之。

第卅九条　依第三十五条至三十八条所定，关于商标之罪罚及赔偿损害，其审理及执行关于外国人民时有条约特别规定者，依现行条约办理。

第四十条　本条例自公布之日施行。

附二：商标条例施行细则

（一九二四年二月二十三日呈）

第一条　凡以商标专用呈请注册者，应依本细则第三十一条所定商品之类别，缮具呈请书，并附呈商标图样五纸，及商标印板一枚，但印板得尽呈请后六十日内续呈。

第二条　商标图样应用坚韧光洁之纸料以墨笔绘之，长及宽以新定营造尺计，均不得过五寸（即十六公分）。

商标图样，并应依所指定之颜色，附着颜色。

第三条　商标印板应用木板或金属细钢板及其他活板宜于印刷者，长及宽以新定营造尺计，均不得过四寸（即十二公分八公厘），厚不得过八分（即二公分五公厘六）。

第四条　商标注册所认为必要时，得令商标注册之呈请人，另呈关于商标之说明书及续呈商标图样。

第五条　以《商标条例》第二条第六款至第八款所定之商标呈请注册者，应证明依各该款但书规定得准注册之事实。

第六条　依《商标条例》第三条之规定呈请注册者，倘有呈请前业经使用时，应证明使用该商标之事实及其年月日。

第七条　依《商标条例》第三条之规定须经各呈请人协议者，商标注册所应指定相当期间，通知各呈请人议定呈报。

已逾前项期间尚未议定呈报时，视为未经妥洽者。

第八条　以与注册商标相似之商标，作为联合商标呈请注册者，应附呈其注册商标之原注册证。

前项呈请之商标已经注册时，应于附呈之原注册证列其注册号数，由商标注册所盖印发还。

第九条　商标专用权因让与或其他事由而移转呈请注册者，应由关系人连署，并附呈左列之件：

一、原注册证。

二、合法移转之证明字据。

三、营业一并移转之证明字据。

第十条　依《商标条例》第九条第一项令代理人更换时，应并通知该代理人。

第十一条　呈请商标专用期间续展之注册者，应于期满三个月前呈请，并附呈原注册证。

凡在商标专用期满前，虽已逾前项期限，仍得加缴另定之公费，为前项之呈请。

第十二条　以商标专用权之分析移转呈请注册者，应声明使用其移转商标之商品。

第十三条　以联合商标中一种商标专用权之移转呈请注册者，更应同时呈请他种商标专用权移转之注册。

第十四条　因废止营业撤销其商标专用权时，惟注册名义人得呈请之。撤销其注册之一部分者，应声明业经废止其营业之商品。

第十五条　凡有关于商标注册或其他程序之各项书状定有程式者，应各依其程式。

第十六条　凡由代理人为关于商标之呈请或其他程序者，应附呈其代理权之证明字据。但法人之经理或代表人，以其法人名义为之者，不在此限。

第十七条　凡由外国人为关于商标之呈请或其他程序者，应并呈国籍证明书，及在中国境内现有确实工商业营业所之证明书。如为外国法人，应附呈其为法人之证明字据。

第十八条　代理凭证或国籍证明书，及其他必须附呈之字据，原系外国文者，应用华文译呈。

凡以书状为关于商标之各项呈请，有对待人或关系人者，应添具副本。

第十九条　本细则所规定之期间，及依《商标条例》或本细则所指定之期日与期间，商标注册所得以职权或据请求变更之。

请求期日与期间之变更于有对待人或关系人之事件，非经询据同意或有显著之理由，不得核准。

第二十条　依《商标条例》第十一条声明窒碍者，应详载事实与其发生及消灭之年月日，并应补呈其延误之程序。

第廿一条　凡呈请人或其代理人之姓名、商号、住所或印章有更换时，应从速呈报商标注册所。

无住所者更换其寓所或营业所时，或商标专用权者更换其印章时，亦同。

姓名或印章之更换，应附呈证明书。

第廿二条　关于商标之呈请，所呈之书状或其他物件，应注明商标名称及呈请人姓名。已注册者，应并注明其商标号数。

第廿三条　书状或物件之呈递，均以商标注册所收到日时为准。

第廿四条　商标注册所之审定评定及其他书件，应送达于呈请人及其关系人。

商标注册所无从送达之书件，均于公报公示之。自刊登公报日起，满六十日视为送达者。

商标注册所于代理人之选任未经注册者，所有书件之送达，以付邮之日为准。

第廿五条　呈送关于商标之证据及物件，由呈送人预行声明请领者，应于该案确定后六十日以内领取。

第廿六条　凡由商标注册所抄给之书件，应由主管人员注明与原本无异字样，并加盖名章。

第廿七条　商标注册证应依一定书式，粘附商标图样，由商标注册所盖印发给。

第廿八条　商标注册证有遗失及毁损时，商标专用权者得声叙事由，加以证明，呈请补给。

依前项规定补给注册证时，其旧注册证以公报宣示无效。

因商标无效之评定确定或经裁决及其他事由消灭其商标专用权者，应令缴还商标注册证，并以公报宣示之。

第廿九条　关于商标之注册应缴之注册费如左：

一、商标专用权之创设或商标专用期间之续展，每件银四十元。

二、商标专用权之移转，每件银二十元。但因于继续之移转者，每件银十元。

三、注册各事项之变更或涂销，每件银二元。

前项各款注册费联合商标均减半数。

第三十条　依《商标条例》或其他法令为关于商标之各项呈请，应缴之公费如左：

一、呈请商标之注册，每件银伍元。

二、更换商标注册原呈请人名义，每件伍元。

三、请求补给注册证，每件银三元。

四、呈请商标欲专用期间续展之注册，每件银伍元。

五、商标专用期满前已逾定限，呈请展期之注册，每件银十元。

六、请求撤销他人商标之注册，每件银伍元。

七、请求发给证明，每件银一元。

八、请求摹绘册样，每件一元至二十元。

九、请求抄录书件，每百字二角，不满百字者亦同。

十、请求查阅书件，每件银二角。

十一、请求评定，每件银伍元。

十二、请求参加，每件银伍元。

前项第一款第二款及第四款之公费联合商标均减半数。

第卅一条　商标注册之呈请人，应依左列各类指定使用其商标之商品。如其类别未能指定者，得由商标注册所指定之：

第一类　化学品、药料、药品及医治用品、树脂、胶磷、石灰、矿泉、食盐。（各种药材及丸散膏丹、绷带海绵等均属之）

第二类　颜料、油漆及涂染用料。

第三类　香料、香品及不属别类之化妆品。

第四类　胰皂。

第五类　不属别类之洗刷膏沃料品。（洗粉、牙粉、其他洗刷膏液等属之）

第六类　不属别类之金属及其粗工品。（金类之条索、板片、银镍、汞及合金等均属之）

第七类　不属别类之金属制品。（镕铸、雕镂、打压、编缀之物均属之）

第八类　钢锋利器。（针钉刀削等属之）

第九类　贵金属或其仿造物、铅镍及制品，及雕镂品之不属别类者。（合金镀金属之）

第十类　珠玉宝石类或其仿造物，及其制品或雕镂品之不属别类者。

第十一类　矿物类。

第十二类　石质或其仿造物及其制品之不属别类者。

第十三类　灰坭土沙及三合土类。（水门汀、石膏、土沥青、土砂、火山灰等属之）

第十四类　陶器、磁器、土磁、砖瓦类。

第十五类　玻璃及其制品、与珐琅质品之不属别类者。（荡磁、景泰蓝等属之）

第十六类　树胶及其制品。

第十七类　不属别类之机械器具及其各附件。（蒸汽机、发电机、风力水力等机、缝纫机、印刷机、消火器等属之）

第十八类　理化学、医术、测量、照像、教育等用之器械器具及其各件。（电信电话机件、化学试验器械、外科用器械、留声机、眼镜、算数器类属之）

第十九类　农工器具。

第二十类　运送用机械器具及其各件。

第二十一类　钟表与其附属品及其各件。

第二十二类　乐器。

第二十三类　军用火器、猎枪、花焰爆竹及其他炸裂物。

第二十四类　蚕种及茧。

第二十五类　绵葛麻苎羽毛类及其粗制品。

第二十六类　蚕丝。

第二十七类　绵纱。

第二十八类　毛纱。

第二十九类　麻纱及不属前三类之丝纱类。

第三十类　丝织品。

第三十一类　绵织品。

第三十二类　毛织品。

第三十三类　麻织品。

第三十四类　不属前四类之织品。

第三十五类　丝类中不属别类之编捻绣品及缝带须线。

第三十六类　冠服领袖串钮及其他服御品。

第三十七类　床榻及不属别类之室内装置品。

第三十八类　各种酒品及麴酿。

第三十九类　水汽果汁清暑饮料。

第四十类　酱油、酱及醋。

第四十一类　糖蜜。

第四十二类　茶及咖啡。

第四十三类　干点及面包。

第四十四类　不入别类之食料食品燻渍腌腊及罐装食品。

第四十五类　兽乳及其制品或其仿造品。

第四十六类　谷蔬、果品、种子、谷粉、淀粉及其制品。（麴种葛粉冻豆腐等属之）

第四十七类　烟草。

第四十八类　烟具及袋物。

第四十九类　纸及其制品。（邮筒帐册纸捻等属之）

第五十类　文具。

第五十一类　皮革及不入别类之制品。（鞄类属之）

第五十二类　燃料。

第五十三类　火柴。

第五十四类　油蜡。

第五十五类　肥料。

第五十六类　竹木及竹木皮。

第五十七类　不入别类之竹木藤竹木皮等制品及其涂漆藻绘品。

第五十八类　骨角牙介类不入别类之制品及其仿造品。

第五十九类　草药及其制品之不入别类者。（绳笠蓆草帽编等属之）

第六十类　伞扇杖履及其附属品。

第六十一类　灯及其各件。

第六十二类　刷子及髢。

第六十三类　玩具及游戏具。

第六十四类　图画、照片、书籍、新闻杂志。

第六十五类　不入别类之商品。

第卅二条　本细则自公布日施行。

据《大元帅指令第一七七号》，载广州《陆海军大元帅大本营公报》第六号，一九二四年二月二十九日

批准《筹饷总局组织大纲》

（一九二四年三月四日）

大元帅指令第一九六号

令广东筹饷总局督办范石生

呈为拟具组织大纲及职员名额、薪津表，乞予核准由。

呈悉。所拟《广东筹饷总局组织大纲》暨职员名额、薪津表，均尚妥协，应准照办。仰即知照。附件存。此令。

（中华民国陆海军大元帅之印）

中华民国十三年三月四日

附：广东筹饷总局组织大纲

（一九二四年三月一日呈）

第一章　组　织

第一条　本总局组织大纲，遵照大元帅核定财政委员会所拟《筹饷总局章程》及面谕各节组织之。

第二条　本总局应设职员薪金，另表规定之。

第三条 本总局于总务处之下，得设左列之各科：

一、文书科。

二、稽核科。

三、出纳科。

第二章 权 责

第四条 督办总理整顿全省防务经费及一切特种款项事宜。

第五条 会办襄赞督办筹画一切进行方法。

第六条 总务处承督办之命令，总理局内一应内一应①事宜，并综核各科文稿，及关于关②本局各职员司、士兵、夫役考核勤情〔惰〕事项。

第七条 秘书承督办之命令，撰拟重要函电及机密文件，及其他不属于各科之文件。

第八条 各科长承督办总务处长之命令，办理本科职掌事项。

文书科掌管文牍及庶务事项。

稽核科掌管稽核收入支出款项数目及预决算事项，并负稽查调查之责。

出纳科掌管收入支出款项事项。

第九条 各科员承科长之命令，办理本科一切事宜。

第十条 各科办事细则，另定之。

第十一条 本大纲自呈奉大元帅核准颁布之日施行，如有未尽事宜，得随时呈请修正之。

据《大元帅指令第一九六号》，载广州《陆海军大元帅大本营公报》第七号，一九二四年三月十日

① 后“内一应”三字为衍文。

② “关”字为衍文。

批毋庸修正《禁烟条例》并删削《督办署章程》

（一九二四年三月四日）

大元帅指令第一九七号

令禁烟督办杨西岩

呈请修改《禁烟条例》及免予删削《督办署章程》由。

呈悉。审判烟犯，仍应由司法机关办理，以重法权。《督办署章程》第五条第二款，应遵前项指令删去。至所请修正《禁烟条例》第廿条之处，应毋庸议。仰即分别遵照。此令。

（中华民国陆海军大元帅之印）

中华民国十三年三月四日

据《大元帅指令第一九七号》，载广州《陆海军大元帅大本营公报》第七号，一九二四年三月十日

准行《禁烟总分局章程》

（一九二四年三月四日）

大元帅指令第一九八号

令禁烟督办杨西岩

呈为遵令修正《禁烟总分局章程》，乞予核准施行由。

呈及章程均悉。准如所拟施行。章程存。此令。

（中华民国陆海军大元帅之印）

中华民国十三年三月四日

附：禁烟总分局章程

（一九二四年二月二十八日呈）

第一条　依《禁烟督办署章程》第八条之规定，除制药总分所章程另定外，各省得设禁烟总局，各县或繁盛市镇得设分局。

总局之管辖区域，以省界为准。各属分局之管辖区域，由禁烟督办以命令指定之。总局受督办之监督指挥，各分局受总局之监督指挥，办理该管区域一切禁烟事务。但遇有必要时，督办得径行指挥分局处理禁烟事务。

第二条　各省禁烟总局于该管区域内，因主管事务遇有须军警协助时，应咨请地方军民长官随时派队协助之。但遇时机迫切不及咨请时，得就近知会驻在地军警协助。惟均须将详情具报禁烟督办署备案。

第三条　各属分局遇有须用军警协助时，应先呈请总局咨请地方军民长官调遣。但遇时机迫切时，得照前条之规定办理，惟须分别层报备案。

第四条　各省禁烟总局或各属分局，凡收缴之烟土烟膏，除别有命令处置外，悉数解缴禁烟督办署办理。

第五条　各省禁烟总局或各属分局缉获之烟土烟膏，除别有命令处置外，应一律解缴禁烟督办署化验，明确依照《禁烟条例》第十八条及《禁烟侦缉章程》之规定，分别充公给赏。

第六条　各禁烟总分局查获违犯《禁烟条例》之罪犯，应遵《禁烟条例》第二十条之规定，连同证据移送该管司法衙门审讯治罪，不得擅行审判。

第七条　各总分局对于所辖区域缉私及禁吸等事，应负完全责任。

第八条　各总分局对于所辖区域内之各轮船火车码头，及其他交通频繁地点，得随时派〔派〕员前往检查私土私膏。认为必要时，并得该所检查，但检查所之设置，须经禁烟督办核准。

第九条　各省禁烟总局得置左列各人员：

一、总办一人。

二、秘书一人或二人。

三、科长三人。

四、一、二、三等科员十人至二十人。

第十条　各省禁烟总局得置帮办若干人，勷理一切禁烟事务。

第十一条　各省禁烟总局分科职掌如左：

一、秘书掌管关于典守印信收发、保存文件、会计庶务，及其他不属于各科事项。

二、第一科掌管关于收缴制药及专卖事项。

三、第二科掌管关于侦缉事项。

四、第三科掌管关于缴销查禁事项。

第十二条　各省禁烟总局总办由大元帅简泒〔派〕，秉承禁烟督办之命，综理总局事务，并监督指挥所属各分局及职员办理一切禁烟事宜。

第十三条　各省禁烟总局得酌设水陆侦缉队，但须呈请禁烟督办署核准。

第十四条　各属分局置左列之人员：

一、局长一人。

二、课长二人。

三、一、二、三等课员四人至十人。

第十五条　各属分局分股职掌如左：

一、第一课　关于典守印信、拟撰文牍及会计庶务事项。

二、第二课　关于侦缉、验销及查禁统计牌照事项。

第十六条　各属禁烟分局局长由该管总局呈请督办委任，综理局务，并监督所属职员办理所辖区域一切禁烟事务。但无禁烟总局设置之省分，各属分局直隶于禁烟督办署。

第十七条　各禁烟总分局因缮写文牍及其他事项，得酌用雇员，但其员额在先呈请核准。

第十八条　各禁烟总分局分局办事细则，另规定之。

第十九条　本章程如有未尽事宜，禁烟督办得随时修改之。

第二十条　本章程自公布日施行。

据《大元帅指令第一九八号》，载广州《陆海军大元帅大本营公报》第七号，一九二四年三月十日

批《统一财政委员会办事细则》

（一九二四年三月五日）

大元帅指令第二〇三号

令统一财政委员会

呈为拟定办事细则，请予备案由。

如呈备案。细则存。此令。

（中华民国陆海军大元帅之印）

中华民国十三年三月五日

附：统一财政委员会办事细则

（一九二四年二月二十九日呈）

第一条　本细则依据本会简章第六、第九两条规定之。

第二条　本会依据本会简章第六条，设干事处，掌理事项如左：

一、关于本会会议之通报、记录事项。

二、关于本会会议议决事项。

三、关于财政、民政、军政之调查及建议事项。

四、关于文牍、会计、庶务各事项。

五、关于典守印信、保管档案各事项。

第三条　干事处以大元帅简派之总干事、干事处理事务。

第四条　总干事禀承大元帅之命令及委员会议主席之指导，主管会内一切事项。

第五条　干事辅助总干事，分任干事处一切事项。

第六条　干事处设处员若干员，由总干事商承本会主席，于本会各委员所主管机关调泒〔派〕，助理处务。

第七条　干事处酌设雇员，分司收发、缮校及杂项事务。

第八条　本会发出文件，由干事主稿，总干事覆核，当值主席判行，以本会名义行之。

第九条　本会收受文件，总干事、干事阅过盖章，分别审议拟办。其有应提出会议者，由总干事决定提出之。

第十条　本会会议之通报，依据本会简章第五条，以干事处名义行之。

第十一条　干事处以每日午后一时至四时为办公时间，于必要时得变更或延长之。

第十二条　干事处因事务上之必要，得由总干事或干事二人以上之同意，召集干事会议。

第十三条　本细则由总干事提出本会议决，呈报大元帅备案。

附则　本细则如有未尽事宜，得由干事会议修改，依照第十三条手续办理。

据《大元帅指令第二〇三号》，载广州《陆海军大元帅大本营公报》第七号，一九二四年三月十日

批复《禁烟制药总所章程》

（一九二四年三月八日）

大元帅指令第二一三号

令禁烟督办杨西岩

呈为缮具《制药总所章程》，请予察核备案由。

如呈备案。章程存。此令。

（中华民国陆海军大元帅之印）

中华民国十三年三月八日

附：禁烟制药广东总所章程

（一九二四年三月三日呈）

第一条　制药总所隶属于禁烟督办署，依照本章程办理制药事务。

第二条　制药总所置所长一人，秉承禁烟督办之命，管理制药总所调制戒烟

药及保管原料、发给戒烟药一切事务，并监督所属员司。

第三条　制药总所所属员司，均由所长呈请禁烟督办委任。

第四条　制药总所置科长三人，承所长之命，办理各科事务。

第五条　制药总所置科员十人至十二人，承所长之命并各该科长之指导，助理各科事务。

第六条　制药总所置制药总管、副总管各一人，承所长之命、科长之指导，督率制药师办理调制戒烟药事务。

第七条　制药总所置制药师六十人，承所长之命，总管、副总管之指挥，助理制药事务。

第八条　制药总所因缮写文件及其他特别事务，得酌用事务员十八人至二十人。但因监督制药工程之必要，得置监工四人。

第九条　制药总所置左列各科：

甲、文牍科。

乙、核算科。

丙、制药科。

第十条　文牍科职掌如左：

一、收发保管、撰拟文书及交际事项。

二、钤用典守印信、纪录职员进退事项。

三、管理本所所管之公物，及其他不属于各科事项。

第十一条　核算科职掌如左：

一、核算原料之出纳及戒烟药之发给事项。

二、编定豫决算及统计报告，并本所庶务事项。

第十二条　制药科职掌如左：

一、管理戒烟药之调制，及装置加粘查验证事项。

二、管理戒烟药之保管及发给事项。

第十三条　凡有鸦片瘾疾之人，体质未必相同，制药总所调制戒烟药所加入之戒烟药品，应分别体质虚实，以定加入药料之多寡，分为一、二、三三等制练。其一等戒烟药，宜于年老及体虚者；二等戒烟药，宜于中年以上及身体稍虚者；

三等戒烟药，宜于普通体质者。

第十四条　前条之调制戒烟药，除分别加入戒烟药料外，不得搀入其他物质。

第十五条　制成戒烟药后，规定重量，分别种类，用相当器皿装置，加粘禁烟督办署检查证封固，以便查验。未经粘贴检查证者，不得发售。

第十六条　检查证由禁烟督办署分别种类印制发给，按照等第重量粘贴。

第十七条　制药总所每日调制戒烟药种类重量，及分装销数目，须详细分别逐日列表，呈报禁烟督办署查核。

第十八条　制药总所调制药膏，每原料一两连同加入戒烟药品，炼成戒烟药六钱五分至七钱为率。如遇增减时，呈明督办署查核。

第十九条　制药总所调制戒烟药所用各种原料，须分别购入、缉获及种类重量，报告禁烟督办署备案，以凭稽核。

第二十条　本章程如有未尽事宜，禁烟督办得随时修改。

第廿一条　本章程自公布日施行。

据《大元帅指令第二一三号》，载广州《陆海军大元帅大本营公报》第七号，一九二四年三月十日

准《商标注册所暂行章程》

（一九二四年三月十一日）

大元帅指令第二二一号

令大本营建设部长林森

呈为缮送《商标注册所章程》，请予备案由。

如呈备案。章程存。此令。

（中华民国陆海军大元帅之印）

中华民国十三年三月十一日

附：商标注册所暂行章程

（一九二四年三月六日呈）

第一条 商标注册所隶于建设部，办理关于商标注册各项事务。

第二条 商标注册所置总办、科长、科员等员，均由建设部长遴选部员兼任。

第三条 总办承建设部长之命，综理全所事务，指挥监督所属职员。

第四条 科长、科员承长官之命，分理各科事务。

第五条 商标注册所分左列各科：

第一科 掌关于商标审查及注册公布等项。

第二科 掌关于商标评定及调查各事项。

第三科 掌关于商标前列各科以外之总务事项。

第六条 商标注册所设审查员、评定员，得以科长、科员充之。

第七条 商标注册所缮写文件及其他事务之必要，得置助理员及雇员。

第八条 商标注册所办事细则，得由总办酌拟，呈请建设部长核定之。

第九条 商标注册所应将所办事务，每月呈报建设部查核。

第十条 商标注册所每月应将上月之收入呈报建设部，并将支出计算书连同凭证单据，呈部汇送大本营审计局。

第十一条 本章程自公布之日施行。

据《大元帅指令第二二一号》，载广州《陆海军大元帅大本营公报》第七号，一九二四年三月十日

核北江商运局《修正护运暂行章程》[①]

（一九二四年三月十一日）

大元帅指令第二二三号

令北江商运局局长韦荣熙

① 《修正护运暂行简章》计十六条，缺。

呈为拟具修正暂行章程，乞予核准由。

呈悉。查所拟暂行章程第二、第六两条，文字尚应酌加修改，以期明晰。已于原章内批明，随令发还。仰即查照妥缮，另文呈候核准施行可也。此令。

计开：

第二条　繁盛地方下应加“除铁路范围外”六字。

第六条　各种运馆下应加“除在粤汉铁路范围内开设之运馆免予注册外”十九字。

（中华民国陆海军大元帅之印）

中华民国十三年三月十一日

据《大元帅指令第二二三号》，载广州《陆海军大元帅大本营公报》第七号，一九二四年三月十日

批准《修正财政部官制草案》

（一九二四年三月十五日）

大元帅指令第二四七号

令大本营财政部部长叶恭绰

呈为修正官制、改组部务，以资整饬而便支配，仰祈鉴核令遵由。

呈悉。所拟修正官制，除参议名目应改为佥事外，余均准如所拟施行。仰即知照。附件存。此令。

（中华民国陆海军大元帅之印）

中华民国十三年三月十五日

附：修正大本营财政部官制草案

（一九二四年三月十一日呈）

第一条　财政部直隶于大本营，职掌全国财务行政，及会计、出纳、公债、货币，征收各省田赋、国税，编制预算、决算，监督金库、银行，及政府专卖、

国有财产、营业、地方税收，统辖全国会计、出纳、征收官员、职员及所属各公署。

第二条　财政部设置官员如左：

部长　特任。

次长　简任。

参事　简任（二人）。

局长　简任（二人）。

秘书　荐任（三人）。

佥事　荐任（三人）。

局员、科员　委任（不得过十人）。

书记官　委任（不得过十人）。

第三条　财政部长一人由大元帅特任，承大元帅之命，总理部务，指挥监督本部及所属各公署官员职员，对于财务行政或处理部务，及进退指挥所属官员职员。得制定规章，颁发部令。

第四条　财政次长一人，由大元帅简任，辅助部长管理本部一切事务。

第五条　财政部秘书三人，由部长荐请大元帅核准任命之，承长官之命，分掌机要、交际、通译事务，并典守本部印信。

第六条　财政部设左列各厅局，分掌部务：

总务厅。

赋税局。

泉币局。

第七条　财政部总务厅主管部务如左：

一、关于编制全国预算、决算事项。

二、关于会计及国库、部库之现金、出纳事项。

三、关于本部及所属官员职员进退之纪录事项。

四、关于本部文件之收发、保存及公布事项。

五、关于编制统计报告事项。

六、关于经理及保管本部公产事项。

七、关于本部庶务及其他不属于各局事项。

第八条　财政部赋税局主管部务如左：

一、关于考核各省田赋、丁粮、租税、捐款之征收事项。

二、关于关税、烟酒税、盐税、印花税及其他国税之征收及整理事项。

三、关于监督地方税及公益收入事项。

四、关于核订税率事项。

五、关于查核国有营业及其收益事项。

六、关于监核官产之清理事项。

第九条　财政部泉币局主管部务如左：

一、关于币制及铸币事项。

二、关于纸币之发行及整理事项。

三、关于金融及监督银行金库事项。

四、关于管理内外公债、证券及稽核地方公债、证券事项。

第十条　参事二人，由部长呈请大元帅简任，承长官之命，主管法律命令案并办理其他特别事务。

第十一条　局长二人，由部长呈请大元帅简任，承长官之命，主管本局事务。

第十二条　参议十人，由部长荐请大元帅核准任命之，承长官之命，分理厅局事务。

第十三条　局员、科员若干人，由部长委任，承长官之命，助理本部事务。

第十四条　书记官若干人，由部长委任，承长官之命，起草及缮写文件暨助理其他事务。但因缮写及其他事务繁忙时，得雇用录事。

第十五条　财政部因财务行政及征收上之必要，得于本部或各地方酌设所属公署用任用官员职员，其编制另行规定，随时呈请大元帅核准施行。

第十六条　财政部办事规则得由财政部以部令定之。

第十七条　本官制自公布日施行。

据《大元帅指令第二四七号》，载广州《陆海军大元帅大本营公报》第八号，一九二四年三月二十日

核准《坟山特别登记章程》

（一九二四年三月十八日）

大元帅指令第二五八号

令大理院长兼管司法行政事务赵士北

呈拟《坟山特别登记章程》，乞察核备案由。

呈及章程均悉。准予备案。章程存。此令。

（中华民国陆海军大元帅之印）

中华民国十三年三月十八日

附：坟山特别登记章程

（一九二四年三月十四日呈）

第一条 为保障人民私有坟山，省各设立坟山登记总局。

第二条 本章程所称坟山，凡埋葬死体或为其准备者悉属之。

第三条 坟山登记总局，直接隶属大理院长管辖。

第四条 坟山登记总局设总办一员，会办二员。

登记委员无定员。

雇员无定员。

第五条 坟山登记总局得于各县设立分局。

分局设局长一员。

登记委员无定员。

雇员无定员。

第六条 坟山之所有人或共有人，应分别向总局或分局声请，为特别登记。

第七条 前条之声请，应具备声请书。

声请书应记明左列各事项，并附缴坟图：

一、声请人之姓名或堂名，及其藉〔籍〕贯住址。

二、声请人通信处所。

三、山保之姓名住址。

四、坟山之土名、坐落方向。

五、坟之四至。

六、坟地面积。

七、坟内穴数，已葬未葬。

八、声请人与所葬人之关系。

九、草坟或灰坟抑石坟。

十、取得该坟之原因。

十一、坟地现值。

十二、管有证据。

十三、缴纳登记费额。

十四、声请之年月日。

第八条　前条第二项第二款，不得填载山保住址，须另择殷实商店或住户为通信处所。

第九条　第七条第二项第三款、第五款、第六款有未明及坟图有未能附缴者，应于声请书内记明其事由。

第十条　声请书所载现值，不能少于契载价额。

第十一条　声请登记时，应同时呈验管有证据，并附缴抄本。

证据由接收时至发还时，其中距离时间不得超过一小时。

第十二条　左列各款均为证据：

一、印契。

二、远年白契。

三、县志。

四、族谱。

五、碑记。

六、其他足以证明该坟地为其所有，或共有之文书图样。

第十三条　在本章程公布前，取得坟地所有权共有权声请登记者，为补登记得仅呈验前条所列证据之一。

买卖在本章程公布后者，须税契缴验，方准登记。

第十四条　坟山特别登记局接受声请书并抄件及登记费用等，应先付与收据。

付据后须即传唤山保到局具结保证，并得命令山保测绘或覆勘。

该坟所在地山保，若有左列情形，得以其他山保为之：

一、住址不明。

二、不依局定期间到局。

三、不履前项程序。

测绘或覆〈勘〉完毕，须即依局前揭示，在指定之报纸上刊载之，并编入登记簿，按址通知声请人，付与假设登记完毕证。

经前项揭示后，若有疑义，或有认为占越界址及伪冒时，得赴局请求阅览坟图及其他文件，并得为异议。自揭示之日起，历一周年，如无异议，即记入登记簿，并通知声请人换领正式登记完毕证。

满一年后逾三月仍未换领正式登记完毕证者，其假设登记完毕证为无效。

第十五条　收据由总局制定之，总局用两联式，分局用三联式，由总局于骑缝处盖印。

分局收据，一付声请人，一存该局，一送总局查核。

登记簿及登记完毕证，均由总局制定之。

第十六条　登记完毕证应载明第七条第二项第一款至第十一款之事项。

第十七条　登记完毕证除盖用局印外，总局仍由总会一人及登记委员署名盖印；分局仍由局长及登记委员署名盖印。

第十八条　自布告开办之日始，一月之内赴局声请登记者，每坟地一穴缴登记费一元。若有左列情形，照左列之例增加：

一、石坟或灰坟增加一元。

二、坟地面积满五井者，每满五井增加一元。

三、坟地现值满百元者，每满百元增加一元。

局费照前项附征四成，左列二款并各附征三成：

一、保证费。

二、测绘或覆勘费。

前项第一款征得之数，概给保证人。第二款征得之数，概给测绘人或覆勘人。

送达费统征五角。

声请书费一角。

报费邮费均在局费项内开支，不另征费。

第十九条　布告开办后满一个月未逾两个月者，登记费应照前条之例加五征收，逾两个月外倍征。

局费照前项附征四成，但左列各款，仍从前条之规定：

一、保证费。

二、测绘费或覆勘费。

三、送达费。

四、声请书费。

第二十条　依前二条缴费外，不得再有丝毫需索。

第廿一条　凡坟山之未经声请登记者，不生买卖赠与之效力。

第廿二条　凡经领有登记完毕证者，无论何机关，不得视作官产公产办理。

第廿三条　对于经领有登记完毕证之山坟，非得坟主之同意及有万不得已之事由，径为迁让、变卖、收用之处分，概为无效。

第廿四条　假借威力强毁经领有登记完毕证之坟山，由法院依律严予惩处。

第廿五条　对于经领有登记完毕证之坟山，若有盗窃越占等情，山保须即通知坟主，诉由法院从严究办。

第廿六条　故意指他人坟山或无主坟山为自己或第三人所有或共有，图使局误发登记完毕证者，按照刑律各条科罪。

山保为前项之保证时，依伪证罪科断外，并依共犯罪律从严办理。

第廿七条　山保有通知坟主无迟滞赴局登记之义务。

第廿八条　山保知有第二十四条至第二十六条情形，有通知举报之义务。

第廿九条　违反前二条义务，即不得以山保资格而为保证人。

第三十条　因声明异议而不为登记，或发见有第二十六条情形涂销其登记者，所缴各费概不发还。

第卅一条 已领有登记完毕证者，若有买卖赠与时，须为移转之登记。声请移转登记，征费与第十八条同。

第卅二条 遇有迁改减失或面积增减或地名变更时，须向原登记局声明之。

第卅三条 阅览登记，每次征费一元。

第卅四条 本章程所定期间不得展延之。

第卅五条 本章程自公布日施行。

据《大元帅指令第二五八号》，载广州《陆海军大元帅大本营公报》第八号，一九二四年三月二十日

准《银毫出口护照条例》

（一九二四年三月二十七日）

大元帅指令第二八五号

令大本营财政部长叶恭绰

呈为《银毫出口护照条例》业经财政委员会议决，仍祈核准施行由。

呈悉。准即如拟施行。此令。

（中华民国陆海军大元帅之印）

中华民国十三年三月廿七日

据《大元帅指令第二八五号》，载广州《陆海军大元帅大本营公报》第九号，一九二四年三月三十日

附：银毫出口护照条例

第一条 商民携带或寄运银毫出口，满五十元以外，即须赴大本营财政部领取银毫出口护照。

第二条 领取银毫出口护照，须缴纳护照费百分之二。

第三条 银毫出口护照，不论银数多少，每张贴印花税票一元。

第四条 未经领取护照出口银毫，一经查出，除充公外，并将携带或寄运之

人严行究办。但不满五十元者，不在此例。

第五条　领取银毫出口护照，须将实数报明，不得以多作少。如犯以上情弊，一经查出，全数充公。

第六条　本条例自十三年三月二十一日施行。

据《银毫出口护照条例》，载一九二四年三月十二日《广州民国日报》（三）

准《权度检定所暂行章程》

（一九二四年三月二十八日）

大元帅指令第二九〇号

令大本营建设部长林森

呈为缮送《权度检定所暂行章程》，乞予备案由。

如呈备案。章程存。此令。

（中华民国陆海军大元帅之印）

中华民国十三年三月廿八日

附：权度检定所暂行章程

（一九二四年三月二十六日呈）

第一条　权度检定所隶属于建设部，掌检定及查验各种权度器具事务。

第二条　权度检定所置职员如左：

一、所长。

二、检定员。

三、事务员。

前项职员得以部员兼充之。

第三条　所长承建设部长之命，综理全所事务，监督所属职员。

第四条　检定员承所长之命，分理事务如左：

一、关于副原器标准器之检定、查验及錾印事项。

二、关于官用民用权度器具之检定、查验及錾印事项。

第五条　事务员承所长之命分理事务如左：

一、关于收发、撰拟文件、保管卷宗及典守关防事项。

二、关于编制统计报告及填写表册事项。

三、关于收支款项及编制预算决算事项。

四、关于管束仆役及其他一切庶务事项。

第六条　检定员、事务员之员额由所长酌拟呈部核定。

第七条　权度检定所任用职员时，由所长呈部核准。

第八条　权度检定所因事务之必要，得置检定生、书记及其他雇员，其员额由所长酌拟呈部核定。

第九条　权度检定所每月须将所办事务详细报部，以资考核。

第十条　权度检定所每月应将其上月支出计算书，连同凭证单据，呈部汇送审计局审查。

第十一条　权度检定所办事细则另定之。

第十二条　本章程自公布日施行。

据《大元帅指令第二九〇号》，载广州《陆海军大元帅大本营公报》第九号，一九二四年三月三十日

令遵行《民团备价请领枪弹暂行细则》及章程

（一九二四年四月三日）

大元帅训令第一三二号

令广东省长杨庶堪

为令行事：据广东人〔兵〕工厂长马超俊呈称：“窃厂长日前拟具扩充职厂计划，及民团军队备价请领枪弹一案，经呈奉钧座令字第四十九号内开：‘呈及清折均悉。所陈整顿扩充厂务办法，尚属妥协，应予核准。仰即总续妥筹办理，随时分别呈报查核。此令。清折存’等因。奉此，厂长遵即依照扩充计划，次第

筹办，以期仰副钧座注重军实之至意。惟是厂长对于民团，尚有无穷之希望。兹谨为钧座略陈之：今者，地方警察尚未遍设，而军队又为国防之用，训练民团最为重要。各县县长职司守土，负有专责，每月自应派委熟悉军事人员分赴各乡，施以适当之军事教育。并因势利导，实行宣传吾党三民主义，期粗知军学及自身应尽之职责，咸使晓然吾党之精神，成为无数有主义之民团，直接可以保护地方，间接可以捍卫国家，即将来出师北伐，亦无后顾之忧。至于检〔枪〕弹，乃事关军实，各县民团来厂请领，亦须有一定之程序，方足以资遵守，以杜流弊。谨拟具《民团备价请领枪弹暂行细则》及照录《民团备价请领枪弹暂行章程》，恳请钧座令饬广东省长转令所属，一体遵照，除将筹办情形随时呈报外，理合具文连同暂行细则及章程共三份，呈请鉴核，伏乞俯赐分别存转，实为公便"等情。据此，除指令照准外，合行抄发原细则及章程，仰该省长即便转饬所属一体遵照办理。此令。

计抄发原细则、章程各一份。

（中华民国陆海军大元帅之印）

中华民国十三年四月三日

据《大元帅训令第一三二号》，载广州《陆海军大元帅大本营公报》第十号，一九二四年四月十日

批准《民团备价请领枪弹暂行细则》及章程

（一九二四年四月三日）

大元帅指令第三一三号

令广东兵工厂长马超俊

呈拟《民团备价请领枪弹暂行细则》及章程，乞饬省长转令所属一体遵照由。

呈及细则、章程均悉。候令行广东省长饬属一体遵照可也。细则、章程存。此令。

（中华民国陆海军大元帅之印）

中华民国十三年四月三日

附一：各县民团备价请领枪弹暂行细则

（一九二四年三月二十九日呈）

第一条　凡民团在本厂具领枪弹，由该民团长呈请该管县长转呈省长发给护照。该护照先行填明领枪弹总数（如该民团请领枪一百枝、弹二万颗，护照如数填明。本厂每次发给若干即填明若干），俟领运完竣，即由该民团长呈缴该管县署转呈省长核销，以杜流弊。

第二条　凡民团备价来厂请领枪弹，须呈请该管县长发给公文，填明具领枪弹数目，连同省长护照，由领枪弹者直接带到本厂。如无该管县长公文暨省长护照者，本厂得拒绝其请求。

第三条　凡民团来厂请领枪弹，除缴枪弹价外，并无何项费用，但运费须自备。

第四条　凡民团在本厂具领枪弹，所经地方遇有军警关卡，随时呈报，查明枪弹数目相符，应即放行。

第五条　本细则如有未尽事宜，得随时修改，并呈明查核。

附二：民团暨军队备价请领枪弹暂行章程

（一九二四年三月二十九日呈）

甲、民团备价请领新枪暂行章程

（一）民团领枪，须先报由该管县官转呈省署，呈由大元帅令行本厂，方为有效。

（二）七九步枪每枝定价一百六十元，子弹另购，以二百颗为限，每百颗二十元。

（三）凡定造枪枝，如奉有帅令核准者，应将枪价先行缴纳，一个月内准先发给枪枝二成，其余三个月内，新厂成立，分次给领。

（四）所有枪费，悉数缴交本厂指定代收之银行。所出枪枝，由本厂直接分给领用。

（五）所有发出新枪，均由水厂加盖火烙，书明民团枪枝字产并编列号码，然后解送，以免混乱，而便查考。

（六）各乡团领枪之后，应将枪枝数目号码，开列清册，呈缴该管县长备案。每年每枪缴纳查验牌照费二元，两次缴纳，以示限制，而杜流弊。

（七）民团领枪，须由团长负责，再由县长呈请省署核准，由县长负责。

（八）凡新县长到任后，半个月内，应派委员前往各乡点验枪枝，如有少欠而无正当理由，及不依照定章随时呈报者，为该团长负责。

（九）凡新团长接管团务，限半个月内，将枪械数目报请县长派员点验。

（十）各县民团领得枪枝子弹，原系自卫起见，不得接济匪徒，或寻仇械斗。更不得转售暨借或赠与他人，如查有上项情弊，定即分别严究。

（十一）各县民团，领得枪枝，如有遗失，应即详叙事由，报请县公署核明，转呈省长公署，分别核办。其子弹如有消耗时，亦应随时报由县公署按月汇呈省公署核销。

乙、各军备价定造枪枝暂行章程

（一）各军备价定造枪枝，仍照向例，先行呈请大元帅核准，令行本厂，方为有效。

（二）所有枪价，应先缴交来厂，以便采办材料，开始鼓铸。

（三）新厂未成立以前，如各军能于一次先行缴足五百枝以上枪价者，准予优先权利，每枝只收回枪价七十五元，子弹另计。如新厂成立之后，各军备价造枪，每枝收价银一百元。

（四）各军定造枪枝，须根据帅令之先后，挨次代造，均于三阅月后，依照认购数目，分次按数匀抽，以免此多彼少。

（五）各军备价订购本厂之枪只〔枝〕，限拨归各该本军自用，如有藉军队名目，代民团购买或转卖与民团，假公济私，希图私利等事情，一经查确，即将该军所订购之枪枝，呈请帅座停发，并严办该军作弊之人，以儆效尤，而杜流弊。

（六）其余章程，悉照旧厂现行条例办理。

以上为暂行章程，如未尽善，得随时修正，呈明核夺施行。

据《大元帅指令第三一三号》，载广州《陆海军大元帅大本营公报》第十号，一九二四年四月十日

批《广东酒精类印花税暂行章程》

（一九二四年四月四日）

大元帅指令第三二〇号

令大本营财政部长叶恭绰

呈报撤消广东全省奥加可捐，改归部办，施行印花税，录送章程，乞予察核备案由。

如呈备案。章程存。此令。

（中华民国陆海军大元帅之印）

中华民国十三年四月四日

附：财政部取缔广东全省奥加可（即酒精）暂行章程

（一九二四年三月三十日呈）

第一条　奥加可（即酒精）本属燃料，重性最烈，内地奸商，往往以奥加可搀合，制成轰烈品，于公安大有妨碍，自应严加取缔，特设经理处试办，其试办区域，暂以广东省为限。

第二条　凡专卖或兼卖奥加可，各商号均应向经理处领有牌照，方得贩卖，每牌照一张，准予一次过收回手数料银一元，如牌照遗失或污损时，准予补换，若营业者废业时，须将牌照缴还注销，所收此项手数料，以八成缴部、二成归经理处。

第三条　凡贩卖奥加可行商店号，应于大帮买入时，先行报由经理处，购贴奥加可类印花税票，每奥加可一百斤（照司码秤十六两为一斤算），应贴印花税票二元（该税款由卖家带征准重于发售时加回价内取偿），并领取报单，所有斤两年月日期均须注明单内。该奥加可起卸及运出境时，必须随同报单、印花税票，沿途经过各厂一律挂号报验，一经货单相符，即行加盖分处经验图记于单上，即照放行，不再重征，倘无报单同运，或有单而轻重数目不符，应作走私论，按章处罚。

第四条　贩卖奥加可行商店铺，从前购存之奥加可，应于经理处开办日起，限十日内赴经理处，报明存货斤两数目，遵章购贴奥加可类印花，填注报单，如有瞒报隐匿，一经查获，照章罚办。

第五条　凡贩卖奥加可行商店铺，零星发沽，或用樽装载，应由该经理处刊刷印花税票，于卖出时粘贴樽口，俾便稽查。该票式样，由经理处拟定，呈部核办。

第六条　各贩卖奥加可行商，于大帮买入清缴税款后，复行将原货或分发转卖出境，应即报由经理处给发销号单票，俾便领运。

第七条　外处输入奥加可，贩商应于报关时，一并报由经理总分处，即日照章购贴奥加可类印花，方得将货起卸。

第八条　取缔奥加可，应用三联报单（一联交商人，一联缴部查核，一联由经理处存查）以及应设各种查验放行票，均应由经理处拟具式样，呈候核定，由经理处刊印编号，呈缴本部盖印，发还填用，仍将截存单根，按月呈缴察核。

第九条　如查有商人运货瞒匿走漏，准经理处将货扣留，除饬照章补贴奥加可印花外，另照原额应贴奥加可印花税款五倍处罚。再犯者倍之，三犯者又倍之。三犯以外，得停止其营业。倘有串同军队地痞，恃强闯越，准经理处呈请，就近地方官长严拘究办，以杜弊端。

第十条　凡缉获瞒报走私奥加可，不遵处罚者，经理处应即先行呈报本部，听候核明，令饬将货没收充公，不得先变后报，致滋弊混。

第十一条　所收罚款，以及没收充公奥加可变价银数，均以五成充赏线人，二成归处，三成解部。至所用罚款联单，并由经理处拟定式样，呈部核定，饬由级理处印刷编号，呈部盖印，发还填用。按月截存单根连同罚款，呈缴核销。

第十二条　贩卖奥加可各行商店号，应于经理处开办十日内，赴经理处领有牌照，方得发沽。如逾限不领，系属有意抗延，应处以十元以上、三十元以下之罚金。

第十三条　经理处稽查人等执行职务，查缉奥加可，以及入店检查，均应由经理处给发证章配带。并须知会当地军警，协同办理，免滋误会，以防流弊。

第十四条 本章程系暂行办法，如有未尽事宜，随时由本部修改之。

第十五条 本章程自公布日施行。

据《大元帅指令第三二〇号》，载广州《陆海军大元帅大本营公报》第十号，一九二四年四月十日

关于发国民党党证之规定

（一九二四年四月七日）

一、自四月一日起至十二日止，每日上午九时至十二时，下午二时至五时，为发党证时间，四月十八日以后则随到随发。

二、凡党员必先到区分部，将党员调查表照式填妥，由区分部发回调查完毕证，即携此完毕证到本会领取党证。

三、除自行到会领取外，如因职务上关系不能自行到会领取时，可将本人相片及调查完毕证交与所属之区党部或区分部常务委员，由常务委员汇齐，到会代领。①

四、凡党员领党证者，必须携备本人半身二吋软胶相片二张，由本会发党证处将相片贴入党证之内，打一水印，编列号数，随即发还本人。

五、领党证者到本会发党证处挂号，按次发给，庶免拥挤。

六、违反以上规定者，概不发给党证。

中国国民党中央执行委员会

据《国民党第一届中央执行委员会第十八、十九次会议录》（一九二四年三月三十一日、四月七日），载北京《近代史资料》总七十六号，北京，中国社会科学出版社一九八九年十二月出版

① 此件由国民党组织部于一九二四年三月三十一日向国民党第一届中央执行委员会第十八次会议提出草案，在四月七日第十九次会议上，经由孙文最后决定，将第三条原定的“凡党员必须亲到本会领取党证，不能假手别人”改为此条文。此件以“中国国民党中央执行委员会”名义发表。

准《广州市权度检查执行规则》

（一九二四年四月十二日）

大元帅指令第三四八号

令大本营建设部长林森

呈为令同内政部拟订《广州市权度检查执行规则》，呈乞核准施行由。

呈悉。所拟《广州市权度检查执行规则》十四条，大致尚属妥协，惟第六条末句应改为“分别加錾五或一两种字样”，文义较为明晰。余均如所拟施行。仍咨内政部知照。折存。此令。

（中华民国陆海军大元帅之印）

中华民国十三年四月十二日

附：广州市权度检查执行规则

（一九二四年四月九日呈）

第一条　凡官用及营业用权度器具应依本规则所定，实行检查。

前项规定于各商场，及门摊零售、各小商业所用之权度器具，亦适用之。

第二条　权度器具之检查，每年定期施行一次，但于必要情事之临时检查及第一次之特别检查，不在此限。

第三条　应行检查之区域及其日期，由权度检定所会同警察官厅，先期通告。

第四条　凡应检查之权度器具，由检查人员率同警察，于每日业务时间内，亲往各户检查。

第五条　名〔各〕该区域内，已行检查后新设或迁移之厂肆铺户等，应遵该区警察官厅之通知，将营业上应用之权度器具，呈请补行检查。

第六条　第一次检查之特别图印，依照《权度法施行细则》第五十一条及五十二条所定之年限，分别加錾篆书五或一两种字样。

第七条　每年定期检查所用图印，依照年历，加錾各该年份之数目字样。

第八条 凡权度器具之检查，概不收费。

第九条 权度检定所应于每届年终，将本年检查情形及其结果，详报建设部。其第一次特别检查竣事时，亦同。

第十条 各该区域内，已行检查之各厂肆铺户，不将〔得〕使用未经检查錾印之权度器具。

第十一条 对于已经检定或检查錾有图印之权度器具，疑有增损不合之情弊时，得由权度检定所会同警察执行临时检查。

第十二条 伪造检查所用图印或冒用伪造之检查图印者，处以十元以上、五十元以下之罚金。

第十三条 违背第十条之规定者，处以五元以下之罚金。

第十四条 本规则自核准公布之日施行。

据《大元帅指令第三四八号》，载广州《陆海军大元帅大本营公报》第十一号，一九二四年四月二十日

批《修正大本营军政部官制草案》《海陆军审计条例》及经常临时费用等表

（一九二四年四月十六日）

前据该部先后呈送《修正大本营军政部官制草案》、《海陆军审计条例》及经常临时费用等表，均经详阅。所拟官制尚属可行，审计条例已经核定，饬由大本营参谋处抄达。至费用各款，自属要需，惟刻当经济困难，准按月暂先发给二万元，由财政委员会交中央军需处转给备用，即仰该部长妥为分配，撙财济用，督率员司克恭厥职。除分行财政委员会、中央军需处遵办外，特令遵照。此令。

据《帅令筹给军政部经费》，载一九二四年四月十六日《广州民国日报》

批复《修正禁烟条例》

（一九二四年四月十八日）

大元帅指令第三六七号

令禁烟督办鲁涤平

呈为遵令呈复及拟《修正禁烟条例》由。

呈悉。此令。

（中华民国陆海军大元帅之印）

中华民国十三年四月十八日

据《大元帅指令第三六七号》，载广州《陆海军大元帅大本营公报》第十一号，一九二四年四月二十日

公布《陆海军审计条例》

（一九二四年四月二十日）

大元帅令

兹核定《陆海军审计条例》公布之。此令。

（中华民国陆海军大元帅之印）

中华民国十三年四月二十日

附：陆海军审计条例

第一条　军政部审查手续，依本法施行。

第二条　军政部对于陆海军各种经费出纳及军用物品与军有产业之保管处理，应行审定之事项如左：

一、各陆海军及机关会计年度之预算、决算。

二、各陆海军及机关每月现金之收支概算、计算。

三、陆海军特别会计之收支概算、计算。

四、各陆海军及机关军用品之收支概算、计算。

五、军有产业之保管、处理及买卖建筑事项。

六、命令特定应经军政部审定之收支概算、计算。

第三条　军政部审定各陆海军及机关之计算、决算、编制、审计报告书呈报大元帅，必须记载之事项如左：

一、各陆海军及机关呈报预算、决算之金额，与发款机关报告支付之金额是否相符。

二、各陆海军及机关岁出之支用，并官有物品之买卖及利用，是否与帅令之核定及预算相符。

三、有无超过预算及预算外之支出。

四、有无不经济之支出。

第四条　军政部审定各陆海军及机关之计算、决算，应将其审计之成绩呈报大元帅。其认为法令上或经理上有应行改正事项者，得并呈其意见于大元帅。

第五条　中央军需处及其他发款于陆海军及机关之官署，于每月经过后，应将上月支付各陆海军及机关之金额，列表送军政部审核备查。

第六条　各陆海军及机关，于每月五号以前，编造本月份预算送军政部备核。

第七条　军政部审核各陆海军及机关月份计算书，如有疑义，得行文查询之。

第八条　各陆海军及机关遇有前项之查询，须迅速答复。

第九条　军政部审计局之审查，由部长核定之。

第十条　军政部审计支出款项，认为应负赔偿之责者，须分别呈报大元帅核夺，或由军政部行知该机关主管长官限期追缴。除大元帅特免外，该主管长官不得为之减免。

第十一条　军政部关于审计事项，得编定关于审计上之各种证明及书式，分别呈报大元帅核定或分行之。

第十二条　军政部审查完竣事项，自议决之日起五年内，发见其中有错误、遗漏、重复等情事者，得为再审查；若发见诈伪之证据，虽经过五年后，亦得为再审查。

第十三条　军政部对于审查事项认为必要时，得行委托审查。受委托之军官，须将其审查情形报告备核。

第十四条　军政部之审计报告书，随时呈报大元帅，发交审计院存查。

第十五条　本条例自奉大元帅核定之日施行。

据《大元帅令》，载广州《陆海军大元帅大本营公报》第十一号，一九二四年四月二十日

准援用《国籍法》并修改施行细则

（一九二四年四月三十日）

大元帅指令第四〇九号

令大本营内政部部长徐绍桢

呈请准援用《国籍法》，并恳修改施行细则[①]由。

呈悉。《国籍法》既系六年以前[②]所公布，自属有效。施行细则[③]准如所拟修改，仰即由部咨复广东省长转饬督〔警〕务处遵照可也。折存。此令。

（中华民国陆海军大元帅之印）

中华民国十三年四月三十日

据《大元帅指令第四〇九号》，载广州《陆海军大元帅大本营公报》第十二号，一九二四年四月三十日

① 《国籍法》及《国籍法施行细则》均缺。

② “六年以前”，系指民国六年国会解散以前。该《国籍法》于一九一二年十一月公布，一九一四年十一月修正。

③ 《国籍法施行细则》于一九一三年十一月公布，一九一五年二月修正。今次再度修正，更变内容有二：一、原细则规定，凡中国人已入外国国籍者，限于《国籍法》施行之日起六个月内禀明，由于时限早已失效，现修正为“自此次大元帅批准之日起，六个月内遵照第八条规定办理”。二、原条文中有“内务部”字样，与今官制名义不合，故修正为“内政部”。

批组办北柜官运及《北江银行草案》

（一九二四年五月三日）

大元帅指令第四二五号

令两广盐运使赵士觐

呈拟办北柜[①]官运及北江银行缮具草案，请核令祇遵由。

呈及草案均悉。所拟组办北柜官运及北江银行各节，尚属可行。惟不得发行纸币，以杜流弊。着新任运使审核办理。草案存。此令。

（中华民国陆海军大元帅之印）

中华民国十三年五月三日

据《大元帅指令第四二五号》，载广州《陆海军大元帅大本营公报》第十三号，一九二四年五月十日

批准《法制委员会处务规则》及《法制委员会会议规则》

（一九二四年五月八日）

大元帅指令第四四一号

令法制委员会委员长戴传贤

呈送处务规则、会议规则，乞察核备案由。

呈及规则均悉。准予备案。规则存。此令。

（中华民国陆海军大元帅之印）

中华民国十三年五月八日

① 两广盐运使赵士觐在呈文中注明，“北柜”即广东北江南韶连各属及赣南、湘南各引地之统称。

附一：大本营法制委员会处务规则

（一九二四年五月一日呈）

第一条　本会事务除由规程明定外，悉依本规则处理之。

第二条　本会分左列二组：

第一组，掌拟订或审定关于法律事项。

第二组，掌拟订或审定关于行政制度事项。

第三条　委员长及委员，须担任一组或两组事务。

第四条　委员长或委员，对于各种法制认为有拟订之必要时，得提出本会，经可决后再依组织分任起草。

第五条　大元帅及各部院送交审查之法制案，应由委员长依其性质交主管组审查后，提出本会讨论。

第六条　本会之议决案件，应由秘书整理付印，分送各委员。

第七条　本会公文，除对于大元帅用呈外，概以公函行之。

第八条　委员长辞职或离职至三月以上时，由本会委员另行推选。

委员长因事请假时，得托委员一人代理。

第九条　委员长对于本会秘书处职员有监督指挥之权。

第十条　秘书处分左列二股：

一、文牍股。

二、庶务股。

第十一条　文牍股职掌如左：

一、拟选〔撰〕保存收发文件事项。

二、记录编订印刷议案事项。

三、典守印信事项。

四、管理图书事项。

第十二条　庶务股职掌如左：

一、编制预算决算事项。

二、经费出纳事项。

三、购置及保存物品事项。

四、其他庶务事项。

第十三条　秘书承委员长之命，掌理秘书处事务。

事务员承长官之命，分掌各该股事务。

雇员承长官之命，缮写校对各项文件。

第十四条　文牍股接受文件时送由秘书转送委员长核阅，分交各主管人员办理。

第十五条　各股拟办文件，应送由秘书核阅转送委员长判行。

第十六条　委员长判行后，发交文牍股缮校挂号，分别印发归档。

第十七条　秘书处除星期日及例假外，每日上午九时至十二时，下午一时至五时，为办公时间。

第十八条　秘书处职员出勤及散值，均须签名于勤务部。因事故不能出勤时，应预先请假，但因公出差者，不在此限。

第十九条　本会会议规则另订之。

第二十条　本规则有未尽事宜，得修正之。

第廿一条　本规则自议决日施行。

附二：大本营法制委员会会议规则

（一九二四年五月一日呈）

第一条　本会会议于每星期二、五下午二时举行，但有特别事故时，得由委员二人以上之提议，由委员长召集临时会议。

第二条　本会议由委员长主席，秘书记录。

委员长因事缺席时，由委员公推一人主席。

第三条　本会议开会时，应备议事录记录开会日期、出席人数及议决事件等项。

第四条　本会议议决下列各事项：

一、大元帅发交之件。

二、各部院送交之件。

三、本会委员提议之件。

第五条　担任审查或起草之委员，于审查或起草完竣时，先交委员长付印，分送各委员审阅，于会议席上公决之。

第六条　本会议每次开会，应由秘书商承委员长编列议事日程，连同审查案或草案于两日前分送各委员。

第七条　本会议以有全体委员三分二以上之出席，方能开会。

第八条　本会议于开会时，按议事日程依序讨论，但有临时动议而经出席委员过半数之同意者，得变更议事日程。

第九条　提议各案有一次不能议决者，应由委员长宣告延会。

第十条　本会议以出席委员三分二以上之同意议决之。

第十一条　本规则有未尽事宜，得修正之。

第十二条　本规则自议决日施行。

据《大元帅指令第四四一号》，载广州《陆海军大元帅大本营公报》第十四号，一九二四年五月二十日

准修正《财政部官制》第八条第二项

（一九二四年五月八日）

大元帅指令第四五四号

令大本营财政部长叶恭绰

呈请将该部官制第八条第二项“盐税”二字删去，以符制度由。

呈悉。准如所拟修正，以符制度。此令。

（中华民国陆海军大元帅之印）

中华民国十三年五月八日

据《大元帅指令第四五四号》，载广州《陆海军大元帅大本营公报》第十三号，一九二四年五月十日

批准《管理药品营业规则》及《检查药品规则》

（一九二四年五月八日）

大元帅指令第四五五号

令大本营内政部部长徐绍桢

呈送管理药品营业暨检查药品规则，请予备案由。

如呈备案。规则存。此令。

（中华民国陆海军大元帅之印）

中华民国十三年五月八日

附一：管理药品营业规则

（一九二四年五月三日呈）

第一条　凡经售或配制药品之营业者，分为左列二种：

一、卖药商。

二、制药商。

第二条　卖药商，不拘零卖整卖，系指贩卖国内各省区生熟药材、膏丹、丸散，或输入外国药品，而经理售卖之营业者而言。

第三条　制药商系照向来成方或独自秘传之处方，配合药料制造而成之药品，以之出售，不拘用何名称，凡膏丹丸散等有医治疾病之效能者，皆属之。其有类似药品，不能断定其属于何种者，由内政部决定之。

第四条　卖药商、制药商，均应呈请内政部注册，详开左列事实，领取特种营业执照，或呈由地方主管官署转报核办：

一、营业人姓名、籍贯、住址。

二、商店字号及所在地。

三、设立年月，有无分支店。

四、营业种类。

第五条　特种营业执照，依左列定额缴费：

一、制药商，十元。

二、甲种卖药商　开设一定之店肆，以卖药为全部分或大部营业者，十元。

三、乙种卖药商　开设一定之他种店肆兼营卖药者，四元。

兼营卖药与制药者，须领取两种特种营业执照，其设有分支店时亦同。

医生兼营卖药商、制药商之业者，均应遵照本条规定，分别注册领照，并遵照本规则各条办理。

第六条　卖药商如系兼营配合西药之药房，并应延用曾经注册之药剂师，遵照《管理药剂师规则》办理。

《管理药剂师规则》另订之。

第七条　卖药商除照注册医生签字之处方配合外，不得将毒药剧药轻售与人。但因职业上之必要时，应令购买者将姓名、职业、住所及所购药品名称、数量，与其使用之目的，逐项开列存查，以备稽考。

第八条　毒药剧药之品名，别以部令定之。

第九条　药品营业者关于生熟鸦片药料，及一切含有吗啡、高根、安洛因等质药品之售卖散布，应遵依另颁之《取缔章程》办理，并将制造、购入、售出、用途等项，随时列册详记，以备查考。

第十条　制药商应将本规则第三条所列各项自制药品，详开左列事实，呈请内政部注册，领取证书，或呈由地方主管官署转请核办：

一、药品名称。

二、用法。

三、服量。

四、效能。

第十一条　药品注册证书，每种收证书费一元。

第十二条　制成药品中，如查有糁合他种药质，不适于人体卫生或有危害之虞者，内政部应拒绝其注册。

第十三条　制成药品内含有毒性剧性药品及吗啡等质者，制药商应于呈请注册时，一并声明。

第十四条 本国自制发明或改良之药品，经内政部考验认为合格者，分别给予奖励。其奖励之法如左：

一、营业上之奖励给予执照，许其所制之药品，于五年以内得专卖之。此项奖励年限，自给照之日起算。

凡此项奖励，内政部应将药品名称及制药商之姓名、商号，于公报公布之。

二、名誉上之奖励给予褒状或匾额。

《褒状条例》及详细办法另订之。

第十五条 凡领有注册证书之药品，他人不得质造仿冒。如有此种情事发生，得由制药商呈请内政部出示严禁。

第十六条 卖药商、制药商如有承顶让卖情事，应分别呈请换领执照或证书。如迁移营业地点，应呈报内政部或呈由地方主管官署转报备案。

第十七条 特种营业执照及药品注册证书遗失或污损时，得声明理由，补领换领。其换领者，须将原领执照同时缴销。

第十八条 卖药商、制药商歇业时，须报明内政部，或报由地方主管官署转报，将原领执照证书注销。

第十九条 补领换领执照费，每张定为二元，证书费一元。

第二十条 卖药商、制药商应将特种营业执照，悬于商店易见之处。制药商并应编造成药品目录，详载注册证书年月日号数，以备查考。

第廿一条 本规则施行后，如无特种营业执照，而为卖药商或制药商之营业者，除饬令缴费领照外，得处以二十元以上、二百元以下之罚金。

第廿二条 本规则施行后，如无药品注册证书，而将其制成药品发卖者，得处以二十元以上、二百元以下之罚金。

第廿三条 关于本规则第廿一条、第廿二条之规定处于罚金时，对于该营业者，应先发通告书，并于其遵纳罚金时，给予罚金收据。

第廿四条 凡抗纳罚金者，内政部得酌量情节之轻重，停止营业或没收其药品。

第廿五条 本规则施行前赋课征收之关于药品各税，与本规则所定之收费性质不同者，不因本规则施行则失效力。

第廿六条　在本规则施行前，各省地方官厅关于取缔药品营业者之各项规章，与本规则不抵触者，仍继续有效。

第廿七条　本规则施行细则及执照、证书、罚金、收据各式，以部令定之。

第廿八条　本规则如有未尽事宜，由内政部随时增修，呈请大元帅核准后公布之。

第廿九条　本规则自呈奉大元帅核准公布之日起施行。

附二：检查药品规则

（一九二四年五月三日呈）

第一条　依《管理药品营业规则》第三条所规定之药品，曾经内政部核准注册者，该制药商应于药品制成发售时，贴用内政部药品检查证，俾资识别，而辨真伪。

第二条　药品检查证由内政部制就颁发，分为左列五种：

甲、每种药品定价在五元以上、十元未满者　　二角蓝色。

乙、每种药品定价在一元以上、五元未满者　　一角紫色。

丙、每种药品定价在五角以上、一元未满者　　二分红色。

丁、每种药品定价在二角以上、五角未满者　　一分绿色。

戊、每种药品定价在未满二角者　　半分赭色。

前项定价就每种制成药品发售之单位计之。

第三条　制药商应按照制成药品定价，购领药品检查证，在于药品容量器或包纸之上，照额贴足，加盖该商图记。其药品装置之法，务须严密封固，使令非将检查证撕破不能将药取出。

第四条　药品检查证由内政部或其隶属之地方主管官署发行，不交商店代售，以防流弊。凡制药商购领时，须将所领药品注册证书、号数，一并报明，倘有疑义，并得由部派员实地检查，以昭核实。

第五条　卖药商不得售卖左列药品：

一、未贴药品检查证者。

二、检查证未照药品定额贴足者。

三、药品检查证之上未经加盖制药商图记者。

第六条　凡贴用药品检查证之药品，如日后将药品定价加增售卖时，其检查证亦须比照加贴，但加价未超过原价之一半时，得免除之。

第七条　药品检查证贴用后，如因日久药性改变，或有别种原因不能销售，意欲变换装置，得将旧贴检查证之药品呈核，掉换新证。但须有左列情形之一者，不在此限：

一、所贴检查证合计不满五元者。

二、药品装置不合法者。

三、旧贴检查证未照定价贴足者。

四、旧贴检查证已经损伤污坏者。

第八条　凡将旧贴检查证换领新检查证者，应详开左列事项，连同药品呈缴内政部，或其隶属之地方主管官署：

一、旧贴检查证之药品名称、数量及定价。

二、旧贴检查证合计总数。

三、请领新检查证之种类各若干枚。

第九条　内政部或其隶属之地方主管官署接到前条之请求，如果检验无误，应即涂毁旧证，当场将新证换给发还。其旧证与新证换领之比例额，应准作八成计算。

第十条　伪造或改造药品检查证者，照《印花税法》第二十一条处罚。

第十一条　制药商违反本规则第一条之规定者，得处以二十元以上、二百元以下之罚金。违反第三条之规定者，得处以五元以上、五十元以下之罚金。

如一次查出漏贴药品检查证违〔达〕于五十元以上之金额者，照漏贴金额之十倍比例科断。

依本条之规定除处罚外，应令该制药商照数补贴药品检查证。

第十二条　卖药商违反本规则第五条一项之规定者，得处以十元以上、一百元以下之罚金。

违反第五条二项、三项规定之一者，得处以一元以上、二十元以下之罚金。

依本条之规定除处罚外，应令该卖药商分别补贴药品检查证或加盖商号图记。

第十三条　关于本规则第十一条、第十二条之规定处以罚金时，对于该营业者应先发通告书，并于其遵纳罚金时，给予罚金收据。

第十四条　凡抗纳罚金者，内政部得酌量情节之轻重，勒令停止营业，或没收其药品。

第十五条　本规则之施行期，以部令定之。

据《大元帅指令第四五五号》，载广州《陆海军大元帅大本营公报》第十三号，一九二四年五月十日

准《航空局暂行军律草案》

（一九二四年五月十六日）

大元帅指令第四八二号

令大本营军政部长程潜

呈复《航空局军律》暂属可行等情由。

呈及草案均悉。该《航空局暂行军律草案》，既据审查暂属可行，仰该部长即转饬该局查照施行可也。草案存。此令。

（中华民国陆海军大元帅之印）

中华民国十三年五月十六日

附：航空局暂行军律草案

（一九二四年五月十三日呈）

一、本军律凡本局人员上自官长下至士兵，以及临时雇用者，悉受其范围制裁。

二、凡本局人员既受职后，如欲辞职或离职时，非得局长批准认可后，不得擅离职守。

三、凡本局人员有犯本律及其他现行法者，均得由局长组织临时裁判处审判之。

四、凡本局人员有不遵守普通命令，或违抗上官之特别命令者，处三等有期徒刑；或因违背命令之故，以致损失本局公物及损害他人身体者，处二等有期徒刑；或更伤害他人性命者，应由临时裁判处处一等有期徒刑或死刑。

五、在战事时期有不服从普通命令或上官之特别命令者，得处以死刑。

六、凡本局人员奉命办理公务，若发生欺伪报告，处三等有期徒刑；如在战事时期有犯此种事情者，得处以死刑。

七、凡本局职员受有命令而故意造成障碍以图延滞及规避者，由临时裁判处处以无期徒刑或死刑。

八、凡本局人员有违反哨令者，处五等有期徒刑；军中或戒严地域，处四等有期徒刑；敌前处三等有期徒刑。

九、凡本局人员或有意谋害及侵犯长官事情者，处一等有期徒刑；若在战时，得由临时裁判处处以无期徒刑或死刑。

十、凡本局人员有犯抢劫奸淫等罪，或滥毁他人财物者，得由临时裁判处处以无期徒刑或死刑。

十一、凡本局人员擅将飞机或其他公物滥行使用及毁坏者，应由临时裁判处处以无期徒刑或死刑。

十二、凡本局人员除因执行职务或自卫时有滥用本局军器者，得由临时裁判处处以无期徒刑或死刑。

十三、凡本局人员如有擅离职守或弃职潜逃者，得由临时裁判处处以无期徒刑或死刑。

十四、凡本局人员如有兼受他国职务或将本局机密计划及军事消息与夫秘密图本，洩漏于他国或他人者，应由临时裁判处处以无期徒刑或死刑。

十五、凡本局人员有图谋破坏本局情事，使局员解体，希图离间使他人辞职，而致害本局进行者，应由临时裁判处处以无期徒刑或死刑；或有联同罢职以图要挟者亦如之。

十六、凡本局人员有在外犯国家现行法或其他军法，为本军律所未载者，均按其所犯之法之规定处之。

十七、凡本局人员故意行为，或不为一事致损伤本局信用及名誉而害及本局，为本军律所未及者，应由临时裁判处处以相当之罪。

据《大元帅指令第四八二号》，载广州《陆海军大元帅大本营公报》第十四号，一九二四年五月二十日

批《禁烟督办署组织大纲》及办事细则

（一九二四年五月二十六日）

大元帅指令第五一六号

令禁烟督办鲁涤平

呈为遵令改拟组织大纲暨办事细则，乞予核准备案由。

如呈备案。大纲暨细则均存。此令。

（中华民国陆海军大元帅之印）

中华民国十三年五月廿六日

附一：禁烟督办署组织大纲

（一九二四年五月二十日呈）

第一条　禁烟督办署分设总务厅、督察处。

第二条　总务厅分设四科，督察处分设三科。各科依照本纲规定，职掌办理。

第三条　总务厅第一科，职掌如左：

一、关于拟撰文件及保存事项。

二、关于收发文件及保管案卷事项。

三、关于典守印信事项。

四、关于纪录职员进退事项。

五、关于其他不属各科事项。

六、关于全署庶务事项。

第四条　总务厅第二科，职掌如左：

一、关于经费出纳及编造预算决算事项。

二、关于稽核所辖各机关财政事项。

第五条　总务厅第三科，职掌如左：

一、关于赏罚考绩事项。

二、关于调查统计事项。

第六条　总务厅第第四科，职掌如左：

一、关于戒烟药料之收缴及给价事项。

二、关于戒烟药品之验制事项。

三、关于戒烟药品之专卖事项。

第七条　督察处第一科，职掌如左：

一、关于私运私种之侦缉及牌照凭证之稽查事项。

二、关于水陆巡缉队之调遣及纠察事项。

第八条　督察处第二科，职掌如左：

一、关于违反烟禁之行政处分及移送法庭事项。

第九条　督察处第三科，职掌如左：

一、关于牌照及凭证之发给事项。

第十条　总务厅置厅长一人。

第十一条　督察处置处长一人。

第十二条　厅处各科各署科长一人，一、二、三等科员若干人，书记若干人。

第十三条　总务厅第一科附设庶务处，置主任一人，科员、书记各若干人。

第十四条　总务厅第三科另置调查员若干人。

第十五条　总务厅第四科另置督催员、检票员各若干人。

第十六条　督察处第一科得分置侦缉主任及侦缉员、纠察主任及纠察员各若干人。并附设水陆巡缉队，该队组织另规定之。

第十七条　本署置秘书五人，拟撰机密文牍，并置科员、书记各若干人。

第十八条　本署办事细则另规定之。

第十九条　本大纲认为有变更之必要时，得随时修正之。

第二十条　本大纲自呈奉大元帅核准公布日施行。

附二：禁烟督办署办事细则

（一九二四年五月二十日呈）

目　录

第一章　总　则

第一条　本署各职员，依本署组织大纲及本细则分掌职务。但受督办特别委派者，不在此限。

第二条　总务厅督察处各科，依本署章程及组织大纲之规定分掌所属事务。但其事互有关联者，应彼此会同办理，如意见不同，应陈请督办核夺。

第三条　遇有特别事项，为组织大纲及本细则所未及载者，应由经管员司陈请本管长官核夺。

第二章　文件之处置

第四条　每日办公时间来文到署，由收发员随到随拆。关于督办厅长、处长、科长、秘书等个人名义及机密者，应径呈由各长官自行拆阅外，其余由收发员编号摘由，统交总务厅第一科逐件分厅分处，并注明最要、次要。其属于总务厅者，并分别属于何科登记后，即将收发簿记发还。另列簿记汇送总务厅长盖章，呈督办察阅，阅毕仍发还总务厅，由厅长阅后，统交第一科。属于总务厅者，由第一科分交第二、三、四科。属于督察处者，送由处长阅后，分交所属各科，由各科科长、科员分别拟稿，先送厅处长审查盖章，次送督办核定。其厅存案者，由主管科长、科员阅后，注明存案，加盖小章，即交掌卷处归档。

第五条　文稿经督办核定判行后，发交总务厅，由第一科分交各书记缮写。

第六条　文件缮写后，校对无讹，即连同原稿，送监印员盖关防及小章，转交收发员编号、摘由、登记、封发。

第七条　文件印发后，其底稿及来文，应由收发员统送掌卷员分类列号保存。

第八条　重要文件，科员不能决定办法者，即向各主管科科长、处长或厅长请示。科长、处长、厅长仍不能决，应向督办请示或提出署务会议讨论。

第九条　本署职员承办文件最要者，随到随办。次要者不得逾一日，例行者不得逾二日。如有特别情形须展限者，得陈明上官许可办理。

第十条　各职员对于承办事件，应负严守秘密之责。

第三章　署务会议

第十一条　本会议以征集众见、讨论禁烟事务之进行为宗旨。

第十二条　本会议由禁烟督办召集之。

第十三条　本会议以左列人员组织之：

一、督办。

二、厅长、处长、秘书、科长。

三、水陆侦缉主任。

四、各省总局长或代表。

五、各属分局长或代表。

六、提出议案人员。

七、督办指派〔派〕人员。

但第四项、第五项人员选代表出席时，须先得督办之许可。

本署暨所辖各机关职员，均得提出议案，呈由督办交议。

第十四条　凡与禁烟进行有关系之机关，督办认为必要时，得函请派员与会。

第十五条　本会议以督办为主席，有事故时得指泒〔派〕代表。

第十六条　本会议之纪录事项，由秘书任之。

第十七条　本会议于每星期开常会一次，遇必要时督办得召集临时会议。

第十八条　本会议应以议事录记载左列各项：

一、开会日期。

二、会议人员职名。

三、出席人数。

四、交议提议事由。

五、议决事件。

六、表决可否数。

第十九条　本会议议决事件，由督办执行之。

第二十条　除本章程所定外，其有未尽事宜，得由主席临时酌办。

第四章　勤　务

第二十一条　本署办公时间，规定上午九时至十二时，下午一时至四时。有特别事故时，应延长时间至办竣为止。

第二十二条　本署各职员，因病或有不得已事故、不能按照规定时间到署办公者，应填写假单，声明事由，呈由本管长官核准。

第二十三条　各职员每日到署，须于考勤簿上亲自签名。

第二十四条　办公时间内，如有来宾，非要公不得延见。

第二十五条　本署厅处每日各以科员一人、书记一人、侦缉员四人，轮流值宿。每星期日及公共假期日，厅处亦以科员一人、书记一人、侦缉员四人，值星期及假期。

第二十六条　值宿、值星期假期之员，应将在值期内经营一切事件，登入值日记事录。在值期内遇有重要事件，应即报告督办或厅处长。

第二十七条　值星期员，于当值之次日得补假休息。

第五章　表　簿

第二十八条　总务厅、督察处、秘书及各科，应分别备设左列各表簿：

考勤簿	本署
收文簿	各科收发
送稿簿	各科
签发簿	各科
承办文件摘由簿	各科
发文簿	收发
职员记录进退簿	总务厅第一、二科
公布文件摘由簿	收发
档卷目录	掌卷
通传簿	总务厅第一科
现金出纳簿	总务厅第二科
收入支出分类簿	同上
各种补助簿	同上
预算决算书表	同上
支出对照表	同上
日记表	同上
单据粘存簿	同上
编制决算底簿	同上
物品登记簿	同上
烟苗产额调查表	总务厅第三科
全国种烟土地面积调查表	同上
广东种烟土地面积调查表	同上
各省吸烟人数概算表	同上
广东全省吸烟人数概算表	同上

戒烟人数概算表	同上
用戒烟药人数升降表	同上
戒烟药行销升降表	同上
戒烟药处统计表	同上
戒烟药分所统计表	同上
禁烟分局统计表	同上
职员赏罚考绩表	同上
收缴药料登记	同上
制药统计表	同上
牌照及照费统计簿	同上
本市及各属鸦片烟、吗啡、高根等宗数统计表	同上
收入缉获生熟烟土及烟具登记	总务厅第四科
收入购备戒烟药料登记	同上
每日发给制药总所戒烟药料登记	同上
缉护没收生熟烟土充赏登记	同上
购入戒烟药料价值登记	同上
每日验制戒烟药存记	同上
贩卖戒烟药品调查册	同上
发给检验证通知书	同上
发给药料通知书	同上
验制戒烟药日报表	同上
验制戒烟药登记簿	同上
药料戒烟药成分比较月报表	同上
现金收入总簿	同上
现金收入分类簿	同上
现金收入日报表	同上
领销戒烟药收发总簿	同上
领销戒烟药分类簿	同上

代销戒烟药分户簿	同上
领销戒烟药日报簿	同上
检验原料登记簿	同上
检验原料日报簿	同上
水上侦察月报表	督察处第一科
陆上侦缉月报表	同上
侦缉员功过簿	同上
缉获烟犯移交簿	同上
充赏签收簿	同上
缉获烟土烟膏登记簿	同上
缉获烟土烟膏移交簿	同上
收案总簿	督察处第二科
分案簿	同上
烟犯月报表	同上
一、二、三、四、五等牌照注册簿	督察处第三科
补给牌照注册簿	同上
换给牌照注册簿	同上
广州市各区牌照等别登记簿	同上
牌照每月收入统计表	同上
督察处第三科牌照征费核计通知书	同上
门簿	通谒处

第二十九条　各处科应用表簿，应划定式样，送由庶务处购办。

第六章　总务厅第一科

第三十条　依本署组织大纲第三条各项之规定及本细则第二章各条之关系，由科长督率各职员办理。

第三十一条　收发科员承长官之命并科长之指导，协同书记办理本署收发事项。

第三十二条　文牍科员承长官之命并科长之指导，办理本科文牍事项。

第三十三条　监印员、缮校员及书记等，承科长之指导，办理监印及缮校事项。

第三十四条　本署职员进退发表后，由第一科纪录，并通知第二科、第三科，并有关系之各处科。

第三十五条　本章第三十条至三十四条之规定承办各员，均须连带负责。

第三十六条　遇有须通传事项，由第一科设簿录明，或原有条字者，将原条粘入簿上，传之各处科。传观簿到各处科时，应发交各职员阅看，一体于簿内签名或盖章，并须抄录之。

第三十七条　每日厅处各泒〔派〕科员一人、书记一人、侦缉员四人轮流值宿，于星期五由第一科预先支配下星期值宿员名，列表油印，分送各处科及值日室。

式如左：

月　日	员名／星期	科员	侦缉员	书记
月　日	一			
月　日	二			
月　日	三			
月　日	四			
月　日	五			
月　日	六			
月　日	星期			

第三十八条　星期及公共假期日，厅处各以科员一人、书记一人、巡缉员四人当值，由第一科预期先行支配，列表油印，分送各处科及值日室。

式如左：

星期	月　日	科员	侦缉员	书记
第一星期	月　日			
第二星期	月　日			
第三星期	月　日			
第四星期	月　日			

第七章 总务厅第二科

第三十九条 依本署组织大纲第四条关于经费出纳、编造预算决算及稽核所辖各机关财政一切事项，由科长督率各职员办理之。

第四十条 凡收入牌照费、检验证费、保证金，各总分局、分所、分销所戒烟药价各款项等，核数相符，即填具本署两联式收条，由经手人盖章，送请出纳主任及科长，以次加盖小章后，以一联交付款人，以一联存科备查。

第四十一条 凡接到各科收款通知书，应即照数核收，依前条规定填具收条，以一联交付款人向各该科换领照证，以一联存本科备查。

第四十二条 凡收入现金及有价证券，随时送交督办指定银行存储，取还收据。如系兑换盈亏，但须取得银行银号水单证明，并于补助簿内详晰填注之。

第四十三条 凡支出款项，奉到督办支付命令，由经手人及核算主任暨科长查案相符，盖章于命令之下，即行支付。同时向受款人取得清单或两联式收据，以一联粘存报销，以一联存科备查。应粘印花税票者，遵照税法办理。

第四十四条 公款发出支票，由第二科填注支票，送厅长转呈督办签押后，由第二科发给。

第四十五条 每日收支各款，由第二科分别公款（指税收）、署款（指经费收支），分填现金出纳簿，并于是日关库时，填制公款日报表三份，分送督办及厅长暨第三科各一份。

第四十六条 应照《会计法》设置簿记如左：

一、现金出纳簿。

一、收入支出分类簿。

一、各种补助簿。

第四十七条 凡簿记登记法，依定式办理，按日或按月结算，每月由主任及科长审核盖章，送请厅长核阅后，交还第二科永远保存。但每月报销案，最迟不得过次月十号。

第四十八条 本署经费，每月应由第二科预月编造支付预算书，呈大元帅。

第四十九条 各职员之进退及其薪俸等级，应由第一科随时知会，以备月终发薪。但第二科须预期登入俸给薪津各簿内，送督办核阅后，按照定期知会，各员出具收据，亲自领取。

第五十条　凡购置特种物品或建筑修缮工程，用比较法估计价目，开单送请厅长核定后，始执行之。

第五十一条　凡购置在一百元以上者，及其他临时支出，非经厅长核准，不得发给。

第五十二条　凡支出须与豫算对勘，如超过定额或其他障碍，第二科得报明督办或厅长，减支或缓支。

第五十三条　出差人员旅费，遵照本署《旅费章程》办理。

第五十四条　士兵夫役工食，按月造具工饷簿，送经督办核阅后，照缮发给。工饷清单，传集兵役亲笔签字领取。

第五十五条　所有购置公物，应编号列载表簿。

第五十六条　销耗物品，应立物品销耗簿，详载发出时日及数目，每月列表备查。

第五十七条　各厅处领用物品，依照单式填注，以凭发交，而资稽考。

第八章　总务厅第三科

第五十八条　依本署组织大纲第五条之规定，由科长督率各职员办理一切事项。

但受长官特别之指泒〔派〕，虽非职掌之事，亦得办理之。

第五十九条　科员承长官之命并科长之指导，办理考绩赏罚，并协同调查员办理一切应行调查及统计事项。

第六十条　科员及调查员、书记等，承科长之指导，分掌职务。但调查员勤务之分配，以别表定之。

第六十一条　前条之分掌职务及勤务分配表，须呈由厅长核定。

第六十二条　本科应行造报之各项统计表册，均根据各项报告表或通知书，汇案编定调制。

但对于各项报告表有重要之疑问或因其他之必要时，得详叙理由，呈由厅长转呈督办核准。指派专员实地调查之关于考绩及赏罚事项亦同。

第六十三条　本细则第二十八条所列本科应置之各种表册，认为变更或增减之必要时，得随时拟订式样，呈由厅长转呈督办核准变更或增减之。

第六十四条　本科处理文牍手续，依本细则第二条、第三条及第五条、第八条、第九条、第十条之规定办理。其承办各员，均须连带负责。

第九章　总务厅第四科

第六十五条　依本署组织大纲第六条之规定，掌管戒烟药料之收缴、戒烟药品之验制、戒烟药品之专卖各事项，由科长督率各职员办理之。

第六十六条　凡督察处第一科、第二科或其他机关缉获解来没收违禁物品，应收管之，并即验明土膏种类、重量，议定价值，照章核定。充赏成数呈由厅长覆核，转报督办核准后，随具通知书送第二科给奖。并将违禁品物列明，通知督察处第一科、第二科，仍须分别登记，月中列表报告。

第六十七条　凡因制造戒烟药购入原料，即验明种类、重量、价格，点收后呈由厅长转报督办核准给价，乃填通知书，送第二科照给。仍须分别登记，月终列表报告。

第六十八条　凡制药总所具领到署请发原料，先送科长盖章，即由主管科员核明种类、重量，照交制药总所，取回收据，仍分别登记，按照表报，月终仍列总表报告。

第六十九条　制药总所制药时，应由科派员察视之。

第七十条　制药总所凡领过戒烟药原料若干，制出戒烟药重量成分若干，由察视员按日登记汇存，月终由主管科员编制比较表，经科长呈由厅长，转报督办。

第七十一条　制药总所制成戒烟药后，先由本科妥为试验，分别粘贴检验证。如制造有不适当时，应商知制药总所设法改良。

第七十二条　各分销所各属分所自制戒烟药，应由本科派员检验，认为制造适当时，发给检验证。

第七十三条　各地方丸药店铺，凡制售戒烟药类（如戒烟酒、戒烟丸等），须调查提验。如有搀入吗啡等杂质，得取缔之。其纯静适用无杂质者，应通知督察处第三科，给证准售。

第七十四条 每日所用检验证，应详细登入簿记，并填报告书，送由厅长察核。

第七十五条 凡分销所或各属分所领销药品时，须核明领销种类、重量及应缴款额，分别登记，填给收款通知书，通知第二科收款，取回收据，凭据发给药品。

第七十六条 各地丸药店铺戒烟药类，经本科提验，并经督察处第三科发给准卖照，通知到科。应令该店铺按月报明销额，由科核明，经第二科收款后，凭收据给贴检验证书。

第七十七条 凡分销所或各属分所销售自制药品，来署请领检验证时，须核明领证种类、药品重量及应缴款额，分别登记，填给收款通知书，通知第二科收款，取回收据，凭据发给检验证。

第七十八条 凡未贴用之各种检验证，须点明数目，妥为保管。

第七十九条 凡已未贴用之各种检验证款目，及收过款项数目，除按日表报外，月终时仍须造具总册，送厅长覆核，转呈督办。

第十章 督察处第一科

第八十条 依本署组织大纲第七条之规定，掌管私种及水陆私运之侦缉，暨牌照凭证之稽查事项，由科长督率各职员办理之。

第八十一条 本科职员除科员书记外，另置陆上侦缉员巡缉队、水上侦缉员巡缉队各若干队，每队主任一人，队员若干人。

第八十二条 关于水上巡缉，应备轮船或电船若干艘。

第八十三条 为侦缉员执行职务之关系，特由督办给发稽查凭证，俾昭慎重，而杜流弊。

第八十四条 凡本国地域，除租界及有约章关系之地方，或家屋船舰等（照《水陆巡缉章程》办理）以外，遇有发现私运私种及不遵章领牌或领牌而非用戒烟药或灯数超过定额者，侦缉员应得依照《禁烟条例》及牌照章程、侦缉章程，随时稽察，干涉或拘捕之。

第八十五条　侦缉员干涉烟犯或拘捕烟犯时，须遵照侦缉章程及恪守稽查凭证内所列之规则，拿获后照报告定式填报。

第八十六条　侦缉干涉或拘捕烟犯，有须与水陆巡缉队协同动作时，侦缉员随遵守本章程第八十五条之规定外，仍依《水陆巡缉队章程》各条办理。

第八十七条　关于侦缉事件，奉到长官命令或据侦缉员报告，及人民控诉或其他机关知会时，分别泒〔派〕员办理。其关系重要者，随时按级请示。至办理情形，仍当随时呈报。

第八十八条　凡侦缉员拘获烟犯及违禁证物时，由科长呈处长交第二科讯办。如仅有违禁物而人犯未获者，其违禁物得由科径送总务厅第四科收管之，一面呈报处长转报督办（参观第六十六条）。

第八十九条　凡关于侦缉员赏罚，悉照《禁烟条例》第十八条及惩奖章程办理。其奖金领得后，由处长分别核给。

第九十条　关于文书手续，悉依本细则第二章各条办理。

第十一章　督察处第二科

第九十一条　依本署组织大纲第八条之规定，掌管违反烟禁之行政处分及移送法庭事项。

由科长督率各职员办理之。

第九十二条　凡由第一科移送烟犯及违禁物到科，或其他机关解送烟犯及违禁物证至署到科时，应即派员分别点收，烟犯暂交本署巡缉队看管，其违禁物则移送总务厅第四科收管之。

第九十三条　凡烟犯经查讯明确，应即分别办理。如须移送法院之案，须将案卷笔录一并备文移送。

第九十四条　凡烟犯之行政处分，由科员拟稿，呈送科长、处长、厅长、督办核准后宣布。

第九十五条　处分宣布后，即须依照法定期间执行，如延不遵照者，得由主办科员呈请核办。

第九十六条　本科办理各案，对于关系人等，得以命令传讯之。

第九十七条　抗传不到者，得拘捕之。

第九十八条　拘捕不获者，通缉归案究办。

第九十九条　本科职员承办各案，须于每月月终将案由及办理详情，分别造具月报表，呈送督办、厅长、处长察核。另备一份送总务厅第三科考查。

第十二章　督察处第三科

第一百条　依本署组织大纲第九条之规定，掌管牌照及凭证之发给事项，由科长督率各职员办理之。

第百零一条　凡未填发之各种牌照，及已填发之存根，均须编列号数，妥为保管。

第百零二条　凡遇商民请领牌照，或补照换照时，均须照章取具申请书，核明所领等级及应缴款项数目，填给收款通知书，往总务厅第二科缴纳，换具收条，验明发照。

第百零三条　凡遇各省各属总分局请领牌照时，须验明所领种类张数，分别编列号数，送由监印科员用印后，由科长经处长呈督办核明发给。并通知总务厅第二科，记其应缴照费之数，以便核收。

第百零四条　各地丸药店铺制售戒烟药类，总务厅第四科提验准售，通知到科，一面通知总务厅第二科核收照费，取回收据，凭据发照，并贴检验证。

第百零五条　本章第一百零一条至第一百零三条所发牌照凭证之等级及张数，并征收各费数目，均须分别登记，除按日造表送核外，月终时仍须造具总册，送由处长复核转呈督办。

第十三章　附　则

第百零六条　本细则有未尽事宜，除照本细则第三条外，仍由督办随时修改。

第百零七条　本细则自公布日施行。

据《大元帅指令第五一六号》，载广州《陆海军大元帅大本营公报》第十五号，一九二四年五月三十日

批修改《广东筹饷总局组织大纲》及《总务处办事细则》

（一九二四年五月二十八日）

大元帅指令第五三四号

令广东筹饷总局督办范石生

呈据会办韦冠英请修改组织大纲及办事细则，可否照准，候核示遵由。

呈悉。所请修改组织大纲第六、七、八等条，增加“会办”字样，应予照准；第五条无庸修改，仰即查照缮正呈候公布。办事细则仰并照签呈各条更正，缮呈备案可也。附件发。此令。

（中华民国陆海军大元帅之印）

中华民国十三年五月廿八日

据《大元帅指令第五三四号》，载广州《陆海军大元帅大本营公报》第十五号，一九二四年五月三十日

批准《短期军需库券条例》

（一九二四年五月二十九日）

大元帅指令第五四二号

令大本营财政部长叶恭绰

呈为发行短期军需库券，拟订条例，并指定本息基金，乞鉴核令遵由。

呈及条例均悉。准如所拟施行。条例存。此令。

（中华民国陆海军大元帅之印）

中华民国十三年五月廿九日

附：大本营财政部短期军需库券条例

（一九二四年五月二十六日呈）

第一条　政府为补充国军军费起见，由大本营财政部发行短期军需库券，以广东通用银毫二十四万元为定额。

第二条　此项库券，专备财政部拨付国军军费之用。

第三条　此项库券，月息一分二厘，于还本时一并核付。

第四条　此项库券，发行时十足计算，概无折扣。

第五条　此项库券，本年六月一日发行，七月一日在广州用抽签法抽定还本之库券号码及其日期。

抽签时，由财政部约集大本营审计处长、各法团及各界，到场监视。其详细办法，另行规定。

第六条　此项库券，自本年七月十一〈日〉起，三个月内除例假日外，每日还本二千四百元及付其利息，至本息全数付讫为止。

第七条　此项库券票面张数规定如左，概不记名：

一、一百元券　一千张　计十万元

二、五十元券　二千八百张　计十四万元

第八条　此项库券之本息基金，以左列各项充之：

一、印花税款　自库券发行后，每日由广东省河及各属普通烟酒两项印花税项下拨款一千元。

二、造币余利　自广东造币分厂开工两星期后，每日由政府应得造币余利项下拨款二千元（如造币事有中变，改由民产保证处照拨）。

以上两项，自六月十一日起，预饬拨存裕广银号，至足敷还本付息为度。

前项基金，由财政部函请大本营审计处处长、广州市公安局局长及广州总商会、银业公会、各军军需长，各推举代表一人，于每星期一、星期四会同前往裕广银号，考核其基金存款账目。并于开始还本付息后，查验其库存备还本息之现款，证明实数，报告财政部及登报公布。

关于保管及考核查验基金详细办法，另以细则规定之。

第九条 此项库券之还本付息，由财政部委任裕广银号经理，并得由该银号委托其他银业行号或商店代理。

第十条 此项库券得自还本到期日起，用以缴纳财政部及广东财政厅所管一切田赋税捐，并抵解其他公款收入，视与现款相等。

第十一条 此项库券得随意买卖抵押，并得充公，务上应缴保证金及各银业行号发行兑换券准备金之担保品。

第十二条 此项库券如有伪造及毁损其信用者，无论何人，得指交警察或法庭依律治罪。

第十三条 本条例自财政委员会议决，并由财政部呈请大元帅核准施行。

据《大元帅指令第五四二号》，载广州《陆海军大元帅大本营公报》第十五号，一九二四年五月三十日

批准《承办广东造币厂合同》①

（一九二四年五月三十日）

大元帅指令第五四五号

今大本营财政部长叶恭绰

呈送与东华公司订立《承办广东造币厂合同》，乞备案由。

呈及附件均悉。准予备案。附件存。此令。

（中华民国陆海军大元帅之印）

中华民国十三年五月卅日

据《大元帅指令第五四五号》，载广州《陆海军大元帅大本营公报》第十五号，一九二四年五月三十日

① 该合同由财政部次长郑洪年与承办商人谭礼廷订立，合同缺。

准《高师法大农专三校归并广东大学办法》

（一九二四年六月五日）

大元帅指令第五五八号

令国立广东大学筹备主任邹鲁

呈报高师、法大、农专[①]三校合并，改为国立广东大学，及定下学期成立，招收新生等情，并附呈章程、办法乞示遵由。

呈及章程、办法均悉。准如所拟办理。仰即知照。各件存。此令。

（中华民国陆海军大元帅之印）

中华民国十三年六月五日

附：高师法大农专三校归并广东大学办法

（一九二四年六月三日呈）

一、高师、法大、农专学生，依照所学学科，归入广东大学各学院各科。

二、原有三校在学学生归入大学后，其待遇照旧。至各校原定毕业时期为止，原有三校之休学学生，在准予复学期限内，得入本大学各科继续其学业，但仍不得逾民国十四年十月以后。

三、原有三校在学学生不愿履修大学课程者，得仍照未改大学以前各校之课程，修业时只得广东大学某学院某科毕业证书，不给学位。

四、以上二、三两条，仅于民国十六年七月以前适用之。

五、原有三校在学学生，归入大学以前所修了之科目，由各学院审查后，认为与大学所授者程度相当时，准其免修；其不相当者，由各学院酌量情形，另定办法。

---

① 三校的全称是，“高师”即国立高等师范，“法大”即广东法科大学，“农专”即广东农业专门学校。

六、原有三校已毕业学生，一律为广东大学同学会会员。

七、未改大学以前原有三校毕业生，如欲得本大学学位者，准其补习大学课程，其应补习之科目及学分，由各学院规定之。

八、凡前在原有三校毕业、现在本大学为专任教职员，如欲履修大学课程，亦得酌量选修。惟至多每学期不得过六学分。其欲多选科目者，应酌量情形，改为兼任教职员。

据《大元帅指令第五五八号》，载广州《陆海军大元帅大本营公报》第十六号，一九二四年六月十日

准《国立广东大学劝捐章程》

（一九二四年六月七日）

大元帅指令第五六一号

令国立广东大学筹备主任邹鲁

呈请令行广东省长通令各县筹解大学开办经费由。

呈悉。准如所请办理。候令广东省长通令各县按照所派数目，依限筹足解缴，以资开办可也。清折、章程存。此令。

（中华民国陆海军大元帅之印）

中华民国十三年六月七日

据《大元帅指令第五六一号》，载广州《陆海军大元帅大本营公报》第十六号，一九二四年六月十日

饬令解缴创办广东大学经费并颁行劝捐章程

（一九二四年六月七日）

大元帅训令第二七一号

令广东省长杨庶堪

为令行事：据广东国立大学筹备主任邹鲁呈称：“窃维教育之道，非多设小学

则智识无由普及，非更设大学则文化无由提高。吾国筹设学校垂三十年，多注力于中小学，始惟北京设有大学一所，近来知大学之必要，于是东南大学、西北大学继续成立。广东中学之上虽设有高等师范及法政、农业专校，然大都设备未完，未足餍学者之心。而广东全省中学统计九十七所，每年毕业者，依九年统计表为九千六百九十四人。此项毕业生学仅半途，固未可中辍；而在富厚之家，尚可赴外省大学或留学外国；若贫寒之士及不愿远离乡土者，只有转入高师、法政、农业。各校限于专门，学额已不甚多，学程尤未能高，则有可造就之材，每无相当之学校，卒至成就不如其量者，何可胜计。广东为西南中枢，广东如此，他省可知。大元帅有见及此，毅然将高师、法大、农专三校合并，改为国立广东大学，戎马倥忙之时，犹顾及国家根本之计，鲁承乏筹备，敢不仰体鸿模，奋其驽力！数月以来，凡百均有头绪，决定将原有高师改为文科、理科，原有法大改为法科，原有农专改为农科，并拟加设工科。以目前未有学生程度相当，故下学期只办预科，现并定文、法、理、工、农五科，下学期共招预科生十一班。特是开办经费所差尚远，统计非有四十万元，不足以敷开办之用。拟请大元帅令行广东省长分令各县筹解，以各县之大小，定担任之多寡。此次筹设大学，在国家为振兴教育、提高文化起见；而在粤人则子弟得以深造，蔚成人材，是亦应有负担之责。各县绅商均可饬令酌量捐输，如有捐助巨款者，由各该县长随案呈请奖叙，以昭激劝。无论何县并应捐除成见，实力筹解，务于一个月解足。其办理得力依限解足之县，汇案由省长呈请奖励。此项解款除绅商捐款外，准在征收粮税项下拨足，由县径解大学筹备处取具印收，呈请财政厅抵解。设遇交卸，由后任继续承认，庶期迅速集事。谨将摊派各县应解数目开具清折一扣，劝捐章程一份，呈请大元帅鉴核。是否有当，仍候指令祇遵”等情。据此，除指令照准外，合行抄录原折、原章，令仰该省长即便遵照，通令各县按照所派数目，依限筹足解缴，以资开办。切切。此令。

（中华民国陆海军大元帅之印）

中华民国十三年六月七日

附：国立广东大学劝捐章程

第一条　凡捐款本校者，悉照本章程办理。

第二条　凡捐款本校，其奖谢如左：

一、捐十元以上者，登报鸣谢。

二、捐一百元以上者，除登报鸣谢外，并列入校碑，永垂纪念。

三、捐赀至五百元以上者，除登报鸣谢、刊碑纪念外，并将捐款人姓名载入校志。

四、捐赀至千元以上者，除依照第三项办理外，并将其十二寸相片悬之礼堂。

五、捐赀至三千元以上者，除依照第四项办理外，并由本校送赠匾额。

六、捐赀至五千元以上者，除照第五项办理外，并将其姓名名一校室。

第三条　私人结合之团体捐赀者，得比照第二条之规定分别办理。

第四条　遗嘱捐赀者，悉照第二条各项之规定。

第五条　按照第二、第三、第四各条捐赀在二千元以上者，除依各本条所定办理外，并由校呈请大元帅给予匾额。

第六条　捐赀至一万元以上者，除依照第二、第三、第四、第五各条办理外，将其姓名名之校中之一堂。

捐赀至二万元以上者，除依照前项办理外，并请大元帅褒辞。

捐赀至五万元以上者，除依照前项办理外，并由校镌刊石像。

捐赀至十万元以上者，除依照本条第一项办理外，并由校镌刊铜像。

第七条　凡独立捐赀建造校内堂舍者，除将其姓名名之所建造之堂舍外，并查照上列各条分别奖谢。

第八条　以动产或不动产捐赀者，准折合银元计算。

第九条　凡劝捐得千元者，比照捐一百元之奖谢，劝捐得一万元〈者〉比照捐一千元之奖谢，余以例推。

谨将各县应解大学筹备处数目开列呈：

南海二万元　番禺二万元　顺德二万元　东莞二万元　香山二万元

新会二万元	潮安二万元	潮阳二万元	揭阳二万元	台山一万五千元
三水五千元	清远五千元	高要五千元	鹤山五千元	开平五千元
新兴五千元	南雄五千元	曲江五千元	英德五千元	澄海五千元
普宁五千元	梅县五千元	兴宁五千元	惠阳五千元	海丰五千元
陆丰五千元	琼山五千元	增城四千元	乐昌三千元	饶平三千元
五华三千元	博罗三千元	紫金三千元	茂名三千元	电白三千元
化县三千元	阳江三千元	阳春三千元	澄迈三千元	定安三千元
花县三千元	宝安三千元	四会三千元	恩平三千元	高明三千元
德庆三千元	广宁三千元	罗定三千元	云浮三千元	郁南三千元
合浦二千元	灵山二千元	龙门一千元	从化一千元	始兴一千元
仁化一千元	翁源一千元	连县一千元	大埔一千元	惠来一千元
丰顺一千元	和平一千元	龙川一千元	河源一千元	信宜一千元
吴川一千元	廉江一千元	海康一千元	遂溪一千元	徐闻一千元
钦县一千元	乐会一千元	琼东一千元	临高一千元	儋县一千元
崖县一千元	万宁一千元	文昌一千元	赤溪五百元	佛冈五百元
乳源五百元	阳山五百元	封川五百元	开建五百元	连平五百元
平远五百元	蕉岭五百元	新丰五百元	防城五百元	感恩三百元
陆水三百元	昌江三百元	连山三百元	南澳三百元	

据《大元帅训令第二七一号》，载广州《陆海军大元帅大本营公报》第十六号，一九二四年六月十日

核准《广东筹饷总局组织大纲》及《总务处办事细则》

（一九二四年六月十日）

大元帅指令第五六八号

令广东筹饷总局督办范石生

呈为修改该局组织大纲暨办事细则，照核定原文缮送备案由。

呈如〔如呈〕备案。大纲暨细则存。此令。

（中华民国陆海军大元帅之印）

中华民国十三年六月十日

附一：广东筹饷总局组织大纲

（一九二四年六月三日呈）

第一章　组　织

第一条　本总局组织大纲，遵照大元帅核定财政委员会所拟《筹饷总局章程》及面谕各节组织之。

第二条　本总局应设职员及薪金，另表规定之。

第三条　本总局于总务处之下，得设左列之各科：

一、文书科。

二、稽核科。

三、出纳科。

第二章　权　责

第四条　督办总理整顿全省防务经费及一切特种款项事宜。

第五条　会办襄赞督办筹画一切进行方法。

第六条　总务处长承督办会办之命令，总理局内一应事宜，并综核各科文稿，及关于本局各职员司、士兵、夫役考核勤惰事项。

第七条　秘书承督办会办之命令，撰拟重要函电及机密文件，及其他不属于各科之文件。

第八条　各科长承督办、会办、总务处长之命令，办理本科职掌事项。

文书科掌管文牍及庶务事宜。

稽核科掌管稽核收入支出款项数目及预决算事项，并负稽查调查之责。

出纳科掌管收入支出款项事项。

第九条 各科员承科长之命令，办理本科一切事宜。

第十条 各科办事细则，另定之。

第十一条 本大纲自呈奉大元帅核准颁布之日施行。如有未尽事宜，得随时呈请修正之。

附二：广东筹饷总局总务处暂行办事细则

（一九二四年六月三日呈）

第一条 本处暂行办事细则，依据总局组织大纲第三条及第七条、第八条之规定拟订之。

第二条 本处分文书、稽核、出纳三科，并设秘书二人，其职掌事项如左：

一、文书科掌管文牍及庶务、收发、管卷、核对、监印，及其他不属于他科之事项。

二、稽核科掌管稽核收入支出款项数目及预算决算，及其他一切稽查调查等事项。

三、出纳科掌管收入支出款项事项。

四、秘书掌管撰拟重要函电及机密文件，及其他不属于他科之文件。

第三条 各科设科长一员，一等科员二员，二等科员二员，三等科员二员，录事若干名，士兵夫役若干名。秘书设一等秘书一员，二等秘书一员。

第四条 各科科长秉承督办、会办、总务处长之命令，督率本科员司办本科内一应事项，及考核本科各职员役勤惰奖惩事项。

第五条 秘书秉承督办、会办、处长之命令，办理职掌内一应事项。

第六条 收发处将每日到文，除机密及重要文件原封送呈督办、会办、处长、科长核办外，其余文件折〔拆〕封后，分别性质，加盖戳及文到日戳，摘由编号。除速件应随到随送外，其余寻常文件，于每日十二时以前，汇送各主管科长拟议办法，呈请督办、会办及处长核定后，分交各科员拟办。

第七条 各科科员接到分交拟办文件，应即拟议文稿，于稿面拟稿栏内，加盖本人名章负责，并填注拟稿日时，送由各科长核稿，转送处长覆核，送呈督办判行会办会核后，发交各录事缮校毕，即送由收发处摘由编号，用印封发。

第八条　各科科员承办文件，除速件随到随办外，其寻常文件，务尽二十四小时以内，拟稿呈核。若有逾限情事，必须粘签声明理由。

第九条　各录事承缮文件，应随到随速缮校，并于承缮文稿背面，加盖本人名章负责，不得推延贻误。若有推延情事，得由收发员呈请分别议处。

第十条　本局所有一切收发文件，应随到随送，随到随发，不得任意停留。倘有贻误及遗失情事，即由收发员完全负责。

第十一条　本局所有一切文件，勿论已宣布未宣布，承办人员均应严守秘密。倘有泄漏军情，论分别轻重惩处。

第十二条　本局所有一切文件，非经督办、会办、处长、科长许可，各承办人员不得任意携带外出。其一切案件，局外人不得抄录，如违从严议处。

第十三条　本处办公时间，除星期日及例假特别休假外，均于每日午前十时起至午后五时止，为办公时间。如遇必要时，得临时延长。并设置签到簿一本，各科职员每日均按时到局签到，署名盖章。

第十四条　本局员司在办公时间内，非经请假核准后，不得任意擅离职守及无故缺席。

第十五条　本局各职员司因事故请假者，须备具假单，叙明事由，呈各该科科长转呈处长核准。但三日以上，呈由督办会议核准。

第十六条　本局各员司除科长外，应列一值日表，轮流值日。

第十七条　本局值日员司当值日，自午前十时起至次日午前十时交班止，不得任意离值。如有不得已事故时，得自行代理职务，非付托得人时，不得离职。

第十八条　本细则自核准之日施行。

第十九条　本细则如有未尽事宜，得随时呈请修改增加之。

据《大元帅指令第五六八号》，载广州《陆海军大元帅大本营公报》第十六号，一九二四年六月十日

核准《修正财政委员会章程》及干事处组织规程

（一九二四年六月十二日）

大元帅指令第五七三号

令财政委员会主席委员叶恭绰、杨庶堪

呈为修正该会章程及拟订干事处组织规程，乞鉴核令遵由。

呈及附件均悉。所拟尚属妥协，准予备案。附件存。此令。

（中华民国陆海军大元帅之印）

中华民国十三年六月十二日

据《大元帅指令第五七三号》，载广州《陆海军大元帅大本营公报》第十七号，一九二四年六月二十日

附一：修正财政委员会章程草案

（一九二四年六月七日呈）

第一条　本会以统筹整理中央及地方之财政为宗旨。

第二条　本会会员由大元帅任命左列各员组织之，统称为委员：

甲、中央：

大本营财政部部长

大本营军政部部长

大本营禁烟督办

大本营财政部次长

大本营军政部次长

大本营审计处处长

大本营会计司司长

两广盐运使

两广盐务稽核所所长

广东造币厂长

乙、地方：

广东省长

广东筹饷总局督办

广东财政厅长

广州市市长

粤汉铁路公司总理

广州市公安局长

广州市财政局长

广州市民产保证局长

广东沙田清理处长

前项委员经本会议决，应随时呈请简派〔派〕。

第三条　本会会议由财政部长、广东省长轮流主席，如部长、省长均缺席时，由出席委员公推临时主席。

第四条　本会会议日期，分为常会、特别会两项：

一、常会　每星期一次，以星期二日行之。

二、特别会　由大元帅临时召集或委员陈请。

第五条　大会议事日程及议场地点，由主席定之。

第六条　本会会议须有过半数委员出席，方能开议。

第七条　本会议案范围如左：

一、大元帅交议事项。

二、本会委员提议事项。

三、各机关请求付议事项。

四、人民条陈事项。

前项议案，以关于中央及地方财政者为限。

第八条　议案有须经审查者，得由本会函交主管各关机审查。至关于军费各议案，并得由本会交由军政部长、审计处长会同审查后，再付会议议决。其关于军费之报告表册，亦同前项审查案，应于审查后附加意见，函复本会。其军费案及表册等，并应由军政部长、审计处长会同审查后，署名盖章。

第九条　本会会议事项，如与其他行政机关或军务机关或各法团有关系时，得由本会函邀各该机关或法团泒〔派〕代表出席，陈述意见。但不得参与会议及加入表决。

前项各机关或各法团，如拟派代表陈述意见，或有所报告时，须先得本会许可，由本会函邀到会，不得临时邀求出席及加入会议。

前项列席人员，由本会另备各军各法团代表席。

第十条　本会会议事项，如须各委员所管机关之职员出席说明时，得随时由该管机关委员饬令该职员出席说明。

第十一条　本会议决议案，取决于多数可否。同数时，主席加入表决之。本会会议时之表决方法，用举手及起立两种。如由主席或委员提出决议办法，各委员无异议时，亦即作为议〈决〉。

第十二条　本会议决之案，应由本会主席委员呈请大元帅核准施行，并由本会分行各主管机关查照办理。

前项议决案之呈请，如属中央财政者，由财政部〈查照办理。如〉属地方财政者，由广东省长分别办理，仍应函复本会备案。

第十三条　本会设干事处，受主席委员之指挥，办理本会及议场一切事务。其应置职员，除由各机关调泒〔派〕兼任外，得酌用专任职员及雇员若干人。所有员额及组织，另以规程定之。

第十四条　本会委员概不另支薪俸，其职员中由各机关职员兼任者亦同。但本会专任各职员及雇员，得酌给薪费。

第十五条　本会经费及干事处专任职员与雇员薪俸，由本会提出概算，议决后呈请大元帅核准，饬令财政部按月支拨。

第十六条　本章程前由政务会议议决照办，现经本会议决修正，呈请大元帅核准公布施行。

此后如有修正之必要时，由本会议呈请大元帅核准备案。

附二：财政委员会干事处组织规程

（一九二四年六月七日呈）

第一条　财政委员会依章程第十三条之规定，组织干事处，办理本会及会场一切事务。

第二条　干事处之职务如左：

一、关于核办本会函牍及撰拟文稿事项。

二、关于本会收发文件事项。

三、关于本会每次会议日期地点之通告事项。

四、关于分发议事日程及议案事项。

五、关于整理议案及记录会议事项。

六、关于典守及盖用本会印章事项。

七、关于编造及覆核各项表册事项。

八、关于缮校本会一切文件及印刷事项。

九、关于经管及编辑本会案卷事项。

十、关于议场布置及招待交际事项。

十一、关于本会经费及干事处经费之会计出纳事项。

十二、关于本会庶务及其他事项。

第三条　干事处应置左列各职员，由本会主席委员会同呈请简任或委任之：

总干事　简任。

副干事　简任。

秘书　荐任。

书记员　委任。

速记员　委任。

第四条　总干事一人，承主席委员之命，总理本会一切事务，并综核本会议案文稿表册，指挥监督本会各职员。

副干事一人，辅助总干事协理本会一切事务，受总干事之委托，或遇总干事有事故时，得代行其职务。

第五条 秘书四人，承主席委员之命，受总干事之指挥，拟办稿件并分掌本会各项事务。

第六条 书记员二人至四人，分任收发文件、编辑档案及会计庶务。速记员一人，专任议案记录。受总干事之指挥，办理关于议场及干事处一切事务。

第七条 录事四人至六人，由本会雇用，受总干事或各职员之指挥，分任缮校、印刷及助理一切事务。

第八条 干事处职员除专任外，由主席委员调泒〔派〕各机关职员兼任。如因事务上之必要，并得酌用临时雇员。

第九条 干事处职员薪俸，得比照财政部职员薪俸，由主席委员核定之。

第十条 本会会议时，总干事、副干事及秘书、速记员均应列席，执行议场上一切事务。并受主席委员之指挥，报告议案暨其他应行公布之件，及记录会议事项。

总干事、副干事及秘书，如对于议案有意见时，得陈述于主席委员。

第十一条 干事处之办事职权及一切程序，另以规则定之。

第十二条 本规程自委员会议议决后，呈报大元帅核准施行。

本规程如有修正时，得由总干事拟具修正案，陈请主席委员提交会议议决，并呈报大元帅备案。

据《大元帅指令第五八六号》，载广州《陆海军大元帅大本营公报》第十七号，一九二四年六月二十日

核准《短期军需库券基金委员会章程》及办事细则

（一九二四年六月十三日）

大元帅指令第五八五号

令大本营财政部长叶恭绰

呈报《短期军需库券基金委员会章程》及办事细则、表式，乞鉴核备案由。

呈及章程、办事细则、表均悉。准予备案。此令。

（中华民国陆海军大元帅之印）

中华民国十三年六月十三日

附一：短期军需库券基金委员会章程

（一九二四年六月九日呈）

第一条　大本营财政部为保管及考核查验基金之必要，设立短期军需库券基金委员会，以左列各员组织之：

一、大本营审计处处长。

二、广州市公安局局长。

三、广州总商会会长或推举代表。

四、广州银业公会会长或推举代表。

五、各军军需长共推举代表一人。

六、裕广银号经理。

前项总商会、银业公会之代表，由财政部函请各该会推举。各军军需长之代表，由财政部饬令军需经理处，先期约集各军军需人员开会推定。次序每次以一人为代表，轮流出席。其他各员亦得指派代表，但须先期函达财政部查照。

第二条　基金委员会之权责如左：

一、基金之保管。

二、基金账目之考核。

三、基金存款之查验。

凡关于前项问题，均提付会议公决后执行。各委员于会议时，皆得于前项范围内提出议案，但以不抵触条例者为限。

第三条　基金委员会于星期四开常会一次。如有特别议案，由财政部临时约集会议。

委员会开会时，轮流出席。到会人数除主席外，有三分之二时，即可开始会议。

第四条　委员会会议时，以多数取决可否。同数时，取决于主席。表决方法，适用于举手、起立两种，由主席临时定之。

第五条　短期军需库券之基金，由裕广银号保管三〔之〕。其还本付息，并由裕广银号经理。

前项基金，应由裕广银号依条例之规定，自六月二十一日起，按日向印花税处及造币厂或民产保证局收存。

第六条　每星期一或星期四，应由军需经理处处长，或裕广银号总经理，依条例约集委员两人，赴裕广银号考核基金存款之账目。前项账目，得由各委员中每次推举两人，轮流前往考核。

第七条　短期军需库券还本付息后，裕广银号备付本息之库存现款，应依前条办法考核账目时，前往查验。

前项存款，得由委员中每次另行推举两人，轮流前往查验。

第八条　凡各委员赴裕广银号考核基金账目，及查验备付本息之存款，应分别报告财政部，并登报公布。

第九条　财政部因维持库券信用、保护持券人利益起见，已呈奉指令核准，无论何项军政机关，对于拨存之基金及拨充基金之款，均不得挪借移用。

第十条　委员会事务，即由财政部泉币局会同军需经理处，指派专员办理，不再另设职员。

第十一条　本章程自公布日施行。

附二：短期军需库券基金委员会办事细则

（一九二四年六月九日呈）

第一章　通　则

第一条　本会附设于财政部军需经理处内，其办事程序除依章程规定外，均依本细则办理。

本细则所未尽者，临时提出会议公决之。

第二条　本会每天开会，其地点日期，由泉币局与军需经理处商定后，于先一日以本会名义发行通告。至各军军需长应推定代表及每次到会顺序时，即由军需经理处以本处名义通告之。

第二章　保管基金

第三条　裕广银号负收款及保存之责。应另立账簿一册，专记此项基金账目，并于每日收款后，应将本日新收数目及积存数目依部颁（甲）表式，列表报部。

存款利息，应照往来存款计，照章结算。

第四条　裕广银号于开始还本后，应将付出本息数目及存款数目，依部颁（乙）表式，列表报部。

第五条　前条及第三条规定之各报告表，均应由财政部于开会时提出。会议公阅表式，由财政部印交裕广银号备用。

第三章　考核账目

第六条　考核账目之委员，应由本会将裕广银号报部各表，交委员携带前往为根据。除临时由军需经理处处长或裕广银号总经理每次一人轮流陪往外，各委员轮往之顺序如左：

一、各机关法团：（子）审计处长；（丑）总商会会长；（寅）公安局局长；（卯）银业公会会长。依此项次序，每次轮值一人。如遇无暇时，得派代表，但仍由本人负责。

二、各军军需长每次轮值一人，其次序由军需经理处约集各员公同推举，列表为定。但轮值者无暇时，得商请他员对调，或自派代表，仍由本人负责。

前项轮值，均系周而复始。始派代表，须先期函知本会备案。

第七条　考核账目时，应按前一日之报告表，核对前一日结存之数为准。是否数目相符，应由考核各委员于表账总结处，分别署名或盖章。仍将原表附加按语，证明数目，报部备核。

第八条　考核后，应以该委员名义拟具通告，交部登报。广告费由部开支。

第四章　查验存款

第九条　查验存款之委员，不得同时以考核账目各委员兼任。除依第六条办法轮值外，须依左列规定办法，轮流前往：

一、各机关法团照第六条次序，例如考核账目原轮审计处长者，则查验存款应轮总商会会长，余依次类推。

二、各军军需长应届时，由军需经理处约集各员另行推举，列表为定。

第十条　查验存款时，查验裕广银号库存次日备还本息之现款，是否与条例所定每日二千四百元及其应付利息之数相符。即以该委员名义，报请财政部，登报通告。前项应付利息数目，以财政部规定付息表为准。

第五章　附　则

第十一条　本细则自财政部公布日施行。

如有修正之必要时，由基金委员会议决修正之。

据《大元帅指令第五八五号》，载广州《陆海军大元帅大本营公报》第十七号，一九二四年六月二十日

批准《梧州善后处暂行条例》

（一九二四年六月二十一日）

大元帅指令第六二〇号

令大本营军政部长程潜

呈为遵谕审核《梧州善后处条例》，酌加修正，乞予核准施行由。

呈悉。《梧州善后条例》既经该部修正，应准照行。仰即转饬遵照。附件存。此令。

（中华民国陆海军大元帅之印）

中华民国十三年六月廿一日

附：梧州善后处暂行条例

（一九二四年六月十七日呈）

第一条　梧州善后处直隶于大元帅。

第二条　处长于管区内军事、民政、财政、司法诸事务，承大元帅之命，受主管处部之监督区处。又为军事上进行便利起见，就近仍应受粤军总司令之监督指导。

第三条　处长于戒严时期，有指挥在管区内陆海军队之权。但别有规定者，不在此限。

第四条　处长于所属官吏之命令或处分，认为违背法令或妨害公益侵越权限时，得停止或撤销。

第五条　处长依其职权或特别委任，得发处令。

第六条　处长因军事上必要时，得于区划内临时宣布戒严。但须立将戒严情形，呈报大本营军政部参谋处。

第七条　处长于所辖地方官吏得考核成绩，呈报大元帅各主管部，分别奖惩任免。

第八条　善后处置参谋长一人，辅佐处长参赞处务。

第九条　善后处置参谋二人至四人，承长官之命，辅佐参谋长分任职务。

第十条　善后处置副官长一人、副官二人至四人，承长官之命，管理宣达事务。

第十一条　善后处民政、绥靖、执法、财务等课，各课设课长一人，承长官之命，掌理各该课事务。各课因事务繁简酌设课员若干员，助理课务。

第十二条　善后处置秘书二人，掌理文牍。

第十三条　善后处因缮写文件及其他特别事务，得酌用雇员。

附　则

第十四条　本条例如有未尽事宜，得随时呈请修改。

第十五条　将来广西局面略定，梧州善后处一职变更或废止时，本条例同时失其效力。

第十六条 本条例自公布日施行。

据《大元帅指令第六二〇号》，载广州《陆海军大元帅大本营公报》第十八号，一九二四年六月三十日

照准《农民协会章程》①

（一九二四年六月二十四日）②

前 文

农民协会为本三民主义解放劳动阶级之志意，合全国受压迫之贫苦农民而组织之。其目的在谋农民之自卫，并实行改良农村组织，增进农人生活。其会章如下。

第一章 总 则

第一条 本章程所称为农民者如左：

自耕农、半自耕农、佃农、雇农、农村之手工业者及在农村为体力的劳动者。

第二条 各级协会组织之程序：

先由任何农民联合同居一县之有会员资格者五十人以上，发起临时县农民协会。各发起人最先须依章填写愿书，开一发起人会，共同审查资格，得发起人总

① 《农民协会章程》系由中国国民党中央执行委员会所拟订，呈孙文批准颁布。大本营秘书处函云："顷奉大元帅交下贵会呈为拟订《农民协会章程》乞批准施行呈一件，奉批照准。"该会原呈称："本会以为欲实现本党对内政策所列举之农民政策，一方固应由政府以政治的设施，为贫苦之农民实行解放；一方尤赖贫苦之农民能建立有组织有系统之团体，以自身之力量而拥护其自身之利益。爰为拟订《农民协会章程》，建议于政府批准施行，期使全国农民得悉在一个主义、一个组织之下而奋斗，则本党农民政策之实施，可以于此筑基础矣。"（见《大本营秘书处公函第三四四号》，载广州《陆海军大元帅大本营公报》第十八号，一九二四年六月三十日）

② 所标时间系大本营秘书处复函日期。

数过半数之承认者，方得为会员。开组织会选举本章程所列县农民协会各项职员，成立临时县农民协会。县农民临时协会成立后，即着手分别组织本县各乡农民协会。有三个乡民协会成立者，即组织区农民协会。三个区农民协会成立后，即组织县农民协会，接收临时县农民协会之任务。五个县农民协会成立后，即组织省农民协会。最先成立之省农民协会，兼摄全国农民协会职权。俟三个省农民协会成立时，即组织全国农民协会。

第二章　农民协会会员

第三条　凡居住中国之人，不论国别、性别，凡年满十六岁而履行第四条所列入会手续者，皆得为本会会员。但有左列条款之一者得拒绝之：

一、有田地百亩以上者。

二、以重利盘剥农民者。

三、为宗教宣教师者，如神甫、牧师、僧、道、尼、巫等类。

四、受外国帝国主义操纵者。

五、吸食鸦片及嗜赌者。

第四条　入会手续：

一、填写入会志愿书。

二、承认、遵守本会章程。

三、承认、恪守本会纪律。

四、缴纳入会金与月费。

第五条　凡农民入会之许可，应由该乡会员全体大会过半数之通过。若非农人请求入会，必须会员全体大会四分三之通过。但无论何种新会员入会，均须经区农民协会执行委员会之批准，始能正式发生效力。

第六条　开除会员，须由所属乡农民协会之纪律裁判委员会判决，经本乡农民协会全体会员大会四分三之通过行之。

第三章　会员之权利与义务

第七条　农民协会会员在各级全体会员大会中，均有发言权、表决权及控告权，但所控告之案件，无论文书或口头，必须经过大会之审查，始能向上级提出。又如控告该会职员或呈请查办军队骚扰、官吏土豪专横等事，亦必由大会讨论通过，始能向上级提出。

第八条　会员于大会制度时，不得由他人代表发言。

第九条　会员对于自己提出之议案，不得参加表决。

第十条　会员有依章选举或被选举为农民协会职员及代表之权。

第十一条　会员须遵守本会章程与纪律，并须服从本会之决议案。如有违背及破坏之者，均受纪律裁判委员会之审判。

第四章　农民协会之组织

第十二条　本会以乡农民协会为基本组织，自区协会层级而上，其组织系统如下：

一、全国农民协会代表大会、中央执行委员会。

二、全省农民协会代表大会、全省执行委员会。

三、全县农民协会代表大会、全县执行委员会。

四、全区农民协会代表大会或会员大会、全区执行委员会。

五、乡农民协会会员大会、乡执行委员会。

第十三条　本会之权力机关如下：

一、全国代表大会。但闭会期间为中央执行委员会，管理全国。

二、全省代表大会。但闭会期间为全省执行委员会，管理全省。

三、全县代表大会。但闭会期间为全县执行委员会，管理全县。

四、全区代表大会或会员大会。但闭会期间为全区执行委员会，管理全区。

五、乡会员大会。但闭会期间为乡执行委员会，管理全乡。

第十四条　各下级会执行委员会，须受上级会执行委员会管辖。

第十五条　各级会代表大会或会员大会，须选出执行委员会组织，执行委员会执行委员会务，并选出候补执行委员。

第十六条　各级会开执行委员会、候补委员亦得列席，但只有发言权。

第十七条　各级会之执行委员遇故缺席或离任时，即以候补委员依次充任。

第十八条　各级会执行委员会，均得聘请专门家为顾问，但区会以下不得过三人。

第五章　全国农民协会

第十九条　本会最高机关为全国代表大会，常会每年举行一次。但中央执行委员会认为必要，或有省会三分一以上之请求时，得召集临时全国代表大会。

第二十条　全国代表大会常会日期及重要议题，须于三个月前通告各会员。

第二十一条　全国代表大会之组织法、选举法，及各地方应派代表之人数，由中央执行委员会规定之。

第二十二条　全国代表大会之职权如下：

一、接纳及采行中央执行委员会及其他中央各部之报告。

二、修改本会章程。

三、决定对于农民运动之计画。

四、选举中央执行委员会及候补委员并决定其员额。

第二十三条　中央执行委员之职权如下：

一、对外代表本会。

二、组织各下级会并指导之。

三、组织中央机关各部。

四、支配会费及财政。

第二十四条　中央执行委员会每星期至少开会一次。

第二十五条　中央执行委员会互选委员长一人、副委员长一人、秘书一人，执行日常会务。

第二十六条　中央执行委员会得分设各部，分配职务及组织法，由中央执行委员会决定之。

第二十七条　全国代表大会闭会期间，中央执行委员会应召集各省执行委员会及其他直辖县区乡执行委员会，开联席会议或代表会议一次。

第二十八条　中央执行委员会须将其活动经过情形通告各省执行委员会及直辖县区乡会，每月一次。

第二十九条　中央执行委员会得遣派中央执行委员于指定地点帮助该地农民组织农民协会。

第六章　省农民协会

第三十条　全省代表大会每年举行一次，但遇中央执行委员会训令或所辖县执行委员会三分一以上请求时，得召集临时全省代表大会。

第三十一条　全省代表大会组织法、选举法及人数，由省执行委员会审定后，经中央执行委员会核准施行。

第三十二条　全省代表大会接纳及采行省执行委员会及该委员会内各部之报告，决定本省会务进行之方策，选举执行委员及候补委员，并选派赴全国代表会议之代表。

第三十三条　省执行委员会及候补委员之人数，由中央执行委员会规定之。

第三十四条　省执行委员会之职权如下：

一、二〔互〕选委员长一人、副委员一人、秘书一人。

二、设立全省各县区乡会，并指挥其活动。

三、组织省执行委员会内各部。

四、支配会费及财政。

第三十五条　省执行委员会每月须将活动经过情形报告中央执行委员会一次。

第三十六条　省执行委员会每星期至少开会一次。

第三十七条　全省代表大会闭会期间，省执行委员会应召集各县委员会及其他直辖区乡执行委员会，开联席会议或代表会议一次。

第七章　县农民协会

第三十八条　县代表大会每半年举行一次，若遇省执行委员会训令或所属各区执行委员会三分一请求时，得召集临时全县代表大会。

第三十九条　县执行委员会认为必要或有该县会员半数之请求时，亦得召集临时全县代表大会。

第四十条　县代表大会之组织法、选举法及人数，由县执行委员会审定后，经省执行委员会核准施行。

第四十一条　县代表大会接纳及采行县执行委员会及该委员会内各部之报告，决定本县会务进行之方策，选举县执行委员及候补委员，并选派赴省代表会议之代表。

第四十二条　县执行委员及候补委员之人数，由直辖上级机关执行委员会规定之。

第四十三条　县执行委员会互选委员长一人、副委员长一人、秘书一人，执行会务。

第四十四条　县执行委员会设立全县各区乡会并指挥其活动，组织该委员会内各部（但须经省执行委员会之核准），支配会费及财政。

第四十五条　县执行委员会须每两星期将其活动经过情形报告省执行委员会一次。

第四十六条　县执行委员会每星期开会二次。

第四十七条　县代表大会闭会期间，县执行委员会应召集本县内各区执行委员会及其他直辖乡执行委员会，开联席会议或代表会议若干次。

第八章　区农民协会

第四十八条　区之高级机关为全区会员大会，但因乡离区太远或会员过多不能召集时，得召集全区代表大会，每半年举行一次。若遇上级机关训令及所属乡执行委员会三分一之请求时，得召集临时大会。

第四十九条　区代表大会之组织法、选举法及人数，由区执行委员会审定后，经县执行委员会核准施行。

第五十条　区会员大会或区代表大会会务之范围如下：

一、接纳及采行区执行委员会之报告。

二、选举该区执行委员会委员及候补委员，与选派赴县代表会议之代表。

三、核计及批准乡执行委员会之决算。

四、训练会员之工作，并帮助乡会设立各种学校及其他文化机关。

五、讨论及批准乡农民协会本任期内之进行计画。

第五十一条　区执行委员会之职权如左：

一、指挥本区内各组织之活动。

二、召集全区会员大会或全区代表大会。

三、组织与批准本区内之乡农民协会及各种机关。

四、保管本区会员之登记与履历。

五、发给本区会员证书。

六、支配会费及财政。

第五十二条　区执行委员及候补委员之人数，由直辖上级机关执行委员会规定之。

第五十三条　区执行委员会互选委员长一人、副委员长一人、秘书一人，执行日常会务。每星期开会二次，并将每星期内活动经过情形报告县执行委员会。

第五十四条　区代表大会或会员大会闭会期间，区执行委员会应召集本区乡执行委员会或乡执行委员会委员长，开联席会议若干次，解决重要问题。

第九章　乡农民协会

第五十五条　乡农民协会为本会最重要之基本组织，会员人数须在二十人以上。

第五十六条　乡农民协会为农民直接之机关，应亲向民间，实行左列任务：

一、实行协会之决议及口号。

二、宣传三民主义之农民政策，并从事于三民主义建设的工作。

三、说明农民与工商间经济之关系及联络扶助之方法。

四、提倡合作事业。

五、励行禁止烟赌。

第五十七条　全乡会员大会每月由乡执行委员会召集开会一次，决定本乡会务进行计画，选举该乡执行委员，并选派出席区代表大会之代表。

第五十八条　乡执行委员至多不过三人。

第五十九条　乡执行委员会之职权如左：

一、互选委员长一人、副委员长一人、秘书一人。

二、指挥乡会员之活动。

三、执行上级机关之命令。

四、创设农民学校或冬期学校、夜学及其他文化机关。

五、调查及统计乡中农民生活及教育之状况。

六、征求新会员。

第六十条　乡执行委员会每星期开会二次，并将两星期内活动经过情形报告区执行委员〈会〉一次。

第六十一条　在各小乡会员不及二十人者，得组织一小组，互选组长一人，受附近乡农民协会之管辖。其会员有千人以上之大乡，得设特别区会。

第六十二条　乡农民协会遇有特别事件，得组织特殊团体以处理之。其大要如下：

一、农民自卫团。

二、农业改良部。

三、雇农部。

四、佃农部。

五、手工业部。

第十章　纪律裁判委员会

第六十三条　为增加农民协会团结之实力及维持内部之纪律与秩序起见，在各乡农民协会中应有纪律裁判委员会之组织。

第六十四条　纪律裁判委员会对于任何会员有破坏纪律者均得审判之，并审查该级执行委员会之勤惰及财政之出入。

第六十五条　关于破坏会中纪律可分下列数种：

一、不能履行章程中各种规定。

二、不能举行会中之命令。

三、赌博与吸鸦片。

四、破坏本协会之根本原则者。

五、作反革命运动者。

第六十六条　关于处罚之方法如下：

一、判词之宣布。

二、警告。

三、除名：

（甲）在定期内除名；（乙）永远除名；（丙）执行犹豫。

第六十七条　纪律裁判委员会之判决，须经乡会全体会员大会过半数之通过及执行之。有不服判决者，准其上诉，上诉机关为区执行委员会。

第六十八条　纪律裁判委员会如经两造愿意，得受理会员与非会〈员〉之仲裁案。

第六十九条　纪律裁判委员会裁判本乡案件或两乡争执案件之细则，由省执行委员会规定之。

第十一章　任　期

第七十条　代表于会期终了时，其任务即为终了。但须向所代表之该会报告大会之经过及结果。

第七十一条　中央执行委员、省执行委员、县执行委员，任期为一年；区执行委员、乡执行委员，任期为半年。

第七十二条　纪律裁判委员任期为半年。

第十二章　纪　律

第七十三条　农民协会各级大会或执行委员会之决议，经该大会或执行委员会多数公意之通过，会员须一致服从。

第七十四条　下级委员会须服从上级委员会，否则上级委员会得取销或改组之。

第七十五条　会员对于下级执行委员会决议有抗议时，有五分一之赞成者，得联署提出于上级委员会判决之。但在抗议期间，仍须服从各该下级委员会之决议。

第十三章　经　费

第七十六条　农民协会经费如左：

一、入会费。

二、会员月费。

三、会员所得捐。

四、特别捐助与借款。

第七十七条　会员入会费之多寡及贫苦会员会费之减免，由省执行委员会议定之。

第七十八条　乡会收得之会费，百分之六十用于本乡会，百分之四十用于其余高级各会。

第十四章　农民协会与他机关之关系

第七十九条　农民协会对于行政机关、立法机关、教育机关、合作社等，应有相当的势力，以顾全农民之利益。

第八十条　农民协会会员在前条所列各机关中有三人以上者，应组织会员团，以拥护农民协会之利益。

第八十一条　农民协会得派遣相当会员作代表到行政官厅及各机关，以解决农民各种问题。

第十五章　章程之实施

第八十二条　本章程自公布日施行。

第八十三条　本章有未尽妥善之处，得于广东第一次农民协会代表大会或全国农民协会代表大会时修正之。

据《大本营秘书处公函第三四四号》，载广州《陆海军大元帅大本营公报》第十八号，一九二四年六月三十日

准《广东海防司令部暂行组织条例》

（一九二四年六月二十四日）

大元帅指令第六二七号

令粤军总司令许崇智

呈报《广东海防司令部暂行组织条例》，乞鉴核备案由。

呈悉。准予备案。此令。

（中华民国陆海军大元帅之印）

中华民国十三年六月二十四日

附：广东海防司令部暂行组织条例

（一九二四年六月三十日刊载）

一、广东海防司令直隶于粤军总司令，所有划归广东海防各舰，均归其管辖节制。

二、海防司令部之编制，由海防司令查照以前成案斟酌现情，自行规订，呈由粤军总司令核准施行。

三、所有海防司令直辖各舰舰长，由总司令委任之。如有更调撤换，由海防司令呈请总司令核夺。

四、海防司令直辖各舰之详细情形，即如舰长、舰阔、仓深、载重、机器种类，及汽罐圆径大小、蒸汽压力、度数速力、吃水深度各项，海防司令应逐项列表说明，呈由总司令察核备案。

五、粤军驻防地段内之河道，海防司令应按地方情形，妥定分防分段计画，分配巡舰，保护交通。此项分防分段计划，须呈由总司令核行。

六、分防分段之巡舰，负肃靖该段内河道交通全责，非奉令不得无故越段巡行。但遇匪劫时，有互相协击之责。至每日巡行时间，及所辖段内河道情形，应由海防司令规定表式，饬令各舰长每日报告一次。此项报告，每半月由海防司令部汇集，转呈总司令阅核。

七、粤军驻防区域内河道分防分段计划，经由总司令核行后，海防司令即按此分配巡舰。嗣后如有变更计划，或其他情形，即时报告总司令察阅。

八、海防司令按分防计划配置巡舰后，除按期将分防各舰轮流互换辖段外，如系他项调遣时，须呈由总司令核准。

九、海防司令直辖各舰，如有船身破坏、机件不灵，由海防司令呈明总部，候泒〔派〕员查勘后，招商估价修理之。

十、总司令为查核各巡舰分防情形、考察河道交通状况起见，可随时派员会同海防司令部员乘舰巡行各处。

十一、海防司令部直辖各舰需用煤炭，由总司令部核发之。

十二、本条例如有未尽事宜，随时呈准总司令修改。

据《大元帅指令第六二七号》，载广州《陆海军大元帅大本营公报》第十八号，一九二四年六月三十日

核准《广州华商银行监督清理委员会章程》及监理章程

（一九二四年六月二十八日）

大元帅指令第六五三号

令大本营财政部长叶恭绰

呈报处理广州华商银行停业一案情形，并附章程二件，乞鉴核备案由。

呈及章程均悉。准予备案。章程存。此令。

（中华民国陆海军大元帅之印）

中华民国十三年六月廿八日

附一：广州华商银行监督清理委员会章程

（一九二四年六月二十五日呈）

第一条　政府为华商银行广州分行停业后，维持商民债权起见，除泒〔派〕监理员外，特设监督清理委员会。由左列各团体或各机关，选泒〔派〕委员组织之：

甲、各团体：

（一）广州总商会选派二人。

（二）广州银业公会及忠信堂各选派一人。

（三）广东商会联合会选派二人。

（四）广州市参事会选派二人。

（五）广州律师公会选泒〔派〕二人。

乙、各机关：

（一）大本营财政部委派二人。

（二）广东省长公署及广东财政厅各委泒〔派〕一人。

（三）广州市市政厅及财政局、公安局各委泒〔派〕一人。

（四）大理院及地方审判厅各委派一人。

（五）广东特派交涉员公署委派一人。

第二条　本委员会之职权规定如左：

一、关于审定商民对于该行债权事项。

二、关于该行债权之追偿事项。

三、关于覆核该行之账册事项。

四、关于处分该行之财产事项。

五、关于评判该行债权债务事项。

六、关于支配偿还债务及其顺序事项。

七、关于指挥召集债权者集会事项。

八、关于受理及审核债权者或债权团体请求事项。

九、关于评判该行资产变价事项。

十、关于审核及宣布清算终结或停止事项。

十一、关于该行其他事务之审议事项。

第三条　本委员会由大本营财政部召集，其集会地址由财政部或主席委员临时定之。

第四条　本委员会议案，以左列各项为范围：

一、财政部及在会各机关各团体交议者。

二、各委员提议者。

三、监理员提出会议公决者。

四、该银行请求核议者。

五、商民或债权团体或债权者个人请求提议者。

前项议案，应先期送交财政部编定议事日程。非有紧急事项，不得临时动议。

第五条　本委员会设主席委员二人，轮流主席。由财政部就各委员中指定之。轮值主席委员不能出席时，得由非轮席之主席委员主席，或临时公推主席。

第六条　本委员会非有三分二以上委员出席，不得开议。非有出席委员过半数同意，不得议决。其议决事项，应交由监理员转呈大本营财政部核准执行。

第七条　会议时，委员有一议决权可否。同数时，取决于主席。

第八条　凡所议事项，与委员本人有关系者，该委员不得加入表决之列。

第九条　本委员会开会时，监理员应列席陈述意见，但不得加入表决。该银行董事职员或其他提案者，委员会之许可，亦得到会说明事由。

第十条　各委员对于第二条规定各事项，有所建议或质问，得照章提出议案。

第十一条　各委员对于该行表册及其他议案，认为有疑义时，或有证明之必要时，得于委员中推举数人，前往该行实地考查。

第十二条　议案之须待审查者，得由主席先交各股审查委员审查后，再于开会时由审查员报审查告，会议公决之。其分股办法如左：

一、公款股，由财政部、财政厅、财政局各委员组织之。

二、民款股，由省长公署、市政厅、市参事会、公安局各委员组织之。

三、银业股，由银业公会、忠信堂、商会联合会各委员组织之。

四、商款股，由总商会、商会联合会各委员组织之。

五、法律股，由大理院、地审厅、律师公会、公安局各委员组织之。

六、交涉股，由交涉员公署、公安局各委员组织之。

如审查案关系两股以上者，由各该股会同审查。其关系全体之案，得由全体审查员开会审查，即以主席委员为审查长。

第十三条　审查会，由审查员自行订定日期地点开会，并临时推定一人为审查长，负起草报告及说明之责。

第十四条　本委员会会议，定为常会、特别会两种。常会每星期召集二次，以星期一及星期四为会期。如有特别事项，得由财政部或主席委员临时召集特别会。

第十五条　本委员会议事规则，应由委员会自定之，报告财政部核准备案，但不得与本章程抵触。

第十六条　本章程自财政部核准公布日施行。如有未尽事宜，得由委员会议决，呈请财政部修正之。

附二：监理广州华商银行章程

（一九二四年六月二十五日呈）

第一条　政府对于华商银行广州分行之停业，为维护债权者利益起见，特派监理员六人，依监督清理委员会（以后简称委员会）之议决①，监理其财产账项，为分配摊还该行负债之准备。

委员会之组织，另以章程定之。

第二条　监理员应以左列各员充之，并由财政部委定一人为主任：

一、大本营财政部长于部员中委派两人。

二、广东省长于财政厅职员中委派两人。

三、广州市长于财政局职员中委派两人。

① 原文为“依监督清理委员会之议决（以后简称委员会）”。

第三条　各监理员执行职务，应由主任指定分任，或临时指定担任。如遇彼此互相关联或关系重要，及有特别情形时，应由主任约集各员会商办理。其办事规则，由各监理员根据本章程会同拟订，交委员会议决后施行。并分报财政部、广东省长、广州市长备案。

各监理员于清理期内，应常川到行，分任职务。

第四条　监理员应监督该行董事职员清理行务。其权责如左：

甲、考核该行一切债权、债务、帐项，并督饬其清理。

乙、监查该行款项之收支及现款之出纳。

丙、调查商民对于该行主张之债权，及审查其偿还之先后顺序（顺位）。

丁、调查该行所提出之财产总目录及贷借对照表，审核或更正之。

戊、调查该行所有资产，及处理或变价事项。

第五条　监理员对于该行之帐册及关系文件，得随时调阅，该行不得拒绝。

第六条　监理员对于该行所有之债权，如遇该行要求相助时，应助其清理，并得代该行向负债者追偿，或提交委员会议决办法后执行。

第七条　该行清理期内，所有款项之收支及现款之出纳，凡收据须经监理员盖章署名方为有效，支款须经监理员核准盖章方能支出。

第八条　监理员调查商民对于该行之债权时，得布告各债权者于一定日期内自行呈报登记，审核其确实与否，及偿还次序，列表报告于委员会，待其议决。

第九条　监理员得于一定时期内，令该银行提出债权债务详细表册及财产总目录、贷借对照表，以调查关于该行停业之一切情形及停业之原因、财产之现况及有无犯罪行为。附加意见书，报告于委员会，并分报主管各机关。

第十条　凡该行实施偿还偿债项之先，其支配款额，偿还顺序，监理员应提出委员会公同议决之。遇有划帐抵还之款，得专案办理。但须先取得债权债务双方之同意，并委员会之议决。

第十一条　监理员对于该行资产之变价，须将价格提出委员会议决，而后执行处理之。

第十二条　关于监理该银行其他事务，监理员均有执行之权责，但均须先经委员会之议决。

第十三条　如遇该行逾政府限定清理期限，延不清理时，经委员会之议决，与财政部及各主管机关之核准，得由监理员督饬该行职员实行，代为清理。

第十四条　该行清理期内，各职员薪水，及监理员与委员会所需经费，各提出概算，交委员会议决，并呈报财政部核定。

前项薪费，应于偿还债项时扣提备支，但其数不得逾偿还项总数百分之五。其零星储蓄在五十元以内者，得免其扣提。

第十五条　本章程如有未尽事宜，得经委员会议决呈报财政部核准修改之。

第十六条　本章程自公布日施行。

据《大元帅指令第六五三号》，载广州《陆海军大元帅大本营公报》第十八号，一九二四年六月三十日

核准《军人宣誓词》暨条例

（一九二四年六月二十八日）

大元帅指令第六五五号

令大本营军政部长程潜

呈为拟具《军人宣誓词》及宣誓条例，请核定公布施行由。

呈悉。军人以服从命令、捍卫国家为天职。非经宣誓，实不足表示至诚。所拟宣誓条例九条暨宣誓词，均尚妥协，应准如拟施行。仰即由部通行遵照可也。条例及誓词均存。此令。

（中华民国陆海军大元帅之印）

中华民国十三年六月廿八日

附一：军人宣誓词

（一九二四年六月二十四日呈）

某誓以至诚，实行三民主义，服从长官命令，捍卫国家，爱护人民，克尽军人天职。此誓。

附二：军人宣誓条例

（一九二四年六月二十四日呈）

第一条 军人宣誓礼节及方法，依本条例施行。

第二条 军政部、各级司令部及各军事机关由各该长官先行宣誓，然后监督所属各员依次行之。

第三条 各部队每团或每营，连为一组，由团长或营、连长先行宣誓，然后监督各员兵依次行之。

第四条 军人宣誓时，向国旗、军旗脱帽行三鞠躬礼，高声宣读誓词，宣毕行一鞠躬礼退下。

第五条 部队宣誓时，整队向国旗及军旗脱帽行三鞠躬礼，由右翼第一名起依次高声宣读誓词，宣毕行一鞠躬礼退下。

第六条 各部队宣誓后，将宣誓日期并造箕斗名册，报告直属长官。

第七条 各级司令部及各军事机关长官于所属全部宣誓完毕后，将箕斗册汇送军政部存案。

第八条 军政部长于全体宣誓完毕后，将办理情形呈报大元帅。

第九条 本条例自公布日施行。

据《大元帅指令第六五五号》，载广州《陆海军大元帅大本营公报》第十九号，一九二四年七月十日

准《广东各县包征钱粮处办事简章》

（一九二四年七月四日）

大元帅指令第六八五号

令广东财政厅长郑洪年

呈报《包征收钱粮简章》，乞核准备案由。

呈悉。准予备案。简章存。此令。

（中华民国陆海军大元帅之印）

中华民国十三年七月四日

附：各县包征钱粮处办事简章

（一九二四年七月呈）

一、各县设立包征钱粮处，一切进行办法，悉照本简章规定行之。

二、包征钱粮处应选沠〔派〕专员一员，负征收全责，由县长督饬办理。

前项专员由县选定，呈厅委任。如各县无人，即由厅沠〔派〕委专员前往办理。

三、包征钱粮处专员，责在征收其钱粮。税率及征收方法，悉照向来规定办理。

四、包征钱粮处专员任事以一年为期。

如办事勤慎，征收起色，准予连任，补缴保证金。

五、专员缴纳保证金，由县解厅汇存，不得截留挪用。

六、各县原设会计员，仍由县长沠〔派〕委。其征粮司事及催征粮役，均由专员会商县长选择任用。

七、各县额定财政经费，除会计员薪水由县支发外，其余财政经费由专员商承县长，按原定旺淡月应支数目照额支销。所沠〔派〕司役一切费用，准于定额经费内酌量支配，由专员发给。

八、各县设立粮站，赴乡催收及拘押欠户等事，责成县长酌沠〔派〕团警保护，协助专员办理，毋得推诿贻误。

九、包征钱粮处专员，应按征收新旧粮额，缴纳一成保证金。包征额数应将各县最近三年收入新旧丁米之数，折中核定，照实征之数为比较。（假如民国十年收一万元，十一年收一万一千元，十二年收一万二千元，即以十一年收数为比较，报厅立案）

如以十一年收数为比较，即将十一年某月收入新旧丁米若干，先行分月列报。比较数目，准其以所收新旧粮合并计算，惟列报时，仍分某年新旧粮数目开列，毋得含混。本年（即十三年）包征，应准自接办之日起，按以后之月，分月比较。其以前收过之数应准于全年比较额数内扣除。

十、保证金应准专员将收入粮款分八个月就近扣还。是月收入若干，除坐支行政、财政、司法、监狱经费外，有余之款，专员将是月应扣之保证金扣回外，再有盈余，责成全数解厅，不得截留。下月支数，惟上月应扣还之保证金，如有不足，准于下月补扣。

前项保证余以解厅之日起，每月酌给息银一分。但既准于八个月按月摊还，则上月已完之数，下月不得支息，余仿此。

十一、专员缴过保证金，或遇政变军事影响，所缴存未还之保证金，准自地方规复原状之日起，由专员继续征收，扣还本息。倘原缴保证金之专员不能继续办理者，即由接办之员按月除坐支外，分别扣还本息，不得违误滋议，以昭公允而免亏累。

十二、专员筹缴保证金，准其邀集绅商殷户、征粮司役集合附股汇缴，将股份、银数、姓名报厅存案。所得息款奖金，由经手者均匀支给。如原经手之专员或有事故，准附股主人持本厅所收保证金库收据，赴经征之县，向接办之员将未还本息按月支还，或来厅领回，并得抵纳粮税。

十三、专员认定某年所收新旧粮额数为最中，应即以是年各月收入之数为比较。

如是月除比较收足外，长征不及一成，不支奖金。长征一成以上，县长专员每百元各扣支奖金二元，司役支奖金一元。倘再有长征，以每一成以上，分别扣支奖金。

如是月比较不足，不支奖金，责成下月补征足额。下月仍不能足，应俟再下之月补足。必须自是年接办之月起，各月收数均匀扣足，再有长征，方支奖金。

十四、专员如有违章加征等事，一被告发得实，缴过保证金，全数充公，不准扣还。

十五、征收粮款，由专员经理。惟保管支解，仍由县长、专员同负责任。至印发串标、保管粮册、比销过割等事，应由县长、专员督饬各司事查照向章办理。

十六、由厅随时派员分赴各县调查征簿，专员按月收存粮款，除坐支及分别每月扣还本息之外，所余之款，催令下月十日以前，由县长、专员批解省库。倘不清解，任意留存，或将收数私行挪移月份，希图冒支奖金者，一经查出，县长、专员均行撤任，专员缴过保证金，全数充公。

十七、县长、专员每月应造一切收支表册，迟延一月不报者，均各记过一次；迟延二月者，各记大过一次；三月以上者，县长、专员均各撤任。

十八、以上各条，由财政厅呈请省长核准，通行照办。如有未尽事宜，或有应行损益之处，由厅随时呈请修正之。

据《大元帅指令第六八五号》，载广州《陆海军大元帅大本营公报》第十九号，一九二四年七月十日

照准《法官学校规程》、课程及预算

（一九二四年七月五日）

大元帅指令第六八七号

令广东高等审判厅厅长陈融、广东高等检察厅检察长林云陔

呈报会同筹拟设立法官学校，并附呈规程、课程、预算各表册，请指令祗遵由。

呈及规程、预算表均悉。所拟尚属可行，应予照准。此令。

（中华民国陆海军大元帅之印）

中华民国十三年七月五日

附一：法官学校规程

（一九二四年六月二十八日呈）

第一章　总　纲

第一条　本校以养成精通法理、适合国情及世界潮流之司法人材为宗旨。

第二条　本校设在广州，直隶广东高等审检两厅。

第三条　本校将光孝街光孝寺广东公立警监专门学校改设。

第二章　分　科

第四条　本校分设特别科、普通科。

第五条　特别科分民刑事及刑事检察两班。

第六条　普通科酌照现行《法政专门学校规程》办理。

第七条　特别科修习科目另表定之。

第八条　普通科修习科目酌照现行法政专门学校课程另表定之。

第三章　修业年限

第九条　本科〔校〕特别科修业三学期，一年半毕业。普通科修业六学期，三年毕业。

第四章　入学资格

第十条　有左列资格之一者，得应考本校特别科：

一、在专门以上学校，修习法政之学三年以上者。

二、在法政讲习所一年半以上毕业，曾在法院供职满二年以上者。

三、在各种专门学校毕业，曾在法院充当书记官三年以上者。

第十一条　有左列资格之一者，得免予入学试验，入本校特别科修习：

一、现任及曾任各厅候推检者。

二、修习法政之学三年以上，曾任法院书记官二年以上者。

三、现在各厅学习或实习推检事务一年以上者。

四、曾在本校普通科毕业者。

第十二条　有左列资格之一者，得应考本校普通科：

一、在中等以上学校毕业者。

二、有与中学毕业相当学力，曾在各官署供职一年以上者。

第十三条　有左列资格之一者，得免予入学试验，入本校普通科修习：

一、在中等以上学校毕业，曾在各官署供职一年以上者。

二、各官署就具有前条第一项资格人员选送者。

第五章　学　费

第十四条　本校特别科，每学期征学费二十五元，讲议费八元。

第十五条　本校普通科，每期征收学费一十八元，讲议费六元。

第六章　试　验

第十六条　本校试验分为临时、学期、毕业三种。临时试验于授课时间随时行之，学期试验于每学期终行之，毕业试验于修业期满行之。

第十七条　本校特别科考试以七十分为及格，普通科考试以六十分为及格。

第七章　毕业待遇

第十八条　特别科学生毕业试验及格者，由校长呈送高等审检厅，以推检任用。

第十九条　普通科学生毕业试验及格者，得免试验升入特别科修业。不愿升级者，由校长呈送高等审检厅，分别录用。

第八章　组　织

第二十条　本校置校长一人，直隶广东高等审检厅，总理全校事务。校长由高等审检厅会沠〔派〕。

第二十一条　本校设左列两处：

一、教务处。置主任一人，商承校长综理教务处事务。其处务规则另定之。

二、总务处。置主任一人，商承校长总理总务处事务。其处务规则另定之。

三、教务员二人，助理教务处事务；事务员二人，助理总务处事务。

第二十二条　本校延聘教员若干人，担任教授及指导学生实习等事宜。

第二十三条　本校设评议会，议决本校根本计划事宜。

评议员由校长聘任。

评议会规则另定之。

第二十四条　校长关于本校发展之根本计划，咨询评议会议决后施行。

第二十五条　校长除遵照本规程规定办理外，凡关于本校之根本改革计划，应呈明广东高等审检厅核办。

第二十六条　本校得酌用助理员、雇员，办理校内杂务。

第九章　经　费

第二十七条　本校经费除由学费项下支给外，余由广东高等审检两厅筹拨。

第二十八条　本校教职员薪俸，由广东高等审检厅会同订定。

第二十九条　本校预决算，应每月呈报高等审检厅查核。

第十章　附　则

第三十条　本校管理细则另定之。

第三十一条　本规程自呈准公布日施行。

附二：法官学校特别科课程

民事审判实务

刑事审判实务

民诉判例及实务

刑诉判例及实务

民法总则及判例

债权及判例

物权法则及判例

亲族法则及判例

继承法则及判例

商事法及判例

登记法则及实务

公证法则及实务

法院行政法及实务

破产法规及实务

证据法规及实务

强制执行法实务

刑法及判例

特别刑法及判例

比较刑法学

审判心理学

法医学

刑事政策学

监狱法规及实务

中华民国建国大纲

社会经济学

比较国法学

社会学

犯罪学

采证学

工场法规

附三：法官学校预算表（略）

附四：收入门（略）

据《大元帅指令第六八七号》，载广州《陆海军大元帅大本营公报》第十九号，一九二四年七月十日

批准《广东各县契税分局办事简章》

（一九二四年七月七日）

大元帅指令第六九五号

令广东财政厅厅长郑洪年

呈为派〔派〕员办理各属繁盛乡镇契税分局，谨拟简章，呈请察核令遵由。

呈及简章均悉。准如所拟办理。简章存。此令。

（中华民国陆海军大元帅之印）

中华民国十三午七月七日

附：财政厅税验契各县分局办事简章

（一九二四年六月二十九日呈）

第一条　财政厅为厉行契税、期增收入、便利业户起见，查照本厅原设之税验契局办法，于各县乡镇分设契税分局，所有办法，悉照本简章规定行之。

第二条　各县乡镇契税分局，由厅遴派局长，颁发关防，前往会〔各〕县办理。各项税率，仍照向章征收。

第三条　局长对于该县乡镇契税征解事宜，应负完全专责。凡稽查民间典卖田屋，加建上盖，新旧各契有无税验，及契据税款之接收填发，均由局长经理之。

第四条　分局应用契纸、执照、证据、照章来厅请领。由该局长自印收据。每日接收契纸及税金，须填发收据，签名盖用关防，交回投税人收执。即日将新契填注，连同原来红白契粘连，加盖关防，设簿按号登录，交投税人管业换回印收。自接收投税之日起，不得逾五日，将契发回。

第五条　分局收入税款积至二百元以上者，即随时交邮局汇厅充饷，不得截留拨解他处。如附近无邮局地点，即交商号代汇，所有汇费，准在税款扣支。

第六条　分局收入一切税款，准照章一成，为局办公费。

第七条　各县契税分局所有查催保护一切事宜，责成各县长协助进行，毋得推诿贻误。

第八条　本简章与原定章程不相抵触者，仍照旧办理。如有应行增改之处，随时呈请修正之。

据《大元帅指令第六九五号》，载广州《陆海军大元帅大本营公报》第十九号，一九二四年七月十日

批准《广东地方短期抵纳券章程》

（一九二四年七月七日）

大元帅指令第六九六号

令广东财政厅厅长郑洪年

呈拟发行地方短期抵纳券，乞鉴核示遵由。

呈及章程均悉。准如所拟施行。章程存。此令。

（中华民国陆海军大元帅之印）

中华民国十三年七月七日

附：广东财政厅发行地方短期抵纳券章程

（一九二四年六月二十七日呈）

第一条　广东省政府为增加现时收入、应付急需起见，发行短期抵纳券，以毫银三十万元为额。

第二条　此项抵纳券系属短期，只予折扣，不计利息。

第三条　券额定为两种：

一元券。

五毫券。

第四条　此项抵纳券，得完纳各县钱粮契税，及各厘税厂、各承商税捐厘金等一切饷项。

第五条　此项抵纳券自发行之日起，一个月后，随时抵纳，各征收机关不得

措阻。

第六条　此项抵纳券缴纳时，照毫银十足计算。

第七条　此项抵纳券系无记名式，人民得自由买卖。

第八条　此项抵纳券如有伪造及毁损信用者，得送交法庭依法治罪。

据《大元帅指令第六九六号》，载广州《陆海军大元帅大本营公报》第十九号，一九二四年七月十日

核准《军队点验令》

（一九二四年七月十日）

大元帅指令第七一二号

令大本营军政部长程潜

呈拟《军队点验令》①，请察核公布施行由。

呈及点验令均悉。所拟尚属妥协。仰即由该部通行各军遵照可也。此令。

（中华民国陆海军大元帅之印）

中华民国十三年七月十日

附：军队点验令

（一九二四年六月二十八日呈）

第一条　凡大本营所辖之军队，须遵照本令受军政部呈请派定之委员，施行严格认真之点验，即以点得枪炮实数，为编制该部之基础。

第二条　凡军队遵照本令实行点验，经大元帅核定编制饷额者，按月发给饷项，按季给与服装。

第三条　点验日期，由大元帅明令定之。

---

①　中国第二历史档案馆藏有一九二四年六月二日由军政部长程潜上呈的《军队点验令》一件，内容与此相同，称孙文在原呈上批示“即行公布”字样，但未签署具体日期。此件在《陆海军大元帅大本营公报》发布时，已迟达一月有余，程潜的呈文亦改署为六月二十八日。

第四条　凡被派充点验军队任务者，概称为点验委员，由军政部长就左列机关中，选择陆军出身人员，呈报大元帅明令派充之：

一、军政部部员。

二、参谋处之高级参谋、上中校参谋。

三、参军处之参军、副官。

四、各军之参谋、顾问、参议。

第五条　点验委员之编组，及其点验之部队，由军政部长开单定之。但每组须指定资深者一员为长，以资领率。

第六条　点验委员须遵照大元帅令定之时日，到达指定之部队，认真点验。

第七条　凡部队于点验委员到达时，应听该组点验委员长区处，严格施行。

第八条　各部队长官于点验委员到达时，即须呈出所部官兵花名、枪炮种类、号码册于点验委员长或点验委员。

花名册式样如左：

职别	姓名	年龄	籍贯	到差（或入伍）年月	枪枝种类数目	枪枝号码

第九条　各军长官于点验该军部队时，宜亲自莅场监受点验，并有事先严切督率准备点验之责。如各[①]军队散处各地，除在最前线任警戒勤务者外，宜按营预为集合，并派遣要员随同点验委员前往军队驻扎地，指挥各部遵令受点。

第十条　各军长官由于点验日期及人员泒〔派〕定后，即宜泒〔派〕出要员，与该组点验委员长商定关于点验之事项。

第十一条　凡在同一方向之部队，须分头同时点验。

第十二条　点验委员宜注意军队枪炮之种类号码，按册点验明确，有注记之必要者，应详加注记。

① 中国第二历史档案馆藏件在个别文字上稍有不同，“各”字无。

第十三条　官兵花名册内，应将枪炮种类号码填写清楚，如无号码之枪炮[①]，各部队长官应饬于未点验前，于枪壳上用火印烙编号码，造册点验。

第十四条　点验之枪枝，以五响、单响、九响、村田驳壳、左轮、各式机关枪为限，其他用粉药之枪、猎枪等，概不列册报点。炮须有炮闩装置者，方能合格。

第十五条　点验所得之枪炮号码，如有重复时，以先点者为实，后点者为虚。

第十六条　各组点验委员长应于点验后，即将名册及点验情形呈报大元帅及军政部长。

第十七条　官兵花名册，步、炮、工兵以每营为册。其他无营编制者，以及总、军、师、旅、团部，各为一册。

第十八条　点验委员之旅费，按照《陆军旅行章程》办理，由大元帅令拨款项，交军政部分别发给。

第十九条　各点验委员有徇情虚冒行为，致枪炮数目不实在时，治之[②]溺职之罪。

第二十条　本令由公布日施行。

据《大元帅指令第七一二号》，载广州《陆海军大元帅大本营公报》第十九号，一九二四年七月十日

令修改《大本营军需处章程》[③]

（一九二四年七月十五日）[④]

呈为拟定该处章程，乞核准施行由。

呈及章程均悉。所拟尚属妥协，惟参事、科长、副科长、副官均应改为荐派，

---

① 中国第二历史档案馆藏件“枪炮”作“枪枝”。

② 中国第二历史档案馆藏件“治之”作“治以”。

③ 本文系《大元帅指令第七五〇号》，但《陆海军大元帅大本营公报》未予刊发，今据《大元帅指令第八一〇号》所附原呈录出。

④ 底本未署日期，据原呈称军需处于七月十六日接到第七五〇号指令，而之后的第七五二号指令的发令日期是七月十五日，据此酌定为十五日所发。

科员、书记官改为委派，仰即照此修正，呈候核准施行可也。章程发还。此令。

计发还章程一份。

据《大元帅指令第八一〇号》所附原呈，载广州《陆海军大元帅大本营公报》第二十一号，一九二四年七月三十日

令汇集资料制订各级官制官规

（一九二四年七月十五日）

大元帅训令第三五〇号

令大本营军政部长程潜，大本营建设部长林森，大本营内政部长徐绍桢，大本营外交部长伍朝枢，大本营财政部长叶恭绰，大本营参谋长李烈钧，大本营秘书长谭延闿，大本营参军长张开儒，经理大本营军需事宜胡谦、郑洪年，大本营审计处长林翔，禁烟督办鲁涤平，大本营航空局长陈友仁，大本营会计司长黄昌谷，财政委员会，法制委员会，大理院长兼管司法行政事务吕志伊，兼盐务督办叶恭绰，经界局督办古应芬

为令遵事：照得大本营成立有年，非亟制定官制、官规，无以修明法治，综核名实。限文到十日内，所有大本营直辖各部、处、署、局、司、会，应即将该部、处、署、局、司、会职员等级、额数、俸给，备文分别列具详表呈送，以凭制定官制、官规公布施行，藉以厘定法规，整齐划一，本大元帅有厚望焉。除分令外，合行令仰该部长、秘书长、参谋长、参军长、经理、处长、督办、监督、局长、司长、委员会、院长，即便遵照办理。切切。此令。

（中华民国陆海军大元帅之印）

中华民国十三年七月十五日

据《大元帅训令第三五〇号》，载广州《陆海军大元帅大本营公报》第二十号，一九二四年七月二十日

批《大本营军需处职员分掌职务规则》

（一九二四年七月十六日）

大元帅指令第七六〇号

令经理大本营军需处事宜胡谦、郑洪年

呈送职务规则，乞备案由。

呈及规则均悉。准予备案。规则存。此令。

（中华民国陆海军大元帅之印）

中华民国十三年七月十六日

附：大本营军需处职员分掌职务规则

（一九二四年七月十四日呈）

第一条　长官分任职务如左：

一、军政部次长，执行出纳及签发放款事宜。

二、财政部次长，执行稽核账目与财政各机关交涉款项事宜。

第二条　参事秉承长官命令，督率各科长、〈科〉员处理一切事务，并核办来往文件。

第三条　会计科

一、科长秉承长官命令并参事指导，率同科员稽核收支款项、编造预算决算书、簿记表等事项。属于该科各员，分任事务如左。

二、副科长佐理本科主任管事项，并编造每月预算决算书。

三、核算兼造表员稽核收支款项并编造日报表。

四、簿记员根据出纳科通知传票，分造正式簿记，并保存通知传票。

第四条　出纳科

一、科长秉承长官命令并参事指导，率同科员掌管金柜收支事务，并编造金柜收支账簿，保管印信及庶务事宜。

二、收款员专赴各机关催收款项。

三、佐理本科一切事务，得由科长指定一人办理之。

第五条　副官分任事务如左：

一、受参事指导，办理文件收发及不属各科事项。

二、与各领款人接洽及交际事项。

第六条　书记官分任事务如左：

一、办理文牍并保管印信。

二、管卷兼办文牍。

三、办理本处庶务。

第七条　录事缮写一切文件。

据《大元帅指令第七六〇号》，载广州《陆海军大元帅大本营公报》第二十号，一九二四年七月二十日

准《法制委员会处务规则》及《法制委员会会议规则》

（一九二四年七月二十三日）

大元帅指令第七八五号

令代理法制委员会会长刘芦隐

呈报修正处务及会议规则，乞察核备案由。

呈悉。如呈备案。规则存。此令。

（中华民国陆海军大元帅之印）

中华民国十三年七月廿三日

附一：大本营法制委员会处务规则

（一九二四年七月十九日呈）

第一条　本会事务，除由本会规程明定外，悉依本规则处理之。

第二条　本会分左列二组：

第一组，掌拟订或审定关于法律事项。

第二组，掌拟订或审定关于行政制度事项。

第三条　委员长及委员须担任一组或两组事务。

第四条　委员长或委员对于各种法制认为有拟订之必要时，得提出本会，经可决后，再依组分任起草。

第五条　大元帅及各部院送交审查之法制案，应由委员长依其性质交主管组审查后，提出本会讨论。

第六条　本会之议决案件，应由秘书整理付印，分送各委员。

第七条　本会公文除对于大元帅用呈外，概以公函行之。

第八条　委员长辞职或离职至三月以上，由本会委员另行推选。

委员长有事故时，由副委员长代理。正、副委员长均有事故时，得托委员一人代理。

第九条　委员长对于本会秘书处职员，有监督指挥之权。

第十条　秘书处分左列二股：

一、文牍股。

二、庶务股。

第十一条　文牍股职掌如左：

一、拟撰保存收发文件事项。

二、记录编订印刷议案事项。

三、典守印信事项。

四、管理图书事项。

第十二条　庶务股职掌如左：

一、编制预算决算事项。

二、经费出纳事项。

三、购置及保存物品事项。

四、其他庶务事项。

第十三条　秘书承委员长之命，掌理秘书处事务；事务员承长官之命，分掌各该股事务；雇员承长官之命，缮写校对各项文件。

第十四条　文牍股接收文件时，送由秘书转送委员长核阅，分交各主管人员办理。

第十五条　各股拟办文件，应送由秘书核阅，转送委员长判行。

第十六条　委员长判行后，发交文牍股缮校挂号，分别印发归档。

第十七条　秘书处除星期日及例假外，每日上午九时至十二时、下午一时至五时，为办公时间。

第十八条　秘书处职员出勤及散值，均须签名于勤务簿。因事故不能出勤时，应预先请假。但因公出差者，不在此限。

第十九条　本会会议规则另订之。

第二十条　本规则有未尽事宜，得修正之。

第廿一条　本规则自议决日施行。

附二：大本营法制委员会会议规则

（一九二四年七月十九日呈）

第一条　本会会议于每星期二、五下午二时举行。但有特别事故时，得由委员二人以上之提议，由委员长召集临时会议。

第二条　本会议由委员长主席，秘书记录。

委员长因事缺席时，由副委员长主席。正、副委员长均因事缺席时，由委员公推一人主席。

第三条　本会议开会时，应备议事录。记录开会日期、出席人数，及议决事件等项。

第四条　本会议议决下列各事项：

一、大元帅发交之件。

二、各部院送交之件。

三、本会委员提议之件。

第五条　担任审查或起草之委员，于审查或起草完竣时，先交委员长，付印分送各委员审阅，于会议席上公决之。

第六条　本会议每次开会，应由秘书商承委员长，编列议事日程，连同审查案或草案，于两日前分送各委员。

第七条　本会议以有过半数委员之出席，方能开会。

第八条　本会议于开会时，按议事日程依序讨论。但有临时动议，而经出席委员过半数之同意者，得变更议事日程。

第九条　提议各案有一次不能议决者，应由委员长宣告延会。

第十条　本会议以出席委员三分二以上之同意议决之。

第十一条　本规则有未尽事宜，得修正之。

第十二条　本规则自议决日施行。

据《大元帅指令第七八五号》，载广州《陆海军大元帅大本营公报》第二十一号，一九二四年七月三十日

准《大本营军需处章程》

（一九二四年七月二十六日）

大元帅指令第八一〇号

令经理大本营军需处事宜胡谦、郑洪年

呈为遵令修正章程，请鉴核备案由。

呈及章程均悉。准予备案。章程存。此令。

（中华民国陆海军大元帅之印）

中华民国十三年七月廿六日

附：大本营军需处章程

（一九二四年七月二十二日呈）

第一条　大本营军需处为管理军需给养机关由大元帅任命军政部次长、财政部次长为经理本处事宜之长官。会同统率处内各职员，分理各项事务。

第二条　军政部次长执行出纳及签发放款事宜，财政部次长执行稽核帐目与各财政机关交涉款项事宜。

第三条　大本营军需处分设两科，其职务如左：

一、会计科。掌稽核收支款项，编制薄〔簿〕记表册，及本处文牍事项。

二、出纳科。掌理现金出纳及本处庶务事项。

第四条　大本营军需处设职员如左。其员额俸薪经费，另以附表定之：

参事　荐派。

科长　荐派。

副科长　荐派。

副官　荐派。

科员　委派。

书记官　委派。

庶务员　委派。

第五条　参事秉承长官〈命令〉，督率各科人员处理本处一切事务，并核办本处来往文稿。

第六条　副官秉承长官命令，并受参事之指导，办理本处内务及交际事宜。

第七条　科长禀承长官〈命令〉，率同科员办理各该科主管一切事务。

第八条　科员、书记官、庶务员秉承长官命令，并受科长指导，分任各该科事务。

第九条　大本营军需处为缮写文件，得雇用录事。

第十条　《大本营军需处服务细则》另订之。

第十一条　本章程自奉大元帅核准公布之日施行。

附则　本章程如有未尽事宜，得随时修改，呈请大元帅核定。

据《大元帅指令第八一〇号》，载广州《陆海军大元帅大本营公报》第二十一号，一九二四年七月三十日

批准《经界局组织条例》

（一九二四年七月二十六日）

大元帅指令第八一四号

令经界局督办兼办广东沙田清理事宜古应芬

呈拟《经界局组织条例》，乞核准施行由。

呈及条例均悉。准如所拟施行。条例存。此令。

（中华民国陆海军大元帅之印）

中华民国十三年七月廿六日

附：经界局组织条例

（一九二四年七月二十三日呈）

第一条　经界局直隶于大元帅，掌管全国土地之清查、测丈、登记，及地籍整理、田赋清厘事宜。

第二条　经界局设左列各处：

一、总务处。

二、测丈处。

三、调查处。

第三条　总务处掌理事务如左：

一、关于本局及所辖机关职员任免事项。

二、关于印信典守事项。

三、关于地籍整理事项。

四、关于田赋清厘事项。

五、关于统计报告事项。

六、关于本局及所辖机关会计事项。

七、关于官物保管事项。

八、关于本局庶务及其他不属各处事项。

第四条　测丈处职掌如左：

一、关于测丈人员之养成事项。

二、关于筹备购置、保管测丈器械事项。

三、关于测丈之计划及实行事项。

四、关于测丈事务之监督及考核事项。

五、关丁制图事项。

第五条　调查处职掌如左：

一、关于调查事务之计划及实行事项。

二、关于调查事务之监督及考核事项。

三、关于地籍之编造事项。

第六条　经界局置左列各员：

督办一人（简任）。

秘书长一人（荐任）。

秘书若干人（委任）。

处长三人（荐任）。

处员若干人（委任）。

事务员若干人（委任）。

技正一人（荐件〔任〕）。

技士若干人（委任）。

第七条　督办承大元帅之命，管理本局事务，监督指挥所属各职员并所辖各机关。

第八条　秘书长承督办之命，掌理机要事务。

第九条　秘书承长官之命，助理机要事务。

第十条　处长承督办之命，分掌各处事务。

第十一条　处员承长官之命，协理各处事务。

第十二条　事务员承长官之命，助理各处事务。

第十三条　技正、技士承长官之命，助理技术事务。

第十四条　各处于事务纷繁时，得分科处理之。

第十五条　督办得延聘于经界事务富有学识经验人员为顾问。

第十六条　经界局于必要时，得设立评议会及编译所。

第十七条　经界局因缮录文件及其他杂务，得酌用雇员。

第十八条　经界局于必要时，得呈明大元帅于各省区设立经界分局。经界分局组织另定之。

第十九条　本条例自公布日施行。

据《大元帅指令第八一四号》，载广州《陆海军大元帅大本营公报》第二十一号，一九二四年七月三十日

准《大本营收解新币章程》备案

（一九二四年七月二十九日）

大元帅指令第八二二号

令大本营财政部长叶恭绰、广东省长廖仲恺

呈会同规定《征收机关收解新币章程》请备案由。

呈悉。准予备案。章程存。此令。

（中华民国陆海军大元帅之印）

中华民国十三年七月廿九日

附：各征收机关收解新币暂行章程

（一九二四年七月呈）

第一条　政府为杜绝私铸起见，中央征收机关及地方征收机关对于商民缴纳田赋税捐及其他公款，均须一律收用造币厂新铸之十三年国币，除该项新币外，不得收纳他种银币。

前项之规定，对于承商公司适用之。

第二条　各征收机关或承商公司，将公款呈解主管厅时，应一律以十三年新

币呈解。如以凭单或支票呈解者，仍应商定该付款处以新币交付，并于单据内注明十三年新币字样。

第三条　各征收机关对于田赋、税饷、厘捐及其他公款，如系官厅自行直接征收者，由该管长官或县长或总办派员查察。即由承商公司征收者，即由主管官厅所派之监办员或收款员随时查察。

第四条　各征收机关或各承商公司如有兼收旧币情事，应即由各该主管长官或监办员等随时举发，呈报最高级主管长官，科以五十元以上、五百元以下之罚金。

第五条　如解款机关违反第二条之规定者，处以五元以上、五十元以下之罚金。私收旧币解款者，该经收之职员应处以十元以上、百元以下之罚金。

第六条　凡初次违犯本章程者，照章处罚。再犯时，除处罚外，再将该职员彻革。如系承商公司，应即将其承办案取销，其所缴预饷充公。

第七条　各查察人员，如有控同徇隐不予举发者，应将该查察员一并处罚，并免其职。

第八条　各征收机关或承商公司，如有违反本章程所规定情事，得由各该地商民告发，如查明属实，除照章处罚外，即以罚款之二成为告发人奖金，但挟嫌诬告者反坐。

第九条　本章程自八月一日起施行。

本章程如有未尽事宜，得随时修改。

据《大元帅指令第八二二号》，载广州《陆海军大元帅大本营公报》第二十一号，一九二四年七月三十日

准《广东维持纸币联合会章程》及办法

（一九二四年七月三十一日）

大元帅指令第八三四号

令广东省长廖仲恺

呈报核准《广东维持纸币联合会章程》及办法，请鉴核备案并通令知照由。

呈悉。准予备案。即由该省长通行知照可也。此令。

（中华民国陆海军大元帅之印）

中华民国十三年七月卅一日

据《大元帅指令第八三四号》，载广州《陆海军大元帅大本营公报》第二十一号，一九二四年七月三十日

附一：广东维持省立纸币联合会章程

第一条　本会由人民自动联合各界团体代表之。

第二条　本会以维持广东省立银行纸币挽回商民利权为宗旨。

第三条　本会定名为广东维持省立纸币联合会。

第四条　本会会所设于南关长堤中国银行旧址。

第五条　本会组织主体以左列各项人员为限：

一、商会代表：以广州总商会会长及各特别会董充之。

二、商团代表：以正副团长或举泒〔派〕代表○人充之。

三、工会代表：以广东总工会正副会长或举泒〔派〕代表充之。

四、善团代表：九善堂院一人、善团总所一人充之。

五、银业工会代表：以正副会长或举派代表充之。

六、教育会代表：以会长或举派代表充之。

七、绅界代表：自治研究社举一人、文澜书院举一人充之。

八、造币厂监督。

第六条　政府方面指定广东财政厅长及中央银行行长为政府代表。

第七条　本会得设职员如左：

一、会计兼庶务一人。

二、稽查员若干人。

三、文牍员一人。

四、事务若干人。

五、录事若干人。

第八条　本会应办事项如左：

一、关于纸币盖印事项。

二、关于纸币保存销毁事项。

三、关于已定维持纸币办法及债票章程起草事项。

四、关于与政府接给事项。

第九条　本会为委员制，不设会长，由大会公推常务委员若干人，依照所定办法、章程办理会务。其寻常事项，由常务委员执行之，每星期报告大会一次。

第十条　本会章程非得会员十人同意，不得提议修改。

第十一条　本章程及维持纸币办法所未规定之事项，非经大会集议通过、呈请政府核准，常务委员不得擅行。

第十二条　本会每星期六日下午开大会一次，讨论左列各事项：

一、关于常务委员报告事项。

二、关于稽查进行事项。

三、关于会员提议事项。

第十三条　本章程第五条人员为名誉职，不支薪水。第六条人员，除稽查员由大会公推不支薪水外，余均为有给职。

第十四条　本联合会成立后，政府应负保护之责，无论何界不得骚扰。

第十五条　本章程第八条所列事项办法另订之。

第十六条　本会办事细则，俟成立后议决订定之。

据《维持省立纸币之章程》，载一九二四年七月二十八日《广州民国日报》（六）

附二：维持广东省立银行纸币办法

一、由广东维持纸币联合会（以下简称会）公布，自八月一日起至三十日止，准纸币存户来会验明登记，加盖印章，以便呈请政府公布，作为缴纳加二税饷、通用纸币，所有市面交易并准照市价通用。如存户逾期不到〈会〉盖印，所存纸币永远作为废纸。

二、凡来会加盖印章之纸币，一经会盖印后，以一半缴存会中，一半发还存户。

三、前条存户缴存会中之半数纸币，由政府给回维持纸币债票。其债票发行及收回章程，由联合会拟定，呈请政府核准公布云〔之〕。前项由政府所给回之维持纸币债票，本联合会对于纸币销毁将次完竣时，即准将该债票继续交纳搭缴二成税捐饷项，亦照纸币办法销毁。

四、会中每日留存之半数纸币，将六成盖印，送交财政厅存库，余四成即行截角，定期登报，当众焚毁。其送厅存库之纸币，不得移作军政费用，本联合会有随时派员稽核之权。

五、由会请求政府明令广东省内各征收机关、一切正杂各项税捐、厘金、盐税、税契、饷捐、钱粮、房捐、警费，与及一切保证金、罚款等项，酌量情形，照现额加二征收之。共〔其〕加二征收之数，准人民以经会盖印之纸币缴纳。前项应加之二成税项，由联合会会同财政厅另行商定，呈请省长核准公布执行之。

六、凡向财政厅及政府各征收机关交纳税饷，必先将规定之搭缴二成纸币，交联合会给回收单，然后持军单汇同现款缴纳，不得违背。

七、本联合会将每日收入之二成纸币及截角纸币，每星期将数目登报公布，在公共地方当众焚毁。

八、政府此次加二征收各税饷，系为维持纸币暂行而设，一俟纸币及债票销毁完竣，即将加二税饷永远撤销，本联合会亦同时宣布结束。

九、本办法自呈请政府核准布告之日施行。

据《维持省行纸币之办法》，载一九二四年八月八日《广州民国日报》（六）

公布《中央银行条例》

（一九二四年八月七日）

大元帅指令第八七四号

令中央银行行长宋子文

呈送《中央银行条例》清折，请鉴核公布施行由。

呈、折均悉。所拟《中央银行条例》尚属可行，应准予公布。折存。此令。

（中华民国陆海军大元帅之印）

中华民国十三年八月七日

附：中央银行条例

（一九二四年八月三日呈）

第一条　中华民国中央政府（下文简称政府）为发展国内实业，调剂国内金融，补助国民经济，促进国际贸易起见，设立中央银行，由政府筹备资本经营之。

第二条　中央银行资本第一次定为毫银一千万元，由募集国外债款一千万元充之，俟将来业务推广，再呈请政府继续增加。

前项债款，除依本条例第七条规定外，其募集及还本付息办法另订之。

第三条　中央银行设总行于政府所在地，各省会及商工业繁盛都市均得设立支行、分行，或与他银行订立代理合同，但须呈请政府核准备案。

政府视为必要时，得令中央银行增设支行、分行或代理处。

第四条　中央银行之业务年限以三十年为期，期满时呈请政府核准得延长之。

第五条　中央银行之业务规定如左：

一、买卖有价证券、商务确实期票及汇票或贴现。

二、办理汇兑及发行期票、支票及汇票。

三、买卖生金、生银及各种货币。

四、经收各种存款，并代人保管证券、票据契约及其他贵重物品。

五、贷放定期或活期有确实担保或抵押品之借款。

六、代其他银行公司商号或个人收取各种票据之款项。

七、买卖经政府担保之有息债票、证券及本国铁路公司、商场、工厂等之优先股票。

八、其他关于银行应经营之业务。

前项业务，另由中央银行分别以专章规定之。

第六条　中央银行如贷款于政府，应以有确实抵押品或担保而用诸生利事业者为限，其款额不得超过资本总额百分之二十，偿还期并不得逾六个月。

第七条　中央银行由政府授予左列之特权：

一、代政府募集内外实业债款。

二、发行货币。

三、代理金库现金之出纳及代收各项公款。

中央银行办理前项事务，应遵守政府所颁之法令办理，如法令未有明文规定者，应随时呈请政府核准，仍将办理情形分报各主管官署备案。

第八条　中央银行受政府及地方官厅或其他团体公司之委托，得经理发行或偿还内外公债或公司债事务，但须遵守各原订契约规章办理。

第九条　中央银行不得经营左列诸项及有投机性质之营业：

一、除营业上必要之不动产外，购入或承受不动产及以不动产作放款之抵押品。

二、购入或承受置产公司及其他非经政府担保之各项公司股票暨证券债票。

三、购入或承受各项货物。

前项规定如遇清还欠款由债主交出变卖或由审判断归中央银行承受或管业者，不在此限。

第十条　中央银行置行长一人，副行长二人，任期各六年；董事长一人，董事八人，任期各三年；监事一人，任期二年。均由政府任命，在职期内，均不得兼任他银行职务。其余职员之组织及任用，另以规章定之。

第十一条　行长代表中央银行总理行务，监督指挥所属各职员，但遇有重要事项须先经董事会之议决。

副行长辅助行长勷理行务，受行长之委托或行长有事故时得代行其职权。

董事长及董事对于行务有监督行务议决重要事项及建议之职责。

监事掌稽核帐目、查察库存现金及有价证券暨财产契据等事项。

第十二条　关于左列事项应由董事会议决后由行长执行之：

一、资本之增加。

二、支行、分行之设立地点及其存废。

三、营业计画及预算决算。

四、贷借于政府款额、期限及条件。

五、购入证券股票之限制。

六、货币之发行额。

七、合同契约之签订。

八、关于业务各项专章及各项办事规章暨帐簿表册格式之规定或修正。

九、抵押品、担保品之处分。

十、总行各科及各支行、分行重要职员之进退。

十一、公积金及行员奖励金之分配。

前项议决事项，其重要者，仍由行长随时呈请政府核示。

第十三条　董事会以董事长及董事组织之，由行长召集，每星期至少开会一次，其议事规则由董事会自定之。

第十四条　中央银行营业年度以每年一月至十二月为一总决算期，应编具左列表册书类，经监事覆核提交董事会议决后呈报政府查核备案并公布之：

一、财产目录。

二、贷借对照表。

三、营业报告书。

四、损益计算书。

五、盈利分配案。

六、行员奖励金分配案。

每月月终，应编具营业统计书及贷借对照表，经监事覆核呈报政府备案。

第十五条　中央银行收入存款，由政府负完全责任，并于每年终盈利项下提出十分之四为银行公积金。

前项公积金专备补充资本、弥补损失之用，此外无论何项要需不得动支。

第十六条　本条例自公布日施行。

本条例有修正之必要时，得由政府修正之，但中央银行认为应行修正时，亦得由董事会议决呈请政府核示。

据《大元帅指令第八七四号》，载广州《陆海军大元帅大本营公报》第二十二号，一九二四年八月十日

准颁《中央银行基金公债条例》

（一九二四年八月九日）

大元帅指令第八八五号

令中央银行行长宋子文

呈拟订公债条例，呈请鉴核，饬部制交该行转发，以符原案由。

呈及附件均悉。所拟《中央银行基金公债条例》尚属妥洽，应准照办。候令行财政部照制发给可也。附件存。此令。

（中华民国陆海军大元帅之印）

中华民国十三年八月九日

附：中央银行基金公债条例

（一九二四年八月六日呈）

第一条　中华民国政府（以下简称政府）为拨充中央银行资本起见，发行公债，以广东省通用毫银一千万元为额，定名曰中央银行基金公债。

第二条　此项公债，十足收款，并无折扣。

第三条　此项公债利息，定为年息六厘。

第四条　此项公债，自发行后，前五年只付利息，自第六年起，用抽竿〔签〕法每年还本十分之二，至第十年，本息一律还清。届抽竿〔签〕时，每年于五月一日，由中央银行行长、董事、监事，并由债权者临时推举代表，会同执行之。

第五条　此项公债，每年付息还本一次，即定为每年六月一日。

第六条　此项公债，还本付息之款，由政府如期拨交，中央银行转付。

第七条　此项公债之发行及还本付息，由政府指定中央银行经理之。

第八条　此项公债，以中央银行之资产为抵押。

第九条　此项公债之票额，概定为一千元。

第十条　以项公债，概不记名，遗失后概不补给。

第十一条　此项公债，由财政部长合同中央银行行长署名盖印。

第十二条　此项公债，得自由买卖抵押。

第十三条　此项公债，如有伪造及毁损其信用者，依律治罪。

第十四条　本条例自大元帅核准施行。

据《大元帅指令第八八五号》，载广州《陆海军大元帅大本营公报》第二十三号，一九二四年八月二十日

令财政部照制筹拨中央银行资本并印发公债票

（一九二四年八月九日）

大元帅训令第四〇九号

令大本营财政部长叶恭绰

为令遵事：据中央银行行长宋子文呈："为拟订公债条例，呈请饬部制交职行转发，以符原案，仰祈鉴核施行事：窃职行资本奉准由政府担任，并以借款拨充，业经订入条例，并遵钧命与洋商商定借款合同条件，随时请示办理。依该项合同条件之规定，计借款额毫银一千万元，完全为拨充职行资本之用。应由政府发给债票与债权人，并订明十足交款，并无折扣，年息六厘，每年于六月一日付息一次。自债款交付后，前五年只付利息，第六年起开始还本，每年摊还十分之二，至第十年本息还讫。即以银行为债款抵押品，并准由债权者推举一人为职行监事，已密呈钧座核准在案。查职行资本既由条例规定，由政府担任筹拨，则此项债票自应由政府印发，将来债款本息亦应由政府筹还，方与原案相符。现合同条件已奉钧座核准签定，所有债票亟应按照合同印发，以便一方面得发交债权者收执，一方面即可如约交款。俾职行积集资金，从速开业，用固基础。兹特根据合同条件，拟具债票条例草案，即定名为'中央银行基金公债'，余即按照合同、条例分别规定。是否有当，理合抄录清折，呈请钧座俯赐鉴核，训示祗遵。如荷核准，并祈饬下主管机关分别照制，交由职行转发，实为公便"等情。据此，除指令"呈及附件均悉。所拟《中央银行基金公债条例》尚属妥洽，应准照办。候令行财政部照制发给可也"印发外，合行将该条例随令抄发，仰该部长即便查照办

理。此令。

（中华民国陆海军大元帅之印）

中华民国十三年八月九日

据《大元帅训令第四〇九号》，载广州《陆海军大元帅大本营公报》第二十三号，一九二四年八月二十日

令财政部具表呈报以凭制定官制官规

（一九二四年八月十一日）

大元帅训令第四一三号

令大本营财政部长叶恭绰

为令遵事：查以制定官制官规，曾经令行该部限文到十日内将该部职员等级、额数、俸给分别列具详表呈送在案。殊迄今日久，并未据该部具报到府，合亟令仰该部长即便遵照，限于文列三日内，将该部职员等级、额数、俸给分别编造详表呈报，以凭汇发制定官制官规，勿稍延误，切切。此令。

（中华民国陆海军大元帅之印）

中华民国十三年八月十一日

据《大元帅训令第四一三号》，载广州《陆海军大元帅大本营公报》第二十三号，一九二四年八月二十日

公布《中央督察军组织条例》

（一九二四年八月十三日）

大元帅令

兹制定《中央督察军组织条例》公布之。此令。

（中华民国陆海军大元帅之印）

中华民国十三年八月十三日

附：中央督察军组织条例

第一条　本军定名为中央督察军，以巩固中央威信为主旨。

第二条　本军由滇、湘、粤、桂、豫五军各派兵一团（每团计枪一千杆）编成之。

第三条　本军直隶于军事委员会。

第四条　大元帅所有命令，本军负监督各机关及各军队严切奉行之责。

第五条　本军择定广州市附近为驻扎地点。

第六条　本军给养即就各军指派各团之原有给养费给与之。

第七条　本军识别，除各军指派各团原有识别外，加一识别证（用篮〔蓝〕色布制成四生的径长之圆形青天白日章，于白日上缀一红色字，佩于右臂）。

第八条　各军所指派之团，其管理、教育、勤务各事，仍由各该团各级官长负责。

第九条　各军所泒〔派〕出之团，各级官长应绝对服从军事委员会之节制调遣。

据《大元帅令》，载广州《陆海军大元帅大本营公报》第二十三号，一九二四年八月二十日

公布《大学条例》

（一九二四年八月十三日）

大元帅令

兹制定《大学条例》公布之。此令。

（中华民国陆海军大元帅之印）

中华民国十三年八月十三日

附：大学条例

第一条　大学之旨趣，以灌输及讨究世界日新之学理、技术为主，而因应国情，力图推广其应用，以促社会道义之长进，物力之发展副之。

第二条　大学之规模、实质须相称。其只适于设一单科者，得以一单科为大学；其适于并设数分科者，得合数分科为一大学。

第三条　大学得设研究院。

第四条　大学除国立外，并许公立及私立。

第五条　私立大学须设定财团，有大学相当之设备，及足以维持该大学岁出之基金。

第六条　公立及私立大学之设置及废止，须经政府认可。分科之增设或废止亦同。

第七条　公立及私立大学均受政府监督。

第八条　大学得授各级学位。

据《大元帅令》，载广州《陆海军大元帅大本营公报》第二十三号，一九二四年八月二十日

令广东大学遵行《大学条例》

（一九二四年八月十三日）

大元帅训令第四二〇号

令国立广东大学校长邹鲁

为令遵事：查《大学条例》业经制定公布，合行令仰该校长查照遵行可也。条例抄发。此令。

（中华民国陆海军大元帅之印）

中华民国十三年八月十三日

据《大元帅训令第四二〇号》，载广州《陆海军大元帅大本营公报》第二十三号，一九二四年八月二十日

核《中央银行章程》并组织大纲

（一九二四年八月十五日）

大元帅指令第九一八号

令中央银行行长宋子文

呈拟定《中央银行章程》暨组织大纲，请鉴核公布由。

呈及附件均悉。《中央银行组织大纲》应改为《中央银行组织规程》，至该件及章程各条间有未妥之处，亦经更正。原件发还，仰即遵照另缮呈候公布可也。此令。

（中华民国陆海军大元帅之印）

中华民国十三年八月十五日

据《大元帅指令第九一八号》，载广州《陆海军大元帅大本营公报》第二十三号，一九二四年八月二十日

准《赈灾慈善奖券章程》及办事细则

（一九二四年八月十五日）

大元帅指令第九二五号

令大本营内政部长徐绍桢

呈报核准发行《赈灾慈善奖券章程》及细则①，请察备案由。

呈悉。准予备案。此令。

（中华民国陆海军大元帅之印）

中华民国十三年八月十五日

据《大元帅指令第九二五号》，载广州《陆海军大元帅大本营公报》第二十三号，一九二四年八月二十日

---

① 据呈已拟定《赈灾慈善奖券章程》十条、《赈灾奖券部办事细则》十一条，均缺。

私铸银币治罪条例草案

（一九二四年八月十九日刊载）

第一条　私铸银币者，处死刑、无期徒刑或一等有期徒刑；行使自己私铸之银币，或意图行使而交付于人者，亦同。（犯本条之罪，处无期徒刑或一等有期徒刑者，并科三千元以下罚金。）

第二条　包揽他人私铸之银币，而为行使数在千元以上，或虽未及千元，而行使不止一次者，处无期徒刑或二等以上有期徒刑，并科二千元以下罚金。

第三条　意图行使而受他人私铸之银币者，处一等至三等有期徒刑，并科千元以下罚金。

第四条　收受后方知为他人私铸之银币，而仍行使，或意图行使，而交付于人者，处其价额三倍以下价额以上之罚金，若三倍之数未满百元，处百元以下价额以上之罚金。

第五条　因私铸银币之原料，而溶〔熔〕毁通用银币者，处一等至三等有期徒刑，并科千元以下罚金。

第六条　意图私铸银币，而预备各项器械或原料者，处二等至四等有期徒刑，并科五百元以下罚金。

第七条　第一条至第三条及第五条之未遂罪罪之。

第八条　犯第一条之罪，科死刑者枪毙。

第九条　犯本条例之罪，宣告二等有期徒刑以上者，褫夺公权，其余得褫夺之官员犯者，并免现职。

第十条　犯本条例之罪，所有私铸之银币，及供犯罪所用之物，没收之。

第十一条　本条例自公布日施行。

据《私铸治罪条例草案》，载一九二四年八月十九日《广州民国日报》（三）

批准公布《中央银行章程》及《中央银行组织规程》

（一九二四年八月二十二日）

大元帅指令第九四一号

令中央银行行长宋子文

呈缮具该行章程暨组织规程清折，请公布由。

呈及《中央银行章程》暨组织规程均悉。应准予公布。折存。此令。

（中华民国陆海军大元帅之印）

中华民国十三年八月廿二日

附一：中央银行章程

（一九二四年八月十八日呈）

第一章　总　则

第一条　本银行依《中央银行条例》（下文简称条例）之规定，暂设总行于广州市，即定名为中央银行总行。

第二条　本银行应设支行分行之地点及代理之合同，应由总行提交董事会议决，及呈请政府核准后，分别增设或订立之。遇有变更及移置时，亦同。

第三条　本银行营业年限依条例之规定，自总行开业日起以三十年为期。期满时经董事会议决，得由总行呈请政府延长之。

第四条　本银行资本依条例规定，第一次定为毫银一千万元。已由本银行代政府募集国外借款一千万元，分期如数拨足，并指定以本银行为借款担保品，呈由政府核准在案。俟将来推广营业时，经董事会议决，再行呈请政府继续增加。

前项借款之本息，仍由政府筹交本银行，按期偿还。

第二章　业　务

第五条　本银行业务依条例第五条之规定，由总行分别订定专章，经董事会议决后实行。但支行分行及代理处之业务，由总行于条例规定范围内，分别指定之。

第六条　依条例第五条买卖之债票、证券、股票等，如由本行自行购存时，所有投资总额不得超过资本总额百分之十，其限制由董事会议决之。

第七条　依条例第六条之规定贷款于政府时，以有确实抵押品或确实收入担保，而用诸生利事业者为限。但贷款总额不得超过资本总额百分之二十，其偿还期并不得逾六个月。

前项借款，在总行须经董事会议决；在支行、分行，并须经总行之核准。

第八条　依条例代理发行或偿还内外公司债时，在总行须经董事会议决，在支行分别须奉总行核准，并须由委托者订定契约，将本息基金拨存本银行代为办理。

第九条　本银行放款、押款、借款之利息，其限度由董事会议决之。对于存款之利息，亦同。前项放款、押款、借款偿还期限，并不得超过六个月。凡活期往来，并须于六月十二日结账时清偿。但经董事会之议决，得变更之。

第十条　依条例第九条第一款制限，除事前须绝对遵守外，如遇放款以后，有左列情形之一时，得暂行承受，但须即行变卖：

一、原有抵押品价值低落，不足偿还债务时。

二、本人或保证人无力偿还债款时。

三、无其他资产可以抵偿时。

第十一条　依条例第九条第二款之制限，如因特别情形，经董事会议决，认该项股票或证券、债票有确实价值者，仍得为短期往来。透支或短期期票贴现之担保品，对于同条第三款之货物，亦同。

前项短期不得逾一个月，期满未能清还，须将该担保品即行变卖。

第十二条　变卖担保品、抵押品，均以投标方法行之。其价值仍由董事会议定，但一时出售如无受主或董事会认为价格不合时，得酌展时日。

第十三条　本银行每日营业时间，除例假日外，上午十时至十二时、下午一时至三时。但于必要时，得经董事会议决后，变更或延长之。

第十四条　本银行对于业务上之存款，有代存款者守秘密之义务。除董事长、董事、监事外，非经行长特别许可，无论何人，不得检阅本银行之账册。

第三章　特　权

第十五条　依条例第七条，由政府授予本银行募集内外实业债款之特权，以适用于总行为限。至关于发行货币及代理金库现金之出纳及代收各项公款，须由总行特派职员经理之。

第十六条　发行货币，须遵照《货币则例》办理。在《货币则例》未公布以前，得由本银行自订暂行章程，经董事会议决，呈请政府核准施行。

第十七条　代理金库，须遵照《金库条例》办理。但《金库条例》未颁行以前，得与财政机关商定办法，并照财政机关定章办理。

第十八条　本银行代理金库概不垫款，如遇有透支时，必须按照条例第六条及本章程第八条之规定，先行商定办法。

前项透支，如在支分行，并须经总行之核准。

第四章　职　权

第十九条　本银行总行，应设职员如左。其组织权除条例规定外，依照组织规程之规定：

行长一人，由大元帅简任之。

副行长二人，由行长呈请大元帅简任之。

董事长一人、董事八人，由大元帅简派之。

监事一人，由大元帅简派之。但在拨充资本之款，其本息尚未偿清以前，得由借款方面推举。

第二十条　本银行支行，设经理、副理各一人，荐任。分行，设主任、副主任各一人，委任。由行长提交董事会议决任用之。

第廿一条　行长对于所属总行及支行、分行职员，有指挥监督之责，及任免调派之权。但重要职员之任免，须提交董事会之议决。

前项职员任用时，须取具保证人，或缴纳保证金，其办法另定之。

第廿二条　行长薪俸公费及董事夫马费，由董事会议决，呈请定之。

副行长以下职员薪费，由行长定之。但《薪费等级章程》之规定，仍须经董事会议决，并呈请政府核准备案。

第廿三条　本银行重要事项，依条例第十二条之规定，须由行长召集董事会议决后执行之。但有董事三分之一同意，得要求行长召集董事会开议。

第廿四条　董事会开会时，如提议事件关系其本人者，该董事不得有议决权。

第廿五条　董事会之议决，如行长认为不能执行时，得提出意见，呈请政府裁决。

第廿六条　监事或副行长及总行重要职员，于董事会开会时，经董事长或行长之许可，亦得列席董事会。但到会陈述意见，不加入表决。

第廿七条　监事于执行职权时，查核之账册，应署名盖章以证明之，并报告于政府。

第廿八条　本银行如有违背条例及规章情事，监事得制止之，或报告于董事会及检举于政府。

第五章　会　计

第廿九条　本银行得设特别会计经营之。

本银行之会计规则及账册单据格式，另行规定。但须经董事会之议决，及政府之核准。

第三十条　凡每年盈利，除提公积金及行员奖励金外，余款拨归国库。如遇亏损，另由国库指拨的款补助之。但有公积金足以补充时，不再由国库拨款补助。

第卅一条　本银行每年盈利，应提出十分之四为本银行公积金，十分之四为国库收入，其行员奖励金由董事会议决分配之。

第卅二条　本银行资本如须继续增加时，得呈请政府将应行拨归国库收入者，拨充本银行资本。

第卅三条　本银行营业账目，得分为每年六月、十二月两次汇结。其总决美期，仍按条例以十二月为终结。

第卅四条　本银行款项之出纳及账册之登记，暂以广东通用毫银为本位。如遇他种货币换算时，应按临时高价折合之。但规定者不在此限。

第六章　附　则

第卅五条　本银行之公告事件，除登载政府公报外，得就总支行所在地之报纸，及本银行之营业所公布之。

第卅六条　本银行职务规程，由本银行自行规定，但须经董事会之议决。

第卅七条　本章程如遇修正时，由董事会议决，呈请政府核准备案。

第卅八条　本章程自政府核准公布日施行。

附二：中央银行组织规程

（一九二四年八月十八日呈）

第一条　中央银行直隶于中央政府，依《中央银行条例》及章程之规定，经营业务。

第二条　中央银行依左列规定设置之：

一、总行　设于中央政府所在地。

二、支行　设于各省会及国内外各重要都市。

三、分行　设于工商业繁盛之各城镇商埠。

总行统辖所属各支行、分行，但因业务上之便宜，得由总行指定各分行归支行就近管辖。

如未设支行、分行之处，于业务上有必要时，得由总行与他银行订约，酌设代理处。

第三条　中央银行总行应分科办事，各科并得分为各课。其职掌另以职务规程定之。

支行得分设各课，分行得分设各股。其掌职另以职务通则分别定之。

第四条　中央银行除董事、监事外，应置左列各职员：

总行设行长一员，副行长两员，科长每科一员，主任及行员若干员。

支行各设经理、副理一员，课长每课一员，行员若干员。分行各设主任、副主任一员，股长每股一员，及行员若干员。

各支行如有设置监理官或监事之必要时，得由行长呈请任命之。

第五条　中央银行总行职员之任用及其职权责任如左：

一、行长由大元帅简任，承大元帅之命，总理行务，监督指挥所属及支分行各职员。对于中央政府负责。

二、副行长由行长呈请大元帅简任，承行长之命，经理行务，监督指挥本行各科职员。如受行长之委托或行长有事故时，得代行行长职权。对于行长负责。

三、科长由行长荐任，承行长及副行长之命，担任本科事务，负其责任。

四、课长由行长于行员中委任之，承上级职员之命，主任本课事务。

五、行员由行长委任，承上级职员之命，分任行务。其科长及行员员额，得视业务之繁简，由行长提交董事会议决，随时酌定增减之。

第六条　中央银行支行职员之任用及其职权责任如左：

一、经理由行长荐任，承总行之命，经理本行事务，监督指挥所属及所辖之分行各职员。对于总行负其责任。

二、副理由行长荐任，承总行之命，帮理本行事务，与经理共负责任。如遇经理有事故时，得代理之。并得由经理以一部分行务，委托副理担任。

三、课长由经理于行员中呈请行长委任，承经理、副理之命，主任本课事务，负其责任。

四、行员由经理呈请行长委任，承其上级职员之命，分理行务。

其课长及行员之员额，应视业务之繁简，呈请总行核准，随时酌量增减之。

第七条　中央银行分行职员之任用及其职权责任如左：

一、主任由行长委任，承总行或支行之命，主管行务，监督指挥所属各职员。对于总行或该辖支行负其责任。

二、副主任由行长委任，承总行或支行之命，帮管行务，与主任共负责任。如遇主任有事故时，得代理之。并得由主任以一部分行务，委托副主任担任。

三、股长由主任于行员中呈请行长委任，承主任及副主任之命，主办本股事务，负其责任。

四、行员由主任呈请行长委任，承上级职员之命，分办行务。

其股长及行员员额，应视业务繁简，得呈请总行核准，随时酌定增减之。

第八条　中央银行职员视事务之繁简，得以上级职员兼领下级职务，或以同级职员兼任同级职务，均由总行核定之。其重要者，须经董事会之议决。但兼职者，概不得兼薪。

第九条　中央银行总行遇必要时，得酌设顾问及秘书，但以能担任行务者为限。

第十条　中央银行因事务上之必要，得酌用助理员及练习生，其员额应由总行提交董事会议决之。

第十一条　中央银行职员任用之资格，薪俸之等级，奖惩之办法，另行规定。但须经董事会议决施行。

第十二条　本规程自公布日施行。

如有修正之必要时，得由行长提交董事会议决，呈请政府修正之。

据《大元帅指令第九四一号》，载广州《陆海军大元帅大本营公报》第二十四号，一九二四年八月三十日

照准法制委员会考试院三条例[①]

（一九二四年八月二十六日）

大元帅指令第九六〇号

令法制委员会

呈拟定《考试院组织条例》及《考试条例》、《考试条例施行细则》，请核定施行由。

呈悉。所拟《考试院组织条例》及《考试条例》暨《考试条例施行细则》，

① 各草案由法制委员会代理委员长刘芦隐上呈，计《考试院组织条例》二十六条，《考试条例》六十四条，《考试条例施行细则》十八条。

均尚妥协，应予照准。已明令公布矣。各草案存。此令。

（中华民国陆海军大元帅之印）

中华民国十三年八月廿六日

据《大元帅指令第九六〇号》，载广州《陆海军大元帅大本营公报》第二十四号，一九二四年八月三十日

公布《考试院组织条例》

（一九二四年八月二十六日）

大元帅令

兹制定《考试院组织条例》公布之。此令。

（中华民国陆海军大元帅之印）

中华民国十三年八月廿六日

附：考试院组织条例

第一条　考试院直隶于大元帅，管理全国考试及考试行政事务。

按五权宪法精神，考试权系与行政权分离独立，宜特设机关掌理该项事务。

第二条　考试院置左列各员：

一、院长一人，特任。

二、副院长一人，简任。

三、参事六人至十人，简任。

四、秘书长一人，荐任。

五、秘书三人，荐任。

六、事务员若干人，委任。

按考试院系掌理考试之机关，且系直隶于大元帅，故院长宜由大元帅特任；副院长以下各员，系辅佐院长办理试政之人，亦应分别设置。

第三条　院长综理考试行政事务，并监督指挥所属各职员。

按院长所掌者，限于考试行政事务。至考试事务，则由考试委员会掌理；监试事务，则由监试委员会掌理。故特设本条，以明其权限。

第四条　副院长辅助院长办理院务，院长因故不能执行职务时，副院长代理之。

按副院长为院长之佐，应受院长之指挥监督，赞襄试政，故特设本条，以明其旨。

第五条　参事计画考试科目，审议考试程序及考试标准。

参事组织参事会，处理其职务。

按计画考试科目、审议考试程序及考试标准，均属重要事务，故特设参事会掌理之。

第六条　秘书长承院长之命，掌理秘书厅事务。

秘书厅置左列各科：

第一科　掌文牍、印信及职员任免考成事项。

第二科　掌试卷制作、资格审查、统计、保管事项。

第三科　掌会计、庶务、考册及其他不属各科事项。

第七条　秘书承长官之命，分掌秘书厅各科事务，每科以秘书一人为主任。

第八条　事务员承长官之命，佐理秘书厅各科事务。

第九条　考试院于举行考试时，分别设置左列考试委员会，掌理考试事务，考试完竣，即行裁撤：

一、荐任文官考试委员会。

二、委任文官考试委员会。

三、外交官及领事官考试委员会。

四、司法官考试委员会。

五、律师考试委员会。

六、法院书记官考试委员会。

七、荐任警官考试委员会。

八、委任警官考试委员会。

九、监狱官考试委员会。

十、中等学校教员考试委员会。

十一、小学校教员考试委员会。

十二、医生考试委员会。

十三、其他特种考试委员会。

按考试委员会所掌者为考试事务，于举行考试时始有设立之必要，故特设本条以明其旨。

第十条　前条各种考试委员会置左列各员：

一、委员长一人，特任。

二、委员若干人，简任。

按考试委员会应设委员长一人，以总其成。委员额数则视考试事务之繁简定之。

第十一条　考试院于举行考试时，置监试委员会，掌理监试事务，考试完竣后即行裁撤。

按考试关防宜严，故特设监试委员会，掌理监试事务。

第十二条　监试委员会置左列各员：

一、委员长一人，特任。

二、委员若干人，简任。

第十三条　各省区置考试分院，管理各该省区之考试及考试行政事务。

按我国地方辽阔，交通不便，若各种考试均在中央举行，窒碍殊多，故在各省区设置考试分院，掌理各种考试及考试行政事务。

第十四条　考试分院得就各该省区酌划区域，组织各委员会巡回考试。

巡回考试章程由各分院拟订，呈请考试院核定。

按各省区管辖区域亦甚辽阔，如中小学校教员考试等均在省会举行，窒碍仍多，故特设本条以资救济。

第十五条　考试分院关于考试行政，受考试院之监督指挥。

按考试分院关于考试行政，宜受考试院之监督指挥，期收统一之效，故特设本条以明其旨。

第十六条　考试分院置左列各员：

一、分院院长一人，简任。

二、参事若干人，简任。

三、秘书长一人，荐任。

四、秘书三人，荐任。

五、事务员若干人，委任。

第十七条　考试分院院长掌理各该省区之考试行政事务，并监督指挥所属各职员。

考试分院院长委任事务员时，应呈报考试院备案。

第十八条　考试分院参事，适用本条例第五条之规定。

第十九条　考试分院秘书厅，适用本条例第六条至第八条之规定。

第二十条　考试分院于举行考试时，分别设置本条例第九条第二款、第六款及第八款至第十三款之考试委员会，掌理其考试事务，考试完竣后即行裁撤。

第廿一条　前条各种考试委员会，置左列各员：

一、委员长一人，简任。

二、委员若干人，荐任。

第廿二条　考试分院于举行考试时，置监试委员会，掌理监试事务，考试完竣后即行裁撤。

第廿三条　考试分院监试委员会，置左列各员：

一、委员长一人，简任。

二、委员若干人，荐任。

第廿四条　考试院、考试分院为缮写文件及办理庶务，得酌用雇员。

第廿五条　考试院、考试分院办事细则，由考试院、考试分院自定之。

第廿六条　本条例自公布日施行。

据《大元帅令》，载广州《陆海军大元帅大本营公报》第二十四号，一九二四年八月三十日

公布《考试条例》及《考试条例施行细则》

（一九二四年八月二十六日）

大元帅令

兹制定《考试条例》及《考试条例施行细则》公布之。此令。

（中华民国陆海军大元帅之印）

中华民国十三年八月廿六日

附一：考试条例

第一章　总　纲

第一条　凡考试除法令有特别规定外，依本条例之规定。

按《考试条例》系规定考试之种种法则，各种考试除其他法令有特别规定外，应适用本条例之规定。

第二条　考试分类如左：

一、荐任文官考试。

二、委任文官考试。

三、外交官及领事官考试。

四、司法官考试。

五、律师考试。

六、法院书记官考试。

七、荐任警官考试。

八、委任警官考试。

九、监狱官考试。

十、中等学校教员考试。

十一、小学校教员考试。

十二、医生考试。

十三、其他特种考试。

按考试分类宜有一定，庶办理试政人员事前易于筹划；而人民应试，亦得依类研求，本条之设以此。

第三条　前条第一款、第三款至第五款及第七款考试，每三年举行一次；第二款、第六款、第八款及第九款考试，每二年举行一次；第十款至第十二款考试，每一年举行一次。

前条第二款、第六款及第八款至第十二款考试，得在考试分院举行。

前条第十三款考试，其举行时期及地点，由考试院酌定，或由考试分院呈请考试院核定。

第四条　考试日期在中央举行者，应于四个月前由考试院公布。在各省区举行者，应于三个月前由考试分院公布。

按我国地方辽阔，考试事务甚繁，考试日期应预先公布，俾应试人易于齐集，而办理试政之人亦得为种种筹备，本条之设以此。

第五条　凡中华民国人民具有本条例所定各种考试资格者，得与各种考试。

第六条　有左列各款情形之一者，不得与各种考试：

一、褫夺公权尚未复权者。

二、有精神病者。

三、亏欠公款尚未清结者。

四、吸食鸦片者。

五、为宗教之宣教师者。

第七条　应试人违背考试规则者，不得与试。

考试及格后于六个月内发现有前项情弊经证明者，其及格无效，并追缴证书。如有贿托嫌疑，移送法院审理。

第八条　考试委员与应试人有亲属关系者，于口试时应声明回避，违者其口试无效。

第二章　考试办法

第九条　考试分第一试、第二试、第三试。

按考试科目种类纷繁，性质亦异，故有第一试、第二试、第三试之区分。

第十条　第一试之科目为国文、三民主义、五权宪法。

第十一条　应试人非经第一试及格后，不得与第二试及第三试。

按第一试系甄别试性质，非经及格，不得应第二试、第三试，以省劳费。故特设本条，以示制限。

第十二条　第一试、第二试以笔试行之，第三试以口试行之。

第十三条　笔试、口试应用中国文字、言语作答。但关于特种考试或专门科学，得以外国文字、言语作答。

第十四条　本条例规定各种考试之第二试科目，应由考试院或考试分院选定六科以上考试，于考试日期前两个月公布之。

考试院或考试分院认为必要时，得于本条例规定之外增加其他科目，与前项选定之科目同时公布。

第十五条　各科试题应由考试委员拟订，于考试日期前一日召集委员会议决定之。

前项会议应严守秘密，除列席委员外，无论何人不得参与。

第三章　成绩评定

第十六条　考试成绩应由考试委员评定，无论何人不得干涉。

按本条规定，所以明考试权独立之精神。

第十七条　第一试以考试各科目平均满六十分者为及格。

第二试、第三试之考试，各科目合计平均满六十分者为及格。但第二试有一科不满五十分者不录。

第四章　及格待遇

第十八条　考试及格人员，由考试院或考试分院给与及格证书。

第十九条　考试及格人员由考试院呈报大元帅，发交各主管官署分别任用或注册。

第五章　荐任文官

第二十条　凡年满二十二岁以上有左列各款资格之一者，得与荐任文官考试。但应考医科者，依本条例第五十九条之规定：

一、本国国立大学或高等专门学校习各专门学科三年以上毕业者。

二、经政府认可之外国大学或高等专门学校习各专门学科三年以上毕业者。

三、经政府认可之本国公、私立大学或高等专门学校习各专门学科三年以上毕业者。

四、委任文官考试及格后，经在行政官署服务三年以上者。

五、习政治、经济、法律之学与第一款至第三款各学校毕业，有同等之学力，并有荐任以上相当资格，经考试院甄录试验及格者。

第二十一条　荐任文官第二试之科目如左：

一、政治科

比较宪法　政治学　经济学　社会政策　经济学史　行政法　国际法　财政学　政治史

二、经济科

经济学　财政学　统计学　经济政策　社会政策　经济史　民法　商法　银行学　货币学　经济学史

三、法律科

比较宪法　行政法　民法　商法　刑法　国际法　民事诉讼法　刑事诉讼法　国际私法　比较法制史　社会学

四、哲学科

论理学　心理学　伦理学　哲学　哲学史　美学　科学方法论　生物学　宗教学　社会学　人类学及人种学

五、史学科

史学原理　地理学　史学研究法　社会学　史学史　中国史　世界史　考古学　言语学　人类学及人种学

六、文学科

文学　论理学　心理学　伦理学　美学　文字学　文学史　言语学　修辞学　词章学　学术史　哲学概论

七、教育科

论理学　心理学　伦理学　教育学　教育史　教授法　社会学　学校管理法　教育行政　教育测验法　教育统计学

八、数学科

代数　三角　几何　微积分　物理学　函数论　解析几何　微分方程式　数学史

九、物理学科

代数　三角　几何　微积分　解析几何　微分方程式　力学　物理化学　热学　光学　电学　声学　原子论　相对论　电子论　物理学史

十、化学科

代数　三角　几何　微积分　解析几何　无机化学　有机化学　卫生化学　应用化学　物理化学　化学史　物理学　分析化学

十一、地质科

代数　三角　几何　解析几何　微积分　地质学　矿物学　古生物学　地文学　测量学　结晶学　地质学史

十二、土木工科

代数　三角　几何　解析几何　微积分　力学　测量学　水力学　图法力学　河海工学　卫生工学　桥梁学　道路学　建筑材料学　铁筋三合土混合构造学　铁路学

十三、机械工科

代数　三角　几何　解析几何　微积分　力学　机械制造学　机关车学　热力学　热机关学　机械学　水力学　电气工学　蒸汽学　图法力学

十四、采矿科

代数　三角　几何　解析几何　微积分　地质学　矿物学　矿山机械学　采矿学　矿床学　岩石学　测量学　分析化学　矿山法规　选矿学

十五、冶金科

代数 三角 几何 解析几何 微积分 分析化学 冶金机械学 燃料学 冶金学 试金术 选矿学 采矿学 冶铁学 金组学 矿山法规

十六、电工科

代数 三角 几何 解析几何 微积分 力学 机械构造学 电工学 电气学 电气 化学 电报电话学 热力学 热机械学 无线电学

十七、建筑工科

代数 三角 几何 解析几何 微积分 力学 建筑学 各国建筑法 建筑材料学 建筑意匠学 配景法 装饰法 图法力学 铁筋三合土混合构造学

十八、织染科

物理学 化学 工艺学 漂染法 纺织法 染色学 电气工学 绘画法 染料制造法 机织及意匠学

十九、医科

解剖学 生理学 病理学 药物学 诊断学 医化学 外科总论 内科概要 细菌学 卫生学

二十、药科

药化学 药用植物学 细菌学 制剂学 分析化学 生药学 植物化学 药品工业 动植物成分研究法 卫生化学 裁判化学

廿一、农科

地质学 气象学 动物生理学 植物生理学 肥料学 园艺学 昆虫学 植物病理学 蚕桑学 兽医学 细菌学 农艺化学 农艺 物理学 土壤学 畜产学 有机化学

廿二、林科

森林化学 森林工学 森林测量 森林动物学 森林植物学 土壤学 气象学 林政学 树病学 造林学 昆虫学 森林保护及管理法 植物生理学

廿三、蚕桑科

气象学 害虫学 细菌学 蚕体解剖学 养蚕学 蚕体病理学 桑树栽培法 制丝学 桑树病理学 蚕体生理学 蚕种改良学

廿四、水产科

水产动物学　水产植物学　气象学　海洋学　远洋渔业论　养鱼法　捕鱼论　水产化制品论　鱼病论

廿五、兽医科

解剖学　生理学　组织学　胎生学　病理学　动物学　寄生动物学　细菌学　蹄铁学及蹄病学　内科学　外科学　动物疫论　乳肉检查法　药物学及调剂法

廿六、商业科

商业史　商业通论　经济学　簿记学　银行学　货币学　商法　关税学　保险学　财政学　统计学　商业地理　商业数学　国际法

第二十二条　除前条各科考试外，其他各科考试第二试之科目，于考试日期前由考试院临时定之。

第二十三条　荐任文官第三试，就应试人曾经笔试之各科目口试之。

第六章　委任文官

第二十四条　凡年满二十岁以上、有左列各款资格之一者，得与委任文官考试：

一、有第二十条第一款至第三款资格之一者。

二、经政府认可之技术专门学校毕业者。

三、习政治、经济、法律之学与专门学校毕业有同等之学力经甄录试验及格者。

四、曾任委任文官一年以上者。

第二十五条　委任文官第二试令〔分〕行政职与技术职两种。

行政职之科目如左：

法制大意　经济大意　行政法规　现行法令解释　文牍　历史　地理

技术职就考试所需技术，按照应试人之学业分别考试之。

第二十六条　委任文官第三试，就应试人曾经笔试之各科目口试之。

第七章　外交官及领事官

第二十七条　凡年满二十二岁以上、有左列各款资格之一者，得与外交官及领事官考试：

一、第二十条第一款至第三款毕业学生之习政治、经济、法律、商业各科者。

二、在外国语专门学校三年以上毕业，兼习政治、经济、法律、商业之学者。

第二十八条　外交官及领事官第一试之科目，除依本条例第十条规定外，加试外国语。

第二十九条　外交官及领事官第二试之科目如左：

国际法　国际私法　经济学　各国政府论　政治学　政治史　外交史　国际组织论　商法　商业史　商业学　民法　商业地理　统计学　税则论

第三十条　外交官及领事官第三试，就应试人曾经笔试之各科目口试之。但除第一试之外国语外，应兼试第二种外国语。

第八章　司法官

第三十一条　凡年满二十二岁以上、有左列各款资格之一者，得与司法官考试：

一、本国国立大学或高等专门学校习法政学科三年以上毕业者。

二、经政府认可之外国大学或高等专门学校习法政学科三年以上毕业者。

三、经政府认可之本国公、私立大学或高等专门学校习法政学科三年以上毕业者。

四、在外国大学或高等专门学校习速成法政学科一年半以上毕业，曾充推事、检察官一年以上，或曾在第一款或第三款所列各学校教授法政学科二年以上经报告政府有案者。

第三十二条　司法官第二试之科目如左：

比较宪法　民法　刑法　民事诉讼法　刑事诉讼法　行政法　法院编制法　商法　国际私法　经济学　社会学

第三十三条　司法官第三试，就应试人曾经笔试之各科目口试之。

第三十四条　司法官考试及格人员，分发地方以下审检各厅或法官学校学习。学习规则及《法官学校规程》另定之。

第三十五条　前条学习人员于学习期满后，由该管长官或校长呈报上级官厅咨送考试院再试，但在法官学校毕业成绩在七十分以上者，以再试及格论。

第三十六条　司法官再试，分笔试、口试两种。

第三十七条　司法官再试之笔试，以二件以上诉讼案件为题，令应试人详叙事实及理由，拟具判词作答。

第三十八条　司法官再试之口试，就应试人学习期内所得之经验口试之。

按司法官与一般之官吏不同，非经一番实地练习，则于手续上多未谙练，贻误匪浅。故各国考试司法官均分两次，名曰初试、再试。于初试后练习若干时期，然后再试。本条例于第一、二、三试及格后，分发各厅或法官学校，即仿各国初试之例。其练习后之考试，即仿其再试之例也。

第九章　律　师

第三十九条　律师之应试资格，准用本条例第三十一条之规定。

第四十条　律师第二试及第三试，准用本条例第三十二条、第三十三条之规定。

第十章　法院书记官

第四十一条　凡年满二十岁以上、有左列各款资格之一者，得与法院书记官考试：

一、有应司法官考试之一者。

二、在本国或外国大学或高等专门学校预科毕业者。

三、在本国或外国中等以上学校毕业者。

四、有与委任职以上相当资格，曾办理行政或司法行政事务一年以上，或曾习法政学科一年以上者。

五、曾办理各级审检厅书记官事务一年以上者。

第四十二条　法院书记官第二试之科目如左：

法学通论　民法概要　刑法概要　民事诉讼法概要　刑事诉讼法概要　公文程式　统计学

第四十三条　法院书记官第三试，由考试委员口演，令应试人速记之。

第十一章　荐任警官

第四十四条　凡年满二十二岁以上、有左列各款资格之一者，得与荐任警官考试：

一、经政府认可之本国或外国警察学校三年以上毕业者。

二、第二十条第一款至第三款毕业学生之习法政学科者。

三、在本国或外国军官学校毕业，曾在本国军队服务二年以上者。

四、警官传习所一年以上毕业，曾受委任办理警察事务二年以上者。

五、曾充委任警官五年以上者。

第四十五条　荐任警官第二试之科目如左：

行政法　警察学　户籍法　刑法　刑事诉讼法　国际法　统计学　军事学　市政论

第四十六条　荐任警官第三试，就应试人曾经笔试之各科目口试之。

第十二章　委任警官

第四十七条　凡年满二十岁以上、有左列各款资格之一者，得与委任警官考试：

一、有应荐任警官考试资格之一者。

二、在警官传习所毕业，或在警官传习所相当之学校毕业者。

三、曾充委任警官一年以上者。

四、在中等以上学校毕业者。

五、在警察教练所毕业，曾在警察官署服务二年以上者。

第四十八条　委任警官第二试之科目如左：

警察学　违警罚法　卫生行政　消防行政　勤务要则　统计学

第四十九条　委任警官第三试，就应试人曾经笔试之各科目口试之。

第十三章　监狱官

第五十条　凡年满二十岁以上、有左列各款资格之一者，得与监狱官考试：

一、经政府认可之本国或外国监狱学校或警监学校毕业者。

二、在本国或外国法政学校毕业者。

第五十一条　监狱官第二试之科目如左：

监狱学　刑法　刑事政策　监狱统计学　刑事诉讼法　现行监狱法规　指纹法

第五十二条　监狱官第三试，就应试人曾经笔试之各科目口试之。

第十四章　中等学校教员

第五十三条　凡年满二十二岁以上、有左列各款资格之一者，得与中等学校教员考试：

一、有第二十条第一款至第三款资格之一者。

二、经政府认可之中等学校毕业，曾任中等以上学校教员一年以上者。

三、曾在优级师范学校选科速成科或同等学校一年半以上毕业者。

四、曾任中等以上学校教员五年以上者。

第五十四条　中等学校教员第二试之科目如左：

教育学　教育史　教授法　伦理学　历史　地理　论理学　心理学　应试人志愿担任教授之学科

第五十五条　中等学校教员第三试，就应试人曾经笔试之各科目口试之。

第十五章　小学校教员

第五十六条　凡年满二十岁以上、有左列各款资格之一者，得与小学校教员考试：

一、有第五十三条所列各款资格之一者。

二、曾在初级师范学校本科速成科或同等学校毕业者。

三、经政府认可之中等学校毕业者。

四、曾充小学校长或教员三年以上者。

五、曾受小学校教员检定者。

第五十七条　小学校教员第二试之科目如左：

公民学　历史　地理　数学　教授法　学校管理法　教育学　儿童心理学

第五十八条　小学校教员第三试，就应试人曾经笔试之各科目口试之。

第十六章　医　生

第五十九条　凡年满二十五岁以上、有左列各款资格之一者，得与医生考试：

一、本国国立医科大学或高等医学专门学校毕业者。

二、经政府认可之外国医科大学或高等医学专门学校毕业者。

三、经政府认可之本国公、私立医科大学或高等医学专门学校毕业者。

第六十条　医生第二试之科目，准用本条例第二十一条第十九款关于医科考试之规定。

第六十一条　医生第三试，就应试人曾经笔试之各科目口试之。

第十七章　其他特种考试

第六十二条　其他特种考试之应试资格及考试科目，由考试院定之。

第十八章　附　则

第六十三条　本条例施行细则及考试规则另定之。

第六十四条　本条例自公布日施行。

附二：考试条例施行细则

第一条　举行考试前，考试院或考试分院应遵照《考试条例》第四条之规定，以考试之种类及日期电知各省区长官及驻外公使，分别通告。

第二条　举行《考试条例》所规定之甄录试验时，其科目由考试院或考试分院定之。

第三条　应试人于考试前，应赴考试院或考试分院领取履历书、志愿书及保证书，并缴纳卷费，其费额由考试院定之。

第四条　前条之履历书应填二份，详写年岁、籍贯、履历，并粘连应试人最近之四寸像片。

前条之志愿书应填明愿受何种何科考试，或何种外国语。

前条之保证书应声明所具履历书确无虚伪，并确无本条例第六条所列之各种情形，其保证书须由现任官吏或学校校长、教员署名盖章。

第五条　应试人如有虚冒，或前条之保证有不实时，在考试前发觉者，应予扣考。在考试及格后于六个月内发觉者，除撤销及格证书外，其保证不实之保证人，由各该主管机关分别惩戒。

第六条　应试人于报名时，应分别呈验左列各项文书：

一、履历书。

二、志愿书。

三、保证书。

四、学校毕业文凭或证明书。

五、成绩证明书。

六、曾任官吏之公文书。

七、其他证明资格之文件。

第七条　举行考试时，其预备试验日期，依左列次第行之。

一、应试人领取履历书、志愿书及保证书，截止期以第一试前十日为限。

二、报名截止期以第一试前七日为限。

三、宣布与试合格人名期，以第一试前三日为限。

第八条　每试入场时间及考试时间，由考试院或考试分院先期公布。

第九条　所有试卷概于卷角编号弥封，在卷面上另贴浮签一纸，书明应试人姓名及坐号。

卷面浮签于交卷时由监试委员揭去。

应试人姓名编号册应送监试委员会严缄保管，非经评定试卷后，无论何人不得拆阅。

第十条　所有试卷均由监试委员会就弥封及骑缝处加盖印章。

第十一条　《考试条例》第九条规定之第一、第二、第三各试，每试为一场，如一场不能考竣时，得分场考试。

第十二条　举行口试如应试人过多时，准用前条之规定。

第十三条　举行口试时，考试人与应试人有亲属关系声明回避者，由考试委员长易员考试。

第十四条　口试问答，应派员笔录，当场由应试人及考试委员、监试委员署名盖章。

第十五条　考试委员、监试委员应于考试三日前迁入试场、不得与外人交通，发榜后始行迁出。

第十六条　考试委员会评定试卷后，应汇送考试院长或考试分院长会同监试委员会开封，填名造册发榜。

第十七条　各种考试及格者，于领取及格证书时，应缴证书费，其费额由考试院定之。

第十八条　本细则自公布日施行。

据《大元帅令》，载广州《陆海军大元帅大本营公报》第二十四号，一九二四年八月三十日

照准《国立广东大学规程》及预科本科课程①

（一九二四年九月一日）

大元帅指令第九八三号

令国立广东大学校长邹鲁

呈报拟订《国立广东大国〔学〕规程》及特别会计规程暨预科各科组课程，缮具清册，请鉴核令遵由。

呈、册均悉。所订国立广东大学各规程及本、预科各课程均尚妥协，立予照准，仰即知照。册存。此令。

（中华民国陆海军大元帅之印）

中华民国十三年九月一日

---

①　国立广东大学于一九二四年七月十五日至二十五日召集会议，对规程和各科课程进行审定。参加审定的人员有邹鲁、石瑛、王星拱、王世杰、周览、皮宗石、伍朝枢、廖仲恺、孙科、汪兆铭、许崇清、黄昌谷、梁龙、邓植仪、陈耀祖、何春帆、程天固等。

附一：国立广东大学规程

（一九二四年八月二十二日呈）

第一章　宗　旨

第一条　国立广东大学以灌输及研究高深学理与技术，并因应国情力图推广其应用为宗旨。

第二章　设　科

第二条　国立广东大学分设预科、本科及研究科。

国立广东大学在国内新制高级中学未达到相当数额及程度时，暂设预科。

国立广东大学本科，设列各分科：

文科。

法科。

理科。

工科。

农科。

国立广东大学研究科，俟大学第一次本科学生毕业，大学有充分之设备时，由大学校务会议另定规则设立之。

第三条　关于预科各组及本科各系之设置分合及学科课程，第一次由国立广东大学筹备委员会议定。以后之修改，由大学校务会议议定之。

第四条　关于预科及本科学生改组改系之事，由大学校务会议以细则规定之。

第五条　国立广东大学设立师范特科，以备本科学生志愿充当教员者之选修。其规则由校务会议另定之。

第六条　国立广东大学得依大学校务会议之议定，设置选科。其规则由该会议另定之。

第三章　入学学费及修学

第七条　国立广东大学预科，以具有下列资格之一而经本大学试验及格者入之：

一、曾在旧制中等学校毕业。

二、在新制中学四年修业完竣。

第八条　国立广东大学本科，以具有左列资格之一者入之：

一、国立广东大学预科毕业。

二、具有下列各项资格之一向〔而〕经入学试验及格者：

（甲）其他国立各大学预科毕业。

（乙）国立广东大学承认为有同等程度之公立或私立大学预科毕业。

（丙）国立广东大学承认之高等专门学校毕业。

（丁）新制高级中学毕业。

第九条　华侨学生及外国学生入学资格，由校务会议别以规则定之。

第十条　国立广东大学对于各科学生，俱得酌收学费及图书仪器等费。

第十一条　国立广东大学预科修业年限，定为二年。

第十二条　国立广东大学本科修业年限，定为四年。

第十三条　国立广东大学预科采用年级制，本科之文科采用单位制，法科、理科、工科及农科采用年级制。

第四章　考试毕业及学位

第十四条　国立广东大学预科考试，分学期考试及学年考试。实习（包含实验及演题）成绩及学期考试成绩，作为平时成绩。

学年考试，就该学年课业全部行之，以定学生之升级或升学。

预科学生每一科目全学年缺席钟点，超过该科目规定钟点六分之一以上者，不得参与该科目之学年考试。但有特别情形者，得由大学校务会议议决变通办理。

第十五条　预科学生各项科目成绩，不及六十分者为不及格。每学年有一科目不及格者，不得升级或升学。

预科学生各项科目每学年之成绩，应加入平时之成绩计算之。

第十六条　国立广东大学本科，设学期考试及学年考试。但得随各分科情形，以实习或其他考成方法代替学期考试，以作平时成绩。

第十七条　国立广东大学本科学生，每一科目全学年缺席钟点，超过该科目授课钟点五分一以上者，不得参与该科目之学年考试。但有特别原因者，得由教务会议议决，变通办理。

第十八条　本科学生各项科目之成绩，凡不及六十分者，为不及格。但计算学年成绩时，须加入平时成绩。

第十九条　凡采年级制各科之学生，每学年有三分一以上之科目不及格者，不得升级。但已考试及格之科目，得免再习。

第廿条　国立广东大学预科学生，已满修学年限于规定应习科目全部及格者，准予毕业，授给预科毕业证书。

第廿一条　国立广东大学本科各分科学生，已满各该科规定修学年限于应习课全部修业成绩及格者，准予毕业，授与各该科学士之学位。

第廿二条　国立广东大学于研究科设立后，得授高级学位。

第五章　校长及校务机关

第廿三条　国立广东大学设校长一人，由行政元首任命之。

第廿四条　校长对外代表全校，对内依据本规程主持本校事务。

第廿五条　国立广东大学设大学参议会，其组织及职权，依《国立广东大学特别会议规程》之所定。

第廿六条　国立广东大学设大学校务会议，该会议具有左列职权：

一、议决大学一般进行计画，及关于学生入学毕业程度事项。

二、议决各科各系之设立、废止及变更。

三、议决科目或讲座之设立废止。

四、议决学位之设定。

五、议决奖学金之设置及给与。

六、议决大学内部规制之制定、废止及变更。

七、审议预算。

八、议决关系全校之学术讲演及出版事项。

九、议决关于大学纪律事项。

十、议决校长议事项、各分科教授会或预科教授会提议或请求审议事项。

十一、审议其他关于大学全体事项。

第廿七条　国立广东大学校务会议，以左列各员组织之：

甲、校长。

乙、各分科学长。

丙、预科主任。

丁、全校教授互选若干人，任期一年。但此项人员总数，不得超过分科学长之总数。

第廿八条　国立广东大学校务会议，以校长为主席，以秘书长为书记。

第廿九条　国立广东大学校务会议之议事之程序，由该会议另以细则定之。

第卅条　国立广东大学校务会议议决事项，由校长督率所属机关执行之。

但校务会议议决事项，如校长认为执行困难，可再交该会议审议一次。如再照原案通过，校长得暂时停止执行。但至迟须于十二个月内，再行提交校务会议覆议，如仍照原案通过，校长应即时执行之。

第卅一条　国立广东大学预科，设预科教务会及各分组教员会。其组织及职权，由校务会议别以细则定之。

第卅二条　国立广东大学本科各分科，设分科教授会，由各该科教授组成之。其职如左：

一、编制各该科之课程施行细则。

二、审议各该科学生入学升级及毕业事项。

三、审议关系各该科之学术讲演及出版事项。

四、筹划各学系科目及设备之联络事项。

五、草拟各该科预算。

六、审议其他校长或校务会议交议及各系教授会提议及请求审议事项。

第卅三条　各分科教授会议，以各分科学长为主席。

分科学长由校长就该分科教授中指任之，任期二年。

分科教授会议事之程席〔序〕，则由各分科教授会另以细则定之。

第卅四条　大学分科各系，设各系教授会，以各系教授组成之。其职权如左：

一、编订各该系课程施行细则。

二、筹画各该系教科上之设备。

三、审议其他校长或校务会议及分科教授会交议事项。

第卅五条　各系教授会，以各系主任为主席。

各系主任，由各该系教授互选之，任期一年。

第卅六条　国立广东大学设大学秘书处，秉承校长办理主管事务。

第卅七条　大学秘书处分设左列各部：

一、注册部。

二、庶务部。

三、文书部。

四、出板〔版〕部。

第卅八条　大学秘书处，以秘书长为主席。

第卅九条　国立广东大学于本规程明文规定之委员会以外，得设置他种常务或临时特务委员会，由校长指定人员组织之。

第六章　教职员之任用及待遇

第四十条　国立广东大学之教课事宜，由左列人员任之：

一、教授。

二、讲师。

三、助教。

四、助理员。

第四十一条　国立广东大学教授，由校长提出，聘任委员会审查合格后聘任之。

聘任委员会由校长得校务会议之同意，就教授中任命七人或九人组织之，任期一年。但每分科至少须有委员一人。

第一次聘任委员会委员，由校长征得大学筹备会之同定指任之。

第四十二条　国立广东大学教授，除有特别情形及特定者外，第一次聘任以一年为期。第一年期满，如经续职，其任期无限。但得经大学校务会议之议决，由校长解除聘约。

第四十三条　国立广东大学教授系专任职，非在不妨碍本校教课范围内，且经大学校务会议之同意，不得在校外兼任教务或其他职务。

第四十四条　国立广东大学教务〔授〕薪金，分若干等级，依其在校年期进级，其详另以规则定之。

第四十五条　国立广东大学教授继续服务满六年者，得依所属分科教授会议之同定，休息一年，照支全薪。

第四十六条　讲师聘任手续，备用第四十一条关于教授聘任之规定。

第四十七条　国立广东大学讲师聘任以一年为期，续聘时凡未特别明定年限者，其聘约亦以一年为期。

第四十八条　国立广东大学讲师解约手续，准用第四十二条关于教授解约之规定。

第四十九条　国立广东大学讲师薪俸，以授教钟点计算为原则。

第五十条　国立广东大学助教，经各系教授会或各分科学长之提议，但校长提交聘任委员分审查合格后，由校长任用之。

助教于所属分科教〈授〉指导之下，助理实习事务，并得分任教课。

第五十一条　助理员依分科学长之提议，由校长任用之。

助理员承所属学系教授之指挥，助理实习事务。

第五十二条　国立广东大学设左列职员：

秘书长。

秘书及事务员。

图书主任。

仪器主任。

会计主任。

学院院长。

第五十三条　国立广东大学秘书长，由校长得大学校务会议之同定聘任之。

第五十四条　秘书长之解职手续及薪俸待遇，准用第四十二至第四十四条之规定。

第五十五条　秘书长①及事务员，由校长任用之。

第五十六条　图书主任及仪器主任，由校长就教授中指任之。

第五十七条　会计主任，由校长得校务会议之同意任免之。

第五十八条　凡一分科，其校舍设置在本大学外者，称为某科学院。

学院得设学院院长，由该分科学长兼任之，掌理该学院事务，任期二年。

分科学院得设事务员若干人，由校长任命之。此项人员构成大学秘书处或其他事务机关人员之一部分。凡关系全校之事务，受大学校长及大学各主管事务机关之直接监督。凡仅关系各该院之特殊事项，受该院院长直接监督。

第五十九条　国立广东大学于必要时，得设技师及其他职员。

第七章　财　务

第六十条　国立广东大学每年度制定预算，由校长及会计主任执行之。

第六十一条　国立广东大学预算，先由各系各科及其他各机关分别拟出，由校长交预算委员会审查整理，编成大学预算案，经校务会审议后，提交大学参议会通过。

第六十二条　国立广东大学预算案内之图书仪器经常会〔费〕，至少须占全部支出百分之十二。

第六十三条　预算委员会每年由校务会议就教授中选任四人组成之。以校长为主席，以会计主任为书记。

第六十四条　国立广东大学会计事务，由会计主任管理之。

第六十五条　会计主任支付任何款项，须按照预算之规定，并须经校长之签字。凡欠缺此项手续之支付，概由会计主任负其责任。

第六十六条　国立广东大学每年预算，设预备费，以备临时特别支出之用。

---

①“长”字为衍文。

但此项预备费，不得超过预算经费总额十分之一。

第六十七条　预备费之动用，由校长提交校务会议议定之。

第八章　纪律及惩戒

第六十八条　国立广东大学关于纪律及惩戒事项，以校务会议为最高决定机关。

第六十九条　校务会议得就教授才〔中〕选及〔任〕若干人，组织学生纪律究〔委〕员会，任期一年。除学①生开除事项，须经校务会议决定外，该委员会有监察学生及决定学生纪律事项之权。

第九章　附　则

第七十条　本规程由大学校长或全校教授五分之一之提议，经校务会议之议决，得修改之。但此项修改与现行大学法令有抵触时，须提经政府裁可。

第七十一条　在国立广东大学校务会议未成立以前，凡属于大学参议会之职权，及本规程规定属于大学校务会议之职权，暂由广东大学筹备委员会代行之。

附二：国立广东大学预科各科组课程

一、文科组

第一年	每周时数	第二年	每周时数
国文	三	国文	四
第一外国语	八	第一外国语	八
历史	三	第二外国语	五
地理	三	历史	三
论理学	二	数学	二
数学	三	数学演题	二

① 底本为“学除”。

数学演题	二	法济制经〔法制经济〕	二
政治概说	二	体育	二
体育	二		
合计	二八		二八

二、法科组

第一年	每周时数	第二年	每周时数
国文	三	国文	四
第一外国语	八	第一外国语	八
历史	三	第二外国语	五
地理	三	历史	三
论理学	二	数学	二
数学	三	数学演题	二
数学演题	二	心理学	二
政治概说	二	体育	二
体育	二		
合计	二八		二八

三、理科组

（甲）预备数理化科生

第一年	每周时数	第二年	每周时数
国文	二	国文	二
第一外国语	八	第一外国语	八
数学（讲授）	四	第二外国语	三
数学演题	三	数学（讲授）	三
物理（讲授二时实验）（二时演题一时）	五	数学演题	二
化学（讲授二时实验）（二时演题一时）	五	物理（讲授二时实验）（三时演题一时）	六
机器画	二	化学（讲授二时实验）（三时演题一时）	六
政治概说	二	体育	二
体育	二		
合计	三三		三二

（乙）预备生物地质科生

第一年	每周时数	第二年	每周时数
国文	二	国文	二
第一外国语	八	第一外国语	八
数学（讲授）	四	第二外国语	三
数学演题	三	动物（讲授二时）（实验二时）	四
物理（讲授二时实验）（二时演题一时）	五	植物（讲授二时）（实验二时）	四
化学（讲授二时实验）（二时演题一时）	五	物理（讲授二时）（实验三时）	五
自在画	二	化学（讲授二时）（实验三时）	五
政治概说	二	体育	二
体育	三		
合计	三三		三三

四、农科组

第一年	每周时数	第二年	每周时数
国文	二	国文	二
第一外国语	八	第一外国语	八
物理（讲授二时实验）（二时演题一时）	五	第二外国语	三
化学（讲授二时实验）（二时演题一时）	五	动物（讲授二时）（实验二时）	四
数学（讲授）	四	植物（讲授二时）（实验二时）	四
数学演题	三	物理（讲授二时）（实验三时）	五
自在画	二	化学（讲授二时）（实验三时）	五
政治概说	二	体育	二
体育	二		
合计	三三		三三

五、工科组

第一年	每周时数	第二年	每周时数
国文	二	国文	二
第一外国语	八	第一外国语	八
数学（讲授）	四	第二外国语	三
数学演题	三	数学（讲授）	三
化学（讲授二时实验）（二时演题一时）	五	数学演题	二
物理（讲授二时实验）（二时演题一时）	五	化学（讲授二时）（实验三时）	五
机器画	二	物理（讲授二时）（实验三时）	五
政治概说	二	机器画	二
体育	二	力学	一
		体育	二
合计	三三		三三

附三：国立广东大学文科各系课程

说明：

一、本院设中国文学系、外国文学系、史学系、哲学系。

二、学生在学中选定一学系为专修学系，对于该学系所属之必修科目，须一律修完。对于选修科目，亦须修习法定最少数额之单位。此外亦可选修其他学系或他学院之科目，以凑足法定之单位总数。但选修其他学院之科目时，须得本学院及该学院之许可。

三、学生在学中共须习满四十单位（每一单位系约略以每学年每周受课二小时计算），学生每学年所修科目，至多不得过十一单位，至少不得少于九单位。

四、考试分科目修了试及毕业论文试两种。科目修了试，于学期或学年之末行之。毕业论文试，就学生所提出之论文，分论文检定及口头复试两级行之。论文检定合格，方得应口头复试。

五、毕业论文试，于第四学年之末行之。

中国文学系

必修科目	单位数	选修科目	单位数
文学概论	一	经学	一
哲学概论	二	解诂考证文	一
文字学	三	古籍校读法	一
言语学	一	宋明哲学	一
美学	一	佛学经典译箸〔著〕研究	一
心理学	一	古赋	一
论理学	一	诗	三
中国文学史	二	词	一
西洋文学史	二	戏曲	一
中国哲学史	二	小说	一
西洋哲学史	二	历代文	三
史传	一	国语研究	二分之一
诸子	二	书目学	一
第一外国语	四	各家专箸〔著〕研究	一
论文	四	乐律	一
		第二外国语	二

以上至少选修八单位（参看本课程说明二）

外国文学系（暂设英文学系）

必修科目	单位数	选修科目	单位数
文学概论	一	近代艺术概论	一
修辞学	一	论理学	一
言语学	一	美学	一
作文翻译及英语演习	四	哲学概论	一
西洋文学史	二	心理学	二
英文（诗歌戏曲小说散文）	七	西洋哲学史	三
英文学史	一		

以上至少须选修六单位（参看本课程说明二）

第二外国语	四
高等文法	一
中国文学	二

论文	四

史学系

必修科目	单位数	选修科目	单位数
史学概论	一	考古学	一
哲学概论	二	生物学	一
人类学	一	地质学	一
社会学	一	政治学	一
地理学	一	言语学	一
心理学	二	第二外国语	二
经济学	二	中国法制史	一又二分之一
东洋史	二	中国经济史	一
西洋史	三	中国财政史	一
中国史	三	外国经济史	二
统计学	一	近代政治史	一又二分之一
第一外国语	四	近代外交史	一又二分之一
论文	四		

以上至少选修十单位（参看本课程说明二）

哲学系

必修科目	单位数	选修科目	单位数
哲学概论	一	比较宗教学	一
西洋哲学史	三	宋明哲学	一
中国哲学史	二	印度哲学	二分之一
现代西洋哲学	一	进化论	二分之一
认识论	一	政治学	一
论理学	一	生物学	一
心理学	二	生理学	二分之一
美学	一	教育史	一
伦理学	一	教学法及心理测验	一
社会学	一	教育心理学	一
教育学	一	实验心理学	一
第一外国语	四	社会心理学	二
论文	四	政治思想史	二

经济思想史	二
第二外国语	二

以上至少须选修十单位（参看本课程说明二）

附四：国立广东大学理科各系课程

数学系

第一学年

上学期科目	每周时数	下学期科目	每周时数
数学	三	数学	三
化学讲授（无机）	四	化学讲授（无机）	四
化学实验（定性分栃〔析〕）	六	化学实验（定性定量分栃〔析〕）	六
物理讲授（物性学热学）	四	物理讲授（热学光学）	四
物理实验	三	物理实验	三
力学	一	力学	一
第一外国语（科学选读）	一	第一外国语（科学选读）	一
第二外国语	三	第二外国语	三
体育	二	体育	二
	共二十七		共二十七

第二学年

上学期科目	每周时数	下学期科目	每周时数
数学（微积）	三	数学（微积）	四
物理讲授（声学磁电学）	四	射影几何	三
物理实验	六	理论力学	三
化学实验（定量分栃〔析〕）	六	第二外国语	四
化学讲授（初级有机）	三	经济通论	二
第二外国语	四	演习及选修	十
体育	二	体育	二
	共二十八		共二十八

第三学年

上学期科目	每周时数	下学期科目	每周时数

微分方程	四	微分方程	四
高等代数	三	高等代数	三
理论力学	三	微分几何	三
最小乘方	二	数论	二
物理数学	四	天文学	四
演习及选修	十	演习及选修	十
	共二十六		共二十六

第四学年

上学期科目	每周时数	下学期科目	每周时数
函数学	四	函数论	四
群论	二	集合论	二
高等平面曲线论及面论	三	非欧克里得几何	二
向量论	三	四元论	三
天体力学	二	数学史	二
研究及论文		研究及论文	

物理学系

第一学年

上学期科目	每周时数	下学期科目	每周时数
数学	三	数学	三
化学讲授（无机）	四	化学讲授（无机）	四
化学实验（定性分柝〔析〕）	六	化学实验（定性定量分柝〔析〕）	六
物理讲授（物理学热学）	四	物理学讲授（热学光学）	四
物理实验	三	物理实验	三
力学	一	力学	一
第一外国语（科学选读）	一	第一外国语	一
第二外国语	三	第二外国语	三
体育	二	体育	二
	共二十七		共二十七

第二学年

上学期科目	每周时数	下学期科目	每周时数
物理讲授（声学磁电学）	四	数学	三

物理实验	六	物理实验	六
化学实验（定量分栃〔析〕）	六	液体力学	三
化学讲授（初级有机）	三	论理化学讲授	三
数学	三	理论化学实验	三
第二外国语	四	气体传电概论	二
体育	二	经济通论	二
		第二外国语	四
		体育	二
	共二十八		共二十八

第三学年

上学期科目	每周时数	下学期科目	每周时数
数学	三	数学	三
热力学 气体力学	四	热力学 气体力学	四
数学物理	四	数学物理	四
X光线及放射论电子论	二	X光线及放射论电子论	二
高级光学	三	高级光学	三
物理实验	九	物理实验	九
	共二十五		共二十五

第四学年

上学期科目	每周时数	下学期科目	每周时数
应用电学讲授	二	应用电学讲授	二
应用电学实验	三	应用电学实验	三
原量论	二	相对论	二
天文学	二	特别选修	
特别选修		研究及论文	
研究及论文			

化学系

第一学年

上学期科目	每周时数	下学期科目	每周时数
数学	三	数学	三

化学讲授（无机）	四	化学讲授（无机）	四
化学实验（定性分栎〔析〕）	六	化学实验（定性定量分栎〔析〕）	六
物理讲授（物性学热学）	四	物理讲授（热学光学）	四
物理实验	三	物理实验	三
力学	一	力学	一
第一外国语	一	第一外国语	一
第二外国语	三	第二外国语	三
体育	二	体育	二
	共二十七		共二十七

第二学年

上学期科目	每周时数	下学期科目	每周时数
化学实验（定量分栎〔析〕）	六	化学讲授（高级有机）	四
化学讲授（初级有机）	三	化学实验（有机）	九
物理讲授（声学磁电学）	四	矿物学讲授	二
物理实验	六	矿物学实验	三
地质地〔学〕	三	经济通论	二
第二外国语	四	第二外国语	四
体育	二	体育	二
	共二十八		共二十八

第三学年

上学期科目	每周时数	下学期科目	每周时数
理论化学讲授	三	理论化学讲授	三
理论化学实验	六	理论化学实验	六
化学实验（高级分栎〔析〕）	六	化学讲授（高级无机）	三
化学讲授（高级无机）	三	工业化学	三
工业化学讲授	三	应用化学分析（如油腊煤水之类）	六
化学史	一	化学史	一
矿物学讲授	二	试金术（讲授及实验）	三
矿物学实验	三		
	共二十七		共二十五

第四学年

上学期科目	每周时数	下学期科目	每周时数

胶体化学	二	生物化学	二
放射化学	二	工业化学实验	三
冶金化学讲授	二	冶金化学讲授	二
冶金化学实验	六	治〔冶〕金化学实验	六
特别选修		特别选修	
研究及论文		研究及论文	

生物系

第一学年

上学期科目	每周时数	下学期科目	每周时数
第一外国语（科学选读）	一	第一外国语（科学选读）	一
第二外国语	三	第二外国语	三
高等植物学（讲授三时 实验三时）	六	高等动物学（讲授三时 实验三时）	六
物理（讲授三时 实验四时）	七	物理（讲授三时 实验三〔四〕时）	七
化学（无机）（讲授四时 实验六时）（定性分析）	十	化学（无机）（讲授四时 实验六时）（定性定量分析）	十
体育	二	体育	二
	共二十九		共二十九

第二学年

上学期科目	每周时数	下学期科目	每周时数
第二外国语	四	第二外国语	四
初级有机化学（讲授）	三	高级有机化学（讲授二时 实验六时）	八
物理（讲授四时 实验三时）	七	动物分类学（讲授二时 实验三时）	五
化学实验（定量分栎〔析〕）	六	植物生理（讲授二时 实验三时）	五
生理学	三	经济通论	二
地质学	三	体育	二
体育	二		
	共二十八		共二十六

第三学年

上学期科目	每周时数	下学期科目	每周时数
裂殖菌学（讲授二时 实验三时）	五	植物组织学（讲授二时 实验三时）	五
细胞学（讲授二时 实验三时）	五	细胞（讲授二时 实验三时）	五
动物组织学（讲授二时 实验三时）	五	动物标本采集制造法（讲授一时 实验六时）	七
动物分类学（讲授二时 实验三时）	五	特别选修	八—十
植物标本切片制造法（讲授一时 实验三时）	四		
	共二十四		共二十五—二十七

第四学年

上学期科目	每周时数	下学期科目	每周时数
种子植物学（讲授二时 实验三时）	五	胞子植物学（讲授二时 实验三时）	五
优种学	二	动物学发达史	二
特别选修	六	特别选修	八
毕业研究论文	十	毕业研究论文	十
显微镜之构造及照相	三		
	共二十六		共二十五

地质系

第一学年

上学期科目	每周时数	下学期科目	每周时数
第二外国语	三	第二外国语	三
化学（无机）（讲授四时 实验六时）（定性）	十	化学（无机）（讲授四时 实验六时）（定性定量分析）	十
物理（讲授四时 实验三时）	七	物理（讲授四时 实验三时）	七
高等植物学（讲授三时 实验三时）	六	高等动物学（讲授三时 实验三时）	六
第一外国语（科学选读）	一	第一外国语（科学选读）	一
体育	二	体育	二
	共二十九		共二十九

第二学年

上学期科目	每周时数	下学期科目	每周时数

第二外国语	四	第二外国语	四
数学	三	数学	三
地文学	三	矿物学（讲授二时 实验三时）	五
化学实验（定量分栎〔析〕）	六	测量学（讲授二时 实验三时）	五
物理（讲授四时 实验三时）	七	骨甲学	二
初级有机化学	三	商业地理	三
体育	二	经济通论	二
		体育	二
	共二十八		共二十六

第三学年

上学期科目	每周时数	下学期科目	每周时数
构造变迁地质学（讲授四时 野外实验三时）	七	历史地质学	三
岩石学（讲授二时 实验三时）	五	岩石学（讲授二时 实验三时）	五
矿物学（讲授二时 实验三时）	五	中国地质	二
地质绘图	六	天文学	二
特别选修		古生物学（讲授二〔三〕时 实验三时）	六
		野外实习	三
		进论化〔进化论〕	二
	共二十三	特别选修	共二十三

第四学年

上学期科目	每周时数	下学期科目	每周时数
经济地质学（包含矿储学）	三	经济地质学	三
中国矿产	三	地质调查	
层位学	二	地质论文	
试金术（讲授及实验）	三		
普通采矿学	二		
古生物学（讲授三时 实验三时）	六		
	共一十九		

附五：国立广东大学法科各系课程

原则：

一、此三系课程，不适用单位制。

二、此三系课程，分为必修科目、选修科目两种。

三、必修及选修科目之修习，均须依照课程上规定之学年次序为之。

四、除本课程所定钟点外，本校教务机关对于各项科目得设定演习钟点。

法律学系

第一学年

（甲）必修科目	每周时数	（乙）选修科目（任选其一）	每周时数
法理学	二	中国法制史	三
民法（总则）	四	政治学	三
刑法（总则）	三		
宪法	四		
外国法	二		
经济学	四		
第二外国语	二		
体育	二		
	共二十三		

第二学年

（甲）必修科目	每周时数	（乙）选修科目（任选其一）	每周时数
民法（债权）	四	社会学	二
民法（物权）	二	财政学（总论）	三
罗马法	二		
刑法分则	三		
行政法（总论）	三		
法院编制法	一		
外国法（用外国文讲授刑法）	二		
第二外国语	二		
体育	二		
	共二十三〔二十一〕		

第三学年

(甲) 必修科目	每周时数	(乙) 选修科目(或选比较民法 或选其他二科目)	每周时数
民法（亲属）	二	破产法	二
商法(商人通例 公司条例)	三	刑事政策	二
民事诉讼法	四	比较民法	四
刑事讼诉法	三		
国际公法	四		
行政法各论	三		
外国法(用外国文 讲授民法)	二		
	共二十一		

第四学年

(甲) 必修科目	每周时数	(乙) 选修科目（任选其二）	每周时数
民法（继承）	二	社会立法论（附劳工法）	三
商法(商事通例 票据船舶)	四	公证法及法庭实务	二
民事诉讼法及强制执行法	二	判例	三
国际私法	二	法医学	二
外国法(用外国文 讲授商法)	二	社会主义及社会运动	二
专门研究（论文或译书）			
	共十二		

政治学系

第一学年

(甲) 必修科目	每周时数	(乙) 选修科目（任选其一）	〈每周时数〉
政治学	三	外国经济史	四
政治选读（外国文）	二	刑法总则	三
经济学	四		
宪法	四		
民法概论	三		
第二外国语	二		
体育	二		
	共二十		

第二学年

(甲) 必修科目	每周时数	(乙) 选修科目	每周时数

政治学选读（外国文）	二	经济政策	三
财政学（总论）	三	货币银行论	四
政治思想史	四		
行政法总论	三		
近代政治史	三		
第二外国语	二		
体育	二		
	共十九		

第三学年

（甲）必修科目	每周时数	（乙）选修科目（任选其二）	每周时数
政治学选读（外国文）	二	财政学各论	三
近代外交史	三	国际私法	二
社会学	二	市政论	二
国际公法	四	统计学	二
行政法各论	三		
体育	二		
	共十六		

第四学年

（甲）必修科目	每周时数	（乙）选修科目（任选其二）	每周时数
政治学选读（外国文）	二	新闻学	二
现代政治	二	殖民政策	二
社会立法论（附劳工法）	三	地方自治制度	二
政党论	一	社会主义及社会运动	二
经济思想史	四		
专门研究（著论文或译书）			
体育	二		
	共十四		

经济学系

第一学年

（甲）必修科目	每周时数	（乙）选修科目（任选其一）	每周时数
经济学	四	政治学	三
宪法	四	中国经济史	二
经济地理	二		

经济学选读（外国文）	二
民法概论	四
第二外国语	二
体育	二
	共二十

第二学年

（甲）必修科目	每周时数	（乙）选修科目（任选其一）	〈每周时数〉
财政学总论	三	近代政治史	三
货币银行论	四	中国财政史	
外国经济史	四		
商法概论	四		
经济学选读（外国文）	二		
第二外国语	二		
体育	二		
	共二十一		

第三学年

（甲）必修科目	每周时数	（乙）选修科目（任选其二）	每周时数
财政学各论	二	国际公法	四
外国汇兑	一	市政论	二
统计学	二	社会学	二
经济政策	三		
经济学选读	二		
簿记及会计学	四		
	共十四		

第四学年

（甲）必修科目	每周时数	（乙）选修科目（任选其二）	每周时数
经济思想史	四	殖民政策	二
交通政策	二	保险学	二
经济学选读（外国文）	二	社会主义及社会运动	二
社会立法论	三	新闻学	二
专门研究			

附六：国立广东大学农科课程

说明：

一、本科拟设农艺系、农艺化学系、园艺系、蚕桑系、畜牧系、病虫害系、森林生产系、森林经营系、农业经济系、林业经济系。

二、本科课程分农学及林学两部。属于农学者，为农艺、化学、园艺、蚕桑、畜牧、病虫害、农业经济等系之科目；属于林学者，森林生产、森林经营、林业经济等系之科目。

三、学生入学，即须选定修农学或林学科。其课程内之科目，分为必修及选修。

四、第一、二年课程，所有科目均属必修。学生至第三学年时，即选定一学系为专修学系，对于该学系所属之必修科目，须一律修完，若仍未足选修学分总数时，得选修其他学系科目，以凑足之，但须得专修学系之主任教授之许可。若该学系所授科目多过选修学分，由学系主任教授指导选修之。

五、除论文外，农学学生须习满一百四十四学分，林学学生须习满一百四十一学分（每一学分系每一学期中每周讲授一小时或实习二小时以上计算）。

六、学生至第四学年时，除习必修选各科目外，由主任教授选定题目，指导该生研究，造具毕业论文。

农科各系课程

一、农学各系课程

第一学年　必修科目

上学期	每周教授时间	每周实习时间	学分	下学期	每周教授时间	每周实习时间	学分
实性分析〔析〕		六	三	定量分析〔析〕	一	九	四
有机化学	二		二	有机化学	二		二
微菌学	二	四	四	昆虫学	二	三	三
畜牧汛〔泛〕论	一	二	二	畜牧汛〔泛〕论	一	二	二
植物生理学	二	三	三	测量		六	二

第一外国语（科学选读）	一		一	第一外国语（科学选读）	一		一
第二外国语	三		三	第二外国语	三		三
兵操	二		二	经济通论	二		二
共计	二八		二十		三四		二一

第二学年　必修科目

上学期	每周教授时间	每周实习时间	学分	下学期	每周教授时间	每周实习时间	学分
农艺化学	三	六	五	土壤	三	四	五
作物泛论	二		二	农业经济	三		三
蚕桑泛论	三		三	作物泛论	二	二	二
园艺泛论	二		二	农业微菌学	二	三	三
植物病理	二	三	三	蚕桑泛论	三		三
第二外国语	四		四	园艺泛论	二		二
地质学	三		三	第二外国语	四		四
共计	二八		二二		二八		二二

第三学年（必修科目及选修学分）

上学期	每周教授时间	每周实习时间	学分	下学期	每周教授时间	每周实习时间	学分
农具	二	二	三	排水灌溉	二	三	三
肥料	三		三	气象	二		二
分类植物学	二	二	三	选修			一一
选修			一一				
共计			二十				一七〔一六〕

第四学年（必修科目及选修并论文学分）

上学期	每周教授时间	每周实习时间	学分	下学期	每周教授时间	每周实习时间	学分
农政	二		二	林学大意	二		二
选修			九	选修			九
论文			四	论文			四
共计			一五				一五

农艺系科目

	每周讲授或讨论时间	每周实验或实习时间	学期数	学分
作物泛论	二		二	二
谷品学	三	二	一	四

杂粮学	三		一	三
稻作学	一	二	一	二
棉麻作学	三	四	一	五
蔗作学	二		一	二
饲料作物学	二		一	二
副热带特产作物学	学分时间	临时酌定		
植物营养学	二	二	一	三
土壤学	三	四	一	五
肥料学	三		一	三
排水灌溉学	二	三	一	三
土壤物理学	二	二	一	三
土壤管理学	一		一	一
农具学	一	二	一	二
农业机械学	一	二	一	二
田舍建筑学	二		一	二
农场管理学	二	二	一	三
进种学	三	四	一	五
植物生理学	二	二	一	三
作物研究	临时酌定			
土壤研究	临时酌定			
农田实习	临时酌定			
进种研〔研〕究	临时酌定			
论文	一六至二十		分年	八至一十

农艺化学系科目

	每周教授时间	每周实习时间	学期数	学分
定性分折〔析〕		六	一	三
定量分折〔析〕	一	九	一	四
有机化学（理论）	二		二	二
有机化学（实习）		八	一	三
农艺化学	三	六	一	五
农产制造	二	四至二十	二	四至十二
食品分折〔析〕		六至一十	一	三至五
土壤化学	二	九	一	五
生物化学	二	三	二	三

物理化学	二	三	二	三
论文		一九至二十	二	八至一十

园林系科目

	每周教授时间	每周实习时间	学期数	学分
园艺泛论	二		二	二
蔬菜园艺学	三	四	二	五
热带果树园艺学	三		二	三
果树园艺学	二	三	二	三
花卉园艺学	三	四	二	五
风景园艺学	三	二	二	四
论文		十六至二十	二	八至一十

蚕桑系科目

	每周教授时间	每周实习时间	学期数	学分
蚕桑泛论	三		二	六
蚕体解剖学	二	二	一	三
蚕体生理学	二		一	二
蚕体病理学	二	二	一	三
蚕病消毒法	三		一	二
养蚕学	二		一	二
养蚕实习	无定时		二	三
制种学	二		一	二
裁〔栽〕桑学	二		一	二
桑树害病	二		一	二
蚕种改良学	二	二	一	三
制丝学	三	二	二	四
论文			二	八至一十

畜牧系科目

	每周讲授或讨论时数	每周实验或实习时数	学期数	学分
畜牧泛论	一	二	二	四
饲养要义	二	二	一	三
育种要义	二	二	一	三
养羊学	三	四	一	五
养猪学	三	四	一	五
养肉牛学	三	四	一	五

养乳牛学	三	四	一	五
养马学	三	四	一	五
养鸡学	三	四	一	五
家畜滋养要义	二	六	一	五
家畜滋养研究		临时酌定		
家畜鉴别研究	四		一	二
家畜究研〔研究〕	一	临时酌定		四
家畜品种史研究	一		一	一
肉学	一	四	一	三
羊毛学	一	二	一	二
牛乳微菌学	一	四	一	三
牧业制度	二		一	二
家畜销售	二		一	二
乳业制度	二		一	二
解剖学（粗微）		临时酌定		
生理学	三	三	二	四
病理学（普通专门）	三	三	二	四
药物学	三		二	三
内病学	三	不定	二	三
配药法术	二	三	二	三

病虫害系科目

	每周讲授或讨论数〔时〕间	每周实验或实习时间	学期数	学分
普通植物病理	二	三	一	三
化物病理	二	三	一	三
园艺痛〔病〕理	二	三	一	三
森林病理	一	二	一	二
病害除防	二	三	一	三
微菌学	二	四	一	四
农业微菌学	二	三	一	三
真菌学	二	三	一	三
菌类培养法		无定	一	三
植物病理研究		临时酌定		

普通昆虫学	二	三	一	三
普通经济昆虫学	二	三	一	三
森林昆虫学	一	三	一	二
室内昆虫学	二	三	一	三
高等经济昆虫学	二	三	一	三
寄生昆虫学	二	三	一	三
药用昆虫学	二	三	一	三
蜜蜂学	二	六	一	四
昆虫生活史	二	三	一	三
普通昆虫分类学	二	六	一	四
昆虫研究		临酌时〔时酌〕定		

农业经济系专修科目

第三〈学〉年

上学期	每周教授时间	学分	下学期	每周教授时间	学分
经济（史）（政策）	二	二	经济（史）（政策）	二	二
法学及政治	二	二	法学及政治	二	二
财政及统计	二	二	财政及统计	二	二
社会及心理学	二	二	社会及心理学	二	二
农业经济	二	二	农业经济	二	二
教育学	一	一	教育学	一	一
共计		十一			十一

第四〈学〉年

上学期	每周教授时间	每周实习时间	学分	下学期	每周教授时间	每周实习时间	学分
农政学（殖民政策 农民统计 等在内）	三		三	农政学（殖民政策 农民统计 等在内）	三		三
农村社会学	二		二	农村社会学	二		二
农场管理及簿记	一	二	二	农场管理及簿记	一	二	二
农业史及农业地理	二		二	农业史及农业地理	二		二
论文			四	论文		四	
共计		十三					

二、林学各系课程

第一学年（必修科目）

上学期	每周教授时期〔间〕	每周实习时间	学分	下学期	每周教授时间	每周实习时间	学分
高等数学	二		二	高等数学	二		二
土壤及肥料	二		二	土壤及肥料	二		二
森林植物	一	二	二	森林植物	一	二	二
植物生理	二	二	三	济经〔经济〕通论	二		二
造林学	一	二	二	造林学	一	二	二
森林化学	二	三	三	森林化学	二	三	三
制图	一	二	二	测量	二	三	三
第一外国语	一		一	第一外国语	一		一
第二外国语	三		三	第二外国语	三		三
兵操	二		二	兵操	二		三
共计	二八		二二		二八		二二

第二学年（必修科目）

上学期	每周教授时间	每周实习时间	学分	下学期	每周教授时间	每周实习时间	学分
气象学	二		二				
造林学	一	二	二	造林学	二	二	三
测量	二	三	三	测量	二	三	三
树病学	二		二	森林工学	二		二
林产制造	二		二	森林保护学	二		二
森林动物及森林昆虫学	二		二	森林动物及森林昆虫学	二		二
法学及财政	二		二	法学及财政	二		二
第二外国语	四		四	第二外国语	四		四
测树学	二		二	测树学	二		二
共计	二四		二一		二三		二十

第三〈学〉年（必修科目）

上学期	每周教授时间	每周实习时间	学分	下学期	每周教授时间	每周实习时间	学分
森林利用	二		二	森林利用	二		二
林价算法及森林较利学	二		二	林价算法及森林较利学	二		二
森林经理	二		二	森林经理	二		二
林业经济	二		二	林业经济	二		二

农学大意	一		一	农学大意	一		一
共计	九		九		九		九

第四〈学〉年

上学期	每周教授时间	每周实习时间	学分
林政学	二	二	
森林管理及簿记	二	二	
森林美学	二	二	
狩猎	二	二	
共计			

森林生产系（专修科目及论文学分）

第三〈学〉年

上学期	每周教授时间	每周实习时间	学分	下学期	每周教授时间	每周实习时间	学分
森林利用	一		一	森林利用	一		一
造林学各论	二		二	造林学各论	二		二
林产制造	一	二	二	林产制造	一	二	二
保安林造林法	一		一	保安林造林法	一		一
道路树种植法	一		一	道路树种植法	一		一
造园学	一		一	造园学	一		一
森林保议	一		一	森林保护	一		一
共计	一十		九		一十		九

第四〈学〉年

上学期	每周教授时间	每周实习时间	学分	下学期	每周教授时间	每周实习时间	学分
造林学各论	三		三	演习等	临时酌定	临时酌定	七
林产制造	二		二	论文			四
论文			四				
共计	五		九				十一

森林经营系（专修科目及论文学分）

〈第三学年〉

上学期	每周教授时间	每周实习时间	学分	下学期	每周教授时间	每周实习时间	学分
森林工学	一	二	二	森林工学	一		二
测量	一	三	二	测量	一		二

森林水利学	二		二	森林水利学	二		二
森林经理	二		二	森林经理	二		二
造园学	一		一	造园学	一		一
共计	十二		九		十二〔七〕		九

第四〈学〉年

上学期	每周教授时间	每周实习时间	学分	下学期	每周教授时间	每周实习时间	学分
森林经理	三		三	演习等	临时酌定	临时酌定	七
施业案编定法	二		二	论文			四
论文			四				
共计	五		九				十一

森林经济系（专修科目及论文学分）

第三〈学〉年

上学期	每周教授时间	每周实习时间	学分	下学期	每周教授时间	每周实习时间	学分
政治泛论（行政法等）	二		二	政治汎〔泛〕论（行政法等）	二		二
经济（史）（政策）	二		二	经济（史）（政策）	二		二
财政及统计	二		二	财政及统计	二		二
林业史及森林地理	二		二	殖民政策	二		二
林业经济	一		一				
共计	九		九		八		八

第四〈学〉年

上学期	每周教授时间	每周实习时间	学分	下学期	每周教授时间	每周实习时间	学分
林政（统计等）	二		二	演习等	临时酌定	临时酌定	七
森林管理及簿记	一		一	论文			四
森林教育	二		二				
论文			四				
共计	五		九				十一

据《大元帅指令第九八三号》，载广州《陆海军大元帅大本营公报》第二十五号，一九二四年九月十日

批核《各团各界请领枪枝枪弹暂行简章》修正稿

（一九二四年九月五日或六日）①

大元帅指令第九九五号

令广东省长廖仲恺

呈缴修订监理兵工厂购械清款委员李芝畦等拟具《各团各界请领枪弹暂行简章》，请察核示遵由。

呈、折均悉。所修正《各团各界请领枪枝枪弹暂行简章》各节，均属妥协，应准予施行。仰即分饬兵工厂清款委员会遵照可也。清折存。此令。

（中华民国陆海军大元帅之印）

附：各团各界请领枪枝枪弹暂行简章

第一条　各团各界领枪原定章程，先报由该管县长转呈省署呈由大元帅核准令行兵工厂发给。等因。似此转接，为急筹款项起见，手续未免繁难，且迭候批行办理，更需时日，兹拟通融办理，暂由领枪人直到监理委员会先行挂号，本会查明属实即给与领枪证书，赴兵工厂分次给领，似较简捷，尤广招徕。

（“等因”以下删去，改为）“今为便利起见，由领枪人同时分向监理委员会及兵工厂挂号，该厂按号核明，具呈省长公署转呈大元帅核饬遵办。”

第二条　该领枪人既由本会直接原属一手经理，取其简捷易行，揆之众情，固属同意。且以国民与国民接洽，更为乐从。惟本会既受各界委托重任，自应造具领枪四连清单，注明某属、某团、某界领枪枝数，并收入枪价银数字样，以昭慎重，而示大公。至四连清单之办法，其第一张呈大元帅，其第二张咨陈省署，其第三张函送兵工厂，其第四张留存本会以备互查。

① 底本未署日期。按大元帅指令第九九四号、第九九六号，发令日期分别为一九二四年九月五日及六日，今据此酌定日期。

（全删，改为）“奉准核给后，即由厂通知领枪人照章具领，一面知会监理委员会注册登记，每月终了由会缮册三份，分别报告省长公署及兵工厂并有关系之县署存查。”

第三条　凡领枪须先到监理委员会挂号，取具请愿书，填写领枪缘由及领枪枝数。如系民团商团，须由各团长签字盖章保证。如系各界，确有领枪自卫资格，须用殷实铺店签字盖章保证，方得领取，以杜流弊。

（“须先到监理委员会挂号”一句应改为）“须分向监理委员会、兵工厂同时挂号”。（“须各团长签字盖章保证”之下删去，应改为）“并加盖省城殷实商号图章保证，如商号及人民确有领枪自卫资格者，亦准依此手续请领。此项请愿书式另定之。”

第四条　凡领枪人既由监理委员会挂号后，应先将所领枪价缴交兵工厂所指定代收银之银行，由该银行折半掣回收据二张，一张为定造枪者之存款收据，应由定造枪者收存；一张为该银行代交兵工厂收据，该定造枪者须将该银行代交兵工厂之收据，连同请愿书缴交本会，即由本会给回所收枪价收条，并给与领枪证书，呈由兵工厂照数给枪。至该银行代交兵工厂之收据，亦即由本会汇交兵工厂存记，以昭核实而专责成。

（“既由监理委员会挂号后”句应改为）“既向委员会兵工厂挂号后”。（“所领枪价”句下加）“完全”二字。（“掣回”二字应改为）“分立”。（“一张为该银行代交兵工厂收据”之下全删，应改为）“既由该定造枪者缴交兵工厂验收，以照〔昭〕核实。”

第五条　凡定购枪枝，如经本委员会查明属实，并已将缴纳枪价收据交到本会，既先由兵工厂发给枪枝二成，其余八成自定造之日起准三个月内分次清交。俟清交之后，该领枪人应再将该银行存款收据，交由本会移交兵工厂核销，以清手续。

（说明）似此办法，该领枪人只先缴五成枪价，既先领枪二成，其余三成虽系过信兵工厂，惟有五成之存款，俟分次清交枪枝后，如行提缴，是兵工厂反信领信人。枪价五成，此系特别信用。

（“如经”之下自“本委员会”至“交到本会”共廿一字删去，改为）“呈准发给”。（“俟清交之后”一句改为）“至本次交付枪枝时”。（“应再将”三字改为）“即将”。（“本会移交”四字全删。）

第六条　兵工厂所造之七九步枪，查外国沽出价格每枝时值西纸银一百八十元，伸中国毫银约贰百卅元。兹急于清理新机余款并为人民自卫起见，拟限五个月内，平价发出枪枝二万桿，每枪一枝仍照旧收回价银一百六十元。以银毫为本位，似此平价比之外国价格，每枪一枝实少七十元之数。俟发足二万桿，将该枪价清理新机余款后，另行酌量增价发领，以挽利权。惟现在急于清理新机余款期内，不能不酌议办公费，因此项办公费须由本委员会酌量拨给与介绍领枪人为酬劳，俾广招徕，而资奖励。兹拟每枪一枝在价内提拨办公费八元，交由委员会酌量支配开用。兵工厂实每枪一枝收入价银一百五十二元，俟清理余款后，即行停止。

（“办公费”之下“八元”改为）“四元”。（“收入价银”之下“一百五十二元”改为）“一百五十六元”。

（末尾加）“其办公费每半个月按照应得数目清给”。

第七条　兵工厂所造之枪弹，原定价格每百颗收回毫银二十元，兹仍照旧办理，但此项枪弹原定之价系最平之价，仍俟清理余款后，始行由兵工厂酌量加增，以便人民及时备价领用。惟领枪一枝，所领枪弹不得过二百颗之外。倘所领之枪弹经已用罄，亦可呈明用罄理由，随时备价给领，以资自卫。

第八条　此次由本会一手经理发出各属、各团、各界枪枝枪弹若干数目，应分别某属领去若干枝数，先后分别清册，随时函送兵工厂行记，应由兵工厂行知各属各该管县署存案。若有流弊，以便调查。（本条全删。）

第九条　凡领枪人领得枪枝〈枪〉弹，原系自卫起见，不得接济匪徒寻仇械斗；亦不得转售、借用、移赠与他人，如查有以上情弊，立即将枪缴回，另行分别惩究。

第十条　无论某团、某界领出枪枝，均由兵工厂加盖火烙，书明某属、某团、某界枪枝字样，然后给领，以免混淆，而便查核。

（末尾加）“并遵章转请省长公署发给起运护照”。

第十一条　凡领枪人到委员会领枪，除缴枪枝枪弹价外，并无何项费用。但运费及各照费，须由领枪人自备。

（“委员会”之下加）“兵工厂”三字。

第十二条　凡领枪人领得枪枝枪弹，如有遗失，应即详叙事由，限三日内呈报该管县署核明存案，免滋流弊。

第十三条　凡领枪人在清理新机余款期内，备价请领枪枝枪弹，必须依照以上各条订定章程办理，方生效力。否则，兵工厂得拒其请求。

第十四条　省公署及兵工厂为核对枪械数目及办公费支配，得派员到会稽核。

第十五条　本章程由省公署转呈大元帅核准之日施行，至兵工厂新机余款清理完结之日废止之。

以上所拟简章十三〔五〕条，专为清款起见，务期征求同意，暂行简易办理，以广招徕，而促进行。其余尚有兵工厂原定章程亦应加入者，容俟清还余款后，委员等告退，应由兵工厂长呈请大元帅核夺施行。

据《大元帅指令第九九五号》，载广州《陆海军大元帅大本营公报》第二十五号，一九二四年九月十日

准修正《各团各界请领枪弹暂行简章》第三条文

（一九二四年九月十一日）

大元帅指令第一〇一四号

令广东省长廖仲恺

呈为拟将《各团各界请领枪弹暂行简章》第三条再加修正，乞予核示由。

呈悉。准如所拟修正。仰即并同前案分饬遵照可也。折存。此令。

（中华民国陆海军大元帅之印）

中华民国十三年九月十一日

附：第三条修正文

（一九二四年九月八日呈）

凡领枪人须分向监理委员会及兵工厂同时挂号，取具请愿书，填为领枪缘由

及领枪枝数。如系民团、商团，须由各团长签字盖章保证。如系商店，确有领枪自卫资格，须用殷实铺店签字盖章保证，方得领取，以杜流弊。

据《大元帅指令第一〇一四号》，载广州《陆海军大元帅大本营公报》第二十六号，一九二四年九月二十日

准《修正财政部官制》

（一九二四年九月二十四日）

大元帅指令第一〇五三号

令大本营财政部长叶恭绰

呈报盐务署裁撤归并，应再行修正该部官制①由。

呈悉。准如所请办理。此令。

（中华民国陆海军大之帅之印）

中华民国十三年九月二十四日

据《大元帅指令第一〇五三号》，载广州《陆海军大元帅大本营公报》第二十七号，一九二四年九月三十日

大本营政治训练部组织大纲

（一九二四年九月二十七日刊载）

第一条　本部为应付时局，根据本党北伐目的宣言，在大元帅指挥之下而为政治的宣传及训练之机关。

第二条　凡关于政治动作上之事件，经本部部务会议决定并得大元帅核准，可向各军政机关及民众组织团体协同实行其政治宣传与训练之职务。

第三条　本部应注意事项：

---

①　盐务署裁撤后，盐税事项仍划归赋税局掌管，因此将《财政部官制》第八条第二款修正，增加“盐税”二字，以重赋税局之职责。

一、灌输三民主义于军民人等，使了解此次北伐之重要意义。

二、宣布本党政纲于军民方面，使确定国民革命观念，以达到整个打倒帝国主义及反动军阀，完成本党之使命；

三、为免除军民之阂隔，阐明革命行动主要在革命前锋与革命群众联合一致，使政府与人民发生密切关系而利进行；

四、组织及训练民众团体，使趋向国民革命，赞助革命政府，为北伐后盾；

五、组织及训练军政机关党团，使拥护革命政府，为北伐效命。

第四条　本部设主任一人，由大元帅指派之；部员若干人，由主任与军政机关协商派员择尤委任之。

第五条　本部设秘书一人，由主任在部员中选任之。

第六条　主任为本部之主干，主理本部一切事务。

第七条　秘书管理文件、往来公函及召集开会，如主任因事离职时得代其职务。

第八条　凡经部务会议决定一事件，各部员应切实执行。

第九条　如遇必要时，得在部务之下设立特种委员会。

第十条　如遇必要时，得招待军政机关及民众组织团体举派代表，开联席会议。

第十一条　本部部务会议每星期某日某午某时至某时开常会一次。如遇特别事故发生，得由秘书召集临时会议。

第十二条　本部部务会议如与或〔各〕种机关及团体发生关系时，得请其举派代表参与，但只有发言权。

第十三条　本组织大纲由大元帅批准施行。

第十四条　本组织大纲得由部务会议决定修改之。

据《大元帅北征记》“组织政治训练部”，载
一九二四年九月二十七日《广州民国日报》（三）

公布《工会条例》

（一九二四年十月一日）

大元帅令

兹修正《工会条例》公布之。此令。

（中华民国陆海军大元帅之印）

中华民国十三年十月一日

附：工会条例

第一条　凡年龄在十六岁以上，同一职业或产业之脑力或体力之男女劳动者，家庭及公共机关之雇佣，学校教师职员，政府机关事务员，集合同一业务之人数在五十人以上者，得适用本法组织工会。

第二条　工会为法人工会。会员私人之对外行为，工会不负连带之责任。

第三条　工会与雇主团体立于对等之地位，于必要时得开联席会议，计画增进工人之地位，及改良工作状况，讨论及解决双方之纠纷或冲突事件。

第四条　工会在其范围以内，有言论、出版及办理教育事业之自由。

第五条　工会组织之区域范围，如有超过现行之行政区域者，须呈请高级行政官厅指令管辖机关。

第六条　工会以产业组织为主，但因特殊之情形，经多数会员之同意，亦得设职业组织。

已设立之同一性质之工会有两个或两个以上者，应组织工会联合会，以谋联合或改组。

工会或工会联合会，得与别省或外国同性质之团体联合或结合。

第七条　发起组织工会者，须由从事于同一之业务者五十人以上之连署，提出注册请求书，并附具章程及职员履历各二份，于地方官厅请求注册。

注册之管辖，为县公署或市政厅。

未经呈请注册之工人团体，不得享有本法所规定之权利及保障。

第八条　工会之章程内须载明下列各款：

一、名称及业务之性质。

二、目的及职务。

三、区域及所在地。

四、职员之名称、职权，及选任、解任之规定。

五、会议组织及投票之方法。

六、经费征收额及征收之方法。

七、会员之资格限制及其权利义务。

第九条　工会每六个月应将下列各项造具统计表册，报告于主管之地方行政官厅：

一、职员之姓名及履历。

二、会员之姓名、人数、加入年月、就业处所及其就业、失业、变更职务、移动、死亡、伤害之状况。

三、财产状况。

四、事业经营成绩。

五、有无罢工或别种冲突事件，及其事实之经过或结果。

第十条　工会之职务如左：

一、主张并拥护会员间之利益。

二、会员之职业介绍。

三、与雇主缔结团体契约。

四、为会员之便利或利益而组织之合作银行、储蓄机关及劳动保险。

五、为会员之娱乐而组织之各项娱乐事务、会员恳亲会及俱乐部。

六、为会员之便利或利益而组织之生产、消费、购买住宅等各种合作社。

七、为增进会员之智识技能而组织之各项职业教育、通俗教育、劳工教育、讲演班、研究所、图书馆及其他定期不定期之出版物。

八、为救济会员而组织之医院或诊治所。

九、调解会员间之纷争。

十、关于工会或工会会员对雇主之争执及冲突事件，得对于当事者发表并征集意见，或联合会员作一致之行动，或与雇主之代表开联席会议，执行仲裁，或请求雇主方面共推第三者参加主持仲裁，或请求主管行政官厅派员调查及仲裁。

十一、对于有关工业或劳工法制之规定、修改、废止等事项，得陈述其意见于行政官厅、法院及议会，并答复行政官厅、法院及议会之咨询。

十二、调查并编制一切劳工经济状况，及同业间之就业、失业暨一般生计状况之统计及报告。

十三、其他种种之有关于增进会员之利益、改良工作状况，增进会员生活及智识之事业。

第十一条　工会职员由工会会员按照本工会选举法选出之职员充任之，对外代表本会，对会员负其责任。

第十二条　工会会员无等级之差别。但对于会费之收入，得按照会员之收入额而定征收之标准。

会员对工会负担之经常费，其额不得超过该会员收入百分之五。但特别基金及为会员利益之临时募集金或股份，不在此限。

第十三条　工会会员于必要时，得选派代表审核工会簿记，并调查财政状况。

第十四条　工会在必要时，得根据会员多数决议，宣告罢工。但不得妨害公共秩序之安宁，或加危害于他人之生命财产。

第十五条　工会对于会员工作时间之规定、工作状况及工场卫生事务之增进及改良，得对雇主陈述其意见，或选出代表与雇主方面之代表组织联席会议，讨论及解决之。

第十六条　行政官厅对于管辖区域内之工会对雇主间发生争执或冲突时，得调查其冲突之原因，并执行仲裁，但不为强制执行。

关于公用事业之工人团体与雇主冲突状况扩大或延长时，行政官厅经过公平审慎之调查及仲裁手续以后，如双方仍相持不下者，得执行强制判决。

第十七条　工会中关于拥护会员利益之基金、劳动保险金、会员储金等之存贮于银行者，该银行破产时，此类存款得有要求优先赔偿之权利。

第十八条　工会及工会所管理之下列各项财产不得没收：

一、会所、学校、图书馆、俱乐部、医院、诊治所以及关于生产、消费、住宅购买等之各项合作事业之动产及不动产。

二、关于拥护会员利益之基金、劳动保险金、会员储蓄金等。

第十九条　关于本条例第八条、第九条之事项，工会发起人及职员之呈报不实不尽或不呈报者，该主管之行政官厅，得命令其据实呈报或补报；在未据实呈报或补报以前，该工会之行动不受本法之保障。

第二十条　凡刑律、《违警律》中所限制之聚众集会等条文，不适用于本法。

第廿一条　本条例自公布日施行。

据《大元帅令》，载广州《陆海军大元帅大本营公报》第二十八号，一九二四年十月十日

《工会条例》理由书①

（一九二四年十月一日）

在中国今日大机械工业尚极幼稚之时代，大部分之手工业工人，又多不感觉于组织团体之切要，故本草案注意之点，即首在确认劳工团体之地位，次在允许劳工团体以较大之权利及自由，三在打破其妨碍劳工运动组织及进行中之障碍，使劳工团体得渐有自由之发展。基于此种种理由，故对于本草案中，特列入十大要点如下：

一、承认工会与雇主团体立于对等之地位（第三条）。

二、承认工会以言论出版及办理教育事业之自由（第四条）。

三、承认工会对雇主之团体契约权（第十条第三款）。

四、承认工会对于与雇主争执事件发生时，有要求雇主开联席会议仲裁之权，并得请求主管行政官厅派员调查及仲裁（第十条第十款）。

五、承认工会之罢工权（第十四条）。

六、承认工会对雇主方面有参与规定工作时间，及改良工作状况与工场卫生

---

①　本篇抽出的十大理由，系对一九二二年二月二十四日所颁《暂行工会条例》的修正。

之权（第十五条）。

七、行政官厅对于非公用事业（草案中所指之公用事业系指一切有关于日用交通如电灯、电话、煤气、自来水、电车、铁道、航船等而言）之雇主或工人间冲突只任调查及仲裁，不执行强制判决，以养成工会自动之能力（第十六条）。

八、予工会以公共财产之保障（第十七、十八条）。

九、特别声明对于刑律及《违警律》中所禁止之聚众集会等条文，不得适用于《工会法》，以免法院警厅之比附而妨碍工会之进行（第二十条）。

十、工会以产业组织为主。但中国大部分之工业仍系手工业，故职业组织亦未绝对废止，以求事实上之适用（第六条）。

以上规定各点系按《工会法》上必要之条件，参以中国工业实际之情形，以期得适合之应用与实施。

据《工会条例理由书》，载《孙大元帅公布工会条例》，
广州、中国国民党中央执委会编印，一九二四年油印本

准《大本营特设北江盐务督运处办法》并派湘军督运令

（一九二四年十月九日）

大元帅指令第二〇〇四号

令两广盐运使邓泽如

呈为拟具《大本营特设北江盐务督运处办法》八条，请予核准施行，并请指派驻韶湘军数营为督运军队由。

呈、折均悉。所拟《大本营特设北江盐务督运处办法》八条及护照式，大致均尚妥协。惟办法第八条“由大本营以命令公布施行”一句，应改为“由大元帅核准施行”，余均准所拟办理。候即令饬军政部通行各军一体遵照。一面由该运使布告商民周知，并慎选胜任专员之员，经由财政部长呈请任命。至请派湘军担任督运一节，亦属可行，并候令饬湘军总司令酌量派拨可也。至督运军队应守权限，应由该运使与湘军总司令妥为商定办理，仍具报查考。清折及护照式均存。

此令。

（中华民国陆海军大元帅之印）

中华民国十三年十月九日

据《大元帅指令第二〇〇四号》，载广州《陆海军大元帅大本营公报》第二十八号，一九二四年十月十日

公布《赣南善后条例》并暂行细则[①]

（一九二四年十月十日）

大元帅令

兹制定《赣南善后条例》、《江西地方暂行官吏任用条例》、《赣南善后会议暂行细则》、《赣南善后委员会各职员之职责及公费暂行细则》、《赣南征发事宜细则》公布之。此令。

（中华民国陆海军大元帅之印）

中华民国十三年十月十日

附一：赣南善后条例

第一条　赣南区域，由军政时期至训政时期，设赣南善后委员会，直隶于大元帅，办理赣南全区一切善后事宜。

第二条　赣南善后委员会委员长，由大元帅任命之。

第三条　赣南善后委员会得于所辖区域十七县内，每县遴选委员一人，由委员长呈请大元帅任命之。

第四条　关于赣南善后委员会议议决各行政事项，由委员长督率各委员分别处理。

---

① 本篇错字、漏字，经与《公布〈赣中善后条例〉及三种细则》（一九二四年十月十二日）互校改正。

第五条　关于善后重大事件，得随时呈请大元帅核示遵行。

第六条　善后会议议决各事项，以到会委员过半数之决定，由委员长分别执行。遇有紧急事件，委员长得径以命令行之。

第七条　任用知事及关税厘卡各员，遵照《江西地方暂行官吏任用条例》办理。

第八条　关于征发各事项，由委员长督率各委员分别负责处理。

第九条　关于应办一切善后行政事宜，须经委员会议议决，再行斟酌缓急，次第施行。

第十条　委员会会议规则及施行细则另定之。

第十一条　本条例自公布之日施行。

附二：赣南善后会议暂行细则

第一条　本会未到赣城以前，以委员长所在地为善后会议地点，先由秘书通知，左列人员均得列席：

一、善后委员。

一、县知事。

一、各县各乡法定团体之代表。

一、本地声望素著之正绅。

督催员、宣传员、调查员及关系人，均得到会声明事实。

第二条　凡有左列资格之一者，得呈请为善后委员会委员：

一、地方声望素著、曾在高等专门大学毕业者。

一、曾任省议会议员者。

一、曾任县知事以上无劣迹者。

第三条　善后会议由秘书处先列议题，会议时由书记官作议事大略。

附三：江西地方暂行官吏任用条例

第一条　江西地方大小官吏，除简任职外，由江西善后委员会就左列人员中，选择资格相当者，分别荐请大本营委署：

一、大元帅发交任用者。

二、各军从军官佐有相当资格、学力、劳绩者，但现职军官不得兼任。

三、在江西地方素著声望，曾在高等专门大学毕业，情殷为本军效力者。

第二条　凡官吏之不称职者，委员会得随时呈报大本营撤换。

第三条　官吏任期以十个月为一任。

第四条　官吏有贪赃枉法者，以军法惩治。

第五条　本条例如有未尽事宜，得随时呈请修正。

第六条　本条例于公布日施行。

附四：赣南善后委员会各职员之职责及公费暂行细则

第一条　大军未到赣州以前，各军分道出发，路线太多，由委员长先行选定各级人员，开单咨呈建国军北伐总司令部分送各军，以便与地方接洽。其普通勤务：

甲、宣传大元帅之建国主义。

乙、宣告借垫之必要及偿还之担保。

丙、调查经过该地军队若干，与地方商定何处设征发所，何处〈设〉转运所，夫役若干，米食若干，运至何处等事。

丁、调查该段地丁、杂税总额及被征发之总额。

戊、地方与军队设有言语隔阂，致生误会，速行调解。

己、该段地点如给养不足，速向无敌兵处之附近各乡赶办征发所、运转所，以资补助。

庚、每日作详细笔记，随时报告大略。

第二条　无论何县知事，如有藉端规避、办事不力、延误军机情节，善后委员会得随时呈报委员长，听候审查。

第三条　无论何级职员，如有藉端骚扰、舞弊中饱各不法情节，被害人得随时控告于知事或委员长。

督催员、调查员、宣传员如有以上情弊，县知事得先行拘留，呈请查办。

征发所所长、运转所所长及其职员，如有上二项情节，各级职员随时声请县知事查办。

第四条　各级职员如有贪赃枉法及关于军事之犯罪，县知事先行拘押，呈请委员长咨呈大本营总执法处处治。

第五条　出发之夫马费，以道里之远近为标准。二级、三级职员，每百里不得过十元；四级之督催员、调查员、宣传员，每百里不得过四元。均先自垫。各县法团以下及五级、六级无夫马费。

职员阶级表

<table>
<tr><td>一级</td><td colspan="2">委员长</td><td>公费</td><td>据实开报</td></tr>
<tr><td>二级</td><td colspan="2">善后委员</td><td>公费</td><td>据实开报</td></tr>
<tr><td>三级</td><td colspan="2">县知事</td><td>公费</td><td>据实开报</td></tr>
<tr><td>四级</td><td>督催员、调查员、宣传员</td><td>各县法定团体会长、各保卫团团长</td><td>公费</td><td>每员每日不得过一员〔元〕</td></tr>
<tr><td>五级</td><td colspan="2">各征发所所长、运转所所长</td><td>公费</td><td>每员每日不得过八角</td></tr>
<tr><td>六级</td><td colspan="2">征发员、督察员及该所之干事各员</td><td>公费</td><td>每员每日不得过五角</td></tr>
<tr><td colspan="3"></td><td>暂定公费到赣州城后再议月薪</td><td></td></tr>
</table>

附五：赣南征发事宜细则

第一条　此次大军北伐，大元帅既有军令令各军保卫地方秩序，不准直接拉伕、筹款，骚扰人民。所有行军必需之伕役、米食等件，凡军队经过之地方，绅商先行办妥，方不贻误军机，并可维持地方秩序。军队不经之地，预筹款项，以裕军饷。所有一切征发事宜，悉照左则办理。

第二条 此次征发之物品，均系有偿性质，其种类如左：

甲、现洋。

乙、伕役。

丙、米食。

丁、草鞋、柴木、厨具、房舍等，因地方之力量妥为预备。

第三条 上列各种之征发物品，除现洋外，由经过之军队长官与地方知事或法定团体代表、正大绅耆、征发所所长、运转所所长，及赣南善后委员长派出之督催员、调查员等，当时估定价格，填三联单，以昭信用。必须现洋给付之处，由法定团体代表、正大绅耆、征发所所长、运转所所长，先向公款公堂或借商民私款垫付，务使劳力小民，踊跃从公，地方秩序，实深利赖。

第四条 此次征发之现洋及垫款，指定民国十四年度、十五年度赣南十七属之地丁、钱粮、关厘、税卡各项收入以为担保，分四期匀数清偿，不足之数，由赣南善后委员会设法筹足。

第五条 征发票由大元帅印刷，交付各军长官及赣南善后委员长遵照下开手续办理。但由军队自办者，只征发伕役、米食，其他物品，不征现金。

大元帅发官印刷所用此式：

收据 由征发、运转所所长交债权人收执。

存查 由征发、运转所所长登记于簿，两所长另立登记簿之后，原票交县署保存。

存根

甲、由各军办理者，由该军队呈交该军总部，转交赣南善后委员会保存。

乙、由赣南善后委员长交各知事办理者，仍由该知事呈送赣南善后委员会保存。

格上左侧填“某军总司令部”字样者，大元帅将征发票交各军总部，各军总部先盖某军字样，再发交该军前方长官。

由知事办理者，不填。

骑缝中

甲、交各军自办者，各军总部于收到此票，先盖“某军”字样，再行发下。

乙、由知事办理者，填各县县名（如定南县，则填定南二字）。

骑缝中县知事印及县知事名章，可于收到后补盖。

某地征发、运转所所长名章，临时签盖。

未收之物品栏内，当时圈破（如仅收现洋一种，其余三种未收，当时圈破）。一栏中未收之数格，当时圈破（如仅收二元，则元上之百千字、元下之毫字上一格，当时圈破）。

凡赔偿损害之物品价格，皆在其他栏内。

知事私章，既经存有印鉴，凡未盖县印先盖私章之征发票，概生效力。但以后必须补盖县印。债权人收到收据，有要求征发所所长、运转所所长将其收据号码登记之权利，该所长有必须登记之义务。如该票遗失，债权人（本人或其直系亲属，别人无效）到所长处声明，其票即作无效，债权人之债额仍属有效。

征发、运转所所长保全登记簿至全数偿清为止。

存查、存根万一有一联遗失，只存一联，其号码、债额与登记簿相符者，仍有效力。

存查、收据两联，连同交付征发、运转所所长。

第六条　各军前线长官、赣南善后委员会委员、各县知事、各督催员、调查员（统称“甲方”）等初到一地，先将大元帅布告、各军布告、赣南善后委员长布告同时张贴一方，速觅商会、教育会、农会、保卫团（自治局等地方团体名义均同）、正绅殷富（统称“乙方”）商定经过军队前后共约若干，该县该区设征发所几处，运转所几处，预备长伕若干名，短雇若干名，谷米若干斤，运交何处，行李送至何处。其征发所、运转所即时成立，不得延误。

上述各军前线长官、善后委员、知事、督催员、调查员等不必同时皆到，但有一军队长官（不限阶级）或一委员、一知事、一督催员、一调查员到时，即可遵章行使全部职权。

上述商会、教育会、农会、保卫团（自治局等同）、正绅殷富等，不必同地皆有，但有一商会或一教育会、一农会、一保卫团、一正绅、一殷富，甚至一村、一族、一家以上，皆有遵章组织征发所、运转所之义务，无商量延宕余地。

军队过多、地方居民太少之地，各军队自当特别原谅，不使求过于供。但（甲方）须急派人向军队附近之五十里内，促其急设征发所、运转所，（乙方）有将四围五十里内之（乙方）姓名、住址开示于（甲方），及派人同去寻觅之义务。

（甲方）如已两次派人至各（乙方）催促成立征发所、运转所，（乙方）尚怀疑延宕，不即照章成立，（甲方）可要求派军队同往催促。

第七条　督催员、调查员初到一地照上办理之后，即归其地之征发、运转所所长负责照约办理。该员速分向五十里内之地方催促成立。五十里内既成立，速向百里以内之地催促成立，至该县境全体成立为止。

第八条　离军队经过地点之五十里内，对于夫役、米食两种征发居多，不另征现洋；百里以内，对于米食、现洋两种居多，百里以外现洋居多；便于运输之处，略征谷米，务使全县平均负担。所征之现洋，悉数缴解于善后委员长所在地（或待提解），夫役悉数送于军队经过之要地（何处居民较多，由甲乙两方临时指定）。如派定之米谷，军队过尽，尚有余存，责成征发、运转所所长运至赣城，交赣南善后委员会查收。凡派垫之数，悉合现洋价格。

甲、现洋自一元以上者，皆填征发票，均以毫洋为本位，大洋照时价升水。

乙、伕役一名，每日不得过五角。

丙、五十里内来往以一日计算，五十里以上百里以内，来往以二日计算。

运输之长夫名额及时期，由征发所所长酌定。军队过尽，即须裁撤。伕站设置地点，由前方军队长官酌定，通知于督催员及征发所、运转所所长照办（伕站即伕住宿处）。

伕站距离，由四十里至六十里为度，按照指定地点递送，不与军队同行，由输送队长督责。如有遗失，惟输送队长是问。

各军用品、行李等件，为数过多，可分次运送，至运完为止。

军队自雇之长夫，不得扯夫役代运士兵之一枪一炮，不得勉强拉运或搭载。

凡甲站运至乙站，须即时放回，不得扣留阻碍。如军队违章，所长可不负责任。

因军事变化，须将征发所、运转所、伕站徙至他处时，军队长官须先一日通知。

丁、米谷。

子、米每百斤之价，不得过八元。

丑、谷每百斤之价，不得过四元。

米谷之价，由督催员、调查员斟酌地方米谷时价定之。

送米挑力，照上五十里内、百里内之伕价办理。

运米船费及押运人员之公薪，据实开报。

如须军队保护同行，所长得请求驻扎该地之军队长官，或请求县知事，转请派相当兵数保护。

第九条　地方设备招待长官之一切器具，及兵士暂用之锅甑、水桶、铺板等零星物件，不得任意搬去，致损军队名义。

第十条　住屋之门窗、户壁，兵士不得拆作焚具。

第十一条　草鞋一双不得过二角，能力可及，则代办。

第十二条　柴木定价，由所长酌量本地情形定之。

第十三条　本细则未定之损失，非经县知事查验属实，不得擅请赔偿。

第十四条　各军领取夫役、米食等，由现经过军队长官开具人数，官佐、士兵、夫每员每日领米一斤，夫役若干。地方力量不及借办之物品，不得强索。

第十五条　善后委员、知事、督催员等，可先与军队长官商定大军必由之地，何处设征发所，何处设转运〔运转〕所，何处设伕站，以便上站、下站，一气联络。

第十六条　因战事变化，军队至未立征发所等之地，又无善后委员、知事、督催员在场，该军队长官得照章邀同乙方办理。

第十七条　非大军通过之县，照章同一办理。地方如有藉端延宕情节，知事得请驻扎该县之军队，派兵协同催促如期成立，如额征发。

第十八条　宣传员所到之地，即时聚众（不拘人数）演说，务使群众知革命有益于己，富者出钱，贫者出力，以助革命事业之成功。每日至少演说二次，地点自行酌定。

第十九条　征发所所长一人，干事如庶务、会计、征发员（现金）、催伕员（派定夫役，必使到所）、催粮员（派定米数，速使运所）、运粮队长（押送米谷）、输送员（如有多数米谷，必间数人，不使夫役逃走，米谷遗失）需若干员，由所长酌定。并可指派每〔某〕人为某员。所长之产出，公推（二人以上公推有效）、自任均可。其姓名、年岁、乡里、有无出身经验之履历，以一份自交县知事注册，以一份交督催员转交赣南善后委员会注册。一切人员之公费，不得超过六级职员之数（即每日公费不得超过五毫，其公费或由自垫，或向人借垫，由所长填征发票为凭）。

一切簿记，由所长负责保存。

征发所所在地点，由所长布置一切。①

第二十条　运转所所长一人，公推（二人以上有效）、自任或由征发所长指定均可。干事如输送队长（押运行李负收交之责）、督伕员（每队行李，必间数人，以防行李遗失，伕役逃走）若干，由所长酌定，并可指定每〔某〕人为每〔某〕员。

一切人员之公费，一切簿记，照上条办理。

运转所及伕站所在地，或由军队长官指定，或由运转所长酌量地势报告于军队长官均可。

运转所长之履历，照上条办理。

运转所长办理运转各事，可要请征发所长协助。

第廿一条　应加添伕役，或裁减伕役，两所长可先向军队长官或县知事或督催员请示办理，不得擅自添减。

第廿二条　两所至何时裁撤，应俟最后经过军队长官之命令，及赣南善后委员会最后派出之督催员到时，方准裁撤。

第廿三条　善后委员会收到各军、各县交呈之票，已填额者，照额核计数目，榜示各县。未填额者，截角备案。

第廿四条　甲所伕役愿再至乙所应役，乙所所长愿承受，甲、乙两处所长可随时协商。

第廿五条　征发员（专管征发现洋、夫食〔役〕、米食等事）、监察员（专催

---

① 《赣中征发事宜细则》于此文之后，另增加下列一段文字：“运转所所长如不暇自筹公费开办，征发所所长有代筹借之义务。”

各所现洋、夫役、米食），县知事随时酌定名额。

第廿六条　善后委员会无论在何县境，与知事同处办事。遇特别情形，不妨分任一方。县知事一切布置，事先禀承善后委员之意处理，事后报告情节。

第廿七条　善后委员无论经过何县，有纠察一切，并防范流弊权限。

第廿八条　善后委员关于征发事宜，交办之事，县知事随时执行。

第廿九条　各县及各乡、区商会会长、保卫团团长等，县知事可委为该县一等督催员；未受督催员名义者，县知事得随时呈请发本会各名义（参议、咨议）。①

第三十条　凡各所及各级人员公费、夫马，概先筹垫。填征发票时，填明某县某区某所职员姓名、办公日期、合计洋若干，不得与现洋、夫役、米食等混填，致难稽核。

第卅一条　预计必须作战之地，由军队长官先通知该地之知事或督催员、征发、运转所所长，将两所及伕站预移于离作战若干里之地。

第卅二条　征解得力之各级人员，酌分升奖：

甲、呈请传令嘉奖。

乙、呈请奖给徽章。

丙、最得力者（上述督催员及商会会长等皆在内），以尽先派署知事税差存记；次得力者，以候补知事税员存记；再次得力者，记大功一次。

大功三次者，保候补知事税差存记。小功三次者，为一大功。

第卅三条　征解不力或办理不善人员，分别惩戒。

甲、撤差。

乙、记过。

如有卷逃、侵吞、中饱各情弊，照《江西地方官吏任用暂行条例》办理外，仍照数追缴。有保证人者，并向保证人追缴。

各上级人员发现各下级人员以上情弊，得随时报告知事、委员或委员长查办。

第卅四条　本细则未尽事宜，善后委员及县知事得随时因地制宜，酌定细则，但不得与本细则相抵触，并随时呈报。

---

① 《赣中征发事宜细则》将此条删节。

履历式方八寸

姓名	籍贯	住所	年岁	出身	经验	附记	
						现任何事 印鉴	中华民国　年　月　日

据《大元帅令》，载广州《陆海军大元帅大本营公报》第三十号，一九二四年十月三十日

制定《江西地方暂行官吏任用条例》

（一九二四年十月十二日）

大元帅训令韶字第七号

令各军长官、赣南善后委员会委员长孔绍尧

为训令事：照得北伐大军入赣在迩，所有地方官吏极关重要。自应严定任用程序，以资考核。兹制定《江西地方暂行官吏任用条例》六条。除分令外，合行令仰该□即便遵照，并转饬所属一体遵照毋违。此令。

计发《江西地方暂行官吏任用条例》一份。

《江西地方暂行官吏任用条例》。（略）①

（中华民国陆海军大元帅之印）

中华民国十三年十月十二日

据《大元帅训令韶字第七号》，载广州《陆海军大元帅大本营公报》第二十九号，一九二四年十月二十日

① 文见《公布〈赣南善后条例〉并暂行细则》（一九二四年十月十日）附三。

准施行《民人滞纳钱粮章程》

（一九二四年十月十四日）

大元帅指令第二〇一五号

令广东财政厅长古应芬

呈拟定《民人滞纳钱粮章程》，请鉴核示遵由。

呈、折均悉。准如所拟施行。章程存。此令。

（中华民国陆海军大元帅之印）

中华民国十三年十月十四日

附：民人滞纳新旧钱粮章程

（一九二四年十月九日呈）

第一条　减征各年旧粮，暂照原章展至本年旧年底止，逾限永不再展，各县亦不得藉故呈请，即责成各县长于奉文后认真催收，并剀切布告，务使人民周知，以期踊跃输纳。

第二条　所有旧粮，由厅将各县历年欠数查开发县，若各县有上年及本年已完未报厅者，应责成文到五日内查明各年实欠，在民未经征收者各有若干，列折报厅更正。倘逾期十日仍未报者，县委各记过一次。

第三条　所有本年新粮，文到五日应将已收未解者查明，列折报厅，逾十日者，县委各记过一次。

第四条　民国以后之旧欠，现在仍准照向章。六年以前，八折减收，免补加二五元水，并免缴罚金；七年至十一年，十足征收，仍补加二五元水，免缴罚金；十二年分，照补元水，并征收滞纳罚金。

第五条　各年旧欠，逾民国十三年旧历年底止仍未清完者，由民国十四年起，六年以前，十足征收，并补加二五元水，免缴罚金；七年至十二年，除十足征收并补加二五元水外，仍照向章加征滞纳罚金百分之五。此后逾限半年，再加征百分之五，以加至百分之五十为率。

第六条　十三年分新粮，截至各县下忙届满为限，如有未清完者，逾限则按所纳粮额加征百分之五。倘再逾限，依照第五条办理。

第七条　凡应完新粮，由各县委督催清纳其旧欠。至本年旧历十一月底止，至少应征足十分之一；至十二月十五日止，至少应征足十分之二；至十三年旧历年底止，至少应征足十分之三。第一期不能接限足额者，县委各记过一次；第二期不能按限足额者，县委各记大过一次；第三期不能足额者，县长呈请省长处分，委员即行撤委。

第八条　各县每月收过旧粮若干，按厅颁表式程限，依期造报到厅，逾限十日，县委各记过一次。再限十日补报，如仍逾延，县委各记大过一次。

第九条　各县每月收过旧粮若干，除额定坐支外，积至一千元以上，即责成县长随时清解。偏僻远道之县，应交商号汇解，汇费准其据实报销，并先将起解数目、日期，报厅查考。

第十条　各县积存所征钱粮，如不依限清解或延不折报，或以多报少，一经查出，即呈请省长将该县长处分，委员即行撤委。

第十一条　各县委催收之数，准以各年积欠总额征收，长短均匀计算，以昭平允。

第十二条　此项整理章程，呈奉大元帅、省长令核定立案，应即公布施行。

据《大元帅指令第二〇五号》，载广州《陆海军大元帅大本营公报》第二十九号，一九二四年十月二十日

转颁《南雄县临时筹办兵差办事处章程》

（一九二四年十月二十日）

大元帅训令韶字第九号

令出发各军长官及仁化、始兴、曲江县长

为令行事：据滇军第一师师长赵成梁呈称："案据南雄县长杨嘉脩呈称：呈为北伐在即，兵站尚未成立以前，应即筹办兵差，以维秩序，敬祈核示祇遵事：窃

查职县路当行军要道，连年兵祸，地方苦之。兹值江浙讨贼，中原多故，吾粤进取日趋紧急，给养、驻所以及夫役军用，既为师行之必要，又非一时可备及。倘听其临事张皇而无补，势逼至驱民深山而罢市。堂堂旗鼓，岂容其秩序紊乱？赫赫王师，当不拒箪食壶浆。县长为地方人民计，为行军利便计，在大本营兵站未成立以前，不得不先事筹划，以资应付而维公安。当经召集县属绅商开会讨论，佥称地方历受兵燹，已属创深痛巨。惟北伐关系重大，自应剜肉补疮，惟力是视。反复研究结果，决定兵站未成立之先，暂设临时兵差办事处于义仓。除因紧急业已擅专分别委定所推各绅任职成立并于皓日电陈大略外，尚应请求钧座转呈大本营严禁者有二，并库款担负之外，商民愿在兵站未成立以前分担供给者有三。敬为我钧座陈之：历年多故，首祸南雄，狭巷短兵，视为习惯。苟不任意拉夫，侵占民房，则人民照常营业，即使负担稍重，亦属在所难辞。此人民所以请求钧座转呈严禁拉夫及民房驻军之二事也。其有应支夫役谷草，概由民间承认，但不得出乎县境以外。驻军地点，如城内外公房不敷支配，及再加修葺搭棚等事，应由商会完全担负，总期可容驻宿。此即商民供给之夫役、谷草、兵棚之三事也。县长复查该绅商等所议各节，尚属深明大义，有益于公。除米柴锅碗计口支付，应由县库作正开支并分报立案外，所有拟定兵差办事处章程是否有当，理合具文呈请钧座俯赐衡核示遵。如蒙允准，并祈迅请大元帅颁给示谕，以安民心而免纷扰，地方幸甚！军旅幸甚！附呈临时兵差办事处章程一本等情。据此，查师行粮随，筹备宜先。所有给养、驻所、夫役，在在胥关师行之必要。兹当兵站尚未成立，该县长所拟临时筹办兵差办法似尚得策。除由师长一面指令嘉奖并饬属遵照外，合将该县长拟订临时兵差办事处章程一本，呈候帅座俯赐鉴核。如属可行，请即通饬各军一体遵照办理，并乞颁给示谕，以安民心，实为公便”等情。计附临时筹办兵差办事处章程一本。据此，除令“呈暨章程均悉。该县筹办临时兵差办法周妥，甚为可嘉。所拟章程，核与前颁南韶地方兵差规条尚无不合，应予照准。即由该师长转行该县长出示晓谕，并候通令出发各军一体遵照可也。章程存。此令”外，合行令仰该○即便遵照，并转饬所属一体遵照。此令。

计发《南雄县临时筹办兵差办事处章程》一份。

附：南雄县临时筹办兵差办事处章程

（一九二四年十月二十日）

九月十六日全县绅商学界在县署开会，筹商临时兵差事宜，讨论终结如下：

一、定名为南雄县临时兵差办事处，限十日内完全组织成立。

二、本办事处以县长为监督，所有一切事宜均以县令行之。

三、所急应准备之事如左：

（甲）兵房由城区担任，修造城内各公地及新建蓬寮，以为各军驻所。则所有各军到雄，不得占驻民房、店铺。否则本办事处既无以对商民，不敢再负维持之责。

（乙）军米暂办五十万斤，以民国十五年钱粮购买，但恐县署一时无此现金，应先向城乡派借。县分五大区，每区认借十万斤。其四乡各区大小不等，应照历年等级分派，统由各区团各约董公同负责，力任督催，于令到十日内依期缴到，违则严处。

（丙）柴料预办一百万斤，以民国十四年钱粮购买。但须向城区殷实铺户先行借出，以资应付。

（丁）木板厨器零星购置，以十四年钱粮购办，应先向都书匀借五千元，准其抵扣，以收速效。

其乙、丙、丁三项均以钱粮举办，既系一时不能收集，须先行借垫。惟官厅失信于民已成习惯，此次应将十四、十五两年粮米串照如数印交办事处存储，方可以坚人民信仰。则此后都书征收十四、十五年粮米时，须直接到办事处分期认缴，赎取串照，然后由办事处将收得之款补还此项借垫。但各区约解缴军米，须伸折银毫给回三联收据，以为日后归还凭证。此项收据应由县制定，于骑缝加盖县印，以昭慎重。附三联收据如左：

存根	兹收到　　　　　　　　　　（此联缴县署） 约军米　千　百　十　斤 伸毫　百　十　元　角 此银容收得十五年钱粮归还此据 中华民国十三年　月　日　（办事处条戳）

字　第　　　　号

存查	兹收到　　　　　　　　　　（此联存办事处） 约军米　千　百　十　斤 伸毫　百　十　元　角 此银容收得十五年钱粮归还此据 中华民国十三年　月　日　（办事处条戳）

字　第　　　　号

收据	兹收到　　　　　　　　　　（此联给债权人） 约军米　千　百　十　斤 伸毫　百　十　元　角 此银容收得十五年钱粮归还此据 中华民国十三年　月　日　（办事处条戳）

四、夫役募足，输送长夫五百名，每名月饷十名〔元〕。以两月为期，约须一万元，此款完全由乡外各约分等负担，于令到十日内缴清，不得延误。并由县署委输送大队长一员，专任统率之责。每站设中队长一员，分任其事。某夫役调动随时直接于办事处。

五、所募输送长伕原期达不拉伕之目的，方可保持街市乡村之安宁。否则秩序一乱，本办事处不能再加维持。兹定输送办法如下：

（甲）① 先在县属于军事上必经之地分设伕站，配置伕额，每站距离三十里至四五十里为度，仿照邮政包裹办法，按照指定地点按站递送，不与军队同行。

（乙）各军用品行李等件如担数过多，一次不能挑齐随同出发，则留后分次运往，总以输送终了为止。

（丙）军队贤愚不等，不能不明白限制。凡属轻便之物，各有长夫，自不在递送之列。其士兵一枪一包，如仍拉人代携，最足扰乱秩序，本办事处决当反对。

（丁）凡甲站运至乙站之伕，须即时放还，不得扣留阻碍输运。否则本办事处不代受过。

（戊）本县伕役不负输运出境之责。

六、禾草预办三十万斤，暂由附城八约每户派二十余斤，责成各约董匀配督催，于令到十日内交到办事处。

七、办事处对于区团约董随时有督促之权。

八、各区团约董如有疲玩延抗，贻悮要公，应由办事处呈县究处，以儆效尤。

九、办事处职员经选定如下：

（子）办事处主任　曾步蟾　卢藜青

（丑）办事处收发股员　胡嘉植　王名熙　林耿光

（寅）办事处会计股员　王爵南　刘子元　邓子燊　邓功纬

（卯）办事处采买股员　孔庆恂　邹吉阶　董秉三　杨学缙

（辰）办事处仓储员　陈炳南

某各股应用雇员若干，由各股会商从俭〔速〕定之，并由常练拨一分队分司勤务及保护。

十、各军需取各物，办事处须凭县署条子方可照发，以免紊乱。

十一、各股办事各员役，每日昼夜须常川驻处。

十二、本办事处员役膳宿以及雇工各费，实支实报，至办事终结时呈县核销。

十三、本办事处既负有储存粮串之义务，应俟款目完全结束方可取销。

---

① 原件编号为（一）、（二）、（三）、（四）、（五），与前后混淆，现由编者改用（甲）、（乙）、（丙）、（丁）、（戊）编排，以资统一。

十四、本处所列各条，均系当日大会通过，各员役均有遵守之义务。

（中华民国陆海军大元帅之印）

中华民国十三年十月二十日

据《大元帅训令韶字第九号》，载广州《陆海军大元帅大本营公报》第二十九号，一九二四年十月二十日

令遵《赣南善后条例》

（一九二四年十月二十日）

大元帅训令韶字第十号

令各军事长官、赣南善后委员会委员长孔绍尧

为令遵事：照得北伐大军入赣在迩，所有地方善后亟应先事妥筹，以资处理。兹制定《赣南善后条例》十一条，除分令外，合行令仰该□〔团〕即便遵照，并转饬所属一体遵照毋违。此令。

计发《赣南善后条例》一份。（略）①

据《大元帅训令韶字第十号》，载广州《陆海军大元帅大本营公报》第二十九号，一九二四年十月二十日

核准《韶城联合巡查处办事条例》

（一九二四年十月二十二日）

大元帅指令韶字第十号

令兼韶城联合巡查处处长韦杵

呈报联合巡查处成立日期，并拟具办事条例，乞鉴核备案由。

呈及条例均悉。查保卫地方、巡查街道为各军应尽之责。且各有给养，自不

① 该条例已刊入《公布〈赣南善后条例〉并暂行细则》（一九二四年十月十日）之中，故略。

必另由商民筹费津贴。着该处长即将第九条删除，余尚妥协可行，准如所拟办理可也。条例存。此令。

（中华民国陆海军大元帅之印）

中华民国十三年十月二十二日

附：建国军韶城联合巡查处办事条例

（一九二四年十月十八日呈）

第一条　本处奉大元帅命令，组织韶城巡查处，定名为建国军韶州联合巡查处，附设韶州城防司令部。

第二条　本处设处长一员，副官一员，书记一员，司录事各一员，谍查六名。

第三条　巡查队由建国滇军第一师、建国第一军、建国湘军、建国鄂军，各泒〔派〕官长二员、武装兵二十五名，联合组织之。

第四条　本处有维持韶州治安并在韶各军部队军纪风纪之责。

第五条　巡查队遇有不肖军民扰乱治安及有不法行为者，情节微小得由巡查自行处理，如情节较重者，则解本处按律惩办。

第六条　各军派来队除伍，分为五组，轮流巡查。其地段及时间，另表规定之。

第七条　各军所派来之队伍，以昼夜为一期。交代时间，每日以午前六时为准。但新泒〔派〕之队伍未到本处时，旧派之队伍续行其任负，俟派到时，方可交代。

第八条　派充之巡查队长每巡查一次，须将经过情形，具报本处查核。如发生重大事情，须即时飞报，以便理处。

第九条　本处经费，拟由曲江商会每日筹拨五十元，作为巡查官兵之津贴，及本处办公油烛各费，其细数另表呈报。

第十条　本条例如有未尽之处，得随时酌量更正之。

第十一条　本处条例自本处成立日施行。

据《大元帅指令韶字第十号》，载广州《陆海军大元帅大本营公报》第三十号，一九二四年十月三十日

准《铜鼓开埠筹备委员组织条例》

（一九二四年十一月三日）

大元帅指令第二〇六二号

令铜鼓①开埠筹备委员李卓峰等②

呈送组织条例③，乞核准由。

呈及条例均悉。准如所拟施行。条例存。此令。

（中华民国陆海军大元帅之印）

中华民国十三年十一月三日

据《大元帅指令第二〇六号》，载广州《陆海军大元帅大本营公报》第三十一号，一九二四年十一月十日

准《修正各征收机关收解国币章程》

（一九二四年十一月四日）

大元帅指令第二〇六五号

令大本营财政部长古应芬

呈为《修正各征收机关收解国币章程》，请鉴核令遵由。

呈及章程均悉。准如所拟施行。仍行广东省长知照。章程存。此令。

（中华民国陆海军大元帅之印）

中华民国十三年十一月四日

据《大元帅指令第二〇六五号》，载广州《陆海军大元帅大本营公报》第三十一号，一九二四年十一月十日

---

① 铜鼓，本名铜鼓营，今江西九江一带。民国改县，属江西浔阳府。

② 李卓峰等，即李卓峰、伍大光、陆敬科、徐希元、谢适群、林子峰、薛锦标、徐绍桢。

③ 组织条例计十三条，缺。

准《修正法官学校规程》

（一九二四年十一月二十八日）

大元帅指令第二一六七号

令广东高等审判厅厅长陈融、广东高等检察厅检察长林云陔

呈送《修正法官学校规程》①，请察核备案由。

呈及规程均悉。准予备案。规程存。此令。

（中华民国陆海军大元帅之印）

中华民国十三年十一月二十八日

据《大元帅指令第二一六七号》，载广州《陆海军大元帅大本营公报》第三十三号，一九二四年十一月三十日

准解释《广州市市长选举条例》第十条文

（一九二四年十二月一日）

大元帅指令第二一七七号②

令广东省长胡汉民

呈请解释《广州市市长选举条例》现役军人一款由。

呈悉。《广州市市长选举条例》第十条第一款所称现役军人，系指曾经本大元帅授予陆海军实官及现时统率军队、舰队之官佐，或现在陆海军服务之士兵而言。不在上列者，均非该条例之所谓现役军人。仰即转令知照可也。此令。

（中华民国陆海军大元帅之印）

中华民国十三年十二月一日

据《大元帅指令第二一七七号》，载广州《陆海军大元帅大本营公报》第三十四号，一九二四年十二月十日

---

① 修正内容包括分科名称、修业年限、入学资格、毕业待遇各条。修正规程缺。

② 原令无此号，今据《陆海军大元帅大本营公报》第三十四号（一九二四年十二月十日）目录补入。

附：广州市市长选举暂行条例①

第一章　总　纲

第一条　凡中华民国人民年满三十岁以上、居广州市满一年以上、品行端正并有学识经验者，得被选举为广州市市长。

第二条　市长任期三年，如再被选，得连任一次。

第三条　每届选举，其选举日期由省政府定之，临时选举日期亦同。

第四条　市长选举会，以广州市士、工、商三种团体分别组织之。

第五条　凡中华民国人民年满二十岁以上、现住广州市而有左列各款资格之一者，为广州市士、工、商三种团体之选举人：

一、在中等以上学校肄业或在小学以上学校毕业者。

二、经政府认可之各工会工人。

三、经入行之商人。

第六条　各市长选举会各选举三人，由省政府于每选举会所选举三人中指定一人为市长候选人。

第七条　各市选举会各互选十二人，由省政府于每选举会所选十二人中指定四人为市长选举委员。

第八条　市长由市长选举委员于市长候选人中举选之。

第九条　凡有左列情事之一者，不得有选举权及被举权：

一、褫夺公权尚未复权者。

二、有精神病或废疾者。

三、吸食鸦片烟者。

四、不识文字者。

---

①　据一九二四年十月二日《广州民国日报》（七）报道：“《市长选举暂行条例》经大元帅教令公布。”

第十条 左列各人，停止其选举权及被选举权：

一、现役海陆军人及在征调期间之续备军人。

二、办理选举人员。

三、僧道尼及其他宣教师。

第二章 办理选举人员

第十一条 市长选举事务，由选举事务委员会处理之。

第十二条 选举事务委员会置委员若干人，由省政府泒〔派〕充。

第十三条 市长选举事务，由选举监察委员会监督之。

第十四条 监察委员会由报界及各善堂各选出六人，省政府于当选人中指定各三人并加泒〔派〕三人组织之。

第十五条 凡办理选举人员均为名誉职，但得酌给公费。

第三章 选 举

第一节 选举人名册

第十六条 选举事务委员会应泒〔派〕调查员，会同各团体，按照选举资格调查合格者，分别造具选举人名册。

第十七条 选举事务委员会应将选举人名册，宣示于各投票所。

第十八条 宣示选举人名册，以三日为期，如本人认为错误遗漏，得声请更正（前项声请更正，选举事务委员会自接受声请之日起，三日以内判定之）。

第十九条 宣示期满，即为确定，不得再请更正。

第二节 选举通告

第二十条 选举事务委员会应于选举日期前，颁发选举通告，其应载事项如左：

一、选举日期。

二、投票方法。

三、投票处所。

第三节　投票所及开票所

第廿一条　左列各处所为市长选举会投票所及开票所：

一、士在广东省教育会。

二、工在广东总工会或总工会择定之地点。

三、商在广州总商会。

第廿二条　市长选举委员投票所及开票所，由省政府定之。

第四节　投票簿投票纸及投票柜

第廿三条　投票簿分选举人投票簿、选举委员投票簿两种，分别载明选举人选举委员姓名、年岁、籍贯、住址及职业。

第廿四条　投票纸分选举市长候选人、选举选举委员及选举市长三种，均由选举事务委员会制定。

第廿五条　选举市长候选人票及选举委员票，应由各团体加盖钤记（市长选举票由省政府盖印）。

第廿六条　选举市长候选人票及选举选举委员票分交各市长选举会于选举时用之。

第廿七条　选举市长票于选举市长时用之。

第廿八条　投票柜由选举事务委员会制定，于投票前验明封锁，开票时始能揭封。

第五节　投票开票及检票

第二十九条　选举市长候选人及选举选举委员，应分两次投票。

第三十条　投票人以列名投票簿者为限。

第三十一条　投票人应亲到投票。

第三十二条　投票人于领票时，须先在投票簿所载本人姓名下签字。

第三十三条　士、商、工各团体选举人，每名只领选举市长候选人票及选举委员票一张。

第三十四条　选举委员每名只领选举市长票一张。

第三十五条　投票用无记名单记法。

第三十六条　投票人于投票场所，除关于投票方法得与职员问答外，不得与他接谈。

第三十七条　投票事务完竣时，投票人应即退出。

第三十八条　投票人倘有冒替及其他违背法令情事，管理人及监察人得令退出。

第三十九条　投票完竣之翌日开票，即日宣示。但选举市长应即时开票。

第四十条　开票时，选举事务委员及监察委员均须莅会监督。

第四十一条　检票时，应将所投票数与投票簿对照。

第四十二条　凡选举票有左列情形之一者无效：

一、写不依式者。

二、被选人之姓名错者。

三、夹写他事者。

四、字迹模糊不能认识者。

五、不用选举事务委员会所发票纸者。

六、选举委员之被选人姓名不载于选举簿者。

第四十三条　各选举票应分别有效、无效，由选举事务委员会呈送省政府，于三年内保存之。

第六节　当选及应选

第四十四条　选举委员各以得票数较多之十二人为当选。票数相同时，抽签定之。当选十二人以外，得票数次多者为候补当选人，其名额与当选人同。

第四十五条　市长候选人各以得票数较多之三人为当选。当选三人以外，以得票数次多者为候补当选人，其名额与当选人同。

第四十六条　市长以得票过半数者为当选。如所得票数不足过半数时，应以得票数较多之二〔三〕人决选，以得票比较多数者为当选。如三人所得票数相同时，以抽签除去一人，再以其余二人决选，以得票比较多数者为当选。如票数相同时，再以抽签定之。

第四十七条　当选人确定后，应由事务委员会将姓名宣示，并分别通知及呈报。

第四十八条　当选人接到通知书后，应于五日内答复愿否应选。其逾期不复者，以不愿应选论。

第四章　选举变更

第一节　选举无效

第四十九条　凡有左列各款情事之一者，其选举无效：

一、选举人名册因舞弊牵涉全数人员，经审判确定。

二、办理选举者违背法令，经审判确定者。

第十五〔五十〕条　凡有左列各款情事之一者，其当选无效：

一、有背判〔叛〕政府之言论或事实者。

二、不愿应选。

三、死亡。

四、被选举资格不符，经审判确定者。

五、当选票数不实，经审判确定者。

第五十一条　当选无效时，当选证书已给发者，应令缴还，并将姓名及其缘由宣示。

第三节　选举

第五十二条　改选于每届选举时行之。

第五十三条　选举无效时，应于一月内改选。

第五十四条　市长到任六个月后，有失职时，由原选举人总数三分一以上之提案、三分二以上之票决，陈请政府罢免改选。

第五十五条　市长就任后，政府认为有失职时，由政府宣布理由，召集原选举人举行总投票，以三分二以上之票决罢免之。

第五章　选举诉讼

第五十六条　选举人确认办理选举人员有舞弊及其他违背法令行为，得自选举日起，限五日内向高等审判厅起诉。

第五十七条　选举人确认当选人资格不符或票数不实者，得依前条之规定起诉。

第五十八条　落选人确认所得票数应当选而未与选，或候补当选人确认名次有错误者，得依五十六条之规定起诉。

第五十九条　选举诉讼应先于各种诉讼事件审判之。

第六章　罚　则

第六十条　关于选举之犯罪，依刑律处断。

第七章　附　则

第六十一条　本条例施行细则另定之。

第六十二条　本条例自公布日施行。

据《广州市市长选举暂行条例》，连载一九二四年十月二日《广州民国日报》（七）及该报三日（六）、四日（七）、六日（七）；第四十九条第一款及以下内容，载陆丹林编纂：《市政全书》，上海，中华全国道路建设协会一九二八年七月印行

准《修正大本营军需总局暂行条例》

（一九二四年十二月三日）

大元帅指令第二一八八号

令大本营军需总局局长罗翼群

呈送修正该局暂行条例，请察核备案由。

呈及条例均悉。准予备案。条例存。此令。

（中华民国陆海军大元帅之印）

中华民国十三年十二月三日

附：修正大本营军需总局暂行条例

（一九二四年十一月二十八日呈）

第一条　大本营军需总局直隶于大元帅，商承北伐军总司令，办理北伐军军需款项之筹措，及一切军需接济事宜。

第二条　北伐军军需款项，由大元帅命令指定各财政机关提拨。

第三条　军需总局为维持饷源起见，于必要时，得呈明大元帅核准，于北伐军占领地区，设立临时军饷局或分局于繁盛县市。

第四条　国有铁路、船舶，以及有各种交通设备于输送军需必要时，得由军需总局呈明大元帅或商承北伐军总司令核定调遣之。

第五条　军需总局设于北伐军总司令部所在地，办理一切军需之接济事宜。并设办事处于留守府所在地，办理经收军需款项事宜。

第六条　军需总局局长，由大元帅任命。局内编制，另表定之，仍呈请大元帅核定备案。

第七条　本条例有未备事宜，得由军需总局随时呈请修改之。

第八条　本条例自公布日施行。

据《大元帅指令第二一八八号》，载广州《陆海军大元帅大本营公报》第三十四号，一九二四年十二月十日

公布《赣中善后条例》及三种细则

（一九二四年十二月四日）

大元帅令

兹制定《赣中善后条例》、《赣中善后会议暂行细则》、《赣中善后委员会各职员之职责及公费暂行细则》、《赣中征发事宜细则》公布之。此令。

（中华民国陆海军大元帅之印）

中华民国十三年十二月四日

《赣中善后条例》（略）[①]

《赣中善后会议暂行细则》（略）[②]

《赣中善后委员会各职员之职责及公费暂行细则》（略）[③]

《赣中征发事宜细则》（略）[④]

据《大元帅令》，载广州《陆海军大元帅大本营公报》第三十五号，一九二四年十二月二十日

准《大本营军需总局官员出差暂行规则》

（一九二四年十二月五日）

大元帅指令第二二〇四号

令大本营军需总局局长罗翼群

呈送该局官员出差暂行规则，乞核准由。

呈及规则均悉。准如所拟施行。规则存。此令。

（中华民国陆海军大元帅之印）

中华民国十三年十二月五日

据《大元帅指令第二二〇四号》，载广州《陆海军大元帅大本营公报》第三十四号，一九二四年十二月十日

准《特设北江盐务督运处护运军队暂行章程》

（一九二四年十二月十日）

大元帅指令第二二二五号

令两广盐运使邓泽如

---

①②③④　上列条例、细则内容，除个别段落外，与本集所载《公布〈赣南善后条例〉并暂行细则》（一九二四年十月十日）完全相同，可参见。不同之处，已在该文注出。另本篇少《江西地方暂行官吏任用条例》一则。又，赣中善后委员会所辖区域包括二十一县，即吉安、泰和、吉水、永丰、安福、遂川、万安、永新、宁岗、莲花、清江、新淦、新喻、峡江、宜春、分宜、萍乡、万载、高安、上高、宜丰等地。

呈送《广东北江盐务督运处护运军队暂行章程》，请备案由。

呈及章程均悉。准予备案。章程存。此令。

（中华民国陆海军大元帅之印）

中华民国十三年十二月十日

附：大本营特设广东北江盐务督运处护运军队暂行章程

（一九二四年十二月六日呈）

第一条　护运军队分驻韶州、乐昌、坪石扼要地点，保护盐船来往。其驻扎人数，以地方事务之繁简酌定之。

第二条　护运军队于驻扎地点不得占用民房船只及骚扰行为。

第三条　由韶州至坪石，凡运盐之船，并领有督运处船牌旗帜者，中途或遇土匪劫抢时，护运军队应力任护送之责。

第四条　运往乐昌坪石之盐，既经督运处缴纳照费，沿途护运军队不得另立名目，收取规费。

第五条　凡上水运盐之船附带别项货物，及下水盐船装载货物，此项船只既领有本处旗照，护运军队均须妥为保护，但不得有包揽厘税、卖放闯关等弊，并不得藉此索取酬资，如有违背本条及第四条之规定，得由本处呈请湘军总司令暨该管直接长官从重究治。

第六条　护运军队既经本处呈奉饬派调遣，所有给养，即由该管长官按照人数造册，送交本处，分期发给。但此项给养，仍该管长官于本年应发给养项下扣除。

第七条　护运军队保护得力，运道无阻，得由本处呈请湘军总司令咨会两广盐运使，提奖若干金，以示鼓励。

第八条　护运军队以北伐军事结束，即行撤回。

第九条　此项章程如有未尽事宜，得呈请随时修改之。

据《大元帅指令第二二二五号》，载广州《陆海军大元帅大本营公报》第三十四号，一九二四年十二月十日

批准《修正烟酒印花税条例》及施行细则

（一九二四年十二月十六日）

大元帅指令第二二五六号

令大本营财政部长古应芬

呈为《修正烟酒印花税条例》暨施行细则①，请鉴核由。

呈及条例、细则均悉。准如所拟施行。仰即转饬知照。此令。

（中华民国陆海军大元帅之印）

中华民国十三年十二月十六日

据《大元帅指令第二二五六号》，载广州《陆海军大元帅大本营公报》第三十五号，一九二四年十二月二十日

核准《大本营运输处暂行简章》

（一九二四年十二月二十七日）

大元帅指令第二三〇六号

令大本营军需总局局长罗翼群

呈为拟就《运输处暂行简章》十八条，请衡核指遵由。

呈及简章均悉。除第十八条应改为“本简章如有未尽事宜，应由军需总局随时呈请大元帅，以命令增改之”外，余均准如所拟施行。仰即知照。简章存。此令。

（中华民国陆海军大元帅之印）

中华民国十三年十二月廿七日

① 原呈称：修正内容“大致以修改税率、严订罚则为主”。条例、细则缺。

附：大本营军需总局运输处暂行简章

（一九二四年十二月二十三日呈）

第一章　总　则

第一条　《大本营军需总局实施暂行条例》第四条之规定，设立运输处及分处，办理护运军实输送前方事宜。

第二章　组　织

第二条　运输处附设于韶州军需总局，设主任一人，办事员二人，书记一人，录事一人，差遣四人，勤务兵四人。

第三条　各运输分处由各县知事兼任，得设办事员一人，差遣二人，录事一人，勤务兵二人，均由各该县人员兼理。

第四条　韶州为第一运输分处，由军需总局运输处主任兼理。南雄为第二运输分处，南安为第三运输分处，南康为第四运输分处，赣县为第五运输分处。所有各分处主任，即以各该县知事兼充，俟大军推进，体察情形，随时增减。

第三章　运　线

第五条　韶州至南雄水线，归第一分处管理；南雄至南安陆线，归第二分处管理；南安至南康陆线，归第三分处管理；南康至赣州水线，归第四分处管理；赣州以北，暂划作第五分处管理。

第四章　经　费

第六条　军需总局运输处人员薪饷及其他经费，呈请大元帅追加，附入本局预算。各分处办事员每月准津贴三十元，差遣津贴二十元，录事津贴十元，勤务兵五元。每分处月支办公费六十元，由各该县筹垫，按月呈报军需总局查核。

第七条　运输船舶伕力均用雇用法，酌发工食。船舶上行每船伕日发五毫，下行每船伕日发三毫。但大号帆船每船船伕不得过七名，二号五名，三号四名。陆路挑伕临时雇用，每十里二毫，按程计算。此项开支，由各分处发放；其属于垫支者，由各县知事呈报军需总局核准，与办事人员津贴一律换发军需总局印收，另文呈请大元帅饬广东、江西省长，准其作正开支，抵解赋税。

第八条　各船舶应领工食，须由各主任将船户花名及船伕人数于差竣一次发给，仍呈报军需总局备核，每奉差二次，准放行换偏，以均劳逸，而恤商艰。

第五章　任　务

第九条　军需总局运输处应将策源地之金钱、军械、军服、子弹、装具，军用文书用具，军用卫生用具及其他之军用物品，派定押运人员随带运单（格式详后），逐站递交目的地。在后方配定分发各军者，各军亦得派人随同经理，免至差误。

第十条　凡军用物品已发交在职军人军属管理使用。惟属私人行李者，由各该员负责携带，军需总局不得代运。虽为军用品，非大本营直接发给，亦不得代运。但奉有最高级长官之命令及呈准运送者，不在此例。

第六章　运输法

第十一条　韶州至南雄，用宽底帆船，上行限六日，下行限四日。南康至赣州，亦用宽底帆船，上行限二日，下行限一日。春水涨时上下时间，另以命令规定之。南雄至南安，往返限三日。南安至南康，往返限四日。非遇有特别情形，各押运员应督率伕力，按程趱赶。陆路运输，由南雄、南安知事斟酌情形，亦可在中站新城等处，请托地方团董雇伕随时接运，以节力役。

第十二条　船舶运输，依船舶之积量及河水深度积载之。运输弹药及忌潮湿之品，该押运员须有预防之设备，各分处亦应有堆积场所之设备。堆积场所，以便于保存警戒及交通为要。

第十三条　陆路运输，毫洋每千元作一挑；棉服每五十套、军服每八十套作一挑，并附件在内；七九子弹、六八子弹每千发作一担；单响子弹、九响子弹每八百发作一挑；七五炮弹每四颗、五七炮弹每六颗作一挑，研火底火在内。其余不能预计者，每六十五斤作一挑。

第七章　护　运

第十四条　护运队由大元帅命令派定，应按沿途情形警戒前进，于川原险恶、深林密箐、土匪出没之区，作战斗准备。倘在船运，应以一部分或全部夹河而行，以免意外。出勤经费，由局呈请大元帅以命令规定之。

第十五条　护运队之长官认为必须警戒，须先占领阵地，听船舶挑伕通过。各押运人员，尤应听其指挥暂时停止或缓行速行，不得违背。每日宿营警戒，更须注意，遵照《野外要务令》及《后方勤务令》之规定，切实施行。

第十六条　护运队如遇匪警，不能实行上列各项，至遭损失，军需总局得呈请大元帅律以临阵溃退之罪。押运员亦不得借名封留船舶附带货物，以至运输稽迟，至误戎机，一面由军需总局派员随时密查，一经查出，即律以违误军机之罪。

第八章　附　则

第十七条　本简章由军需总局呈请大元帅颁行，自运输处成立之日起实施。

第十八条　本简章如有未尽事宜，应由军需总局随时呈请大元帅以命令增改之。

据《大元帅指令第二三〇六号》，载广州《陆海军大元帅大本营公报》第三十六号，一九二四年十二月三十日

准采用《北京司法官官制条例》以进叙等级令

（一九二四年十二月三十日）

大元帅指令第二三一五号

令广东高等审判厅厅长陈融、广东高等检察厅厅长林云陔

呈为拟暂采用《北京司法部司法官官制等条例》，进叙推检书记官等级，请示遵，并称各员进叙后，薪俸仍照现额支给由。

呈悉。准如所拟办理。此令。

（中华民国陆海军大元帅之印）

中华民国十三年十二月三十日

据《大元帅指令二三一五号》，载广州《陆海军大元帅大本营公报》第三十六号，一九二四年十二月三十日

公布《广东筹饷总局条例》及办事规程

（一九二五年一月十三日）

大元帅指令第四三号

令广东全省筹饷总局监督范石生、总办罗翼群

呈为议订条例暨办事规程凡十一条，并附经费统计表、俸给表，请鉴核公布备案由。

呈及条例、规程、清表均悉。经费统计表内，月俸一项应改为总办五百元，会办四百元，秘书二百元。俸给表应改为特派一千元，简派一级六百元，二级五百元，三级四百元；荐派一级三百元，二级二百四十元，三级二百元。余均准如所拟办理。除公布外，仰即遵照。条例、规程、清表均存。① 此令。

（中华民国陆海军大元帅之印）

中华民国十四年一月十三日

据《大元帅指令第四三号》，载广州《陆海军大元帅大本营公报》第二号，一九二五年一月二十日

① 条例及办事规程缺。

批《广州军警督察处组织大纲》及暂行简章

（一九二五年一月二十二日）

大元帅指令第六八号

令广州市联军军警督察处督办杨希闵

呈为拟定组织大纲及暂行简章，请予备案由。

如呈备案。大纲暨简章均存。[①] 此令。

（中华民国陆海军大元帅之印）

中华民国十四年一月二十二日

据《大元帅指令第六八号》，载广州《陆海军大元帅大本营公报》第三号，一九二五年一月三十日

核准《广东筹饷总局侦查队组织条例》

（一九二五年一月二十七日）

大元帅指令第七三号

令广东全省筹饷总局总办罗翼群、会办梅光培

呈为议定《侦查队组织条例》[②]，呈请鉴核备案由。

如呈备案。条例存。此令。

（中华民国陆海军大元帅之印）

中华民国十四年一月二十七日

据《大元帅指令第七三号》，载广州《陆海军大元帅大本营公报》第三号，一九二五年一月三十日

---

① 组织大纲暨暂行简章计二十一条，缺。

② 《侦查队组织条例》计二十二条，缺。

准《管理药品营业规则》暂缓强制执行令

（一九二五年二月四日）

大元帅指令第九八号

令代理部务大本营内政部次长谢适群

呈报《管理药品营业规则》暂缓强制执行由。

呈悉。准如所请办理。此令。

（中华民国陆海军大元帅之印）

中华民国十四年二月四日

据《大元帅指令第九八号》，载广州《陆海军大元帅大本营公报》第四号，一九二五年二月十日

批各军一体遵照《军人乘车办法》

（一九二五年二月十九日）

大元帅指令第一四〇号

令管理粤汉铁路事务林直勉

呈为拟具《军人乘车办法》，呈请通令各军一体遵照由。

呈悉。所拟办法尚属可行。仰候通令各军一体遵照。附件存。此令。

（中华民国陆海军大元帅之印）

中华民国十四年二月十九日

据《大元帅指令第一四〇号》，载广州《陆海军大元帅大本营公报》第五号，一九二五年二月二十日

令一体遵照《军人乘车办法》

（一九二五年二月十九日）

大元帅训令第五七号

令建国北伐军总司令谭延闿、建国滇军总司令杨希闵、建国湘军总司令谭延闿、建国粤军总司令许崇智、建国桂军总司令刘震寰、建国第一军军长朱培德、建国北伐第三军军长胡谦、建国第七军军长刘玉山、建国赣军司令李明扬、广东警卫军司令吴铁城、建国豫军留省后方办事处

为令遵事：据管理粤汉铁路事务林直勉呈称："案据职路车务总管呈称：顷接滇军第一师司令部参谋处函开：'查军人乘车，现奉总部颁发免票，所有公差事故自应通行无阻。乃近查尚有无知士兵乘搭火车不用车票，竟将军人证章希图搪塞，致车利损失甚多，间接影响政府亦属不少。经敝师长通令："本师全体官兵无论公差事故，不得再用证章搭车，函请查照"等语。查近日军人持证章搭车不少，实属真伪难分，且其中尚有借此包客或偷运货物，弊端不一而足，影响收入甚巨。似非由各军部严令制止，不足以挽颓风。但本路为交通要冲，平时军士往来非仅滇军一部，可否请分咨各军部仿此令行，理合呈请察核'等情前来。伏查开用专车及军人乘车，原有规定，前经呈请分令遵照在案。乃日久玩生，迩来竟有军人仅凭寻常信函或咭片任意乘车来往。登车之后，不特包揽搭客，即女眷乘车亦复包庇，甚至强取柴物，驱逐搭客，索卡运货，希图渔利。种种弊端，不胜枚举。现值军事时期，饷糈孔急，职路每日收入车利提拨四成军费，负担已重，所获仅余六成，为数无多。即使将来军费或可核减，而公司逐日必需之煤油杂项，万不能不予清给。惟清给又时形不足，东挪西凑，应付术穷。似此竭泽而渔，必有停车之日。若再任令包揽强横，而不设法制止，则直接损失车利收入，即间接影响各军军需，而于公司现状尤难维持。兹据呈滇军总部颁发军人乘车免票，系为防范流弊而设，本属妥善。但未审其他各军能否一律照办，且仅持免费票，仍似未尽完备。兹特妥定《军人乘车办法》三条，并拟由湘、滇、桂各军总司令部每部各按月轮派得力专员二人常驻公司，逐日登车，协同车队验票，认真稽查，庶收入日见增加，积弊可期禁革。至每员月致夫马费五十元，以资办公，务使军

行、路政两无妨碍。除函各军总司令部查照办理外，理合连同办法，具文呈请帅座察核，俯赐通令各军总司令转饬所部一体遵照”等情。据此，查所拟办法尚属可行，除指令照准并通令外，合行钞录原件令仰该总司令、军长、司令即便转饬所属一体遵照。此令。

计抄发《军人乘车办法》一纸。

（中华民国陆海军大元帅之印）

中华民国十四年二月十九日

据《大元帅训令第五七号》，载广州《陆海军大元帅大本营公报》第五号，一九二五年二月二十日

准《购还罗拔洋行兵工厂机器筹款办法》《广东兵工厂有价证券发行条例》

（时间不详）

准。文。

附一：购还罗拔洋行兵工厂机器筹款办法

第一条　政府应偿罗拔洋行订购兵工厂机器欠债约港纸壹百五十万元。

第二条　该项欠价拟由本省商会善团担任签字，分八个月偿还，签字之日先交十五万元。

第三条

（一）偿还欠价由政府发行特种有价证券壹佰五十万元交商会善团承领销售。

（二）各团承销此项证券应将现金缴交政府指定银行，领取收据，凭据到政府机关领券

第四条　此项证券得由商会代商团民团用以购买兵工厂步枪子弹，兵工厂照现有能力每月可供给步枪壹仟枝，除留五百枝应用外，可以发售五百枝，每支价格以壹佰六十元计算，另配给子弹，以四十元计算，每月可以偿还商会垫款拾万元。

第五条　此项证券得用以缴纳全省国家地方等税捐。

第六条　各团承领此项证券得按票面价值九五折缴款。

第七条　此项证券由政府于收还后陆续在商会当众销毁。

附二：广东兵工厂有价证券发行条例[①]

第一条　广东政府为购回兵工厂机器起见，特发行兵工厂有价证券一百五十万元。

第二条　此项证券专为拨充补交罗拔洋行机件欠款之用。

第三条　此项证券概不记名，由政府交广州总商会及各善团代销。

第四条　此项证券分为百元、五十元、十元、五元四种，其票面张数规定如左：

证券可向会计司借用以省印费。

（一）一百元券三千张，计三十万元。

（二）五十元券一万张，计五十万元。

（三）十元券五万张，计五十万元。

（四）伍元券四万张，计二十万元。

第五条　此项证券得由各商团民团用以购买兵工厂枪枝。

第六条　此项证券得用以完纳国家地方各项税捐。

第七条　此项证券不能兑取现金及强迫商店作为现金行使。

第八条　此项证券由政府随收随毁。

第九条　此项证券未经向政府购买枪枝及完纳税饷以前，无论何人不得有毁损取信用行为。

第十条　此项证券不得伪造。

第十一条　违犯前两条者得指交地方警察或法庭依法治罚。

第十二条　本条例候大元帅核准，公布施行。

据原件，台北、中国国民党文化传播委员会党史馆藏

① 此件上有毛笔字样：“证券可向会计司借用以省印费。”

附　　录[①]

批航空局职员官阶表

（一九二五年三月十六日）

大元帅指令第二一二号

令航空局局长陈友仁

呈送该局官阶表，请予核示由。

呈悉。所拟官阶等级过高，代行局长不照原职补官，而另补较高官阶，亦属不合。兹已为改定一表，随令抄发[②]，仰即照缮，另文呈送备案可也。此令。

（中华民国陆海军大元帅之印）

中华民国十四年三月十六日

---

① 孙文于一九二五年三月十二日逝世后，陆海军大元帅大本营仍以“中华民国陆海军大元帅”即孙文的名义，继续在《陆海军大元帅大本营公报》上颁发有关规章的训令、指令，直至当年六月国民党决定改组大本营为国民政府才告结束。鉴于这些政治文件具有一定的连续性，现作附录刊出，以资参考。

② 改定之官阶表，缺。

附：航空局职员官阶表

（一九二五年三月十日呈）

职别	〈官阶〉
局长	少将
参谋长	上校
秘书	同少校上尉
军需长	二等军需正
军需	一二等军需
副官长	中校
副官	少校上中尉
甲车处处长	上校
飞机队队长	上校
飞机学校校长	中校
飞机制造厂厂长	中校
飞机师	中少校上尉
机械员	同上中少尉

据《大元帅指令第二一二号》，载广州《陆海军大元帅大本营公报》第八号，一九二五年三月二十日

准《稽查烟酒爆竹火油各种印花章程》

（一九二五年三月十八日）

大元帅指令第二二一号

令大本营财政部长古应芬

呈报设立稽查处，稽查烟酒爆竹火油各种印花连同章程、预算书，请鉴核备案由。

呈及章程、预算书均悉。准予备案，章程、预算书存。此令。

（中华民国陆海军大元帅之印）

中华民国十四年三月十八日

据《大元帅指令第二二一号》，载广州《陆海军大元帅大本营公报》第八号，一九二五年三月二十日

准《检查广东全省火油类经理处暂行章程》及施行细则

（一九二五年三月二十五日）

大元帅指令第二五一号

令大本营财政部长古应芬

呈报设处检查火油类缮送章程、细则，请予察核备案由。

如呈备案，章程、细则存。此令。

（中华民国陆海军大元帅之印）

中华民国十四年三月廿五日

据《大元帅指令第二五一号》，载广州《陆海军大元帅大本营公报》第九号，一九二五年三月三十一日

附一：财政部检查广东全省火油类经理处暂行章程

（一九二五年三月二十四日）

第一条　火油类之检查，由财政部设处经理之。

第二条　经理处设于广州市，置处长一人，由财政部任免之。处员若干人，由处长委任。

第三条　经理处于各属适中地点，得呈请酌设经理分处若干所。各设主任一人，由处长呈请财政部委任。

第四条　凡火油类行商及店号贩卖火油时，应向经理处或经理分处领取报单，

并购贴火油类印花票，方准发售。该票费准其于发售时，加入价内取偿。

第五条　火油每罐重五加伦者，应贴印花票二角；两罐一箱，应贴印花票四角。若大罐过重以及散装者，照每加伦贴印花票四分计算。以大洋为本位，用银毫加二五伸算。

第六条　火油类已贴印花票后，如系大帮转运别处，须携同报单，沿途报由经理分处，查验明确，即予放行。如未贴印花票或货单不符者，作走私论，照章处罚。

第七条　凡贩卖火油类行商及店号，从前购存火油若干，应于经理处或经理分处成立后十日内，赴该处报明存货数目，遵章购贴印花票。如有匿报，一经查出，照章处罚。

第八条　火油类行商及店号，如有匿报走漏，经财政部稽查员及经理处或经〈理〉分处查出，得将该货扣留，除饬照章补贴印花票外，另照应贴印花票额十倍处罚。倘抗不遵缴，得呈明财政部将该货没收，呈部核办。惟不得先变后报，至滋弊混。

第九条　所有罚款，应以二成五解财政部，二成五拨经理处，二成五归警察，二成五给举报人充赏。

第十条　检查火油类应用之报单及罚款收据，均由经理处拟订，呈部核定，发由经理处印刷编号，再行呈部加印，发还填用。按月仍将存根连同罚款，呈缴核销。

第十一条　经理处及经理分处稽查员等执行职务，到各船舶店户检查火油类时，须配带证章，并须知会当地警察，协同办理。

第十二条　本章程有未尽事宜，财政部得随时修改之。

第十三条　本章程自公布日施行。

据《大本营财政部令第一号》，载广州《陆海军大元帅大本营公报》第九号，一九二五年三月三十一日

附二：财政部检查广东全省火油类施行细则

一、经理处关于一切检查事宜，除遵照财政部定章外，悉照本细则办理。

二、各商店购入火油类，于未经起运入店之先，须开列清单，赴经理处报明数目及发货字号并起运地点。

三、如购入之货并不进店，即转运其他各处销售，亦应依照上条办法赴处列单具报。

四、经理处据商店所报数目核发印花票，并填发报单，交商收执。

五、印花票费，一律核计票面金额，概收大洋。如商人欲图便利，以毫洋缴纳，应加二五，补大洋水。

六、商店缴足印花票费领取报单后，已将印花票逐罐逐箱贴齐，即可有时起运。

七、各商店所购火油类，如系大帮转运别处，须携带报单，沿途遇已设经理分处之地，应将报单呈验放行，倘单货不符，除单内数目不计外，其余溢出未贴印花之数，照章处罚。

八、火油类转运各处，商人虽执有报单，但货面不贴印花票，即以借单影射论，仍按未贴数目，照章处罚。

九、商人将火油类转运各处，倘遇有分帮搭帮情事，货面虽已贴印花票，如数目与报单不符，仍应将报单持赴所在地经理处，报明分帮搭帮事由，及搭帮货物原给报单号数，俟处查核，批注明确，方能转运。

十、凡贩卖火油类商人从前购存火油类若干，应自经理处经理分处成立之日起计，于十日内纪处报明存货数目，遵章购贴印花票。如有匿报，一经查出，照章处罚。

十一、火油类应贴印花票标准如左：

（甲）每罐重五加伦者贴二角。

（乙）两罐一箱者贴四角。

（丙）若大罐过重及散装者，照每一加伦贴四分。

（丁）此项印花票费，准加在售货价内，取诸买户。

十二、火油类罚则如左：

（甲）如有匿报走漏情事，一经查出，即将该货扣留，除饬照章补贴印花票外，另照应贴票额十倍处罚。

（乙）如抗不遵罚，得由经理处呈明财政部，将货没收。

（丙）凡用户对于未贴印花之火油，在整罐以上者，不得购买。违者除照章补贴外，另照应贴印花票额处该用户以五倍之罚金。

十三、火油类印花票，由财政部印刷，归经理处领售，并无其他商店代销，商人须直接向经理处购贴。

十四、经理处及经理分处，得派稽查员到各船舶各商店检查。但到〔稽〕查时，须携带凭证，佩带证章，并知会该段岗警，或报请警察区署，派警协同办理。

十五、稽查员非携带凭证、知会警察，不得随意赴查。

十六、本细则自财政部核准后公布施行。

据《大本营财政部令第二号》，载广州《陆海军大元帅大本营公报》第九号，一九二五年三月三十一日

核准《广东全省奢侈品印花税章程》

（一九二五年三月二十五日）

大元帅指令第二五〇号

令财政委员会

呈送《修正广东全省奢侈品印花税章程》，请鉴核备案由。

如呈备案，章程存。此令。

（中华民国陆海军大元帅之印）

中华民国十四年三月廿五日

据《大元帅指令第二五〇号》，载广州《陆海军大元帅大本营公报》第九号，一九二五年三月三十一日

准《修正广东全省奢侈品印花税施行细则》

（一九二五年四月六日）

大元帅指令第二六七号

令大本营财政部长古应芬

呈报委任广东全省奢侈品印花税经理处正副处长暨修正施行细则，请鉴核备案由。

如呈备案，细则存。此令。

（中华民国陆海军大元帅之印）

中华民国十四年四月六日

据《大元帅指令第二六七号》，载广州《陆海军大元帅大本营公报》第十号，一九二五年四月十日

准《广东全省奢侈品印花税章程》及施行细则

（一九二五年四月六日）

大元帅指令第二七〇号

令大本营财政部长古应芬

呈报征收广东全省奢侈品印花税并缮送章程、细则，请鉴核备案由。

如呈备案，章程、细则存。此令。

（中华民国陆海军大元帅之印）

中华民国十四年四月六日

据《大元帅指令第二七〇号》，载广州《陆海军大元帅大本营公报》第十号，一九二五年四月十日

准《修正广东全省奢侈品印花税章程》

（一九二五年四月十八日）

大元帅指令第三一六号

令大本营财政部长古应芬

呈为缮送《修正广东全省奢侈品印花税章程》，请予备案由。

如呈备案，章程存。此令。

（中华民国陆海军大元帅之印）

中华民国十四年四月十八日

据《大元帅指令第三一六号》，载广州《陆海军大元帅大本营公报》第十一号，一九二五年四月二十日

公布《广东兵工厂管理委员会组织条例》

（一九二五年四月二十八日）

大元帅令

兹制定《广东兵工厂管理委员会组织条例》公布之。此令。

（中华民国陆海军大元帅之印）

中华民国十四年四月廿八日

附：广东兵工厂管理委员会组织条例

第一条　广东兵工厂改用委员制管理，以委员执行旧日厂长职权。

第二条　广东兵工厂管理委员会（以下简称委员会）以委员长一人、委员四人组织之。均由大元帅简派。

第三条　委员会处理厂务，以会议多数决之。

第四条　委员会至少须有三人出席，始能开议。

第五条　委员长有事故不能出席时，由委员临时推定主席。

第六条　委员长及委员出缺时，由大元帅另行补派。

第七条　委员长及委员之任期，定为一年。

第八条　本条例自公布日施行。

据《大元帅令》，载广州《陆海军大元帅大本营公报》第十二号，一九二五年四月三十日

颁布《北伐军点验办法》

（一九二五年五月五日）

大元帅训令第一六五号

令建国北伐军总司令谭延闿，大本营参谋长方声涛，建国鄂军总指挥何成濬，建国豫军总指挥陈青云，建国赣军司令李明扬，建国第七军军长刘玉山，建国第二军第一师师长杨虎，点验委员宾镇远、姜怡

为令饬事：前因北伐军各部，已陆续派员点验，以资整理，业经令行在案。兹复规定点验办法十五条，俾便遵守。除分令外令行令，仰即转饬所属一体遵照。此令。

（中华民国陆海军大元帅之印）

中华民国十四年五月五日

附：大本营规定点验北伐各军办法

第一条　大本营派员点验北伐军，须赴各军驻在地实行之。并由建国军北伐总司令部派员会同点验。

第二条　点验时，应由点验委员酌量各军驻在地点，及兵额众寡，将区域划定，分区点验之。

第三条　凡在某区域点验时，由该区域内最高级长官预令所属各部造具表册（表式附后），详列官佐士兵姓名，下列枪枝种类。尤须将枪身号码及机柄号码注

明，先日呈交点验员，以便实施点验。

第四条　凡在某区域点验时，由点验委员指定集合地点及点验日期，所有该区域内军队，须先期到指定地点，听候点验。

第五条　凡在某区域点验时，该区域内最高级长官须亲自莅场监受点验，并有事先严切督率准备受点之责。

第六条　点验时，军队到集合场，各兵排列次序须案照名册次序站立，不须依高矮次序排列，以便按册封照姓名及枪枝种类号码。

第七条　凡受点验军队，如枪枝种类不齐，须于造呈表册之前，预令士兵更换，务使一营一连内枪枝一律。倘实在枪枝不敷不能划一时，须将杂枪列于最后之营运。

第八条　凡号码不明及无号码之枪枝，应由该管长官于造表前在枪壳上用火印烙编号码，列明表内，以防冒混。

第九条　凡在某区域点验某军时，如兵额过多，可分日点验。如各部军队同驻一区域内，或同日在同一地集合受点，或分日分地点验，由点验委员临时酌定。

第十条　凡在某区域点验某军时，各营连除应有勤务少数官兵外，均须一律到场受点。

第十一条　凡在某区域内点验某部时，该部长官须呈一临时报告表（表式附后），报明勤务若干名，病假若干名，现到若干名，由点验委员审查是否超出一定限度。倘认为超过限度时，得覆行点验，以杜虚报。

第十二条　点验之枪枝，以五响、单响、九响、村田驳壳、左轮、各式机关枪为限，其他用粉药之枪、猎枪等，概不准列册报点。炮须有炮闩装置者，方能合格。

第十三条　点验所得之枪炮号码，如有重复时，以先点者为实，后点者为虚。

第十四条　点验委员应于点验毕后，将名册及点验情形呈报。

第十五条　点验委员之旅费，按照《陆军旅行章程》支给。

据《大元帅训令第一六五号》，载广州《陆海军大元帅大本营公报》第十三号，一九二五年五月十日

准《广州中上四校经费委员会章程》

（一九二五年五月十五日）

大元帅指令第三七八号

令管理广州中上四校经费委员会主席邹鲁

呈为修正《广州中上四校经费委员会章程》，请察核备案由。

呈悉。准予备案，章程存。此令。

（中华民国陆海军大元帅之印）

中华民国十四年五月十五日

附：管理广州中上四校经费委员会章程

第一条　本会定名为管理广州中上四校经费委员会章程①。

第二条　本会以保持国立广东大学、省立工业专门、省立第一中学、省立女子师范各校教育经费独立及实行财政公开为宗旨。

第三条　本会以左列委员十二人组织之：

甲、国立广东大学校长、广东省立工业专门学校校长、广东省立第一中学校校长、广东省立女子师范学校校长，各一人。

乙、国立广东大学教职员代表三人，广东省立工业专门学校、广东省立子师范学校、广东省立第一中学校教职员代表，各一人。

甲、乙两条　校长院长以现职为限，两条各代表由各校公举，以一年为限，期满得连举连任。

第四条　本会由全体委员公举主席一人、庶务一人、文案一人、会计一人。

第五条　本会之职责如左：

一、关于收管九拱两关所拨交之税收及筵席捐款，暨其他各校共同关系之教

① “章程”二字为衍字。

育经费事项。

二、关于保管各校共同关系之教育经费事项。

三、关于按照各校议决分配比例率分配教育经费事项。

四、所收经费如不敷支配各校额支时，得呈请政府补足。

第六条　本会提取各校教育经费，须得各校校长连同署名盖章。

第七条　本会每月取支实数，除呈报省长公署转行财政厅、教育厅备案外，并摘要函报各校备查。

第八条　暂借国立广东大学为办事地点。

第九条　本会职员除雇用书记外，均为义务职。

第十条　本会办事细则另定之。

第十一条　本章程如有委员四人以上提出修改时，得开会讨论，以出席委员四分三赞成修改之。

据《大元帅指令第三七八号》，载广州《陆海军大元帅大本营公报》第十四号，一九二五年

颁布《大本营参谋团组织条例》

（一九二五年五月二十一日）

大元帅令

为维持革命军策源地之广东及作战便利起见，经革命政府指挥下之各军总司令会议议决，在大本营设立参谋团，兹拟定其组织条例如左：

一、大本营参谋团，由左列各军各派遣高级参谋一员，共同组织之：

（一）建国湘军总司令部。

（二）建国粤军总司令部。

（三）建国第一军。

（四）建粤军第一军。

（五）建国粤军第三军。

（六）中国民党党军司令部。

（七）建国粤军第一师。

（八）建国粤军第三师。

（九）广东警卫军。

（十）何总指挥所辖北伐军。

二、大本营参谋团设参谋主任一员、副主任一员，均由大本营简任之。

三、凡关于军事设施及作战计画，均由大本营参谋团会议议定，呈候大本营核准执行。

四、大本营参谋团设立左列各处员：

（一）侦探处。

（二）交通处。

（三）军医处。

（四）庶务员。

（甲）侦探处分设左列各股：

（一）军事股。

（二）侦探股。

（三）革命军人股。

（四）农民股。

（五）民团股。

（乙）交通处分设左列各股：

（一）电话电报股。

（二）无线电股。

（三）人工递送股。

（丙）军医处。

（丁）庶务员。

（中华民国陆海军大元帅之印）

中华民国十四年五月廿一日

据《大元帅令》，载广州《陆海军大元帅大本营公报》第十四号，一九二五年

颁布《收容俘虏散兵办法》四条

（一九二五年六月十六日）

大元帅训令第二〇七号

令广州卫戍司令蒋中正、广州市公安局长吴铁城

杨希闵、刘震寰违抗命令，兴兵作乱，幸我军将士忠勇，荡平二逆，为时迅速，不致重扰吾民。惟俘虏散兵，战时仓猝，未及妥善收容，使之陷于流亡，殊非人道。矧杨、刘所部，自前年驱陈入粤以来，著有战功，备尝劳苦，今以杨、刘之故，胁从盲动，至于牺牲同尽，其事可恨，其情可矜，对此无辜，亟宜予以相当之处置。兹特定办法如次，仰即遵照办理，毋得玩忽。切切。此令。

一、就各军现留之俘虏，拣选精壮灵敏者，补充训练。但湘人当归湘军，滇人当归滇军。

二、残余之俘虏，责成公安局收容。

三、公安局所收容之俘虏，应给衣食优待。

四、各俘虏之籍贯，应由公安局调查册报，听候资遣。

（中华民国陆海军大元帅之印）

中华民国十四年六月十六日

据《大元帅训令第二〇七号》，载广州《陆海军大元帅大本营公报》第十四号，一九二五年